中国社会治理通论

魏礼群 主编

General Theory of
SOCIAL GOVERNANCE
IN CHINA

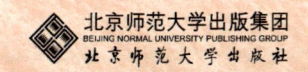

北京师范大学出版集团
北京师范大学出版社

序　言

党的十八大以来，中国特色社会主义进入新时代。党的十九大报告提出，要加强和创新社会治理，打造共建共治共享的社会治理格局。社会治理是国家治理的重要领域，社会治理现代化建设是国家治理体系和治理能力现代化建设的应有之义。习近平总书记指出："社会治理是一门科学。"这个重要论断，深刻揭示了社会治理的内涵和社会治理现代化建设的方向，也为创新社会治理学科建设提出了明确要求。

当代中国正在经历着空前广泛而深刻的社会变革，正在进行着人类历史上最为宏大而独特的实践创新。这种伟大变革实践，给理论创新、学科发展、学术繁荣提供了强大动力和广阔空间。几十年来，我国社会治理理论创新和实践创新全面深入推进，在取得一系列重大成就和丰富经验的同时，社会治理领域也不断出现新矛盾、新问题，迫切需要深化社会治理理论研究和创新社会治理学科建设。在这种历史背景下，我们经过深入研究，决定编写《中国社会治理通论》。

编写《中国社会治理通论》的主旨有三个方面。一是加强社会治理学科建设。习近平总书记在2016年5月17日主持召开的哲学社会科学工作座谈会上的讲话中指出："学科体系同教材体系密不可分。学科体系建设上不去，教材体系就上不去；反过来，教材体系上不去，学科体系就没有后劲","培养出好的哲学社会科学有用之才,就要有好的教材。"2016年12月,习近平总书记又在全国高校思想政治工作会议上指出:"要加快构建中国特色哲学社会科学学科体系和教材体系,推出更多高水平教材,创新学术话语体系,建立科学权威、公开透明的哲学社会科学成果评价体系,努力构建全方位、全领域、全要素的哲学社会科学体系。"这些深刻论断,为我们开展社会治理研究、创建社会治理学科、加强社会治理教材建设提出了方向性指引。建设世界一流大学、一流学科,加强学科建设也必须加强教材建设。近年来,国内各界对社会治理理论和实践进行了大量探索,但还缺乏全面、系统的社会治理专业图书。社会治理学科建设迫切需要专业性、通论性的专业图书。因此,组织编写《中国社会治理通论》成为加强社会治理学科建设的重要任务。二是培养高素质社会治理人才。我国社会治理人才匮乏,必须大力培养。而培养高素质的社会治理人才,需要有科学理论和高质量专业图书。高质量专业图书能够塑造学生专业价值和专业理念,能够为学生提供完整的理论体系和研究方法,能够指导学生科学认识现实、观察社会,能够帮助学生更好地参与社会治理实践。三是构建交叉学科建设理论基础。推进交叉学科创新是国家提出的要求和部署。社会治理涉及社会学、政治学、法学、历史学、管理学等多学科领域知识,需要组织社会学与政治学、历史学、管理学等多学科合作。编写《中国社会治理通论》是加强交叉学科建设的重要举措,也是努力探索为社会治理交叉学科建设构建理论框架。

"通论",即通达之论,是关于某一学科的全面性和整体性的论述。本书采用"通论"体例,主要出于三个方面的考虑。首先,社会治理是一门新兴交叉学科,具有跨学科性质。任何单一学科都不足以承载社会治理全部的学理知识体系,必须以跨学科视角,汲取多学科的知识营养和丰富智慧。因此,我们应通过打通学科界限和壁垒来构建社会治理学科体系框架。其次,社会治理知识是人类社会文明演进过程中综合积淀的成果。人类社会发展积累了丰富的社会治理经验和智慧。创新社会治理学科建设必须融通古今、借鉴中外社会治理知识,做到古为今用、洋为中用。最后,社会治理活动是理论和实践的辩证统一体。社会治理既是理论问题也是实践问题，社会治理学科建设必须坚持学术创新、理论创新和实践创新有机统一、相互贯通。"凡贵通者，贵其能用之也。"《中国社会治理通论》力求引导学术探索、理论研究和实践创新。

"万事开头难"，创新更不易。我们本着不畏艰难的创新精神，致力于创新社会治理学科建设。按照学科建设的要求，本书力求全面、系统地阐释社会治理的一般知识、基础原理、基本规则和主要方法，力图从理论、经验、政策、实践等不同角度阐述和分析社会治理的内涵与精髓、理论与经验、方法与视角、政策与实践、体制制度与系统体系、主体领域与发展态势，融思想性、理论性、知识性、实践性于一体。全书分为十二章。第一章，社会治理内涵与功能。这一章系统阐述社会治理的概念由来、社会治理的决定因素以及社会治理的功能与目标、地位与作用。第二章，中国社会治理基础理论。这一章主要阐释马克思主义社会治理思想、毛泽东社会治理思想和中国特色社会主义社会治理思想，特别是习近平总书记关于社会治理的重要论述。第三章，中国传统社会治理思想。这一章简要阐述中国古代和近代的社会治理思想。第四章，中国社会治理变革。这一章主要解析中国社会治理的制度创新、丰富实践及其经验启示，展现中国社会治理变迁和改革创新的历史进程。第五章，中国社会治理体制。这一章主要阐述社会制度与社会治理体制的基本内涵及其相互关系，在此基础上论述社会治理体制的主体框架及支撑这一框架的国家、市场、社会关系。第六章，中国社会治理基础制度。这一章系统论述社会治理的基础性制度，包括人口制度、户籍制度、就业制度、土地制度、教育制度、医疗卫生制度、社会保障制度、收入分配制度。第七章，中国社会治理体系。这一章着重阐述社会治理的主要体系，包括社会组织体系、公共服务体系、公共安全体系、社会治安防控体系、防灾减灾救灾体系、环境安全体系、应急管理体系、社会信用体系、社会心理服务体系。第八章，国家安全建设。这一章重点阐述国家安全建设的重要意义，总体国家安全观的基本内涵，以及国家安全制度和任务。第九章，中国社会治理场域。这一章着重阐述社会治理的主要场域，包括家庭治理、社区治理、农村治理、城市社会治理、网络社会治理。第十章，中国社会治理方式。这一章着重阐述社会治理方式的主要方面，包括依法治理、道德治理、文化治理、科技治理。第十一章，中国社会治理能力建设。这一章主要阐述社会治理能力的内涵及其提升路径。第十二章，社会治理发展趋势。这一章着重阐述中国社会主义现代化发展趋势和全球治理发展趋势，以及中国对全球治理的贡献。

本书编写的重要特色和创新之处在于：对中国社会治理进行总体性、系统性、全景性阐述。全书的结构体系和主要内容，围绕着推进社会治理体系和治理能力现代化建设的主线，构筑了"四大支柱"——理论之柱、经验之柱、政策之柱、实践之柱。

理论之柱。全书对社会治理理论具有较为深入的研究和探索。但对理论的探讨，并不局限于从理论到理论的纯粹演绎和阐释，而是着眼于从历史、思想、理论、制度之间的相互联系的角度来构建中国特色社会治理学科理论。这个理论的阐述，以马克思主义社会治理思想及其中国化成果为基础，既参考借鉴国外有代表性的社会治理理论，又总结汲取中国以往社会治理智慧的营养，打通古今中外理论脉络的社会治理理论体系。本书第一章至第三章主要阐述的是社会治理的理论之柱的构建问题。

经验之柱。全书对社会治理经验具有较为清晰的认识和总结。社会治理经验，既来源于社会治理的改革创新实践，又受益于社会治理的政策法规和制度设计。社会治理经验，主要有四个来源：一是中国传统社会治理智慧结晶及其经验；二是中国当代社会治理创新的实践经验；三是国外社会治理做法的经验；四是人类社会共享的社会治理经验。本书各个章节，尤其是第四章至第六章都贯穿和体现了社会治理的经验分析，并着力构建走向社会治理现代化的"中国路径"。

政策之柱。全书对社会治理政策具有较为系统的梳理和分析。社会治理现代化的关键在于制度现代化。这就意味着社会治理研究，离不开对政策制度的密切关注和剖析。社会治理实践创新和制度创新都与社会治理政策有直接而密切的关系。本书第七章至第十章集中探讨和分析了我国社会治理各个体系、各个场域、各个方式中的政策构成及其制度安排。

实践之柱。全书对社会治理实践具有较为强烈的观照和阐释。社会治理实践，并不是抽象笼统的，而是具体实在的。这种实践，既嵌入中国社会发展内部特定的场境，同时，又放眼人类社会共通性发展的大势。由于我国社会治理理论与实践之间的相互关系，社会实践本身成为构建中国社会治理理论、政策体系的重要之源。不仅在社会治理的各个场域，如家庭治理、社区治理、农村治理、城市治理、网络社会治理等，都不断涌现出各种社会治理创新实践，而且在社会治理的各个体系，比如社会组织、社会工作、社会信用、社会治安、应急管理、公共服务、公共安全、国家安全等都在产生着各种治理的技巧、策略、经验和智慧。本书第五章及以后各章都探讨了社会治理实践对政策演变和理论发展的促进作用。

全书围绕中国社会治理这条主线进行阐述，环绕"四大支柱"，形成了一个总体性的研究格局和逻辑体系，着力回答和处理四个基本关系。一是理论与实践的关系。这个维度反映的是"社会治理理论"与"社会治理实践"之间的关系。社会治理理论既指导和推动社会治理实践的开展，同时社会治理实践又创造和催生新的社会治理理论要素。二是政策与经验的关系。这个维度反映的是"社会治理政策"与"社会治理经验"之间的关系。治理政策，既是治理经验的表现形式，又是治理经验的升华的结果。治理经验，既是治理政策的制定依据，又是治理政策的实现过程。三是历史与现实的关系。这个维度反映的是"传统社会治理"与"现代社会治理"之间的关系。传统社会治理能够为现代社会治理提供有益的治理经验和智慧，现代社会治理是传统社会治理思想的传承和发扬。正是在传统与现代的联结中，孕育和形成了独具一格的当代中国社会治理。四是国外与本土的关系。这个维度反映的是"国外社会治理"与"中国社会治理"之间的关系。中国社会治理既有对国外社会治理理论和实践的研究借鉴，更是基于中国国情的理论创新和实践创新。

学习本书，应达到四个目标。一是掌握社会治理学科的范畴、原理、规则、内涵等基本知识，努力把握社会治理学科的特征和规律。二是掌握社会治理的基本规范、制度、体系、政策等，努力把握社会治理运行方式。三是掌握中国社会治理历史演变和现实状况，努力把握中国社会治理的进展和趋势。四是掌握社会治理研究的方法，努力把握科学的思维方式，提高研究和推进社会治理现代化的自觉性，增强观察、分析和解决社会治理领域问题的能力。

最后，我们期望读者通过学习本书，能够领悟社会治理研究的四个方法论原则。一是坚持理论探索与经验分析相结合。社会治理研究具有"理论和经验"的双重品格，要求我们既着眼于从现实的鲜活实践中凝练和提取社会治理的真问题，又要在经验研究的基础上着力探索和构建中国特色的社会治理理论体系。二是坚持多元学科与交叉学科相结合。既要通过不同的学科视角来审视社会治理问题，形成各自相对独立自主的学术知识体系；同时，又要实现跨学科的交叉视角的聚焦，寻找不同学科之间在社会治理问题上的"最大公约数"。三是坚持宏观视角与微观视角相结合。社会治理在实践运作中就是一个从微观到宏观的连续统一。只有将宏观视野和微观视野相融合，才能在学术和实践双重意义上解决社会治理面临的难题。四是坚持学术研究与政策研究相结合。社会治理研究要通过基础学理与政策探讨紧密结合，实现从"学理"到"政策"、从"政策"到"学理"的双向往复、螺旋式上升，进而不断推进理论创新、学术创新和实践创新。

目 录

第一章　社会治理内涵与功能　/001

第一节　社会治理的概念由来　/001
第二节　社会治理的决定因素　/007
第三节　社会治理的功能与目标　/011
第四节　社会治理的地位与作用　/014

第二章　中国社会治理基础理论　/020

第一节　马克思主义社会治理思想　/020
第二节　马克思主义社会治理思想中国化发展　/029

第三章　中国传统社会治理思想　/046

第一节　中国古代社会治理思想　/046
第二节　中国近代社会治理思想　/054

第四章　中国社会治理变革　/059

第一节　中国传统社会的社会治理方式　/059
第二节　新中国成立以后30年的社会治理(1949—1978年)　/071
第三节　改革开放以后社会治理变革(1978—2012年)　/083
第四节　新时代社会治理的新进展(2012年至今)　/096
第五节　改革开放以来社会治理变革的主要经验　/108

第五章　中国社会治理体制　/113

第一节　社会制度与社会治理　/113
第二节　社会治理体制内涵与框架　/118
第三节　社会治理体制的核心问题　/122

第六章　中国社会治理基础制度　/127

第一节　人口制度　/127
第二节　户籍制度　/133
第三节　就业制度　/136
第四节　土地制度　/141
第五节　教育制度　/147
第六节　医疗卫生制度　/163
第七节　社会保障制度　/172
第八节　收入分配制度　/178

第七章　中国社会治理体系　/185

第一节　社会组织体系　/185
第二节　公共服务体系　/193
第三节　公共安全体系　/201
第四节　社会治安防控体系　/204
第五节　防灾减灾救灾体系　/206
第六节　环境安全体系　/208
第七节　应急管理体系　/211
第八节　社会信用体系　/217
第九节　社会心理服务体系　/227

第八章　国家安全建设　/235

第一节　国家安全和总体国家安全观　/235
第二节　总体国家安全观与社会治理　/238
第三节　国家安全制度　/240
第四节　国家安全任务　/241

第九章　中国社会治理场域　/248

第一节　家庭治理　/248
第二节　社区治理　/258
第三节　农村治理　/273
第四节　城市社会治理　/294
第五节　网络社会治理　/303

第十章　中国社会治理方式　/313

第一节　依法治理　/313
第二节　道德治理　/324
第三节　文化治理　/332
第四节　科技治理　/338

第十一章　中国社会治理能力建设　/348

第一节　加强社会治理能力建设的重要意义　/348
第二节　提高党的领导力　/349
第三节　提高政府负责力　/351
第四节　提高社会协同力　/353
第五节　提高公众参与力　/356
第六节　提高法治保障力　/358
第七节　提高科技支撑力　/360

第八节　提高人才建设力　　/362

第十二章　社会治理发展趋势　/366

　　第一节　中国社会主义现代化发展趋势　/366
　　第二节　全球治理发展趋势　/374
　　第三节　中国智慧与全球治理　/386

后　记　/392

第一章　社会治理内涵与功能

本章概述

本章主要围绕社会治理的基础概念展开阐述。社会治理的基础概念包括社会治理、社会治理主体、社会治理领域、社会治理体制、社会治理方式。本章还论述了社会治理的功能与目标。读者通过本章的学习，能够初步了解关于社会治理的基本理论和知识。

第一节　社会治理的概念由来

一、"社会治理"术语的知识演变

"社会治理"和"治理"两个概念既有联系，又有区别。

"治理"（governance）一词源于拉丁文和希腊文，原意是控制、引导和操纵，长期与"统治"（government）一词交叉使用，并用于与国家及其公共事务相关的管理活动和政治活动中。

中国古代学者使用过"治理"术语，多指"统治"之意，其含义与现代意义上的治理有较大不同。现代意义上的"治理"术语，是与"统治"相对应区别的，通常指的是一种由多元社会主体为了共同目标、共同参与和支持的活动，治理涉及多元主体间的配合与协调。

从1989年世界银行针对当时的非洲形势使用"治理危机"一词以后，"治理"一词被广泛用于国家或社会处理矛盾关系之中。20世纪90年代初，随着治理理论开始在全球兴起，"治理"被赋予了新的含义，不断出现不同学科下的治理概念，如社会学中的"社会治理"、政治学中的"政府治理"、国际关系学中的"国际治理""全球治理"等。

中国学术界关于治理的研究，起步于20世纪90年代中后期，以介绍西方治理理论为主。总体而言，学术界关于"治理"的解释可以归纳为以下两点：第一，一种社会领域的培育与发展的过程；第二，政府内部结构及制度改革。

2013年党的十八届三中全会通过的《中共中央关于全面深化改革若干重大问题的决定》，第一次在党的正式文件中明确使用"社会治理"这个概念，指出深化改革的总目标，是完善和发展中国特色社会主义制度，推进国家治理体系和治理能力现代化。

党的十八届三中全会之后，中国理论界进一步深化"社会治理"内涵的研究，认为从"社会管理"到"社会治理"，体现的是从国家自上而下的管理转变为上下互动、国家与社会相结合、发挥多元社会主体作用的治理，认为社会治理更强调各种社会力量的参与。"社会治理"与"社会管理"一字之差，既有内在联系，又有重要区别。区别主要体现在四个方面：一是主体不同。社会管理的主体比较单一，主要是指党委、政府及其职能部门；而社会治理的主体多元，既包括党委、政府，也包括社会组织、市场主体和公民个人等。二是内容不同。社会管理以行政管控为主，而社会治理则是在党的统一领导下，政府、企业和社会组织共同为社会成员提供各种公共服务、协调社会关系、维护社会秩序、化解社会矛盾、促进社会和谐进步。三是方式不同。社会管理主要是以行政手段为管制方式，社会治理则是综合运用经济、法律、道德、文化、科技手段和行政手段，强调协商民主、公开透明。四是目的不同。社会管理的目的主要是维护社会稳定，社会治理的目的包括维权、凝聚共识、实现共建共治共享。

"社会治理"术语内涵的丰富与深化，是社会现实的反映。在21世纪初的前10年，中国社会领域的深刻变化逐渐展开。这种变化表现在很多方面，包括人口的城市化水平达到新的高度、社会矛盾频发、民生领域短板效应凸显、社会舆论多元化等。面对这些深刻变化，出现了社会领域改革的诸多主张。社会领域的改革如同经济改革一样，一方面必将经历艰难复杂的博弈过程；另一方面也必将带来中国社会的跃迁式发展。正是这样的背景下，催生了"社会治理"这一术语的通行化、权威化。

2015年，党的十八届五中全会进一步提出了"社会治理精细化"。2016年3月，十二届全国人民代表大会第四次会议通过的《中华人民共和国国民经济和社会发展第十三个五年规划纲要》中，专门用了一篇（第十七篇 加强和创新社会治理）共四章来阐述国家关于社会治理的部署和政策。至此，"社会治理"从理念转向实践层面。

2017年，党的十九大报告明确提出"提高保障和改善民生水平，加强和创新社会治理"，并第一次明确提出打造共建共治共享社会治理格局。

这一转变源自社会实践的强烈需求，是人民对美好生活的新期待。

"社会治理"在国家层面，主要体现在四个方面。

第一，社会治理体制制度建设。主要包括国家社会治理体制、社会治理基础制度、城乡社区体制、社会组织制度、社会调节制度、公众参与制度、群众权益保障制度、社会矛盾化解机制等。

第二，社会信用体系建设。主要包括信用信息管理制度、信息披露和诚信档案制度、守信激励和失信惩戒制度、信用服务市场及其监管体系。

第三，公共安全系统建设。主要包括安全生产综合治理体系、防灾减灾救灾体系、社会治安防控体系、突发事件应急体系。

第四，国家安全方面建设。主要包括国家安全保障体制制度、国家政权主权安全保障机制、防范化解国家安全风险机制、国家安全法律制度体系。

总括起来，国家层面的"社会治理"，就是对社会公共事务的顶层设计。

在地方层面，"社会治理"又有不同角度的扩展。仅以北京市、上海市为例:《北京市"十三五"时期社会治理规划》把"社会治理"概括为六个方面。

第一,社会服务。包括公共服务体系建设,新型社会服务模式(即政府主导、社会参与、多元供给)建设、基层社区服务体系建设等。

第二,社会管理。包括城市服务管理工作和社会治理体制改革等。

第三,社会动员。包括公众参与、基层协商民主、企业社会责任、社会组织发展、社会工作专业队伍的职业化、志愿者组织发展等。

第四,社会环境。包括社会诚信和社会责任体系建设、社会主义核心价值观教育工作、社会文明引导工作、依法规范社会治理和公共事务工作等。

第五,社会关系。包括社会矛盾调处机制和社会心理服务机制等。

第六,社会领域党的建设。包括社区党的建设、社会组织党的建设、非公有制企业党的建设等。

《上海市社会治理"十三五"规划》,把"社会治理"概括为五个方面,每一方面都有具体指标相对应。

第一,社会活力。对应指标包括每万人拥有社会组织数、社会组织接受政府购买服务收入增长率、社区四类组织增长率、社会组织中党组织应建已建率、社会工作人才数。

第二,城市管理。对应指标包括新增违法建筑查处率、"12345"市民服务热线办结率。

第三,社会安全。对应指标包括劳动人事争议仲裁结案率、人民调解调处成功率、单位生产总值生产安全事故死亡人数。

第四,社区建设。具体对应指标是平安示范社区数、示范性智慧社区数、已成立业委会小区占符合成立条件小区比例、组建社区基金(会)的街镇数、街镇社区代表会议/街道社区委员会建成率。

第五,社会文明。对应指标是文明小区创建率、注册志愿者人数占常住人口数比例。

以上简要的叙述表明,"社会治理"的领域十分宽泛,凡是与公共服务、社会秩序、社会规范、社会关系和公共安全相关联的活动,都已被纳入社会治理范围。

二、社会治理的内涵与外延

（一）社会治理的内涵

社会治理是多元社会主体共同参与的，旨在维护社会秩序、促进社会公平、协调社会关系、激发社会活力、推动社会进步的实践活动。社会治理主要包括社会治理主体、社会治理领域、社会治理体制、社会治理机制、社会治理方式，还包括社会组织治理、基层治理、空间环境治理、公共安全治理、网络社会治理等。

理解社会治理内涵，最需要把握两点。一是社会治理的"多元主体"。这既符合社会实践的需求，也符合治理研究的学理要求。从社会实践需求看，社会生活日益复杂，人民需求日益多元，社会活动日益丰富，仅仅依靠政府管理无法适应社会变化，需要积极鼓励其他社会主体和公众广泛参与公共事务。从治理研究的学理要求看，"治理"理念的提出就是为了解决传统社会管理中的问题，只有强调多元主体才能够打破政府单一管理的局面。二是公众参与公共事务的权利。这既是社会实践的需求，也是治理研究的学理要求。从社会实践需求看，随着中国社会变革进程加快，公众参与公共事务的愿望日益强烈，积极鼓励和引导公众参与公共事务是大势所趋。从治理研究的学理要求看，"治理"不仅仅是"管理"。所谓"管理"，是一种自上而下的管控方式，现代社会发展需要采取多种形式、组织多元主体共同处理好公共事务。

社会治理的内涵在实践上突出了社会治理的时代意义，包括三个方面。首先，社会是进步的。社会治理突出以人为本，强调互动、合作、协商关系，注重依法解决问题。其次，社会是平等的。社会治理更多地强调发挥多元主体的作用，鼓励参与者平等对话，形成共识。社会治理除了运用权力之外，采用市场的、法律的、文化的、教育的、习俗的等多种管理方法和技术。最后，社会是包容的。社会治理要求在党委统一领导下，政府、社会、市场、公民个人之间形成新型的和谐关系。它需要公众发挥主动的、自觉的参与精神。它要求必须坚持民主、法治的原则。

社会治理的外延突出了包容性，旨在促进社会良性发展，改善社会关系和生活方式。在社会治理实践中，不同地区以及不同人群对社会发展都有不同的活动方式和追求。

各种实践活动都有一个共同点，就是以维护社会秩序、协调社会关系和改善生活方式为目标。这一特点分别体现在国家层面、地方层面和不同群体层面。

（二）社会治理主体

社会治理主体，指参与社会公共事务并参与建设良性社会秩序、社会关系和生活方式的组织、机构、群体和个人。从中国社会治理实践来看，这些主体包括党组织、政府、企事业单位、社会组织、社区组织和城乡居民。这些主体中，党委领导、政府负责，其他主体是在党的领导下参与社会治理的。

目前，中国社会治理实践中有两个迫切需要解决的问题。一是如何提升各类社会治理主体的能力。这些能力包括决策能力、执行能力、监督能力、参与能力等。二是党委和政府如何从管理转向治理，特别是要正确把握与其他治理主体的关系。倘若处理不当，就会影响其他社会治理主体活力的发挥，降低社会治理效率，增加社会治理成本。

（三）社会治理领域与场域

"社会治理领域"是从国家治理层面提出来的一个概念，指的是国家社会治理的重点方面。目前基本共识是，社会治理有如下领域，即公共服务、收入分配、教育、就业、医疗、住房、社会保障、社会信用、社会心理服务、公共安全、社会组织、社会矛盾调处。

"社会治理场域"是指社会治理工作的时空范围，包括家庭、社区、农村、城市和网络空间。家庭治理包括家风建设、养老抚幼。社区治理包括社区自治、社区建设。农村治理包括基层组织、治理主体、治理方式。城市社会治理包括城市布局、形态和组织体系，也包括特大城市的治理和新兴城市治理等。网络社会治理包括网络安全、网络秩序和网络文明建设。

（四）社会治理体制

"社会治理体制"指的是治理主体的关系结构。中国现行社会治理体制的特征是党委领导、政府负责、社会协同、公众参与、法治保障。党委在社会治理体制中处于领导地位，统揽全局、协调各方。政府在社会治理体制中是负责地位，编制社会发展和社会治理规划、提供公共服务、维护公共安全以及相关设施建设等。社会组织在社会治理体制中是协同者，承担政府转移的公共服务供给和公共事务工作。人民群众在社会治理体制中是参与者，既有权参与所有的社会治理活动，又在基层自治中进行自我管理、自我服务、自我协调。法治在社会治理体制中起规范、保障作用。这些体制构成是相互关联的。

(五)社会治理方式

"社会治理方式"是指运用何种手段和方法进行社会治理。我国社会治理中，主要有行政手段、经济手段、法律手段、教育手段、文化手段、科技手段，以及这些手段的综合运用。主要实行四个方面的治理：系统治理、依法治理、综合治理、源头治理。系统治理是把社会治理作为一个系统，用系统方法分析治理系统，使社会治理各方面、各环节相互联系、相互作用、实现政府主导作用和良性互动。依法治理是用法治思维、法治方式、法治规范进行社会治理，处理社会矛盾。综合治理是依靠人民群众和社会各方面力量，综合运用法律、政治、经济、行政、教育、文化、科技等各种手段和规范来共同调节利益关系、协调社会关系、解决社会问题。源头治理是注重预防和化解社会矛盾，坚持标本兼治、重在治本，通过改善民生、维护人民权益、增加社会服务等满足人民群众的利益诉求，从群众利益诉求这个"源头"出发来推进社会治理实践，使得社会治理能够扎根群众、依靠群众、服务群众、帮助群众，防止社会矛盾的产生和激化。

第二节　社会治理的决定因素

社会治理活动是一个复杂的、庞大的系统，社会治理模式是由各个国家的基本国情决定的，一个国家或地区的社会制度、历史沿革、文化传统、发展水平等因素决定着和规定了相应的社会治理模式。社会治理的思路、任务、方式和水平又是由社会发展进程中多种因素决定的。同一个国家在不同历史时期，由于经济社会发展水平的不同，社会治理会呈现不同的特征。从根本上看，社会治理的基本决定因素是生产力、生产关系、经济基础和上层建筑。

一、生产力和生产关系

马克思主义认为，物质生产力是全部社会生活的物质前提，同生产力发展一定阶段相适应的生产关系的总和构成社会经济基础。生产力是推动社会进步最活跃、最具革命性的要素，也是社会治理的决定性因素。生产力最早定义是劳动者使用劳动资料生产物质产品的能力。随着社会物质产品的丰富和对社会发展认识的深化，人们将生产精神产品的能力也纳入了生产力的范畴。

在现代社会中，科学技术已经成为第一生产力，是生产力中最活跃、最积极的因素。包括科学技术水平在内的生产力水平，既决定着社会治理的总体特征，也决定着社会治理的方方面面。在生产力水平较为低下的社会形态中，社会治理水平低下，治理方式粗放、简单。随着生产力水平提高，社会治理逐步走向专业化、规范化、精细化、信息化。生产力对社会治理的根本决定作用，主要体现在生产力的结构、生产力的"质"、生产力的"量"三个方面，它们决定着社会治理的基本特征。

生产力结构决定着社会治理在社会进步中的作用和水平。生产力结构包括很多方面，其中最重要的是产业结构和技术结构。从三次产业划分的视角看，产业结构包括第一产业、第二产业和第三产业。在第一产业占主导地位的历史阶段，社会治理是低水平的；在第二产业占主导地位的历史阶段，社会治理水平显著提升；在第三产业占主导地位的历史阶段，社会治理在社会进步中处于重要位置。生产力的技术结构现代化水平决定着社会治理的现代化水平。生产力的技术结构包括尖端技术、先进技术、中等技术、初级技术、原始技术五个方面。当初级技术和原始技术占主导地位时，社会治理的水平必然也是初级和原始的；当尖端技术和先进技术占主导地位时，社会治理也必然是先进和现代化的。

生产力的"质"决定着社会治理的方方面面。生产力的"质"，通常是指创造物质财富和精神财富的劳动资料，生产工具水平是其最主要标志。人类历史上，生产力"质"的发展经历了从低级向高级发展的不同阶段，大体经历了石器时代、青铜器时代、铁器时代、蒸汽时代、电气时代，现在已经进入信息时代。在生产力处于较低"质"的历史阶段时，例如，蒸汽时代及其以前阶段，社会发育水平比较低下，社会管理思路较为粗放，只有在生产力处于较高"质"历史阶段，即在电气时代和信息时代，社会发育水平比较复杂，社会管理才有了向社会治理转变的基础。

生产力的"量"决定着社会治理水平。生产力的"量"说到底，就是劳动生产率，是一定数量的劳动资料所能创造的物质财富和精神财富的程度（即大小或多少）。劳动生产率低下的历史阶段，设法满足社会成员基本生存需要就成为全社会的共同任务，社会治理比较低下；在劳动生产率高的历史阶段，社会成员基本生存需要已经获得充分满足之后，如何更好满足人民日益增长的美好生活需要就成为全社会的重要任务，在这样的历史阶段，社会治理重要性更加凸显。

生产关系是社会治理的基础性决定因素。生产关系通常是指劳动者在生产物质产品和精神产品过程中形成的社会关系。迄今人类社会经历了五个基本形态：原始社会、奴隶社会、封建社会、资本主义社会和社会主义社会。不同社会形态的生产关系有着不同的本质特征，这些特征对社会治理具有基础性决定作用。在资本主义生产关系产生以前，社会治理基本上是较为局部和零碎的，资本主义生产关系的出现，较大地推动了社会治理的进步，特别是工业化大生产，为社会治理走向系统化提供了物质基础和技术条件。社会主义生产关系的建立，推动社会治理发生了根本性进步。

生产关系对社会治理的基础性决定作用具体体现在生产、分配、交换和消费四个基本环节中。生产，就是劳动者运用生产工具创造产品的过程。人们在生产过程中形成的劳动分工关系是社会治理必须依赖的基础关系，不同的社会群体具有不同的利益诉求，社会治理首先必须协调不同利益主体的关系。分配，就是劳动产品如何在社会成员中分配以及分配的比例。收入分配关系是社会治理重要的调节机制，要通过社会治理调节社会成员的收入水平，逐步合理增加劳动者的收入，对于缺少收入的弱势群体要通过社会治理保障他们的最低生活水平。交换，也被称为流通，广义的交换包括生产活动和生产能力交换，狭义是指劳动和劳动产品交换。公平交换是社会主义市场经济通行的重要原则，它规定参与交换的主体都需要参与交换规则的制定和对交换过程实行监督,维护公平交换的社会秩序,在市场经济中的平等交换关系决定了人们在参与社会公共事务中的地位是平等的,权利也是平等的。消费,是人们利用社会产品满足生存、发展需要的活动。消费环节形成的社会消费关系是社会治理的重点领域。不同职业的消费关系、社会消费和个人消费的关系、不同阶层间的消费关系、当前消费和长远消费关系都关系到社会发展和社会公平,关系到社会成员的获得感。社会治理要协调好这些关系,促进社会公平正义,维护社会和谐稳定。

二、经济基础和上层建筑

经济基础是社会治理的主要决定因素。马克思主义经典作家把经济基础界定为一个社会内部占主导地位的生产关系的总和。人类社会发展不是一个简单线性发展的过程,而是一个曲折、迂回、螺旋上升的发展过程。因此,任何一个社会发展阶段、任何一个历史时代,都不可能呈现出纯而又纯的生产关系,总是由一种主要的生产关系决定着社会治理的性质与水平。例如在有些资本主义国家,在一定领域或地区还存有封建社会的某些痕迹。同样,在社会主义初级阶段,不同类型的生产关系也会在某些范围存在,但起决定性作用的是社会主义生产关系,它决定着社会发展的基本方向和基本目标,决定着社会治理的性质与特征。资本主义生产关系占主导地位的社会治理和社会主义生产关系占主导地位的社会治理必然有着不同的社会治理理念、不同的社会治理制度、不同的社会治理任务。

上层建筑是社会治理的重要决定因素。上层建筑对社会治理的重要决定作用表现在很多方面,特别是社会政治制度、法治、文化和核心价值观对社会治理的重要作用。政治制度决定着社会治理的方向、目标和路径。当社会的法治水平发达时,各类社会主体就会自觉遵守法律法规,社会治理就能充分发挥法治对社会行为的引领和规范作用。文化能够融合社会价值观,是社会进步的标志,能够引导社会发展方向。通过文化的作用促进社会成员践行社会核心价值观,共同致力解决社会问题;通过文化的渗透与教化,提升社会文明程度,改进社会风尚,从而缓和社会矛盾,减少社会对立。核心价值观是社会中具有统领作用的主导价值观，是任何一个健康发展的社会不可缺少的精神支柱，它在社会治理中发挥着统合与引领作用。第一，社会的稳定和谐与繁荣发展都需要核心价值观指引。核心价值观能够有效促成社会思想统一，有效达成社会共识，为社会治理夯实思想基础。第二，核心价值观能够增强社会内部的认同感，使个人与个人之间、个人与群体之间、群体与群体之间形成相互尊重、相互理解的和谐关系，增强社会凝聚力与向心力，使不同社会治理主体之间相互信任、相互支持、相互合作。

第三节　社会治理的功能与目标

一、社会治理的基本功能

(一)维护社会秩序，防范社会危机

维护社会秩序是社会治理的一个基本功能。社会秩序的对立面就是社会混乱或危机。通过对历史回顾，我们可以发现：当社会系统出现功能失调但是范围和烈度尚未影响到社会秩序时，就不会被认为是社会危机；当社会系统功能失调的范围和烈度引发社会动荡，它就会演变为社会危机。

回顾19世纪以来全球范围所发生的重大社会危机事件，我们可以发现，现代国家的社会失序包括两个层级：第一个层级，是公众对国家维护社会秩序的能力失去信心，要求更换政府部分成员或主要成员；第二个层级，是公众对国家的不信任，以暴力或革命的方式摧毁既有体系。19世纪以来的美国社会危机模式和第二次世界大战以后的欧洲资本主义国家的社会危机模式，都是第一个层级的实例；而第二次世界大战以前的欧洲和第二次世界大战以后的拉丁美洲、非洲和中东地区的许多国家的社会危机模式都是第二个层级的实例。因此，防范社会危机的根本就是防止公众对政府不信任而导致的危机。防范这一危机的有效路径就是改革"社会治理"。只有坚持多元社会主体理念，在加强政府对社会管理的同时，积极吸纳各种社会力量参与社会事务和公共治理，才能避免由政府一元统治出现的"政府失灵"。因此，社会治理的第一个基本功能就是维护社会秩序，防止社会崩溃。

(二)化解社会矛盾，促进社会和谐

社会治理的又一基本功能，是协调社会关系、凝聚社会共识、促进社会和谐。改革开放以来，我国经济社会发生了深刻的转型，无论经济结构还是社会结构，都发生了具有历史意义的变迁。在城市，单位体制解体后，就业、住房、医疗、养老等发生全方位变革；在农村，原有的乡村组织松解，村庄边界开放，大量农民外出务工；整个社会呈现出阶层分明、流动加剧的特征，社会矛盾多发。这就必须协调社会关系、化解公众不满情绪，通过引导各种社会力量参与公共事务活动，增进彼此理解和认同，以化解社会矛盾、维护社会和谐关系。

(三)激发社会活力，发挥各方面积极性

社会治理的另一个基本功能，是激励社会主体的进取精神，使社会运行富有活力与效率。如果社会力量活跃，广大人民群众积极参与社会治理，很多看似困难的问题都能够顺利解决；如果全社会都"等、靠、要"，人人都不愿承担责任，社会缺乏活力，许多该办成的事都难以办成，也会使政府不堪重负。因此，社会治理要有效地激发社会活力，不断提升人民群众和基层单位参与公共事务的主动性、积极性。

(四)推动社会进步，彰显社会公平正义

社会治理还有一个基本功能，是推动社会全面进步，提升社会文明水平。在社会建设中，公平正义是社会进步、社会文明的重要标志。实现社会正义要靠有效的社会治理。如果社会治理是多元治理主体共同建设、共同治理、共同享用的体制机制，那么就会为社会正义的实现提供制度保障。社会治理必须建设机会平等的社会治理制度和结果平等的社会治理制度。要超越西方现代社会早期阶段自由社会流动下竞争型公共秩序，其实质是机会相对平等的社会结构和结果不平等的社会结构的叠加。

二、社会治理的主要目标

(一)建设"和谐社会"

构建社会主义和谐社会，是中国社会主义现代化建设的重要目标，也是社会治理的主要目标。和谐社会是全体人民共同建设、共同治理、共同享有的社会。建设和谐社会就是按照民主法治、公平正义、诚信友爱、充满活力、安定有序、人与自然和谐相处的总要求，解决人民最关心的利益问题，使民生更加完善、法治更加健全、公平正义更多体现；全体社会成员各尽所能、各得其所，共建共享发展成果；区域城乡发展差距和居民收入财富差距缩小，消除绝对贫困现象；各项社会事业全面发展，社会保障制度实现全覆盖；更好地实现古人所追求的"使老有所终，壮有所用，幼有所长，鳏寡孤独废疾者皆有所养"（《礼记·礼运》），实现我们党多次重申的使广大人民群众"幼有所育、学有所教、劳有所得、病有所医、老有所养、住有所居、弱有所扶"，促进社会公平正义；社会普遍崇德尚礼，笃亲兴仁，修身律己，尊长爱幼；实现政治清明、社会和谐、家庭和睦、人际和顺、心态和善、人与自然和谐相处；社会主义和谐社会建设不断迈出新步伐。

（二）建设"平安社会"

建设平安社会就是人民群众安全感明显增强，普遍过上更为平安祥和的生活；人民安居乐业，社会安宁稳定；正义普遍得到伸张，邪恶坚决受到惩治，"盗窃乱贼"现象大为减少；立体化公共安全体系健全，维护公共安全能力提升，公共安全工作系统性、整体性、协同性显著增强，食品药品安全、交通安全、居住安全、环境安全等公共安全状况不断改善，整个社会秩序良性运转。

（三）建设"信用社会"

建设信用社会就是全社会诚信意识和信用水平普遍提高，自觉"讲信修睦"，诚实重诺，"欺骗诡异"现象减少；覆盖全社会征信系统基本建成，社会信用法律和标准体系逐步建立，信用基础设施和服务市场比较完善，信用监管体制不断健全，守信激励和失信惩戒机制全面发挥作用；政务诚信、商务诚信、社会诚信和司法公信建设取得显著进展；社会信用环境明显改善，信用文化和诚信社会蔚然兴起。

（四）建设"法治社会"

建设法治社会就是社会全面推行法治，社会生活纳入法治化、规范化的轨道，社会活力不断迸发又依规有序运行；全社会法治观念和法治信仰普遍增强，宪法和法律得到更好实施和遵从；社会依法治理能力不断加强，社会公共法律服务体系和服务保障逐步完备，全社会形成尊法、学法、信法、守法、用法和守法光荣、违法可耻的良好风尚。

(五)建设"健康社会"

建设健康社会就是全民健康水平不断提升，国民整体素质普遍增强，人均预期寿命提高；覆盖城乡居民的基本医疗卫生制度逐步健全，完善的公共卫生和医疗服务体系普遍建立，人人享有基本医疗卫生服务，城乡卫生环境普遍改善，脏乱差现象明显减少；全民健身型社会基本建成，体魄健康的主要指标达到发达国家水平；社会道德建设全面推进，全社会成员心理素质和精神健康全面增强，社会风气明显净化，整个社会全面健康向前发展。

(六)建设"幸福社会"

建设幸福社会就是更好造福人民，增进社会温馨，使得城乡居民幸福指数全面提升，人民生活更加富裕，生活质量明显提高，家庭财产普遍增加，民主权利广泛享有，各项合法权益得到切实保障，精神生活丰富充实；人的尊严普遍受到尊重，不断实现人的自由、全面发展，有更多的获得感、幸福感，生命价值得以更好实现；幸福环境全面营造，生活、劳动、生态环境不断改善，家庭美满安康，幸福诸要素生成机制不断扩大；"幸福快乐"变为人民群众的普遍追求，幸福体验感、满意度普遍增强。

第四节　社会治理的地位与作用

一、社会治理在国家治理中的地位与作用

社会治理是国家治理的重要有机组成部分。第一，社会治理的主体是国家的法人或自然人，他们既是国家治理的参与者也是服务对象。换言之，社会治理主体都是"国家"的主体。第二，社会治理的客体是国家治理客体的重要构成。在所有的国家公共事务中，社会秩序和社会关系都是不可缺少的基本要素，没有良好的社会秩序，任何国家公共事务都没有开展的社会环境，没有良好的社会关系，任何国家公共事务都没有

开展的社会基础。

社会治理现代化是国家治理现代化的目标之一。第一，社会治理现代化将为国家治理现代化提供基本条件。现代化，归根结底是人的现代化，而人的现代化的核心是人的思想观念的现代化。社会治理主体具有多元性特征，除了党组织和政府以外，企业、社会组织、公民个人都是社会治理的主体。这些治理主体，特别是党组织和政府以外的治理主体，实现从"自在的"治理主体变成"自觉的"治理主体是社会治理现代化的重要标志。社会治理现代化进程与社会治理主体现代化的进程是结伴前行的，随着社会治理现代化的推进，社会治理主体的现代化程度必然越来越高，这就为国家治理现代化的推进奠定了人的基础，提供了主体条件。

第二，从长期发展的逻辑上说，社会治理现代化是国家治理现代化的必然结果。国家治理现代化，本质上就是国家公共事务活动的现代化，国家公共事务活动现代化本身不是目的，通过国家公共事务活动现代化，让人民生活幸福、社会充满活力而有序运行、社会关系和谐才是真正的目的。而社会治理现代化的本质内涵就是人民生活幸福、社会秩序稳定、社会关系和谐。因此，社会治理现代化是国家治理现代化的目标之一。

无论是国家治理现代化还是社会治理现代化都将是一个相当长的历史过程。在过程的意义上，社会治理现代化与国家治理现代化是相互契合、相互促进、互为前提、互为基础的关系。

二、社会治理在社会建设中的地位与作用

社会建设是国家"五位一体"总体布局中的一个重要方面，"五位一体"即经济建设、政治建设、文化建设、社会建设、生态文明建设一体化建设的总体布局。而社会治理是社会建设的重要内容。搞好社会建设就必须搞好社会治理。没有好的社会治理，就不可能有好的社会建设。经济治理可以划分为宏观经济治理和微观经济治理，社会治理同样也可以划分为宏观社会治理和微观社会治理两个层面。

宏观社会治理决定着国家社会建设的总水平和总趋势。社会建设的目的是让人民享受到更好的生活、公共服务和发展环境。宏观社会治理要发挥促进社会建设的作用，就需要优化社会治理的领导体制，完善社会治理机制，理顺不同社会治理主体之间的关系。

优化社会治理领导体制，就是要在中国共产党的领导下，使国家各个行政层级确立相对完善的社会治理领导系统，避免地方、部门分治。完善社会治理机制就是要建立功能协同的治理机制，避免碎片化治理带来的各种问题。理顺不同社会治理主体之间的关系就是要充分推动社会力量参与社会治理，在突出党委领导和政府负责的同时，积极鼓励社会组织和公民个人参与社会治理，避免社会组织和公民个人被边缘化。宏观社会治理的发展有一个渐进过程，需要根据经济社会发展总体状况不断调整和变化，既要防止急于求成、盲目冒进，也要避免因循守旧、故步自封。

微观社会治理决定着社会运行的质量和效益。特别是公共服务必须落实到具体服务过程中，让服务对象有真实的获得感。微观社会治理要发挥促进社会建设作用，首先就要下大力气改变粗放式社会管理的理念和方法。粗放式社会管理缺乏对广大人民群众具体需求的理解和尊重，缺乏对公共服务效率的关注。要改变这一局面，就要在微观社会治理中强调标准化和规范化，主要应做好两方面工作。一是要充分运用科学技术手段，做好信息收集和反馈工作。信息收集和反馈是社会治理的应有之义，只有及时准确了解人民群众的需求，才能开展有针对性的服务，只有及时反馈人民群众的评价和获得感，才能不断优化和完善服务的内容、方法和对象。二是要充分依靠专业方法，做好"最后一公里"的服务传导。公共服务和公益服务，只有传导到作为服务对象的具体的个人才算真正完成，服务传导必须根据不同的对象、不同的问题、不同的需求采取针对性的工作方法才能真正发挥作用，因此服务传导方法的专业化非常重要。

三、社会治理对经济、政治、文化、生态文明建设的促进作用

社会治理对经济建设具有促进作用。经济发展是政治发展、社会发展和文化发展的基础，经济建设现代化是国家治理现代化的基础。当前和今后一个时期，中国经济进入发展"新常态"，经历着增长速度换挡、经济结构调整、经济增长动力转换的过程，还将面临如何跨越"中等收

入陷阱"的挑战。经济体制改革与发展的一个重要问题，就是如何发挥市场在资源配置中的决定性作用和更好发挥政府作用。搞好社会治理可以有效解决经济建设中市场秩序不规范、运行规则不统一、开展竞争不充分的问题。

推进社会治理现代化有助于推进经济建设现代化。一是进行社会治理能够为经济治理提供信用支撑。现代市场经济是以契约为交换关系基础的经济类型，经济活动主体的信用观念和守信行为是市场经济的基本条件。缺失信用的支撑，现代市场经济将难以最终建立起来，而社会治理的重要目标就是建设"信用社会"，在全体人民中树立信用观念、尊崇守信行为是社会治理的重要任务。通过"信用社会"建设，会为市场经济奠定信用基础。二是进行社会治理能够为经济建设提供法治环境。现代市场经济是以现代法律为根本依据的经济活动体系，市场经济活跃和繁荣的重要保障就是完备的法律体系。社会治理的重要目标是建设"法治社会"，在全体人民中树立法治观念、普及法律知识、形成守法行为是社会治理的重要任务。通过"法治社会"建设，会为市场经济建构良好的法治环境。

社会治理对政治建设具有促进作用。政治建设现代化是国家治理现代化的重要组成部分，政治建设的最核心内容就是民主政治建设，完善民主政治是国家治理现代化建设的重要组成部分。完善民主政治，一是需要坚持人民主体地位，发挥人民代表大会的根本政治制度作用；二是需要坚持协商民主的制度化发展，让不同阶层不同群体的人民群众都有参与政治进程的机会；三是需要充分发展基层民主，积极支持和鼓励城乡社区居民参与公共事务决策和协商活动。社会治理将有助于推进政治建设现代化。一是社会治理强调"多元主体"，即鼓励社会组织和公民个人都能发挥社会治理主体的作用，积极并负责任地投入社会治理实践活动。社会组织和公民个人参与社会治理所积累的成功实践，可以成为他们参与民主政治建设的重要体现。因此，社会治理为政治建设提供了主体基础。二是社会治理强调治理主体之间的平等关系，即主张治理主体之间通过合作、商谈开展社会治理实践活动。这种平等参与的主体关系模式正是政治建设现代化所必须具备的特征。因此，社会治理为政治建设提供了互动基础。

社会治理对文化建设具有促进作用。文化治理，说到底是要净化人们的心灵，打造健康的精神支柱，提升公民的思想素养，丰富社会的文化生活。社会治理对文化治理的促进作用体现在两个方面。一是社会治理以建设和谐社会关系为目标，和谐社会关系的建立有助于消除人与人之间的对立情绪、化解人与人之间的各种矛盾、缓和人们的心理焦虑，这就为文化治理提供了心理基础。二是社会治理强调精细化服务，即为广大人民群众提供有效的公共服务，为弱势群体提供有效的公益服务。"精细化"就是要具体关心和了解每个个体的需求的独特性，并为这种独特性需要提供合适的服务内容和服务方法。精细化体现的是对人的尊重，体现的是人文关怀，精细化服务的普遍化将为文化建设提供良好的精神食粮。

社会治理对生态文明建设具有促进作用。生态治理，说到底是要建构人与自然的和谐相处关系，为中华民族可持续发展打造青山、绿水、蓝天，为子孙后代留下丰富的资源、美好的环境。人与自然的关系是人与人的关系的延伸。没有和谐的人与人的关系，人与自然的关系不可能真正和谐。因此，生态文明建设的成功，就必须依赖社会治理的成功。通过社会治理，提高人们的生态文明意识，建设和谐的人与人的关系，为建设生态文明提供社会条件。在这个意义上，社会治理是生态文明建设的前提和保障。

延伸思考

1. 解释下列概念：社会治理、社会治理主体。
2. 简述社会治理的内涵。
3. 分析社会治理的功能。
4. 简要说明决定社会治理的因素。
5. 联系实际论述社会治理在国家治理中的地位与作用。

参考文献

[1] 习近平谈治国理政[M]. 北京：人民出版社，2014.

[2] 习近平. 决胜全面建成小康社会　夺取新时代中国特色社会主

义伟大胜利——在中国共产党第十九次全国代表大会上的报告[M]．北京：人民出版社，2017．

[3] 本书编写组．中共中央关于构建社会主义和谐社会若干重大问题的决定[M]．北京：人民出版社，2006．

[4] [法]卢梭．社会契约论[M]．何兆武，译．北京：商务印书馆，2003．

[5] 魏礼群．积极推进社会治理体制创新[J]．行政管理改革，2014(8)．

[6] 魏礼群．提高社会治理水平 决胜全面小康社会[J]．社会治理，2016(5)．

[7] 赵孟营．从新契约到新秩序：社会治理的现代逻辑[J]．北京大学学报(哲学社会科学版)，2015(2)．

第二章　中国社会治理基础理论

本章概述

　　本章主要阐述中国社会治理的基础理论，包括马克思主义社会治理思想和马克思主义社会治理思想中国化的发展。读者通过本章的学习，可以了解马克思主义社会治理的基本思想与分析方法，有助于形成马克思主义社会治理观。

第一节　马克思主义社会治理思想

一、马克思主义社会治理思想产生的背景

　　19世纪中叶至20世纪初，马克思、恩格斯、列宁等经典马克思主义作家在革命实践和理论研究中，大胆构想了未来社会形态，积极探索社会主义社会治理新方式，创造性地提出了社会主义社会如何治理的问题，形成了丰富的社会治理思想。

　　（一）马克思主义社会治理思想产生的理论渊源

　　马克思主义社会治理思想的产生，始于西方国家早期学者关于国家与社会关系的探讨。一是以马基雅维利、黑格尔等为代表的"绝对国家说"，认为国家是至高无上的，国家处于中心位置，社会处于边缘地带；国家对社会有绝对的控

制权,并且不因时间、地点的变更而改变。二是以洛克、潘恩等为代表的"国家社会对抗说",认为国家和社会存在质的区别,彼此相互独立、相对分离,但是社会随时可能被国家吞没,因此会采取措施加以反抗,逐渐便发展成了对"自由""平等"的争夺。三是以马克思、恩格斯为代表的"国家社会关系说",认为国家是社会发展的产物,两者在发展过程中逐步形成竞争与互动关系,最终将彻底取代彼此的对抗,实现大融合。

(二)马克思主义社会治理思想产生的客观条件

资本主义经济发展为马克思主义社会治理思想产生提供了现实条件。19世纪初期,西方资本主义经济得到空前发展,但是生产力的巨大进步也导致了生产过剩,出现了经济危机。经济危机暴露出资本主义生产方式的内在矛盾,也加剧了资本主义制度下无产阶级与资产阶级之间的冲突,导致无产阶级所领导的社会革命的爆发。无产阶级完成自己的使命需要以科学理论为指导,由此便促使了经典马克思主义社会治理思想的产生。此外,包括细胞学说、能量守恒和转化定律、达尔文生物进化论等在内的自然科学的发展,为马克思主义社会治理思想提供了唯物观,促使人们开始辩证地看待国家与社会的关系。

(三)马克思主义社会治理思想产生的阶级基础

工业革命推动了资本主义的快速发展,无产阶级受到工业资本家的残酷剥削,社会基本矛盾日益凸显。从19世纪30年代开始,相继爆发了法国里昂丝织工人起义、英国宪章运动和德国西里西亚纺织工人起义。三大工人运动的发生,标志着以工人为主体的无产阶级作为一支独立的政治力量登上了历史舞台。一方面,无产阶级的出现为马克思主义的诞生提供了阶级基础;另一方面,早期无产阶级的斗争带有一定程度自发性,难以适应日趋激化的阶级斗争形势,迫切需要科学的理论指导和组织领导,这为马克思主义社会治理思想的产生提供了实践基础。

二、马克思主义社会治理思想的主要内容

(一)马克思恩格斯社会治理思想

马克思与恩格斯认为,社会事务是全员之事,由社会全体成员共同参与、共同治理。虽然马克思与恩格斯并没有直接谈及"社会治理"的准确定义,但在《共产党宣言》《哥达纲领批判》《反杜林论》等著作中,对

"未来社会如何治理"的问题，多有论述。马克思认为，社会治理以国家、市民社会和广大人民为主体，以社会生产力发展、教育事业发展、社会保障的建立等为内容，以实现社会公平正义和人的自由全面发展为目标。恩格斯在理论研究和社会实践中，基于对社会主义社会发展的长期观察，以及对社会发展规律的深刻把握，丰富了社会主义社会治理思想。马克思与恩格斯关于社会治理的重要论述和思想集中体现在六个方面。

1. 倡导社会治理主体的广泛性

马克思认为，国家、市民社会、人民都是社会治理的主体，但在不同性质社会、不同社会发展阶段，社会治理主体结构会存在较大差异。马克思具体分析了三种社会形态的社会治理状况：先是原始氏族社会，社会主体结构单一，社会治理表现为一种自发、松散的自我组织和管理；进入阶级社会之后，社会主体结构发生深刻变化，国家成为社会治理的重要主体，社会治理组织化程度不断提高；在未来社会，"自由人联合体"将成为社会治理主体，从而真正实现人民当家做主。在总结巴黎公社治理经验时，马克思指出"人民"即"工人阶级、农民和中等阶级"，所谓"人民治理"指的是人民主权、人民普选、人民监督、人民教育等。在社会发展至共产主义社会阶段，将由自由发展的个人组成的联合体共同执行社会治理职能。这其中不仅仅包括国家勤务人员，还涉及广大人民群众。也就是说，在共产主义社会中，每一位社会成员都将真正成为社会的主人，全面参与社会治理。

2. 主张社会治理内容的多样性

从本质上讲，社会治理就是要满足人民群众的美好生活需要，即民生需要。马克思谈道，人们"为了生活，首先就需要吃喝住穿以及其他一些东西"[①]。衣食住行等基本生活需要得以满足后，自然会产生更高层次的其他需要。为了实现社会有序治理，必须从多方面着手。一是大力发展社会生产力，促进社会生产率提高。生产力发展是社会治理的基本前提和物质保障。马克思认为，如果没有生产力的快速增长和高度发

---

① 《马克思恩格斯选集》第1卷，79页，北京，人民出版社，1995。

展，就会导致极端贫困的普遍化，就必须重新开始争取必需品的斗争。二是大力发展教育事业，促进人的全面发展。马克思视域下的教育发展对象主要是工人阶级及其子女，特别是儿童。他批判了资产阶级国家使用童工现象，主张废除童工制，面向所有儿童实施免费的普及教育，同时加强家庭教育。三是设立后备基金，防范社会风险。马克思认为，社会需要提供后备基金，以适应社会物质资料生产的风险性和不确定性特点，有效保障劳动者权益；社会需要提供部分生活保障，以维持未达到法定劳动年龄人口的基本生活需要；社会需要提供保障措施，以解决因年老不能参加生产劳动人口的生存和社会问题。可见，社会保障作为一切社会生产方式共有的基础，无论是在经济发展，还是在社会生活和社会发展中，都是必需的。

3. 指明社会治理目标的多重性

根据马克思的论述，社会治理的目标，至少包括首要目标和终极目标两个层面。一是实现社会公平正义是社会治理的首要目标。在批判资产阶级社会正义思想的基础上，马克思阐释了无产阶级的正义观。马克思认为，探讨社会正义应以"现实的人"为出发点，而不是基于所谓人类理性，将"抽象的人"或"一般人"的"平等""自由""权利"等，作为社会正义理论关注的主要内容和探讨的主要范畴。他提出了"只有在共产主义社会才能实现社会正义"的论断，认为到了那个时候，建立起生产资料公有制，实现了生产力高度发达，才能避免"牺牲一些人的利益来满足另一些人的需要"的情况发生，使广大人民群众共同享受社会发展创造出来的福利。只有如此，才能促进社会公平正义的来临。二是实现人的自由全面发展是社会治理的终极目标。马克思社会治理思想从真正"现实的人"出发，尊重人的主体地位，充分彰显了以人为本的价值主旨。这里提到的"现实的人"，指生活在社会中的有生命的个人，他们彼此结成一定社会关系，不断从事着实践生活。"这样的人"既被他所依存的社会所规定，又能动地建设和改变着社会。因而，马克思在《共产党宣言》中设想了未来社会的组织形式，即"代替那存在着阶级和阶级对立的资产阶级旧社会的，将是这样一个联合体，在那里，每个人的自由发展是一切人的自由发展的条件"①。

4. 社会治理是政治统治的基础

针对社会治理与政治权力之间的关系，马克思与恩格斯都做出了重要论述。马克思认为："一切政治权力起先都是以某种经济的、社会的职能为基础的。"②恩格斯则指出："政治统治到处都是以执行某种社会职能为基础，而且政治统治只有在它执行了它的这种社会职能时才能持续下去。"③这都表明社会治理为政治统治奠定了社会基础，而政治统治则规定和保证了社会治理的有效施行。在马克思与恩格斯看来，社会治理职能将会伴随着国家存在而一直存在，不会因地域不同或时代发展消失。换句话说，社会治理具有持续性影响力和广泛性覆盖面。无产阶级在领导社会主义社会治理的过程中，必须要保证有所作为、大有作为。否则，社会治理的失败将导致政治统治的崩溃，社会治理由于丧失了基本前提条件，也就变成了无源之水、无本之木。从这个角度而言，国家与社会之间的关系，构成了社会治理的逻辑起点。

5. 社会治理是动态发展的过程

在对未来社会进行预测和判断时，恩格斯特别强调对唯物辩证观点的运用。他认为，人类社会是运动、变化、发展的，其基本的、总的趋势是由低级到高级的历史过程。他强调："所谓'社会主义社会'不是一种一成不变的东西，而应当和任何社会制度一样，把它看成是经常变化和改革的社会。"④他还强调："我们是不断发展论者，我们不打算把什么最终规律强加给人类。"⑤社会主义社会是一个不断变化发展的社会，在回答如何治理未来社会时，他谈道："我所在的党没有提出任何一劳永逸的现成方案。"⑥可以看出，恩格斯认为，要根据社会现实和发展过程因时、因地灵活采取举措，并不建议直接给出具体规划或现成方案。

---

① 马克思、恩格斯：《共产党宣言》，51页，北京，人民出版社，2014。
② 《马克思恩格斯选集》第3卷，526页，北京，人民出版社，1995。
③ 恩格斯：《反杜林论》，187页，北京，人民出版社，1999。
④ 《马克思恩格斯文集》第10卷，588页，北京，人民出版社，2009。
⑤ 《马克思恩格斯文集》第4卷，561页，北京，人民出版社，2009。
⑥ 《马克思恩格斯全集》第36卷，419页，北京，人民出版社，1975。

因此，处于变化、发展着的社会之中，没有什么一成不变的社会治理方案，治理措施必然要随着社会发展进步和变化而不断改变。

6. 社会治理的根本任务是复归社会

在恩格斯看来，参与社会治理是每一位社会成员享有的权利，社会发展的最终目标是复归社会，即社会治理权利和生产资料回归公民所有、回归社会所有。在回答"社会主义社会如何治理"问题时，恩格斯多次谈到的、也是他认为是重中之重的，就是实现生产资料公共占有。就"生产资料社会所有如何体现"这一问题，恩格斯以土地为例，主张通过集体所有制和国家所有制的形式实现回归社会，并详细阐释了回归的步骤，强调了这一过程之于社会治理的作用。此外，他还特别指出了"每一成员不仅有可能参加社会财富的生产，而且有可能参加社会财富的分配和管理"[①]。恩格斯认为，一旦实现了生产资料由社会所有，所有社会成员在生产资料和社会财富的占有上没有差别时，自然就能够实现社会治理权利由社会成员享有并达到彼此平等。

(二) 列宁社会治理思想

列宁继承并发展了马克思恩格斯社会治理思想，形成了社会治理思想体系。这一思想体系坚持党的领导核心地位，确立人民的治理主体作用，加强法律和制度建设，推动社会保障、基础教育等社会事业的建立和发展，动员社会力量参与，最终实现人的全面发展和社会的公平正义。列宁社会治理思想集中体现在七个方面。

1. 坚持党的总的领导地位

在总结俄国社会主义革命和建设实践经验的基础上，列宁提出要正确处理共产党与其他各类组织之间的关系，毫不动摇地坚持无产阶级政党的领导核心地位。对于领导方式问题，按照列宁的观点，坚持党的领导不是由党委代替政府管理具体社会事务，党的任务是实行"总的领导"(政治领导)而非"过分频繁的、不正常的、往往是琐碎的干预"，因此"明确地划分党(及其中央)和苏维埃政权的职责"[②]是极其必要的。这一

---

① 《马克思恩格斯选集》第3卷，336页，北京，人民出版社，1995。
② 《列宁全集》第43卷，64页，北京，人民出版社，1987。

论述实际表明了党的总的领导对社会治理的高度重要，并对后来的社会主义社会治理领导权问题提供了重要的理论依据。

2. 确立人民治理主体地位

列宁认为，人民是国家的主人，国家的一切权利来源于人民，由人民赋予，代表着人民，并且属于人民。苏维埃政权建立后，无产阶级政党在巩固新生政权和发展社会主义时，要十分重视"吸引劳动者，吸引贫民参加管理国家的日常工作"①。他还指出，不只在社会主义革命，而且在建设社会主义的整个过程，要动员广大人民群众，激发人民主体意识，发挥人民主体作用。此外，列宁认为，无产阶级专政是一个"由若干齿轮组成的复杂体系"，在"发动机"和"机器"之间必须要有"传动装置"②，以联合方式组织起来的工会、共青团、妇联等人民团体，要充分发挥桥梁纽带作用。

3. 加强法律制度建设

列宁认为，社会主义社会治理必须建立健全法律和制度，规范社会权力运行，维护社会公共秩序。他强调："我们的政权愈趋向稳固，民事流转愈发展，就愈需要提出加强革命法制这个坚定不移的口号。"③在列宁领导下，苏俄不断推进法制建设，强化法律和制度在国家管理和社会治理中的规范作用，其具体举措包括：权力要在法律和制度框架内运行；实现人民监督权力的制度化；以法律规范政府和市场的关系等。

4. 重视社会事业发展

列宁系统地阐述了俄国的社会保障问题，主张推行社会保障制度。在巩固新生政权的过程中，为广大人民群众提供广泛的社会保障是无产阶级政权义不容辞的职责，并且只有通过立法方式来实施，才能推动社会保障制度的落实，保证其统一性、平等性和有效性，才能为劳动群众争取到广泛权利，成为追求自由和解放的合法途径。正是基于上述考虑，他首次提出了工人阶级的社会保障制度，保证工人获得社会福利。

---

① 《列宁选集》第3卷，303页，北京，人民出版社，1995。
② 《列宁专题文集：论社会主义》，304页，北京，人民出版社，2009。
③ 《列宁全集》第42卷，353页，北京，人民出版社，1987。

同时，列宁高度重视基础教育、国民素养、防备歉收、消灭饥荒等社会事业发展，并将其置于社会治理体系的显著位置，凸显了发展社会事业对社会治理的支撑价值。

5. 动员社会力量参与

列宁认为，工会是无产阶级最广泛的工人阶级组织和群众组织，应积极参与到社会主义国家的建设和管理中。苏维埃建立之初，列宁就指出，希望发挥工会力量，全面承担起国家管理职能，并以此为契机，主张"工会国家化"政策的推行。他强调，要以工会作为实现人民自治的主要载体，就要使其成为人民群众学习管理技能的"共产主义学校"，并成为全体劳动群众的代表。随着社会生产力的发展，人民群众在工会的教育下，其管理能力和水平得到极大提高，最终必将胜任管理国家的重任，真正实现人民自治。

6. 促进人的全面发展

在列宁看来，促进人民群众全面发展是社会治理的应有之义。他提到，"消灭人与人之间的分工，教育、训练和培养出全面发展的和受到全面训练的人，即会做一切工作的人。共产主义正在向这个目标前进，必须向这个目标前进，并且一定能达到这个目标。"[1]可见，在实现人的全面发展中，他更为突出地强调教育的重要性。通过在思想、组织、教育等方面影响和引导广大人民群众，社会要培养起一代能够促成共产主义实现的青年队伍，为最终实现人的自由而全面发展持续努力。

7. 追求社会公正平等

列宁认为，阶级的消灭是社会公正平等的前提条件，并特别强调消灭阶级与消灭社会差别两者的一致性。"如果不把平等理解为消灭阶级，平等就是一句空话。"[2]他提出，在不同阶级的阐释中，公正平等的具体内容会有所差异。在生产资料私有制的阶级社会中，阶级不平等长期存在，剥削者与被剥削者之间不可能有真正的"平等"。在生产资料公有制社会中，随着私有制被彻底消灭，生产力高度发达，脑力劳动和体力劳

---

[1] 《列宁全集》第39卷，29页，北京，人民出版社，1986。
[2] 《列宁选集》第3卷，816页，北京，人民出版社，1995。

动对立消失，物质财富极大丰富，"各尽所能、按需分配"成为可能，才会实现真正的公正平等。从这个意义上讲，公正平等是一种社会历史过程，只有在共产主义社会才能真正实现。

三、马克思主义社会治理思想的意义

马克思、恩格斯、列宁的社会治理思想共同构成了经典马克思主义社会治理思想。马克思和恩格斯立足于社会发展阶段实际，结合巴黎公社的治理经验，批判和吸收资本主义民主的有益成果，遵循人类社会发展规律，设想未来社会治理新特征，判断社会发展新趋势，揭示了人类社会发展的规律，提出了人民群众是历史的创造者，是马克思主义社会治理思想的理论基础。尽管他们提出的思想中仅涉及最一般的原则问题，但同样能够为社会治理创新提供科学方法，指明前进方向。在苏维埃社会主义建设和发展中，列宁坚持并发展了马克思、恩格斯的社会治理思想，结合苏俄经济文化落后的国情，创造性地提出了在经济文化落后的社会主义国家如何开展社会治理的思想，进一步丰富了经典马克思主义社会治理学说，对于落后国家建设而言，具有一定范围内的普遍意义。

马克思主义社会治理理论是一个从理论到实践，又从实践到理论的辩证发展过程。正如列宁谈到的，"现在一切都在实践，现在已经到了这样一个历史关头：理论在变为实践，理论由实践赋予活力，由实践来修正，由实践来检验。"[1]马克思主义经典作家在社会治理方面的理论，是中国新民主主义革命胜利、人民政权建立、社会主义建设以及改革开放中社会治理的理论发展和行动指南。与此同时，社会主义社会日新月异的发展变化必将进一步完善社会治理理论，丰富社会治理的内涵，拓展社会治理的外延范围。

马克思主义社会治理思想对中国社会治理思想和实践发展具有重要启示作用。党的十九大报告指出："中国特色社会主义进入新时代，我国社会主要矛盾已经转化为人民日益增长的美好生活需要和不平衡不充分的发展之间的矛盾。"当人民的基本物质需求得到满足后，会更加重视

---

[1] 《列宁专题文集：论社会主义》，59～60页，北京，人民出版社，2009。

增强自身的获得感、幸福感和安全感，追求在民主、法治、公平、正义、安全、环境等方面需求的满足。这个方面就直接体现了马克思主义社会治理的最终价值目标，即人的自由全面发展。因此，新时代下加强社会治理，需要坚持人民主体原则，彰显以人为本的价值取向；需要推进社会治理体系和治理能力现代化建设，激发社会活力，促进多元主体共建共治，形成社会治理的合力。

第二节　马克思主义社会治理思想中国化发展

一、毛泽东社会治理思想

早在民主革命时期革命根据地的建设中，毛泽东对社会治理就做出许多重要论述。1949 年新中国成立后，如何进行国家建设与社会治理成为摆在以毛泽东为主要代表的中国共产党人面前的主要任务。毛泽东结合中国的基本国情、社情、民情，创造性地提出了一系列社会治理思想，实现了从"新民主主义"向"社会主义"的革命性转变，为解决那个时期的社会问题提供了强大的思想理论武器，丰富和发展了马克思主义社会治理思想，使得中国社会治理进入新的历史发展阶段。概括地说，毛泽东社会治理思想集中体现在六个方面。

（一）人民群众是社会治理的真正主人

毛泽东高度重视人民群众在社会治理中的重要地位和作用。在总结抗日战争的经验时，毛泽东强调："人民，只有人民，才是创造世界历史的动力。"[①]他用"只有"两字强调了人民创造历史的主体作用。这为坚持人民执政、人民治理，提供了世界观方面的理论支持。中国革命之所以能取得胜利，靠的是小米加步枪，靠的是广大人民群众，人民才是社会进步真正的动力源泉。在社会主义三大改造任务基本完成后，毛泽东不失时机地提出了"所有制问题基本解决以后，最重要的问题是管理问

---

① 《毛泽东选集》第 3 卷，1031 页，北京，人民出版社，1991。

题"①的论断。在他看来,社会建设与治理已上升为社会最重要的问题,必须高度重视。而治理从根本上要依靠人民群众,治理也是为了人民群众。可以说,走群众路线,让人民直接管理国家和社会事务,这是毛泽东社会治理思想和实践的独创性之一。

(二)收入分配是社会治理的重要方面

毛泽东在社会治理中十分关注收入分配问题。一方面,彻底废除了人剥削人的制度,确立了按劳分配的原则;另一方面,坚决反对平均主义和两极分化。他指出:"我们的提法是既反对平均主义,也反对过分悬殊。"②二者之间的平衡点需要尽可能地拿捏到位,不论偏向哪一方,都会挫伤人民群众参与社会治理的积极性与主动性。这种缩小分配差距的努力,不仅体现在缩小人们生产资料占有上的差距,而且体现在缩小工资收入上的差距,进而寻求在更大范围和更高程度实现人与人之间的平等。同时,毛泽东在强调"按劳分配、承认差别"的基础上,也高度重视"在分配问题上,我们必须兼顾国家利益、集体利益和个人利益"③。这表明国家、集体和个人之间利益关系的和谐统一,是实现社会治理的重要基础。可以说,结合我国基本国情,毛泽东赋予了社会公正、社会平等更为实在、丰富的内容。

(三)理想教育是社会治理的关键环节

新中国成立后,为了凸显法律在社会治理中的重要作用,国家加快了社会主义法律体系建设的步伐。1954年9月,毛泽东主持制定的新中国第一部《中华人民共和国宪法》颁布实施。这是首次以国家根本大法的形式,明确了国家的政治、经济、军事、文化、教育等制度,涉及社会治理、社会生活的方方面面,规定了公民享有的基本权利和应履行的义务,为国家建设提供了有力法律支撑。同时,毛泽东强调,要大力提倡共产主义思想道德,"要用共产主义理想教育人民"④,他还指出,我国"既是一个社会主义大国,又是一个经济落后的穷国,要勤俭建国,反

---

① 《毛泽东文集》第8卷,134页,北京,人民出版社,1999。
② 《毛泽东文集》第8卷,130页,北京,人民出版社,1999。
③ 《毛泽东文集》第7卷,221页,北京,人民出版社,1999。
④ 《毛泽东文集》第8卷,136页,北京,人民出版社,1999。

对铺张浪费,提倡艰苦朴素,同甘共苦"①。在马克思主义的科学指导下,毛泽东总结和提炼出了中国共产党人在实践中逐渐形成的"为人民服务""勤俭节约""艰苦奋斗"等崇高精神。这些精神品质成为那个时代的道德理想,通过在全国进行共产主义道德理想的宣传和教育,使共产主义思想成为人们的行动准则,成为社会治理的有效方式。

(四)基层组织是社会治理的坚固堡垒

毛泽东高度重视基层组织对社会治理的至关重要性。在20世纪30年代,他曾有一个生动的比喻:"我们要建立一个坚固的塔,就要从打下坚固的塔脚做起,我们要建立坚固的苏维埃,也要打下坚固的苏维埃塔脚,这就是城乡苏维埃了。"②可以看出,一个稳固的中国是建立在坚实有力的基层政权基础之上的。同样,一个稳定可持续的社会需要强有力的基层组织作保障。针对新中国成立后的社会建设而言,其面临的一个首要任务就是,把人民群众组织起来。围绕这一核心目标,毛泽东提出了建立生产合作社、人民公社、单位组织、群众团体、户籍管理制度等一系列基层组织思想。他指出:"许多人,许多事,可以由社会团体想办法,可以由群众直接想办法,他们是能够想出很多好的办法来的。"③可见,基层组织和各人民团体在社会治理中具有重要作用。

(五)物质福利是社会治理的重要内容

毛泽东十分重视社会保障问题,一再强调要将此作为社会治理中的一件大事。他既主张通过建立制度和制定法律为其保驾护航,又注重以具体领域为着力点,实施有针对性的举措,进行重点突破。早在抗日战争后期,他就指出:"一切空话都是无用的,必须给人民以看得见的物质福利。"④1951年,中央人民政府政务院颁布并实施了《中华人民共和国劳动保险条例》,对工伤待遇、养老待遇、生育待遇、死亡待遇等都做了详细明确的规定,较好地保障了劳动者的基本权益,受到劳动者群体的欢迎与拥护,歌颂道:"社会主义好,生老病死有劳保",足见欢愉

---

① 《毛泽东著作专题摘编》下,2135页,北京,中央文献出版社,2003。
② 毛泽东:《今年的选举》,载《红色中华》,第108期,1933-09-06。
③ 《毛泽东文集》第7卷,228页,北京,人民出版社,1999。
④ 《毛泽东文集》第2卷,467页,北京,人民出版社,1993。

之情、满足之情。随后，在毛泽东的领导下，《企业职工社会保障条例》和《国家机关工作人员社会保障条例》相继出台，使广大人民群众利益得到切实保障。

（六）党的领导是社会治理的根本保障

新中国成立以后，重建整个社会的基本秩序成为当务之急，也成为社会治理的重要任务。毛泽东指出："中国共产党是全中国人民的领导核心。没有这样一个核心，社会主义事业就不能胜利。"[1]这表明社会治理作为社会主义建设事业的重要组成部分，也必然离不开党的领导，要充分发挥党对社会治理的领导核心作用。同时，他强调："工、农、商、学、兵、政、党这七个方面，党是领导一切的。"[2]正是在社会主义建设过程中，毛泽东进一步阐发了党的全面领导思想，强调要加强和改善党的领导，不断完善党的领导制度，从而使得这一时期的社会治理逐步形成了一套具有自身特点的政策方针和规划体系。这为后来党丰富中国社会治理思想奠定了基础，也为促进科学社会治理提供了根本保证。

二、中国特色社会主义社会治理思想

1978年12月，党的十一届三中全会做出把党和国家的工作重心转移到经济建设上来，实行改革开放的伟大决策，我国进入开创和发展中国特色社会主义的新的历史时期。以邓小平、江泽民、胡锦涛为代表的中国共产党人，着力探索和建设中国特色社会主义，逐步形成了邓小平理论、"三个代表"重要思想、"科学发展观"等理论指导思想，为中国特色社会主义发展指明了方向、提供了思想引领。立足于改革开放的伟大实践，中国共产党人形成和发展了与中国特色社会主义相适应的社会治理思想，突出体现在如下七个方面。

（一）坚持和改善党的领导

加强和创新社会治理，既要坚持党的领导，又要不断改善党的领导。在决定实行改革开放方针的同时，邓小平就明确提出要坚持四项基本原则，核心就是坚持党的领导，这个原则不能动摇，动摇了就要倒退

---

[1]《毛泽东文集》第7卷，303页，北京，人民出版社，1999。
[2]《毛泽东文集》第8卷，305页，北京，人民出版社，1999。

到分裂和混乱。邓小平还指出："为了坚持党的领导，必须努力改善党的领导。"①改善党的领导，不是要削弱党的领导，而是为了坚持和加强党的领导。江泽民指出："在新的历史条件下，必须坚持、加强和改善党的领导"②；"一个执政党，如果管不住、治理不好领导班子和领导干部，后果不堪设想。"③这就表明要充分发挥党对社会治理的领导作用，特别是要抓好领导干部这个关键少数。胡锦涛指出："在世情、国情、党情发生深刻变化的新形势下，提高党的领导水平和执政水平、提高拒腐防变和抵御风险能力，加强党的执政能力建设和先进性建设"④。这就要求以党的执政能力和先进性建设来提升其社会治理的能力和水平。由此可见，党的领导能力增强了，方法得当了，治理国家和社会才能事半功倍，才会收到所设想的良好效果。

(二)重视保障和改善民生

保障和改善民生，是社会治理的治本之策。邓小平指出："社会主义的本质，是解放生产力，发展生产力，消灭剥削，消除两极分化，最终达到共同富裕。"⑤这就要求社会治理必须坚持公平正义，避免贫富悬殊，以实现全体社会成员共同富裕为依归。江泽民提出"三个代表"重要思想，特别强调"中国共产党要始终代表中国最广大人民的根本利益"⑥。这一思想深刻揭示了发展、执政与民生的辩证统一关系，并强调保障和改善民生是党长期执政的重要基石。胡锦涛指出："保障和改善民生，是我们搞革命、搞建设、搞改革的出发点和落脚点，也是坚持党的全心全意为人民服务宗旨的根本要求。"⑦这表明保障改善民生与党

---

① 《邓小平文选》第2卷，268页，北京，人民出版社，1994。
② 《江泽民文选》第2卷，262页，北京，人民出版社，2006。
③ 中共中央文献研究室：《十四大以来重要文献选编》下，1967页，北京，人民出版社，1999。
④ 胡锦涛：《在庆祝中国共产党成立90周年大会上的讲话》，10页，北京，人民出版社，2011。
⑤ 《邓小平文选》第3卷，373页，北京，人民出版社，1993。
⑥ 江泽民：《在新的历史条件下我们党如何做到"三个代表"》，载《党的文献》，2001(3)。
⑦ 胡锦涛：《在党的十七届二中全会第二次全体会议上的讲话》，见中共中央文献研究室：《科学发展观重要论述摘编》，75页，北京，中央文献出版社、党建读物出版社，2008。

的根本宗旨是一脉相承的。他还强调："加强社会建设，必须以保障和改善民生为重点。提高人民物质文化生活水平，是改革开放和社会主义现代化建设的根本目的。"①这就要求加强以保障和改善民生为重点的社会建设，切实妥善处理各种利益关系，建立健全利益表达机制，破除利益固化的樊篱，实现改革发展成果由全体人民共享，不断增进和提升人民群众的获得感、公平感和幸福感。

（三）强调两手抓、两手都要硬

改革开放是一场深刻的社会革命。改革开放促使经济发展的同时，直接影响到社会各个领域，包括理想信念、社会心态、价值观念。这就要求在加强物质文明建设的同时，必须加强精神文明建设。坚持物质文明和精神文明两手抓，两手都要硬，是中国特色社会主义的显著特征。邓小平指出："过去很长一段时间，我们忽视了发展生产力，所以现在我们要特别注意建设物质文明。与此同时，还要建设社会主义的精神文明。"②坚持两手抓，两手都要硬，只有两个文明都搞好，才是中国特色社会主义。江泽民强调："要把物质文明建设和精神文明建设作为统一的奋斗目标，始终不渝地坚持两手抓，两手都要硬。任何情况下，都不能以牺牲精神文明为代价去换取经济的一时发展。"③这表明"物质文明"和"精神文明"是不可分割的一个有机整体，两者相互依存、不可偏废，在社会治理过程中必须将之有机融合、相互贯通。胡锦涛指出："中国特色社会主义是全面发展、全面进步的事业，是物质文明和精神文明相辅相成、协调发展的事业。物质贫乏不是社会主义，精神空虚也不是社会主义。"④这就表明物质文明和精神文明协调发展，关涉中国特色社会主义事业的全面发展和进步，两者缺一不可、紧密相连，在社会治理过程中必须正确处理两者的关系。由此可见，"两手抓，两手都要硬"的思

---

① 胡锦涛：《坚定不移沿着中国特色社会主义道路前进 为全面建成小康社会而奋斗——在中国共产党第十八次全国代表大会上的报告》，34页，北京，人民出版社，2012。

② 《邓小平文选》第3卷，28页，北京，人民出版社，1993。

③ 《江泽民文选》第1卷，474页，北京，人民出版社，2006。

④ 中共中央文献研究室：《十七大以来重要文献选编》上，802页，北京，中央文献出版社，2009。

想，为我们党进行社会治理提供了重要的思想指导。

（四）加强民主和法制建设

坚持民主与法制相结合，是中国特色社会主义理论的一个基本观点，也是社会治理不可或缺的"两个车轮"。在探索"什么是社会主义、如何建设社会主义"这个根本问题的过程中，邓小平深刻认识到民主法制的重要地位和作用，首次系统阐述了我国社会主义法制建设的"十六字"方针，即"有法可依、有法必依、执法必严、违法必究"[①]；他还强调要通过改革，处理好法治和人治的关系。他指出："要加强民主就要加强法制。没有广泛的民主是不行的，没有健全的法制也是不行的。""民主要坚持下去，法制要坚持下去。这好像两只手，任何一只手削弱都不行。"[②]两者相辅相成，缺一不可，无论缺少哪一方，都不会发挥应有作用。江泽民指出："建设高度的社会主义民主和完备的法制，是我们的根本目标和根本任务之一，也是人民群众的共同愿望。"[③]他进一步指出："发展民主必须同健全法制紧密结合，实行依法治国。"[④]这表明要建立高度的民主与完备的法制，就必须坚持依法治国基本方略。胡锦涛指出，民主和法治是社会主义和谐社会的重要特征。他强调："民主法治，就是社会主义民主得到充分发扬，依法治国基本方略得到切实落实，各方面积极因素得到广泛调动"[⑤]。这些论述都表明，对于一个国家的治理而言，既要重视民主，又要重视法制，两者相辅相成、相互促进，缺一不可，不可有失偏颇。

（五）做好社会治安工作

社会治安是加强和创新社会治理的重要内容。针对改革开放初期我国社会治安的严峻形势，邓小平对如何搞好社会治安、维护社会稳定做出系列重要论述。他指出："要坚持两手抓，一手抓改革开放，一手抓

---

① 《邓小平文选》第2卷，148～149页，北京，人民出版社，1994。
② 《邓小平文选》第2卷，189页，北京，人民出版社，1994。
③ 中共中央文献研究室：《十三大以来重要文献选编》中，940页，北京，人民出版社，1991。
④ 《中国共产党第十五次全国代表大会文件汇编》，31页，北京，人民出版社，1997。
⑤ 胡锦涛：《论构建社会主义和谐社会》，52页，北京，中央文献出版社，2013。

打击各种犯罪活动。这两只手都要硬。打击各种犯罪活动,扫除各种丑恶现象,手软不得。"①根据邓小平的一系列重要指示,我国提出并确定了"社会治安综合治理"的基本方针。针对复杂的社会环境,江泽民指出:"社会治安,不仅是一个重大的社会问题,而且也是一个重大的政治问题。社会治安不好,群众不能安居乐业,不仅会影响党和政府在人民群众心目中的形象,而且也会影响改革发展稳定的大局。"②这充分表明社会治安问题的高度重要性,必须从整体上通盘予以考虑和应对。在加强社会治安过程中,必须坚持统一领导,协调联动。九龙治水,则易导致群龙无首。胡锦涛高度重视做好社会治安工作对构建社会主义和谐社会的重要性。他指出,实现社会治安根本好转,"还是要靠打防结合、标本兼治、综合治理"③。他还强调:"要大力加强社会治安防控体系建设,完善社会治安综合治理工作机制,依法打击各种犯罪活动,切实保障人民生命财产安全。"④由此可见,做好社会治安工作对深入推进平安中国建设具有重要意义。

(六)以人民满意为根本标准

人民群众是否满意,是检验社会治理的试金石。邓小平强调:"党的领导机关除了掌握方针政策和决定重要干部的使用以外,要腾出主要时间和精力来做思想政治工作,做人的工作,做群众工作。"⑤这就意味着社会治理既要重视做思想政治工作,又要善于做群众工作,归根结底,就是要做好人的工作。江泽民指出:"只有把关心群众、服务群众的工作切实做好了,我们才能始终保持同人民群众的血肉联系,才能无往而不胜。"⑥这就要求社会治理必须始终将人民群众冷暖放在心中,在加强和创新社会治理的过程中不断密切党和人民群众的血肉联系。胡锦涛指出:"要坚持思想上尊重群众、感情上贴近群众、工作上依靠群众",

---

① 《邓小平文选》第3卷,378页,北京,人民出版社,1993。
② 《江泽民文选》第3卷,208页,北京,人民出版社,2006。
③ 《胡锦涛文选》第1卷,213页,北京,人民出版社,2016。
④ 胡锦涛:《在省部级主要领导干部提高构建社会主义和谐社会能力专题研讨班上的讲话》,26页,北京,人民出版社,2005。
⑤ 《邓小平文选》第2卷,365页,北京,人民出版社,1994。
⑥ 《江泽民文选》第3卷,280页,北京,人民出版社,2006。

"把群众满意不满意作为加强和创新社会管理的出发点和落脚点"[1]。这就表明社会治理既要从思想感情上服务群众,又要将人民群众是否满意作为评判社会治理成效的根本标准。由此而言,社会治理关乎广大人民群众的福祉,必须始终坚持以人民利益为中心,以人民心声为导向,以人民满意为依归。

(七)正确处理改革发展稳定关系

维护社会稳定是加强和创新社会治理的基本任务,也是经济社会健康有序发展的基本前提。正确处理改革发展稳定关系,实现改革发展稳定的有机统一,是关系到我国社会主义现代化建设全局的重要指导方针。邓小平指出:"中国的问题,压倒一切的是需要稳定。没有稳定的环境,什么都搞不成,已经取得的成果也会失掉。"[2]同时,他强调:"中国人这么多,底子这么薄,没有安定团结的政治环境,没有稳定的社会秩序,什么事也干不成。稳定压倒一切。"[3]这都表明,社会稳定是我国的最高利益,也是我国社会治理的最大道理。稳定是前提,改革是动力,发展是目的。江泽民强调改革、发展、稳定三者之间的辩证关系,指出:"我们要善于统观全局,精心谋划,从整体上把握改革、发展、稳定之间的内在关系,做到相互协调、相互促进。"[4]这就要求把改革的力度、发展的速度和社会可承受的程度统一起来,稳步有序地进行改革,实现人民最大利益。胡锦涛指出:"发展是硬道理,稳定是硬任务;没有稳定,什么事情也办不成,已经取得的成果也会失去。这个道理,不仅全党同志要牢记在心,还要引导全体人民牢记在心。"[5]这构成了坚持和发展中国特色社会主义中处理好改革、发展、稳定三者关系的重要遵循。

三、习近平总书记关于社会治理的重要论述

党的十八大以来,以习近平同志为核心的党中央,提出了一系列相

---

[1] 中共中央文献研究室:《十七大以来重要文献选编》下,150 页,北京,人民出版社,2013。
[2] 《邓小平文选》第 3 卷,284 页,北京,人民出版社,1993。
[3] 《邓小平文选》第 3 卷,331 页,北京,人民出版社,1993。
[4] 《江泽民文选》第 1 卷,461 页,北京,人民出版社,2006。
[5] 胡锦涛:《在庆祝中国共产党成立 90 周年大会上的讲话》,25 页,北京,人民出版社,2011。

互联系、相互贯通的治国理政新理念、新思想、新战略,形成了系统完整、逻辑严密的习近平新时代中国特色社会主义思想,这是中国特色社会主义理论体系宝库中的新成果,是马克思主义中国化的新发展。其中,习近平提出的一系列加强和创新社会治理的新思想、新观点、新论断,是党的十八大以来中国社会治理领域最为重要的创新性进展与创新性成果,是习近平新时代中国特色社会主义思想的重要组成部分,集中体现在以下十个方面。

(一)人民中心论

坚持以人民为中心,社会治理要以人为本,把人民放在心中最高位置,坚持全心全意为人民服务。习近平指出:"中国共产党的一切执政活动,中华人民共和国的一切治理活动,都要尊重人民主体地位,尊重人民首创精神,拜人民为师"[1],"检验我们一切工作的成效,最终都要看人民是否真正得到了实惠,人民生活是否真正得到了改善,人民权益是否真正得到了保障。"[2]加强和创新社会治理要随时随刻倾听人民呼声、回应人民期待。"人民中心论"的核心,是一切为了人民、一切依靠人民,为了人民的一切、一切接受人民检验。这样的"人民观"是在新的历史条件下创新社会治理的核心价值观,也是引领中国特色社会主义事业不断前进的新型治理观,是对马克思主义和毛泽东思想中关于"人民是历史的主人"这一重大科学论断的继承和发展。

(二)民生为本论

保障和改善民生对创新社会治理具有根本性作用和意义。民生是人民幸福之基、社会和谐之本。民生连着民心,民心关系国运。习近平强调:"积极推动解决人民群众的基本民生问题,不断打牢和巩固社会和谐稳定的物质基础,从源头上预防和减少社会矛盾的产生。"[3]保一方平安、维护公共安全是民生的基本需求,也是社会治理的基本要求。习近

---

[1] 习近平:《在庆祝中国人民政治协商会议成立65周年大会上的讲话》,18页,北京,人民出版社,2014。

[2] 习近平:《在纪念毛泽东同志诞辰120周年座谈会上的讲话》,19页,北京,人民出版社,2013。

[3] 中共中央宣传部:《习近平总书记系列重要讲话读本(2016年版)》,222~223页,北京,人民出版社,2016。

平认为："平安是老百姓解决温饱后的第一需求,是极重要的民生,也是最基本的发展环境"①,"良好生态环境是最公平的公共产品,是最普惠的民生福祉。"②正确处理维护人民群众权益和维护社会和谐稳定的关系是社会治理创新的根本要求。习近平指出:"从人民内部和社会一般意义上说,维权是维稳的基础,维稳的实质是维权。人心安定,社会才能稳定。对涉及维权的维稳问题,首先要把群众合理合法的利益诉求解决好。单纯维稳,不解决利益问题,那是本末倒置,最后也难以稳定下来。"③这是充满唯物辩证法的创新社会治理重要思想观点。

(三)公平正义论

习近平高度重视公平正义在社会治理中的核心作用和地位。一是强调健全社会公平保障制度。要实现规则公平,规则面前一视同仁;实现机会公平,机会面前人人相同;实现权利公平,公民基本权利一律平等。二是强调走共同富裕道路。要在经济社会不断发展的基础上,朝着共同富裕方向稳步前进。要处理好效率和公平的关系,既要把"蛋糕"做大,也要把"蛋糕"分好。要深化收入分配制度改革,避免两极分化,"绝不能出现'富者累巨万,而贫者食糟糠'的现象"④。要更加注重对特定人群特殊困难的精准帮扶,让所有人民群众都过上好日子。三是强调建立共建共享社会。共享社会是全体人民共享发展成果、全面共享发展成果、共建共享发展成果,要使得人人"共同享有人生出彩的机会,共同享有梦想成真的机会,共同享有同祖国和时代一起成长与进步的机会"⑤。四是强调问题导向。习近平指出:"要把促进社会公平正义、增进人民福祉作为一面镜子,审视我们各方面体制机制和政策规定,哪里

---

① 转引自李培林:《读〈习近平谈治国理政〉:平安是解决温饱后第一需求》,载《人民日报》,2015-02-05。
② 中共中央宣传部:《习近平总书记系列重要讲话读本》,123页,北京,人民出版社、学习出版社,2014。
③ 中共中央文献研究室:《习近平关于全面建成小康社会论述摘编》,139页,北京,中央文献出版社,2016。
④ 习近平:《在党的十八届五中全会第二次全体会议上的讲话(节选)》,载《求是》,2016(1)。
⑤ 《习近平谈治国理政》,40页,北京,外文出版社,2014。

有不符合促进社会公平正义的问题,哪里就需要改革。"①要通过建立共建共享社会,让全体人民共有"获得感""安全感"和"幸福感",真正让全体人民群众感受到实实在在的社会公平正义。

(四)法德共治论

习近平强调:"必须坚持依法治国和以德治国相结合,使法治和德治在国家治理中相互补充、相互促进、相得益彰"②。坚持一手抓法治、一手抓德治。法治是治国理政的基本方式,要发挥法治对社会治理的保障、服务和促进作用。牢固树立法治社会理念,坚持法治国家、法治政府与法治社会一体建设,善于用法治精神思考社会治理、用法治思维谋划社会治理、用法治方式破解社会治理难题,把社会治理的思想和行为全部纳入法治化轨道。习近平指出:"培育和弘扬核心价值观,有效整合社会意识,是社会系统得以正常运转、社会秩序得以有效维护的重要途径"③。人类社会发展的历史表明,对一个民族、一个国家来说,最深厚、最持久的力量是全社会一致认同的核心价值体系和核心价值观。坚持法德共治是习近平治国理政思想在社会治理领域的生动体现。

(五)体制创新论

习近平指出:"加强和创新社会治理,关键在体制创新"④。一是创新社会治理体制。社会治理体制创新是社会治理模式的根本创新。要建立健全党委领导、政府负责、社会协同、公众参与、法治保障的社会治理体制,确保社会既充满活力又和谐有序。二是创新社会治理方式。习近平指出:"社会治理是一门科学"⑤,从社会管理到社会治理是治理方式的重大转变。"治理和管理一字之差,体现的是系统治理、依法治理、源头治理、综合施策。"⑥"随着互联网特别是移动互联网发展,社会治

---

① 习近平:《切实把思想统一到党的十八届三中全会精神上来》,载《求是》,2014(1)。
② 《习近平谈治国理政》第2卷,133页,北京,外文出版社,2017。
③ 《习近平谈治国理政》,163页,北京,外文出版社,2014。
④ 人民日报评论部:《"四个全面"学习读本》,92页,北京,人民出版社,2015。
⑤ 中共中央文献研究室:《习近平关于全面建成小康社会论述摘编》,139页,北京,中央文献出版社,2017。
⑥ 中共中央文献研究室:《习近平关于全面建成小康社会论述摘编》,142页,北京:中央文献出版社,2016。

理模式正在从单向管理转向双向互动,从线下转向线上线下融合,从单纯的政府监管向更加注重社会协同治理转变。必须时刻居安思危,强化底线思维,进一步开创社会治理崭新局面。"①三是创新社会治理机制。要建立健全党委领导和政府主导的维护群众权益机制、社会利益协调机制、预防和化解社会矛盾机制、社会风险评估机制、突发事件监测预警机制,保证社会治理的常态化、长效化、社会化、智能化。

(六)不忘本来论

传承发展中华传统美德和优秀文化。习近平指出:"不忘本来才能开辟未来,善于继承才能更好创新。"②中华文化是我们民族的根基和魂魄,我们必须从延续民族文化血脉中开拓前进。培育和弘扬社会主义核心价值观必须立足于中华优秀传统文化之上,"抛弃传统、丢掉根本,就等于割断了自己的精神命脉。"③优秀传统文化是创新社会治理最深厚的根基和源泉。在新的历史条件下对中华优秀传统文化进行创造性转化和创新性发展,将为推进社会治理现代化奠定最为深厚雄浑的力量。习近平特别注重家庭建设,他指出:"不论时代发生多大变化,不论生活格局发生多大变化,我们都要重视家庭建设,注重家庭、注重家教、注重家风","使千千万万个家庭成为国家发展、民族进步、社会和谐的重要基点。"④培育和弘扬社会主义核心价值观,如果抛弃了优秀传统文化,就是放弃了根本,那无异于缘木求鱼。这种对优秀传统文化的重视,实质上是强调了传统文化和核心价值观对中国特色社会治理的精神滋养和定向导航作用。

(七)群众工作论

习近平指出:"社会管理主要是对人的服务和管理,说到底是做群众的工作。一切社会管理部门都是为群众服务的部门,一切社会管理工作都是为群众谋利益的工作,一切社会管理过程都是做群众工作的过

---

① 中共中央宣传部:《习近平新时代中国特色社会主义思想三十讲》,235页,北京,学习出版社,2018。
② 《习近平谈治国理政》,164页,北京,外文出版社,2014。
③ 中共中央宣传部:《习近平总书记系列重要讲话读本》,100页,北京,人民出版社、学习出版社,2014。
④ 习近平:《在2015年春节团拜会上的讲话》,载《人民日报》,2015-02-18。

程。从这个意义上说，群众工作是社会管理的基础性、经常性、根本性工作。"①由此可见，社会治理本质上就是做群众工作。党的群团工作是党治国理政的一项经常性、基础性工作。要有效增强"政治性、先进性、群众性"，以更好地反映和服务人民群众的需要。思想政治工作是群众工作的重要形式，也是创新社会治理的重要方式。这些关于社会治理中加强群众工作的重要论述，是在新的历史条件下创新发展了党的群众路线的基本思想。

（八）基层重心论

习近平重视加强注重基层建设，注重激发基层活力，提升基层能力，夯实基础地位，更好发挥基层治理在整个社会治理体系中的关键作用。"城乡社区"和"社会组织"构成了现代社会治理运行的两个基础载体。一是城乡社区治理创新。城乡社区是社会的基础单元，是各种利益关系的交汇点、社会矛盾的集聚点、社会建设的着力点。习近平反复强调："基层就是社会的细胞，是构建和谐社会的基础。"②"社会治理的重心必须落到城乡社区，社区服务和管理能力强了，社会治理的基础就实了。"③因此，搞好社区治理是社会治理的基础环节，是创新社会治理的重要突破口。二是社会组织改革创新。社会组织改革创新的基本方向是政社分开、权责明确、依法自治。这就要求加快推进社会组织"去行政化"和"去垄断化"改革，建立健全优良的社会组织生态系统和中国特色的社会组织管理体制，特别是要全面推进社会组织党的建设，促进社会组织健康有序发展。三是推进"网格化管理、人性化服务"。习近平指出："深化拓展网格化管理，尽可能把资源、服务、管理放到基层，使基层有职有权有物，更好为群众提供精准有效的服务和管理。"④概言之，对基层基础的高度重视，充分表明习近平具有强烈的问题意识、扎

---

① 中共中央文献研究室：《十七大以来重要文献选编》下，176 页，北京，中央文献出版社，2013。
② 习近平：《之江新语》，239 页，杭州，浙江人民出版社，2007。
③ 中共中央文献研究室：《习近平关于深化改革论述摘编》，101 页，北京，中央文献出版社，2014。
④ 《习近平在参加上海代表团审议时强调 推进上海自贸区建设 张德江俞正声刘云山王歧山分别参加审议》，载《人民日报·海外版》，2014-03-06。

实的实践基础和深厚的为民情怀。

(九)总体安全论

树立总体安全观。习近平指出:"当前我国国家安全内涵和外延比历史上任何时候都要丰富,时空领域比历史上任何时候都要宽广,内外因素比历史上任何时候都要复杂,必须坚持总体国家安全观,以人民安全为宗旨,以政治安全为根本,以经济安全为基础,以军事、文化、社会安全为保障,以促进国际安全为依托,走出一条中国特色国家安全道路。"[1]传统的国家安全观主要讲外部安全或对外安全。总体安全观则强调既要重视外部安全,又要重视内部安全;既要重视传统安全,又要重视非传统安全,构建完整的国家安全体系,特别是要注意防范和应对社会安全、科技安全、信息网络安全等新型安全形态;既要重视国土安全,又要重视国民安全;既要重视国家发展,又要重视国家安全;既重视自身安全,又重视共同安全,打造人类命运共同体,推动各方朝着互利互惠、共同安全的目标相向而行。

(十)党的领导论

习近平指出:"中国特色社会主义最本质的特征是中国共产党领导。"[2]在当代中国,没有中国共产党的领导,不可能把全国各族人民凝聚起来,不可能把国家和社会治理好。要全面加强党的领导。一是社会治理要充分发挥党总揽全局协调各方的领导核心作用。党的领导核心作用主要体现在:突出"加强"和"改善",牢牢把握党领导社会治理的主动权;突出"牵头"和"抓总",牢牢把握党领导社会治理的关键环节;突出"制度"和"规范",牢牢把握党对社会治理的领导权。二是以党风政风好转带动社会风气的好转。坚持党要管党、从严治党、从严治吏,大力开展党风廉政建设,净化党风政风,带动和促进社会风气向上健康发展。三是提高党领导社会治理的能力。推进社会治理现代化,关键在于提升党的执政水平。党在社会治理中的领导核心作用需要通过党的基层组织

---

[1] 《习近平主持中央国安委首次会议强调 建集中统一高效权威国安体制》,载《人民日报·海外版》,2014-04-16。

[2] 习近平:《决胜全面建成小康社会 夺取新时代中国特色社会主义伟大胜利——在中国共产党第十九次全国代表在会上的报告》,20页,北京,人民出版社,2017。

来实现。党的基层组织扎根基层、服务基层，具有引领社会治理的天然优势。同时，要始终加强党的自身建设，自觉完善党的领导，不断增强党的政治领导力、思想引领力、群众组织力、社会号召力，不断提高党的领导水平。这就需要以党的执政能力建设和先进性建设推动社会改革发展，以昂扬的改革创新精神不断开创社会建设和社会治理新局面。可以说，全面加强党的领导是新时代中国特色社会治理的最重要特征，也是中国社会治理文明屹立于世界民族文明之林的根本保证。

延伸思考

  1. 简述马克思主义社会治理思想的渊源和依据。

  2. 简述列宁的社会治理思想。

  3. 简述毛泽东的社会治理思想。

  4. 论述马克思恩格斯社会治理思想的当代意义。

  5. 为什么说习近平总书记关于社会治理的重要论述是马克思主义中国化的最新成果？

参考文献

  [1] 中共中央宣传部. 习近平新时代中国特色社会主义思想三十讲[M]. 北京：学习出版社，2018.

  [2] 魏礼群. 当代中国社会大事典（1978—2015）[M]. 北京：商务印书馆、华文出版社，2017.

  [3] 魏礼群. 党的十八大以来社会治理的新进展[N]. 光明日报，2017-08-07.

  [4] 陆学艺. 社会建设论[M]. 北京：社会科学文献出版社，2012.

  [5] 李培林. 努力完善中国特色社会主义社会治理体系[J]. 求是，2017(2).

  [6] 龚维斌. 中国社会治理研究[M]. 北京：社会科学文献出版社，2015.

  [7] 梁树发. 马克思恩格斯列宁论社会主义社会建设[M]. 北京：中国人民大学出版社，2018.

  [8] 连朝毅. 马克思主义社会管理理论及其在当代中国的新发展

[J].马克思主义研究,2015(2).

[9]高健,秦龙.论马克思社会治理思想的核心内容[J].中共福建省委党校学报,2018(2).

[10]苑芳江.中国共产党社会建设理论与实践[M].北京:中国社会科学出版社,2013.

第三章　中国传统社会治理思想

本章概述

中国传统社会思想是一个丰富的宝库，其中有许多内容都影响着当代中国社会治理。本章主要阐述五四运动以前中国社会治理思想。着重论述中国传统治理思想中关于社会关系、社会秩序、民生保障和权力运行四个方面的内容。读者通过本章的学习，可以了解中国传统社会治理思想体系的一些代表性论述。

第一节　中国古代社会治理思想

一、社会关系与社会秩序思想

中国古代思想家关于社会的认知有着丰富的内涵和表述。从社会治理这一视角看，自先秦诸子百家以降，围绕社会关系的思想，基本是在下述范畴和框架内的论证，故以诸子百家思想为主要论述内容。他们关于社会关系和社会秩序的思考，至今仍有一定的参考意义。

（一）关于社会关系思想

"做人"是中国传统社会思想中有关社会关系领域的重要主题。"做人"的实质即是学会建立良性的人际关系。什么样的人际关系是良性的？

孔子用"仁"来概括良性的人际关系。他说：

"人而不仁,如礼何?人而不仁,如乐何?"孔子的"仁"有多重含义。一是强调在人际关系中要克制自我。他说:"克己复礼为仁。一日克己复礼,天下归仁焉。"二是强调为他人设身处地着想。他说:"己所不欲,勿施于人;在邦无怨,在家无怨。"多想想自己不喜欢什么,不要对别人做那些自己不喜欢的事情。三是强调亲近他人。《论语》记载:"樊迟问仁。子曰:爱人。"四是强调要有教养。《论语》记载:"樊迟问仁。子曰:居处恭,执事敬,与人忠;虽之夷狄,不可弃也。"总之,在人际关系中彼此做到尊重他人、约束自己,就是一种良性的人际关系。

与孔子关于人际关系的讨论不同,荀子基于人性恶的假设,强调"分"才是良性人际关系的标志。正因为人性恶,如果不适当劳动分工、利益分配、社会分层,那么"人际关系"将永无宁日,必然是争乱。

而墨子的想法也与孔子不同,墨子认为人的私心是良性人际关系的死敌。他说:"父自爱也,不爱子,故亏子而自利;兄自爱也,不爱弟,故亏弟而自利;君自爱也,不爱臣,故亏臣而自利"。为什么会有私心呢?墨子认为"皆起不相爱"。因为没有相爱之心,所以便起亏人利己之行。因此,要建立良性人际关系,就必须解决"不相爱"的问题,所以他提出"兼爱"的思路:"视人之身若其身,视人之家若其家,视人之国若其国"。

总结起来,孔子认为,"仁"是良性人际关系的标准,也是良性人际关系实现的路径;荀子认为,"分"是良性人际关系的标准,也是良性人际关系实现的路径;墨子认为,"兼爱"是良性人际关系的标准,也是良性人际关系实现的路径。

(二)关于社会秩序思想

老子的"小国寡民"思想见于《道德经》。而集中描述这一理想是第八十章:"小国寡民。使有什伯之器而不用;使民重死而不远徙;虽有舟舆,无所乘之;虽有甲兵,无所陈之。使民复结绳而用之。甘其食,美其服,安其居,乐其俗。邻国相望,鸡犬之声相闻,民至老死,不相往来。"

老子的社会理想内涵丰富,包括四个层面的意思:第一,有限型政府。"小国"可以理解为统治地域范围小,政府规模小,人民负担轻。第二，崇尚和平。老子的《道德经》中有多处关于"兵"的讨论，基本主张就是尽量避免战争。虽然有军队和武器，但是最好是不用。反对战争是老子的重要理念。而"邻国相望，鸡犬之声相闻"，就是一种和平关系的描述：邻近地区的人民彼此都相互守望，不打扰对方平静的生活。第三，崇尚幸福生活。吃得好、穿得美、住得舒适，这些对美好生活的向往，在"小国寡民"的社会中都有体现。第四，崇尚社会关系的简单化。一方面是不主张太多的社会流动，另一方面是不主张太多的社会交往。

荀子用"群"来表述社会的本质特征，即人和人之间通过社会交往形成彼此相关联的集合体。他认为，"群"或社会若是良性秩序，就必须有"分"。这种思想集中体现在以下三段论述中。

"农分田而耕，贾分货而贩，百工分事而劝，士大夫分职而听，建国诸侯之君分土而守，三公揔方而议，则天子共己而已矣。"（《荀子·王霸》）

"故先王案为之制礼义以分之，使贵贱之等，长幼之差，知愚能不能之分，皆使人载其事，而各得其宜。"（《荀子·荣辱》）

"人之生，不能无群，群而无分则争，争则乱，乱则穷矣。故无分者，人之大害也；有分者，天下之本利也。"（《荀子·富国》）

荀子的"分"的内涵十分丰富。第一，它有合理的社会分工的意思，只有合理分工，社会秩序才能有序维持。无论从事农业生产、商业活动、手工业劳动还是管理活动，都需要适当的分工。第二，它有合理的利益分配的意思，只有合理分配，才能确保"群"的持续稳定。既包括分田、分货、分事、分职等劳动分工，也包括了成果的核算和分配。第三，它有合理的社会分层的意思。贵贱（身份）、长幼（年龄）、知愚（知识）、能不能（能力）等都是社会分层的重要指标，而荀子认为，按照这四个指标把人区分成不同层次，让每个人按照自己的实际条件进行各种社会活动，就会使得大家都处在合适的状态。

荀子认为，社会秩序良性运行，基础就在于"分"，没有合理的分工、利益分配、社会分层，社会就会陷入不正常的争斗，从而陷入贫困。荀子的思想隐含"良性社会秩序是社会富裕的基础"这样的观念。

韩非子则是法治秩序思想的集大成者。韩非子的法治秩序思想包括三个方面：一是实行法治的必要性，二是法治的社会功能，三是法治秩序的实现方式。

关于法治的必要性，韩非子认为必须从人性的特点上加以认识。他还认为，基于生存的欲望，人性中难免有利己之心，人际关系也难免"利""害"的计较。《韩非子·解老》中就提出："人无羽毛，不衣则犯寒；上不着天而下不着地，以肠胃为根本，不食则不得活。是以不免于欲利之心。"既然人人难免有"欲利"之心，那么延伸到社会关系中，不同的"欲利"就会引起彼此计算。亲子关系、夫妻关系、君臣关系莫不如此。关于亲子关系，韩非子说："故父母之于子女也，犹用计算之心以相待也。"（《韩非子·六反》）关于夫妻关系，韩非子说："非有骨肉之恩也，爱则亲，不爱则疏。"（《韩非子·备内》）至于君臣关系，韩非子明确提出"君臣异心"的观点，并详细了说明了"异心"的表现，他说："故君臣异心，君以计畜臣，臣以计事君，君臣之交，计也。害身而利国，臣弗为也；害国而利臣，君不行也。臣之情，害身无利，君之情，害国无亲。"（《韩非子·饰邪》）。正是基于人性中固有的欲利之心，韩非子认为，必须依靠"法"才能维护良好的社会秩序。

关于法治的社会功能，韩非子有较为深入讨论。韩非子对"法"的推崇到了极致，他说："故明主之国，无书简之文，以法为教"，"言谈必轨于法"（《韩非子·五蠹》）。在韩非子看来，"法"既是国家统治的唯一依据，也是判定是非的最高准则。韩非子认为，只有法治才能确保社会秩序的长期维持，并以治家为例，解释"法治"与"仁治"的不同功能后果。法治的功能后果是"前苦而长利"："今家人之治产也，相忍以饥寒，相强以劳苦，虽犯军旅之难，饥馑之患，温衣美食者，必是家也"；仁治的功能后果是"偷乐而后穷"："（今家人之治产也），相怜以衣食，相惠以佚乐，天饥岁荒，嫁妻卖子者，必是家也。"（《韩非子·六反》）韩非子总结道："圣人权其轻重，出其大利，故用法之相忍，而弃仁人之怜也"（《韩非子·六反》）。韩非子的意思是，只有法治才能实现社会利益的最大化。

关于法治秩序的实现方式，韩非子的著名观点就是"法""术""势"相结合。法即法令。韩非子认为，法令必须公开、执法必须公平。韩非子说："法者，编著之图籍，设之于官府，而布之于百姓者也。"（《韩非子·难三》）又说："法之所加，智者弗能辞，勇者弗敢争。刑过不避大臣，赏善不遗匹夫。"（《韩非子·有度》）术即君主的统治术。韩非子吸取了商鞅变法中"有法无术"的历史教训，提出君主要有具体的统治群臣之术。"势"即君主的统治权力。韩非子认为，"势"相当于拉车的马，国家是君主的"车"，没有"势"，君主就无法带领国家前进。韩非子主张，只有"法""术""势"相互结合才能治理好国家，"抱法处势则治"（《韩非子·难势》），以术御势则可"身处佚乐之地，又致帝王之功也"（《韩非子·外储说右下》）。

（三）关于"大同"世界的思想

《礼记》是西汉礼学家戴圣所编的著作，这本著作中的"大同"思想延续至今，仍然是一种理想社会蓝图。其曰："大道之行也，天下为公，选贤与能，讲信修睦。故人不独亲其亲，不独子其子，使老有所终，壮有所用，幼有所长，鳏寡孤独废疾者皆有所养，男有分，女有归。货恶其弃于地也，不必藏于己；力恶其不出于身也，不必为己。是故谋闭而不兴，盗窃乱贼而不作，故外户而不闭，是谓大同。"

"大同"世界，从社会治理的角度可以理解为"善治"的社会秩序，"大道"可以理解为"善治"。一个"善治"的社会秩序是个什么样图景呢？第一，社会运行的逻辑是契约精神。"天下为公"，是社会成员具有"公"的意识，一切以"公意"为基本准绳，古代"社会精英"的产生是依据其人品高下和能力大小这样的特征，而不是按照出身、血统这些先赋特征。社会以诚信为基本交往准则，以友好相处为基本模式。第二，社会福利高度发达。每一个社会成员都能得到基本尊重和保护，劳动力能充分就业，弱势人群能获得足够的生活保障。无论男性还是女性社会成员都能获得尊重。第三，社会价值观得到高度认同。人们既反对奢侈浪费，又反对自私自利；既厌恶好逸恶劳，也厌恶贪图安乐。第四，社会环境良好。社会处在安全互信的良好环境中。

（四）关于宗法关系思想

宗法关系是中国传统社会最基本的社会关系，良性的宗法关系是什么样子的？有什么重要意义？

《礼记·大传》曰："是故，人道亲亲也。亲亲故尊祖，尊祖故敬宗，敬宗故收族，收族故宗庙严，宗庙严故重社稷，重社稷故爱百姓，爱百姓故刑罚中，刑罚中故庶民安，庶民安故财用足，财用足故百志成，百志成故礼俗刑，礼俗刑然后乐。"

显然，良性的宗法关系就是：家人之间相互亲近，尊重祖先，家族团结，宗庙文化传承良好。它是传统社会和谐、百姓安定、生活富足、规范严谨的基础和前提。

把良性的社会关系看作良性社会秩序基础，不仅是《礼记》的观点，其他思想家也有相似看法。孔子的"君君、臣臣、父父、子子"就直接把宗法关系和国家统治有效性并列起来。而到了汉代，贾谊就直接把宗法关系复制到国家统治层面："高者难攀，卑者易陵，理势然也。故古者圣王制为列等，内有公卿大夫士，外有公侯伯子男，然后有官师小吏，延及庶人，等级分明，而天子加焉，故其尊不可及也。"

良性宗法关系如何实现？在中国传统社会治理思想中，"孝"是不二法门。《诗经》曰："永言思孝，孝思维则。"（《诗经大雅·下武》）对"孝"的论述最著名当是孔子的儒学和程朱理学。儒学和程朱理学共同点是对"孝"主客体关系的界定，都是强调亲子关系中子女对父母的尊重和顺从。孔子的"孝"有理性的成分，强调了"心"，即主要是观念上的对父母敬重。而程朱理学则把"孝"推到了极端状态，提出"天下无不是之父母"观点，这就让"孝"走向了非理性的一端。

二、民生保障与权力运行

重视民生是中国社会古代传统治理思想中的可贵精神财富。几乎所有社会思想家都有相关论述。孟子的"仁政"思想和管仲的"三民"思想则是其渊薮和代表。重视民生，就必然重视"民"。因此，中国传统社会治理思想中的公共权力关系思想，主要是聚焦于"君""民"关系。当然，在君权神授的理念下，不可能产生现代社会才有的民主思想，但是在这些讨论中也不乏具有社会治理意义的观点。

（一）关于"仁政"思想

孟子的"仁政"思想内涵丰富。孟子提出，仁政的第一项任务是尊老爱幼，称为"推恩"。在当时社会状态下，养老扶幼对于绝大多数家庭来说，是艰巨的任务。所以孟子提出"老吾老，以及人之老，幼吾幼，以及人之幼。天下可运于掌"。孟子是向当政者提出的对策，他希望当政者善待自己家的老人和儿童，同时要善待普天下的老人和儿童。这就与现代社会的普惠性福利有相似之处。只有当老和幼的问题都解决了，正当壮年的人才能安心从事各种社会活动，所以孟子认为推恩的策略能够掌运天下。

孟子提出，仁政的第二项任务是增加百姓的财富。他说："民之为道也，有恒产者有恒心，无恒产者无恒心。苟无恒心，放辟邪侈，无不为己。"孟子认为百姓的财富决定着社会的稳定和谐，他还就如何增加人民财富提出了具体对策。一是解决土地问题："夫仁政，必自经界始，经界不正，井地不均，谷禄不平。是故暴君污吏必慢其经界。经界既正，分田制禄可坐而定也"；"死徙无出乡，乡田同井。出入相友，守望相助，疾病相扶持，则百姓亲睦。方里而井，井九百亩，其中为公田。八家皆私百亩，同养公田。公事毕然后敢治私事，所以别野人也。"(《孟子·滕文公上》)解决土地问题就是要通过土地改革恢复重建井田制。二是解决经济供给问题。他提出："五亩之宅，树之以桑，五十者可以衣帛矣；鸡豚狗彘之畜，无失其时，七十者可以食肉矣；百亩之田，勿夺其时，八口之家可以无饥矣；谨庠序之教，申之以孝悌之义，颁白者不负戴于道路矣。七十者衣帛食肉，黎民不饥不寒，然而不王者，未之有也。"(《孟子·梁惠王上》)三是解决赋税问题。孟子主张减轻赋税，他提出："耕者助而不税，则天下之农皆悦而愿耕于其野矣。"

(二)关于民生思想

管仲提出了丰富的民生思想，可以归纳为顺民、富民、济民的三民思想。

管仲的"顺民心"思想，至今仍然是重要的治国理念。"顺民心"是民生发展的思想基础。他说："政之所兴，在顺民心；政之所废，在逆民心。民恶忧劳，我佚乐之；民恶贫贱，我富贵之；民恶危坠，我存安之；民恶灭绝，我生育之。""顺民心"就是以百姓的困难和需求为目标，从而确保获得百姓的拥护。

管仲的富民思想主要回答了富民的重要性问题。第一，他认为富裕是文明的基础。他说:"仓廪实而知礼节,衣食足则知荣辱"。第二,他认为富裕是社会稳定的基础。他说:"民富则安乡重家,安乡重家则敬上畏罪,敬上畏罪则易治也","是以善为国者,必先富民,然后治之"。第三,他认为百姓富裕是国家强大的基础。他说:"彼民不足以守者,其城不固,民饥者不可以使战"。

管仲的济民思想主要体现在"九惠之教"。这九惠是:老老、慈幼、恤孤、养疾、合独、问病、通穷、振困、接绝。"九惠"是"管仲版"的社会福利体系:老老,就是国家要负责70岁以上老人的养老事务;慈幼,就是政府对有三个及以上幼儿的家庭实施特殊照顾政策,如免征役、发补助等;恤孤,就是政府负责孤儿的社会照料工作,对领养孤儿的家庭予以鼓励;养疾,就是政府照料残疾人;合独,就是政府为鳏寡者解决婚姻问题,并适当配给田宅帮助他们改善生活;问病,政府官员慰问生病的人;通穷,为居无定所的夫妇或穷途末路的宾客提供救助;振困,就是救灾,对遭遇灾害的人给予救济;接绝,就是对为国牺牲的人,要帮助其亲友延续宗祠。

(三)关于爱民和畏民的思想

西周时期,爱民思想就已有端倪。"先王之于民也,懋正其德而厚其性,阜其财求而利其器用,明利害之乡,以文修之,使务利而避害,怀德而畏威,故能保世以滋大"(《国语·周语上》),就是强调只有先教化百姓,让百姓具有良好的品德,并运用各种策略引导百姓的行为和价值观,这样才能使得国家延续。这是强调了爱民是治国的基础。

汉代贾谊提出:"以礼义治之者积礼义,以刑罚治之者积刑罚。刑罚积而民怨背,礼义积而民和亲。故世主欲民之善同,而所以使民善者或异。或道之以德教,或殴之以法令。道之以德教者,德教洽而民气乐;殴之以法令者,法令极而民风哀。哀乐之感,祸福之应也。"表面上是为当政者提出治国策略,实质上就是强调只有用温和教化的方式而不是严刑酷法的办法才能真正让百姓对国家认同。仍然是用爱民的思想来处理君王和百姓的关系。

畏民思想实际是警告当政者不可妄为。畏民思想也在周朝有了端倪。"防民之口,甚于防川,川壅而溃,伤人必多,民亦如之。是故为川者，决之使导；为民者，宣之使言"（《国语·周语上》），就是要求当政者应当允许百姓发表意见，不能堵塞人民发言机会，否则国家就会溃败。

（四）关于"以民为本"思想

民本思想在中国是最重要的思想观念之一。老子的"无为而治"和孟子的"民贵君轻"，都是民本思想的重要观点。

老子在《道德经》提出的无为思想影响深远。"我无为，而民自化；我好静，而民自正；我无事，而民自富；我无欲，而民自朴。"强调政府越不干扰百姓，人民则越能获得进步和发展。无为而治的实质就是尊重百姓自我教育、自我发展、自我进步和自我成长的权利。"无为"就是避免君王作恶。这是中国社会治理思想上第一次从约束君主权力出发提出的主张。

孟子的"民贵君轻"思想也传播久远，他说："民为贵，社稷次之，君为轻，是故得乎丘民而为天子，得乎天子为诸侯，得乎诸侯为大夫。诸侯危社稷，则变置。"从社会治理意义上说，这一主张是在中国社会治理思想史上第一次清晰地论述了权力关系中主客体辩证关系的特征。即权力主体是依赖与权力客体的合作方可行使权力，当权力客体拒绝合作时，则权力主体的地位也就不复存在了。

第二节　中国近代社会治理思想

1840年鸦片战争以后，中国进入了半殖民地半封建社会。经济发展停滞、社会分崩离析、国家主权丧失，不少思想家忧心如焚，提出了许多改革社会的思想观点，代表性的人物包括康有为、梁启超、谭嗣同、严复、孙中山等。从社会治理思想视角来分析，近代社会思想家与古代社会思想家相比，已经开始用进化论、平等观、民主思想等近代社会理念来改造中国传统社会，在社会秩序、社会关系、民生保障和权力运行等方面，提出的观点与古代代表人物思想相比有很大不同。

一、进化的社会秩序观和平等的社会关系观

（一）进化的社会秩序观

康有为打破了中国古代社会思想中社会秩序循环论，通过对"公羊三世说"的改造，形成了社会秩序进化观点。"公羊三世说"本身是董仲舒、何休等汉代经学大家对《春秋》和《公羊传》的解释中所提出的一种观点，认为孔子关于春秋的历史是有分期的，即分为三个历史阶段：据乱世、升平世、太平世。据乱世是"所传闻世"阶段、升平世是"所闻世"阶段、太平世是"所见世"阶段。公羊学派推而广之，认为社会历史就是这三世的不断循环。在康有为之前，清朝龚自珍对"三世说"也有所改造。一方面沿用古代公羊学派观点，认为上古时期是据乱世，商朝是升平世，而周朝是太平世；另一方面又有所发展，认为社会秩序就是在"治世、乱世、衰世"三种形态中发展，而清朝中期已是处于衰世了。

康有为则把进化论思想融合到"三世说"，并结合《礼记·礼运》的"小康""大同"思想，形成了独特的"三世"说历史进化论。康有为认为社会历史是沿着"据乱世—升平世—太平世"的轨道向前演进而且不能逾越。在据乱世，"人类多分级"，人与之间等级分化严格，人与人、国与国、种族与种族之间是压迫和奴役关系，缺少平等。有学者认为，这个据乱世就相当于君主专制时代。升平世，就是"小康"之世，"人类少级"，即相对于据乱世，人与人之间、种族与种族之间、国与国之间相对比较平等，不过不平等现象依然存在。有学者认为，升平世或小康之世，就是康有为所提出的"君主立宪"时代。太平世，就是"大同"之世，"人类齐同无级"，人与人之间、国与国之间、种族与种族之间已充分实现平等，"无贵族贱族之别，人人平等，世爵尽废"。

康有为认为，"三世"的发展进程不可逆转，但发展过程也不能逾越。所谓："生当乱世，道难躐等，虽默想太平，世犹未升，乱犹未拨，不能不盈科乃进，循序而行。"（《礼运注序》）如果试图超越历史阶段发展，就会带来社会秩序的破坏。

康有为的"三世说"，最突出的特点是跳出了循环论的思维方式，坚持用进化论的思想理解社会秩序的发展，并坚信社会秩序一定是向着大同世界方向发展。这种乐观主义的进化思想，在中国社会治理思想史上

具有重要进步意义。

(二)平等的社会关系观

与中国古代社会思想家把伦理本位的社会关系神圣化(最经典的描述是"君为臣纲、父为子纲、夫为妻纲")相比,近代社会思想家都强调社会关系的平等的重要性。康有为的大同之世,就是一个人人平等的社会,男女平等、种族平等、无分贵贱。在社会关系平等重要性论述中,谭嗣同的平等观最具有代表性。谭嗣同借用"仁"这一概念讨论平等社会关系的重要性,他认为:"仁以通为第一要义",而"通之像为平等"。这是把"平等"这一近代观念与"仁"关联起来,强调平等就是真正的"仁"。谭嗣同主张的平等是全方位的,包括不同国家的人民之间的平等、国家内部的政治平等、男性和女性的平等、个人权益平等,正是所谓"中外通""上下通""男女内外通""人我通"。

二、民生主义与民主思想

(一)民生主义

中国近代社会思想家继承了古代社会思想家重视民生保障的传统,并将民生提高到一个新的高度。其中最具代表性的,就是孙中山的民生主义思想。

孙中山的民生主义出发点是促进经济平等,他说"所谓要实行民生主义,缘因于贫富不均"。这种观点与中国古代社会治理思想中的民生观点有了很大不同:中国古代民生问题总是放在维护封建王朝统治的前提下提出来的,即民生凋敝会导致王朝灭亡,要维系王朝统治就要重视民生。孙中山的民生主义出发点是防止人民内部出现贫富分化,这就具有了社会公平的意义。

孙中山的民生主义要点是两个方面:一是平均地权,二是节制私人资本、发展国家资本。在平均地权方面,他主要是强调土地价格要由国家掌控。掌控的办法是在工商业发达之前确定一个地价作为参照系,待到工商业发达后地价上涨,国家可以按照土地增值以前定下的价格购买土地并由国家经营,国家再将土地增值以后的收益用于兴办社会事业,推进社会财富的平均分配。在节制私人资本、发展国家资本方面,他认为私人资本的过度发展会导致贫富分化加剧,导致资本和财富集中于少数人之手，而解决私人资本过度发展的办法是发展国家资本。发展国家资本，按照孙中山的理解就是"发展国家实业"，办法是利用外资："我们要拿外国已成的资本，来造成中国将来的共产世界，能够这样做去，才是事半功倍"。

孙中山在近代社会思想家中，是一个跨时代的人物，他已经意识到中国民生发展必须与世界接轨，必须与"资本"发生关系。这种境界在今天看来并不特别，但在辛亥革命前后，是具有突破意义的。

(二)民主思想

与中国古代社会治理思想的民本思想相比，近代社会思想家已经发生了革命性进步，充分意识到民主才是权力运行的最先进发现，他们自觉地将民本思想发展成为民主思想。

严复对中国封建君主专制制度进行了深入批判，提出了初步的民主思想。严复认为，中国自秦王朝以后，没有"天下"，没有"国"，"皆家而已"："一姓之兴则亿兆为之臣妾。其兴也，此一家之兴也；其亡也，此一家之亡也"。他认为专制君主视天下为一己之私，"兼宪法、国家、王者三大物"，无视民意，"怒则作威，喜则作福，所以见一国之人，生死吉凶，悉由吾意，而其民之恐怖慑服乃愈至也"。严复认为君主专制违背了君和民的"应然"关系，他指出，民和君应该是民从事生产，君负责保卫，君民之间不是奴役关系、主仆关系。基于此，他借鉴西方契约论思想，提出人民是国家的主人："国者，斯民之公产也。"为了尊民贵民，就必须予民自由、强民力、开民智、鼓民德。

孙中山提出了"民权主义"，较为系统地确立权力运行的民主思想。孙中山的民权主义之所以是民主思想，就在于他明确提出了"革命以民权为目的"，这实际就是提出了"民主目的论"，这是民主思想与民本思想的根本区别。在古代民本思想中，也强调"民为贵"，但"贵民"只是巩固封建君主专制统治的手段，而不是目的。孙中山民权主义已经具备了很多现代民主思想的元素。他提出，要防止革命之后出现新的少数人专政，必须坚持民主权利要由全体人民共享。他认为，民权有直接民权和间接民权，而民权主义要让人民享有选举权、罢免权、创制权和复决权四种直接民权，避免英、法、美等国代议制所导致的人民无法享有直接民权情况出现。他还对民主制度下人民和政府的关系提出了新的设计，主张人民有权、政府有能、权能分开，就是人民享有四种直接权力，而政府要成为具备行政、立法、司法、考试、监察能力的全能政府。

严复对封建君主专制的批判和孙中山民权主义的提出，标志在中国近代社会思想家当中，已经初步形成了权力属于人民的民主理念。

延伸思考

1. 简要分析老子的"小国寡民"思想。
2. 孟子的"仁政"思想有何启迪意义？
3. 管仲的"三民"思想和孙中山的"三民主义"有何区别？
4. 荀子的"群分论"有何现实意义？
5. 论述中国传统社会治理思想的当代价值。
6. 论述孙中山社会治理思想的内涵及重要意义。

参考文献

[1] 陈鼓应. 老庄新论[M]. 上海：上海古籍出版社，1992.

[2] 陈定闳. 中国社会思想史[M]. 北京：北京大学出版社，1990.

[3] 冯友兰. 中国哲学简史[M]. 天津：天津社会科学出版社，2005.

[4] 梁启超. 先秦政治思想史[M]. 北京：东方出版社，1996.

[5] 钱穆. 中国近三百年学术史[M]. 北京：商务印书馆，1997.

[6] 任继愈. 中国哲学史[M]. 北京：人民出版社，2003.

[7] 萧功权. 中国政治思想史[M]. 沈阳：辽宁教育出版社，1998.

[8] 张岱年. 中国哲学大纲[M]. 北京：中国社会科学出版社，1982.

第四章　中国社会治理变革

本章概述

本章阐述了中国传统社会治理方式的特征及演变，描述了新中国不同发展阶段社会治理的变革和进展，分析了新中国不同发展阶段的社会治理特征。读者通过本章的学习，可以掌握中国社会治理的历史变革，形成对中国社会治理的总体认识和理解。

第一节　中国传统社会的社会治理方式

一、传统社会的社会治理方式

（一）家族单位的自我规训与社会治理

周代以后，中国社会历经动乱，社会经济形态、国家政权屡有变更，而构成中国社会基石的，始终都是由血缘纽带维系着的宗法性组织，即家族。以父宗而言，凡是同一始祖的男系后裔，都属于同一宗族团体，概为族人。亲族关系是中国古代社会人际关系的深层结构。

在中国古代社会，每一个家庭成员都能找到属于自己的身份地位，并且这种身份地位是与生俱来不可更改的。家长权主要体现在两个方面。第一，教令权。家长拥有教化治理家庭的权力。

第二，财产权。家长拥有家庭财产支配权力，"父母在不敢有其身，不敢私其财"（《礼记·坊记》）。家族被认为是结成政治法律的基本单位，家长或族长为每一家族的代表，对国家负责。

中国的社会关系为五伦。所谓君臣、父子、兄弟、夫妇、朋友。其中，君臣和父子关系是最基本的伦理。《孝经》强调以孝父之道奉事君王，体现了家庭伦理和社会伦理的统一。家庭既是社会单位，也是政治单位，所以也成为社会治理的基本单位。

中国古代讲究同居共爨，同一家族不仅通过"家礼"和宗祠等构建起共同居住、共同生活的社会组织，还通过建立义仓、义社、义田、义学、义役、义井之类，建立共享的家族经济关系。从春秋至明清时期，家族都是显著的社会存在，也是实现基层管理和社会治理的主要对象。

中国传统社会的基础是乡土社会，国家治权一般只延伸到县一级。民众只有在交粮交租、征兵充军、治水、赈灾，或法律诉讼时，才有可能接触到国家权力。即便这样，老百姓也不直接和国家打交道，而是通过乡村特定阶层如族长、乡绅、士绅等群体来完成国家对乡村的征收、摊派与公共事务分配。乡民自我管理、自我监督，国家治权尽可能不干预村庄自治与村庄公共秩序。传统乡土社会的基层治理，关键在于宗族和家族。

实现乡土社会的治理，必须由血缘宗法关系入手。因此，体现血缘宗法的家训、族规、乡约在基层社会治理方面发挥了极为重要的作用。它们是一种乡民易于接受的本土化社会治理方式，起着维护社会秩序自治化的作用。乡规民约、乡约制度、家训族规与民俗习惯等均在乡土社会治理中发挥着重要作用，它们共同规范着乡民的行为方式、调节着村民之间以及村民和基层组织之间的关系、化解着乡村基层的纠纷、维护着乡土社会秩序稳定，形成了传统中国独具特色的治理机制。

（二）户籍制度与社会治理

户籍制度在我国很早就出现了。据甲骨文记载，商王朝已开始实行人口登记制度，有"登人"或"登众"，即临时征集兵员的记载。中国古代的户籍是其字面意义上的"户"的账册，是把家作为课税和征收徭役的对象来掌握的依据。所以，唐律常家户互释。而《辞源·户部》释"户"云：

"一家谓一户。"

中国历代政治和社会情形不同，盛世乱世交替出现，流民问题时有发生，相应造成"人户分离"的现象。为解决这一问题，户籍制度不断进行改革，大体经历了三个发展阶段。商周时期，是我国户籍制度发展的第一阶段，是户籍制度的成型时期，主要特点是建立人户与土地相结合的户籍制度。秦汉魏晋南北朝时期，是我国户籍制度发展的第二阶段，通过造籍和上计制度，形成了以"编户齐民"为特点的户籍制度，奠定了我国古代户籍制度的基础。隋唐至明清时期，是我国户籍制度的成熟时期，其特点是户籍制与保甲制相结合，加强了对人口流动的有效应对，促进了人口的增长和社会的稳定。

中国古代的户籍制度改革，总的来说是为了将人口限制在土地上，同时安抚流民，安定社会秩序。

1. 严格户籍管理

《商君书·垦令》讲，户籍编制"使民无得擅徙"。秦汉实行上计制度，上计以县为单位，一年一度由县令向国君报告，其中户口增减是上计的主要内容，政府据此对地方官吏考课。魏晋南北朝时期的上计制度继承秦朝，每年秋天县令都要根据原有户籍进行案比，百姓扶老携幼前往县府，聚集廷中，待主使验阅。隋唐时这一制度发展为"貌阅"。唐户籍中专有"过貌形状"一项，通过核查将著籍人的面貌特征，记录在册，以防作伪和民户逃亡后用作捕捉线索。案比之后，正式造籍，这一做法一直延续至明清时期。

2. 安抚流民

最典型的莫过于两晋之际侨置郡县制度、黄白籍制度和土断制度。唐宋时期，城市商品经济繁荣，人口激增，流动人口也大幅增加。至两宋时，流动人口少则千人，多则十几万人。宋政府对这些人设立临时户籍档案，加强登记工作。另外，规定流动人口中资产雄厚者可转为城市户口。流民中富户入籍后，以原有资本经营商业，很多人再度发迹。除了采取措施吸纳外来流动人口的举措外，历代政府更多采用外来人著当地籍的办法来安置流动人口。唐玄宗时期，针对武则天后期的"逃户"问题，命宇文融括户，允许流动人口当地附籍。后来，元朝政府也有过类似的诏令:"流民趁食他乡不能还业者,所在官司常加优恤,有田愿种者,从便给之,并免差税五年。"①清朝允许东北流民著籍当地,这对开发边疆、促进民族间的友好往来做出很大贡献。

(三)乡社自治与社会治理

一般来说,中国古代乡里制度都强化对村民的在地化管理,以传统村落组织形态和"什伍相保"的保甲制度为基本组织原则。②但是,每一个历史时期情况都有所不同。

唐中期之前,由于旧的宗法势力还比较强大,乡里制度有被削弱的迹象。唐末宋初,盛行于敦煌的民间结社组织是一种最基层的社会组织和团体,具有社会管理的功能。其实现管理职能的主要载体是社条,也称社约。社约是私社组织与活动的规约,类似章程,其内容对私社成员具有约束力,是私社组织活动、处罚社员的准则。唐、五代时期,敦煌私人结社,其社内成员是以保存"礼教"进而实现自我教育为内驱力,以丧葬互助和集体抗灾减灾等互助活动为外部动力自愿结成的利益共同体,是一种基层民间自治组织。③宋熙宁九年(1076年)京兆府蓝田儒士吕大钧(字和叔)与他的兄弟在本乡推行一种新型的地方政治制度,即《吕氏乡约》。《吕氏乡约》全文共1630字,有四大总纲:"德业相劝""过失相规""礼俗相交""患难相恤",用通俗的语言规定了处理乡党邻里之间关系的基本准则,规定了乡民修身、立业、齐家、交游应遵循的行为规范以及过往迎送、婚丧嫁娶等种种活动的礼仪俗规。如"患难相恤"部分以"水火、盗贼、疾病、死丧、孤弱、诬枉、贫乏"七条概括乡里之间的"患难之事",倡导人们相互帮扶、和衷共济,共同维护社会安宁。后经宋人朱熹增订,内容更加丰富、完整。它是绅士阶层以领导者的身份试图教育与组织农民的规章,亦以形成为人民自动结合的机构。这就是吕和叔所说的"乡人相约,勉为小善"。

---

① 《元典章》卷3:《圣政·恤流民》。参见罗贤佑、任崇岳:《元代流民问题浅探》,载《郑州大学学报(社会科学版)》,1988(3)。
② 赵秀玲:《中国乡里制度》,12页,北京,社会科学文献出版社,1998。
③ 祁晓庆:《儒学教化中的民间结社——以社条、乡约为中心的考察》,载《社会科学家》,2010(4)。

到了宋元时期，随着旧宗法势力的逐渐解体，新的宗法宗族制还未建立起来，政府就加强了对乡村里坊的控制和管理，保甲制度应运而生，乡约、社约的作用逐渐被统治者所重视和利用。

(四)城市行会制度与社会治理

中国的行会制度，唐初期始见于历史文献记载，是在从周至隋千余年行业、市场管理制度基础上形成的。

按照同业的"行"规范市场，自古已然。《周礼·地官·肆长》载："肆长各掌其肆之政令，陈其货贿，名相近者相远也，实相近者相尔也，而平正之。敛其总布，掌其戒近。"其"肆"即"行"。在唐天宝、元和年间的房山石经《大般若波罗蜜多经》题记中，可见有白米行、绢行、生铁行、炭行、布行、肉行、幞头行、屠行、五熟行、果子行、磨行、靴行、杂货行、油行等数十行礼佛活动的记载。[①] 在宋人孟元老所著《东京梦华录》中，也记述有北宋京师汴梁(今开封)的果子行、姜行、纱行、牛行、马行、大小货行、肉行、鱼行，以及师姑绣作等诸行、作。唐、宋、元除名之为"作"专指手工业行会外，其他称"行""团""公所"者，也兼纳了商业而外的一些行业组织。《梦粱录·团行》所记南宋临安(杭州)城里的香水行、裁缝作、骨董行、花团、酒行、食饭行、药市等，均属市井服务业行会；其《社会》所言遏云社、清音社、傀儡社、穷富赌钱社、蹴鞠、打球、射水弩社等，则为市井娱乐业行会。宋、元、明诸如永嘉书会、九山书会、古杭书会、武林书会等，也属此类行会。元朝剧作《白兔记》中有句台词："左右的，与我扯起招军旗，叫街坊上民庶，三百六十行做买卖的，愿投军者，旗下报名。"通过戏剧传播，"三百六十行"之说广为流传。[②]

首先，行会在传统社会中承担着服务政府需求的社会作用。唐初以政府名义建立行会制度，主旨在于通过诸"行"行首贯彻法令，协办向业户征缴赋税、科买、和雇等公共事务。唐末五代时，有一种役外之役叫作"行户祇应"，即官方需要什么物品或者需要什么服务，都直接找行

---

① 王仲荦：《隋唐五代史》上，457~458页，上海，上海人民出版社，1988。
② 童书业：《中国手工业商业发展史》，208页，济南，齐鲁书社，1981。

会,要求行会免费提供。行会按照官方的需求一一分派到每个个体商户头上。但随着历史的发展,行会的工作内容越来越多,比如协调内部纷争,平衡各方利益;抱团取暖,一起跟政府谈判,讲条件;跟对手谈判,形成某种意义上的垄断,为自己谋取更大的利益等。

其次,行会具备体现政府意志管理商业的作用。当时行会的行首大都由官府指定,即或是本行业推举产生者,也必须获得官方的认可。元代学者赵素在《为政九要》中讲:"司县到任,体察奸细,盗贼阴私谋害不明公事,密问三姑六婆,茶坊、酒肆、妓馆、食店、柜坊、马牙、解库、银铺、旅店,各立行老,察知物色名目,多必得情,密切告报,无不知也。"新任官员通过问政"行老",了解风土民情、商业运作,有助于提高商业管理效率,提升社会治理水平。

再次,行会承担着商业组织自我治理的社会功能。如《东京梦华录》卷五"民俗"所记:"凡百所卖饮食之人,装鲜净盘合器皿,车檐动使奇巧,可爱食味和羹,不敢草略。其卖药卖卦,皆具冠带。至于乞丐者,亦有规格。稍似懈怠,众所不容。其士农工商诸行百户衣装,各有本色,不敢越外。谓如香铺裹香人,即顶帽披背;质库掌事,即着皂衫角带不顶帽之类;街市行人,便认得是何色目。"京师是一国政治文化中心,也是经贸中心之地,工商诸行云集之所。诸行繁杂,却不混乱,各行自有行规和习俗惯制约束,使之井然有序。很显然,行会在个中发挥着组织管理作用。常言道:"国有国法,家有家规,无规矩不成方圆。"行业规约是行会制度民俗的重要组成部分,是行会宗旨、组织原则、从业规则、职业道德、祖师信仰、活动方式、财务管理、会员权利义务以及违规惩罚办法等的具体体现和规范,具备协调内外竞争、维护会员利益的互助功能,也是行会组织实现内部治理的重要手段和途径。

最后,行会在明朝、清朝以来实现了从行会到商会的近代化转变,有力地促进了中国工商业的发展。明以前传统的行会既是一种松散的行业性联盟,从明代中期以后,直至清末以前,出现了商业性的会馆、公所。与行会相较,这些会馆、公所的社团色彩更趋浓厚,无论是同乡商人或同业商人,均可通过会馆、公所维系同乡或同业的感情,协调内部事务,便于商业利益的开拓。同时,由于会馆、公所的出现,使商人可以通过团拜、祭祀、会议等，加强同乡或同行之间的交往，并得以借助团体的力量从事一些慈善或社会福利等建设性的事务，如办义园，设善堂。兴办慈善事业也是传统公所、会馆的一项社会事务。至清末，近代化的商会正式出现，它们多由商部颁发关防钤记，享有社团"法人"的地位。它的成立，使各行业乃至各地区第一次形成了相对统一的整体，并开始以独立的社团"法人"新姿态，登上近代中国的社会舞台，大大促进了近代工商业的发展。①

（五）救助机制与社会治理

中国的社会救助由来已久，赈灾救饥，施仁德之政是贯穿今古的社会理想。在我国古代社会，政府的社会救助主要针对的是灾荒期间突然出现的、大面积的贫困现象，一般并不涉及人们正常时期的生活，社会救助主要是通过社会和宗族救助来实现的。社会救助的主要形式有商人和乡绅的社会救助、社会团体救助、宗族救助等。

商人参与贫困救助主要表现为遇到大规模灾害时出资赈灾。这种救助有时是应官府的要求出资赈灾的，但许多商人的社会救助是个人行为。我国历史早期关于商人赈灾的记载比较少见，但明、清朝以来有大量记录。如明代正统三年（1438年），衡阳粮商周诚经九江、安庆时，遇大饥，遂将所运7500石稻谷尽数赈济灾民。清代关于商人赈灾最为集中的记载是江淮盐商。曾主持两淮盐务的大盐商汪应庚，在雍正九年（1731年）、十年（1732年）、十一年（1733年）、十二年（1734年），连续出资赈济海啸、江潮等灾害，尤其是在乾隆三年"岁饥"之时，汪应庚出资"万金"设8座粥厂赈济饥民一月，赈济人口达90余万人。这表明，明清时期商人作为一种社会力量，在社会救助中扮演了极为重要的角色。

乡绅是我国古代社会最有代表性的地方社会治理力量，乡绅救助主要表现为赈灾活动，主要形式是举办"社仓"或设"粥厂"。社仓最初是由南宋的朱熹提议创办的。乾道四年（1168年），朱熹在福建崇安县开耀乡，适逢大饥，朱熹向县政府借粮600石贷于灾民。至冬灾民如数归还，朱熹将此粮藏于民间，每"社"（25户为一社）设一仓，共设三仓。社

---

① 陈宝良：《中国的社与会》，238~239页，杭州，浙江人民出版社，1996。

仓由官府和民间共同管理，每年一次向乡民贷粮，收取20%的利息，"若逢小饥准其减半，大饥则全免"。这就是所谓社仓赈贷。在朱熹的影响下，闽、赣、苏、湘的一些地方也设立了社仓。明、清两朝的后期，社仓大举，但已是民间自己集粮设仓了。由此可见，社仓贷赈实际上是一种由乡绅主导的民间互助的社会救助形式。

社会团体举办慈善性募捐，赈济灾民、贫民及同行，古来已有，于近代为盛。例如，清末民初的梨园公会，常常通过举办义务戏赈灾募捐。演出义务戏，由梨园公会推举有声望的管事先生，共同商议戏码，戏码一出，各戏班演员无不膺服。义务戏多为社会公益事业而演出，如赈济京兆水灾义务戏，重修妙峰山喜神殿义务戏等。梨园公会也常举行救济同业的义务戏，俗称"窝窝头义务戏"。

我国古代的宗教团体可以分成两类：一类是被政府认可受官府保护的合法僧团，另一类是不被官府认可的非法秘密会社。这两类团体在传统社会的贫困救助活动中都发挥着一定的作用。据《南齐书·文惠太子传》载："太子与竟陵王子良俱好释氏，立六疾馆以养穷民。"历史上的一些财力丰厚、影响力较大的佛寺，都实施过一些救灾济贫的举措。古代的秘密会社，也大都实施一些范围不等的贫困救助。例如，东汉末年张道陵创立的原始道教"天师道"（"五斗米道"），就是靠以符箓为人治病在社会下层吸引信徒，并组织徒众互助自救。

宗族救助是中国传统社会的主要的救助方式之一，宗族的贫困救助历史远远早于官府的救助。普通百姓无力解决的日常生活问题，主要求助于宗族。宗族贫困救助的形式多样，既有无偿的救济，也有有偿的资助，还有族内的互助。

救弱济贫是中华民族的传统美德，也是中国儒学"仁政"理想的载体，不同时代、不同形态的社会救助，都是中国传统社会治理机制的有机补充，又是实现社会长久安定的有效途径。

（六）礼俗教化与社会治理

"礼俗"是中国古典思想的一大命题。例如，"以八则治都鄙……六曰礼俗"（《周礼·大宰》），"礼俗、丧纪、祭祀，皆以地美恶为轻重之法而行之"（《周礼·地官司徒·遂人·土均》），"其岁时聚会以为朝觐、聘问，欢欣交接以为射乡、食飨，合众兴事以为师田、学校，下至里闾田亩，吉凶哀乐，凡民之事，莫不一出于礼；由之以教其民为孝慈、友悌、忠信、仁义者，常不出于居处、动作、衣服、饮食之间"(《仪礼·乡饮酒》)，"道德仁义，非礼不成；教训成俗，非礼不备"(《礼记·曲礼》)等。至汉代，犹有传言曰："礼失而求诸野"(《汉书·艺文志》)。在"礼"越来越制度化的大趋势下，"俗"逐渐潜在且持续地继续参与国家政治运作。

礼俗互动、化民成俗，是中国古代社会治理的有效途径。

首先，从乡土社会中主要典礼的历史根源来看，作为一种文化传统，典礼的礼仪是"礼俗"的一种传承；就其与"礼"学的关系而言，也有文本的依据，因为作为"礼"文化的主要文本著作之一，《仪礼》之中详细记载了冠、婚、丧祭、朝聘、乡射五项典礼仪节，这些礼仪经时代变迁，形式虽有所变迁，但在乡土社会之中依然有着较为系统的保存与发展。

其次，这些"礼仪"不仅成为人们处理这些"大事"的准则，而且是维持乡土社会秩序的关键。礼俗是村民互助的一种形式。无论是喜事还是丧事，都将耗费较多钱财，需要大量的人力、物力，这些耗费往往是一般的农民无法承担的。但是，人们依靠传统礼俗中亲邻互助的方式，巧妙地规避了这一情况的发生：一方面，这些典礼之中都有"随礼"的礼节，就是参加这些典礼的宾客，都会送来一些数额不等的"礼金"。典礼的费用实际上是由族人或亲属共同承担；另一方面，典礼的进行，需要大量的人力，家族内的成员或地缘上较近的邻居就会按照礼俗承担起典礼的各项工作，比如为宾客提供食宿，接送宾客，收集、购买与管理典礼所需物品等，使典礼顺利进行。在这样的典礼中，村民的互助至为关键。而这些源于传统的礼俗的互助形式，又在村民日常生活中得以体现，比如农忙季节，村民会自发地相互帮助使农作物能够及时收割或耕种，谁家遇到歉收、意外事故或子女上学，会得到村民主动帮助，共渡难关。

最后，民俗文化就其实质而言，是人们在长期生产实践和社会实践中创造的精神、语言和行为模式，或者说它是民众共同创造和遵守的行为规则。这种模式和规则对于客观环境（包括自然环境和社会环境）有很大的适应性。它具有观照民众集体心理和生存需要的特点。民俗文化中的种种行为模式，是民众生活中约定俗成的，因此具有相当的稳定性。最常见的是民俗社会中的不成文法或习惯法，它对民众的思想和生活产生强大的约束力量，迫使人们在一定的道德和习惯规范中行事，以得到心理和环境的协调和平衡。① 中国历史上民俗文化丰富多彩，人生礼俗、节日民俗、生产民俗、信仰民俗等都在民众的日常生活和社会行为中产生重要的影响。

二、传统社会的社会治理特征

（一）家国一体的治理观念

中国古代传统的社会治理，与中国古代家国一体的社会特征和城乡二元结构分布特征有密切联系。家国一体的社会特征，决定了中国古代社会的治理更注重血缘宗族差序格局的因素，注重传统伦理的礼法因素和道德力量；城乡二元结构的分布特点，决定了城市和乡村民间社会的不同治理方式。

"家国一体"作为一种古代主流的社会意识，在西周早期就已初现端倪。其实质是将家族的血缘宗法关系上升到国家的宗法制度和统治政策。古代社会以小农经济为经济基础，这种经济以家庭和家族为基本的生产和分配单位，随着经济的发展、财富的积累、血缘的传承，建立在家族血缘关系上的宗法制度成为社会的基本法则。它的实质是按照血缘关系的远近来确立政治关系，将君臣关系类比于父子关系，将治家与治国等同起来。

孟子曰："天下之本在国，国之本在家，家之本在身。"（《孟子·离娄上》）中国儒学提倡家国一体，即强调家庭和国家在内部构造机理上具有同质性，强调家庭在社会组织中的重要性。《韩非子·忠孝》说："臣事君，子事父，妻事夫，三者顺则天下治，三者逆则天下乱，此天下之常道也。"《孝经·士章》说："资于事父以事母而爱同，资于事父以事君而敬同。故母取其爱而君取其敬，兼之者父也。"家庭是社会的细胞，家

---

① 钟敬文：《民俗学概论》，22～23页，上海，上海文艺出版社，1998。

庭稳定是社会稳定的基础，家庭秩序是国家秩序的保障。家庭有序，国家才能稳固，家庭和睦，国家才能兴旺发达。治家是治国的起点，修身齐家治国平天下在中国传统的社会治理中存在密切的逻辑关系。

(二)国家主导与基层社会自治相互补充的治理体制

其一，国家主导社会治理是整个社会安定的前提和关键。自秦朝建立统一的中央集权以来，大一统的理念深入人心，"王权至上、国家统一、一统天下"等理念，成为中国社会的主流思潮。保持高效的中央集权是中国古代社会治理的关键所在。中国历史上，在中央王权被削弱的时候，整个社会通常也会陷入动荡，甚至是藩镇割据。社会安危与中央的统治力之间存在密切关联，整个国家的安危系于王权，这是古代中国社会治理的一个显著特征。

其二，国家力量与社会力量相结合，共同治理社会。在中国古代社会，国家对社会控制的范围实际十分有限。中央政权主要局限于意识形态宣传、平乱、维持国防、为支撑政权的税收、选择继位者、新建公共工程。在社会治理上，国家既注重通过对乡村社会的控制与国家政权的紧密结合来实现对乡村的控制，同时又注重利用乡村优秀人才来治理乡村社会。风俗习惯、乡绅和地方的德高望重者、宗族组织、基层社会的优秀人才等，在村落经济、礼仪活动等地方日常治理中，也都扮演着非常重要的角色。

(三)法治与教化并行的治理手段

法治与礼仪教化并行，是传统社会治理的又一个基本特征。《论语·为政》记载，子曰："道之以政，齐之以刑，民免而无耻。道之以德，齐之以礼，有耻且格。"商周时代社会治理的主要特色是礼乐文明与刑德并重。这也是我国传统社会治理的基本思想，奠定了中国古代社会治理的基本形态和格局。

礼乐文明在中国起源很早，夏商时期的铜礼器，被上层社会赋予了"协于上下，以承天庥"的神圣礼仪功能。《礼记·曲礼》中言："道德仁义，非礼不成。教训正俗，非礼不备。分争辨讼，非礼不决。君臣上下父子兄弟，非礼不定。宦学事师，非礼不亲。班朝治军，莅官行法，非礼威严不行。祷祠祭祀，供给鬼神，非礼不诚不庄。"礼仪的系统化与制度化，也使社会成员间的权利与义务有明白可知的规律可以遵循，减少了内部竞争与冲突，增加了社会的稳定性。

法律，是古代社会礼仪和习俗成文化、规范化、制度化的产物，是维护统治秩序，调整社会关系的强制性工具。《管子·七臣七主》："夫法者，所以兴功惧暴也，律者，所以定分止争也。"刑与礼相对，早期是专为下层社会而设的。《礼记·曲礼》上说："礼不下庶人，刑不上大夫。"商朝有《汤刑》、周朝作《吕刑》，春秋时期已经有了关于汇集法律条文的《刑书》。春秋时期郑国的执政者子产把《刑书》铸在鼎上，公之于众，史称"郑人铸刑书"。

周朝人发现了"皇天无亲，唯德是辅"的道理，首次提出了"敬德保民"的政治思想和"明德慎罚"的法制思想，创立了"刑罚世轻世重"的刑法适用原则，并且明确提出了"刑新国用轻典，刑平国用中典，刑乱国用重典"的法制指导思想，从而把"明德慎罚"与"刑兹无赦"二者紧密结合起来，构成了一个辩证统一的思想体系，为后世"德主刑辅"的社会治理思想奠定了基础。

传统社会治理体现了王权政治的巨大影响，一切治理以国家社会政治稳定为最大目标。实质就是两个方面：一是"治乱之由"，二是"求治之策"。探究"治乱之由"的最终目的还是为了找到"求治之策"。中国历史上最有名的"求治之策"当属西汉贾谊的《治安策》。贾谊透过汉初的"太平景象"觉察到了社会潜伏的矛盾和危机。他针对诸王割据势力的强大，提出"众建诸侯而少其力"的措施，建议采取削弱诸王割据的办法来解决这一问题。诸葛亮在《出师表》中也阐释了治世之道，他提出"亲贤臣，远小人，此先汉所以兴隆也；亲小人，远贤臣，此后汉所以倾颓也"，还提出"陟罚臧否，不宜异同""咨诹善道，察纳雅言"等为政建议。顾炎武、王夫之等也提出了经世致用的思想。这些思想都是中国古代社会治理经验的升华。

第二节　新中国成立以后30年的社会治理(1949—1978年)

从清朝末年到民国初年,中国社会治理的方式开始出现了很大变化。随着帝制的推翻与新旧民主主义革命的开展,旧有体制全面瓦解,各类社会实验开始涌现。辛亥革命以后,中国各地的地方自治运动中,包含了社会治理的内容,例如各地办理学务,开展卫生、慈善公益事业等。尤其是20世纪初的乡村建设运动为其后的乡村社会治理积累了经验。据统计,至1934年,全国乡村建设的团体达到600多个,在全国1000多个乡村中建立了实验点。[①] 其中也涌现出平民教育、文化复兴与发展实业民生三种不同的乡村建设模式,成为中国历史上第一次大规模的、自下而上的社会治理与社会建设运动。

1921年中国共产党成立,随之开始了在马克思主义思想指导下的社会治理探索。1927年大革命失败后,中国共产党逐渐将工作重心从城市转移到了农村,在农村大力发展革命根据地。中国共产党在这些局部地区中所进行的社会治理实践,为随后的全面执政与社会主义社会治理积累了经验。

第一,打倒土豪劣绅,进行土地改革,废除宗法制度,实行小农所有制。党中央先后颁布的一系列土地法令,如《井冈山土地法》《中华苏维埃共和国土地法》等,都把解决土地问题作为社会治理的基础,从根本上改变了根据地的社会结构与农民生存状况。

第二,建立以农民为主体的基层组织,以社会组织为基础在根据地建立起工农政权。苏区大量成立社会组织,覆盖社会领域和社会阶层的各个方面,例如工会组织、贫农团、青年团、妇女会等,延安时期的党和边区政府对各类社会组织与群众团体同样高度重视。民众被充分组织起来,通过从中央到乡村的垂直组织系统,形成整体性社会力量。更重

---

① 章元善:《乡村建设实验·第二集》,19页,上海,中华书局,1935。

要的是，这些社会组织中排除了地主乡绅阶级，既树立了工农大众的主人地位，又以各自不同的功能形成充分的社会治理。

第三，以公营工商业为主导，建立发展集体合作社，恢复重建农村市场体系。在苏区前期，各地开始设立"经济公社"，即公营商店和乡代办所，到1933年，各地基本形成覆盖苏区的公营商贸系统。与此同时，集体所有的合作社改变了传统农村商贸格局与方式，这对维持革命根据地经济稳定、维护社会人心安定具有举足轻重的作用。

第四，建立统一的税收与货币制度。在中央苏区阶段，中国共产党已经以累进税制度为基础，建立起统一的财政收支制度。在延安时期，各个根据地和解放区都成立了自己的银行，发行各自的货币，这为革命斗争打下坚实基础。

第五，在根据地积极开展扫盲教育、国民教育与乡村文化建设，移风易俗，推进社会风气转变。提倡科学、反对迷信；维护妇女权益、促进男女平等；改造流氓、净化风气；开展基层医疗、预防管理传染病；开展社会救助、赈灾救难；发展民间文艺、激励动员民众。

新民主主义革命时期中国共产党在社会治理方面进行的宝贵探索，为中华人民共和国成立后的社会政策奠定了基础。在中华人民共和国成立后进行的全新的社会治理实践，为社会主义建设打下了坚实的社会基础。总的来说，1949年至1978年社会治理的基本特征是：通过大力革除旧社会弊制，为新的社会治理结构打下基础；通过建立基层社会治理体系，以民生为工作重心，关注社会公平；建立高度组织化与国家主导的社会治理模式，集中资源全面进行社会主义建设。

一、大力革除旧社会弊制，建立新社会基础

中华人民共和国成立伊始，在中国共产党领导下，烟毒、娼妓等社会陋习被革除，地主阶级、官僚资本与男权制度被打倒，新的社会秩序逐步建立起来。

（一）禁烟禁毒、肃清娼妓等社会陋习

1950年2月24日，《政务院关于严禁鸦片烟毒的通令》发布，指出"现在全国人民已得解放，为了保护人民健康，恢复与发展生产，特规定严禁鸦片烟毒及其他毒品的办法如下"。按照通令要求，各级人民政府设立了禁烟禁毒委员会,全国范围内肃清烟毒的工作开始逐步展开。1952年4月15日,《中共中央关于肃清毒品流行的指示》要求各地运用"三反""五反"运动中已经组织起来的力量,以及从中发现的线索与情况,主要针对贩毒问题,开展规模空前的肃毒运动。到1952年年底,烟毒毒害基本被清扫一空,社会风气得到了净化。

中华人民共和国成立之初,各城市在完成政权接管的同时,即着手进行禁娼工作,主要有以北京和天津为代表的两种工作模式。北京模式是在有条件的情况下,采取果断措施,集中封闭妓院,分别处理老板和妓女。针对老板和领家,由公安局和人民法院组成审讯委员会进行审讯和处理,并由公安局和民政局组成财产处理委员会,登记调查财产,视情况没收和处理。针对妓女,由市妇联、民政局、卫生局组织妇女生产教养院,负责对妓女的教育改造、医治性病和组织生产等工作。另一种工作模式以天津为代表,由于依附于娼妓业的人数过多,国家财政存在困难,因此采取"寓禁于限"的方针,通过行政管理,限制妓院的发展和妓女人数的增加,使这一行业逐步萎缩,在条件成熟的时候再予以封闭。到1954年前后,公开设立的妓院被彻底禁止,各地开办的妇女教养院持续到1956年前后。到20世纪50年代中期,禁娼斗争取得了全面胜利。

(二)推进土地改革、没收官僚资本,形成新社会的基础

从革命战争时期开始,中国共产党就通过在广大农村地区发动和组织土地改革,破除了农村原有神权、绅权与族权的统治,为后期土地公有制的合作化运动以及人民公社制度的确立打下了基础。新中国成立以前,解放区的土地改革已基本完成,但约有2.65亿农业人口生活在华东、中南、西南、西北地区,尚未进行土地改革。新中国成立后,土地改革迅速推进。1949年冬,首先在条件成熟的华北城郊、河南大部及部分其他地区完成了土地改革,而在其他地区则开展了轰轰烈烈的清剿土匪、民主反霸和减租减息运动,为全面土地改革创造条件。1950年6月28日,中央人民政府委员会第八次会议通过了《中华人民共和国土地改革法》,30日,毛泽东发布中央人民政府令正式公布施行。从1949年到1953年春,除了中央决定暂不进行土地改革的若干少数民族地区(约

700万人口)外，全国大部分地区土地改革相继完成。3亿多无地或者少地的农民(包括老解放区农民在内)无偿获得了约7亿亩土地和大量生产资料。在这一过程中，中央设立了土地改革委员会，在地方县以上人民政府设立土地改革委员会，强化对土改工作的领导。各地还颁布了有关惩治地主破坏活动的条例，充分发挥人民法庭的作用。每批土改，一般都经历了发动群众、划分阶级、没收土地、分配胜利果实、复查总结等步骤，开展得相对顺利，有效地强化了国家政权力量对乡村社会的控制，逐步将农村推入高度组织化与国家化的道路。

新中国成立以后，在城市中，没收官僚资本为人民所有，开展"三反""五反"运动，并在企业中开展民主改革，为创建新的城市治理体系打下了基础。从1950年起，党和政府在官僚资本企业中进行了比较集中和全面的改革，大体分为两个阶段进行，第一阶段是进行民主改革，第二阶段为生产改革。到了1951年年初，中央人民政府政务院针对私营企业中还隐藏着一些官僚资本股产的情况，制定和公布了对私营企业中公股公产清理办法和没收私营企业中战犯、汉奸、官僚资本及反革命分子股份与财产的指示。从1951年年底到1952年10月，在党政机关工作人员中开展"反贪污、反浪费、反官僚主义"，在私营工商业者中开展"反行贿、反偷税漏税、反盗骗国家财产、反偷工减料、反盗窃国家经济情报"的"三反""五反"运动。到1952年年底，全国各地国营企业中大规模的民主改革基本结束，社会主义国营经济得到建立和发展壮大，并控制了国家主要经济命脉，这为新中国成立初期统一财经、平稳物价、迅速恢复国民经济、开始有计划地进行经济与社会建设提供了物质基础。与此同时，社会生活也随着政治经济一同被纳入国家计划之中，党与政府在集中控制经济命脉的同时，也负责分配社会资源、组织供给公共服务产品。

(三)建立男女平等的新社会秩序

新中国成立初期社会治理实践最引人注目的，是破除了封建男权制度，提高了妇女地位，使中国成为当时世界上男女最平等的国家之一。1949年9月，中国人民政治协商会议第一届全体会议选举了中央人民政府委员会，通过《中国人民政治协商会议共同纲领》，规定："中华人民共和国废除束缚妇女的封建制度。妇女在政治的、经济的、文化教育的、社会的生活各方面，均有与男子平等的权利。"这从根本上确定了新中国男女平等的政治理念。随后，中国共产党采取了一系列措施，提高妇女地位，保障妇女权利，实现男女平等，其中最重要的是保障妇女婚姻与家庭权利、保障妇女土地所有权、保障妇女劳动权利以及鼓励妇女参政议政。这些措施从根本上打破了男尊女卑的社会传统，践行了社会主义的性别理想，也为随后男女平等合作的社会治理方式打下了基础。

婚姻自由是妇女解放的第一步，1950年颁布的《中华人民共和国婚姻法》明确规定："废除包办强迫、男尊女卑、漠视子女利益的封建主义婚姻制度。实行男女婚姻自由、一夫一妻、男女权利平等、保护妇女和子女合法利益的新民主主义婚姻制度。禁止重婚、纳妾。禁止童养媳。禁止干涉寡妇婚姻自由。禁止任何人藉婚姻关系问题索取财物。"

为切实保证妇女有能力脱离男权统治，实现自身价值，新中国在生产资料分配、经济与社会制度方面采取了一系列措施。1950年6月30日颁布的《中华人民共和国土地改革法》规定："按人口统一分配"。不管是未婚女子、已婚妇女还是寡妇都有属于自己的土地。妇女不仅有土地的所有权，同时也拥有土地的处理权。是年9月，全国妇联第一届三次执委扩大会议上，提出改变"分田不分女田"的思想，按人口统一分配土地，农村妇女从此拥有与男性同等的生产资料所有权。在城市中，除了对妇女进行职业教育，保护妇女劳动权益之外，还针对妇女制定了一系列劳动保护条例，如1955年国务院发布的《关于女工作人员生产假期的通知》，1956年又发布《中华人民共和国女工保护条例》等。随着这一系列措施的推进，女职工人数迅速增长，1949年到1957年，女职工人数从60万人增加到328.6万人，1952年以后，年平均增长12.7%，女职工占职工总数的比重从7.5%逐步上升为13.4%。到1982年，第三次人口普查数据表明，我国女性在业人口的比重已达到43.7%。

1954年颁布的《中华人民共和国宪法》中明确规定："中华人民共和国妇女在政治的、经济的、文化的、社会的和家庭的生活各方面享有同男子平等的权利。婚姻、家庭、母亲和儿童受国家的保护。"男女平等被写进根本大法，是新中国社会治理的重要成就。

二、基层社会治理体系基本成型

（一）基层卫生机构与基层卫生组织

新中国卫生工作确定了四大方针：面向工农兵，预防为主，团结中西医，卫生工作与群众运动相结合。

由于新中国成立时农民占全国人口的85%以上，农村缺少医疗条件的情况又最为严重，因此农村基层卫生组织的建立，成为新中国医疗卫生工作的重点。1950年8月，卫生部提出有计划地健全县级医疗机构。到1952年，除少数民族地区外，县级卫生院已经普遍建立起来。而在县以下的农村地区，实行区设卫生所、行政村设卫生委员、自然村设卫生员的分级医疗组织形式。组织农村中的开业医生成立联合诊所，同时培训不脱离生产的卫生员与接生员补充医疗专业人员资源。到人民公社时期，这些联合诊所大多转化为公社卫生院，而在生产大队中则组成大队卫生所（合作医疗站），这样就形成了县级医疗机构、乡/公社卫生院和村/大队卫生所的三级农村基层卫生网。

预防为主，突出表现为防疫制度的建立与流行病防治。1950年，中央人民政府卫生部发布《关于一九五〇年医政工作的指示》，要求县卫生员把防疫工作作为首要任务。截至1950年年底，全国共设立了88个专业防疫队，12个鼠疫防疫队，一些重大流行病，例如血吸虫病、钩虫病、疟疾、黑热病等，都成立了专门的指导系统与研究防治机构。1953年1月，政务院批准在全国组建卫生防疫站，按行政区域划分，建立起各级卫生防疫组织及其网络。1957年，卫生防疫站达到1626个，专科防治所（站）由11个增加到66个。血吸虫病等流行病基本得到控制。

卫生工作与群众运动相结合，是新中国医疗卫生工作的一大特点。1952年爱国卫生运动在全国范围内开展起来，以除"四害"、讲卫生、消灭疾病为主要内容，亿万人民主动参与了这场移风易俗的群众运动。爱国卫生运动采取突击清扫与经常保洁相结合的方法：在节假日前夕或某些特定的时间里，人人动手，进行清洁大扫除；平时则特别强调搞好经常性的保洁工作。

（二）社会保障制度初步建立

新中国成立后，工人阶级成为领导阶级，其待遇法制与规章建设也成为当时社会治理的重中之重。1950年6月29日，中央人民政府颁布实施《中华人民共和国工会法》(以下简称《工会法》)，对中国工会的性质、作用、任务、权利和责任，做出明确规定。在《工会法》的推动下，全国各级工会迅速组织起来，承担起改善工人群众的物质生活与文化生活的责任。

1953年，中央人民政府政务院发布《中华人民共和国劳动保险条例》(以下简称《劳动保险条例》)，同年，中央人民政府劳动部制定《中华人民共和国劳动保险条例实施细则修正草案》，将具体的政策和管理问题加以细化规定。1953年1月政务院公布了《关于中华人民共和国劳动保险条例若干修正的决定》，同时公布了修正后的《劳动保险条例》，进一步扩大劳动保险实施范围的同时，也提高了保险待遇标准。到1956年，社会主义改造基本完成，全国国营、公私合营、私营企业的职工中，有94%已覆盖到社会保险制度之下，加上享受相关保险利益的职工家属，社会保险制度所覆盖的人数已达6000万人。在劳动保险制度建立的同时，城镇职工与农村农民的医疗保险制度也在同步推进。1952年6月27日，《政务院关于全国各级人民政府、党派、团体及所属事业单位的国家工作人员实行公费医疗预防的指示》决定自1952年起对国家工作人员和革命伤残军人实行公费医疗。同年8月，政务院进一步颁布《国家工作人员公费医疗预防实施办法》，明确规定把公费医疗预防经费列入财政预算。

针对失业职工与受灾群众，新中国逐步建立起社会保障与救济体系。在失业保障方面，1950年政务院发出的《关于救济失业工人的指示》中，规定了"以工代赈为主，以生产自救、转业训练、还乡生产、发给救济金为辅"的救济原则，组织失业人员参加市政工程或其他国家建设，成为救助失业工人的主要办法。在救灾方面，1949年12月，政务院发出的《关于生产救灾的指示》里将救灾定位为"严重的政治任务"，鼓励受灾群众因地制宜，通过开展副业与手工业进行生产自救，全民节约度荒，开展社会互助合作，并由各地政府给予贷款或救济粮帮助灾民渡过难关。到1952年，旧社会遗留下来的社会救济问题基本得到解决。

(三)基层教育体系覆盖全国

新中国成立以后，社会治理最突出的成就之一是建立健全了覆盖全国的基层教育体系。1949年12月,第一次全国教育工作会议强调教育的目的是"为人民服务,首先为工农兵服务,为当前的革命斗争与建设服务",在这一思想的指导下,新中国迅速建立起完整的教育体系与学制系统,并大力发展工农教育,工农识字率大幅度上升。

在学制建设方面,1951年10月1日,政务院颁布了《关于改革学制的决定》,建立起包括幼儿园、小学、中等教育、高等教育与特种学校在内的教育体系,对不同阶段的教育机构、年限和规章制度进行了调整,形成了新中国完善的学校教育系统。

工农教育是新中国教育改革的重点方向,其主要内容包括大力发展农民教育、职工教育,举办速成班和文化补习学校等。1949年12月,教育部发出《关于开展一九四九年冬学工作的指示》,指出"农村冬学运动是团结教育广大农民的有力武器之一"。冬学"这种适应广大群众需要的与实际工作密切结合着的教育方式,今后应当在全国农村中普遍推行"。由于教育部的号召,冬学教育发展非常迅速,从1949年至1953年,全国农民参加冬学学习的人数分别为1300万人、2500万人、3500万人、4885万人、1900万人。[①] 1950年6月,政务院发出《关于开展职工业余教育的指示》,到1951年,参加业余学习的城市工人就由1950年的50万人增加至135万人。1958年3月,教育部第四次全国教育行政会议提出,大力举办农业中学、工业中学和手工业中学,即开展城市职业教育,此后,城市职业学校成为培养劳动或技术后备力量的主要机构。[②]

利用业余时间举办工农速成中学,为工农提供快餐式教育,也是新中国快速解决基层教育问题的重要手段。1950年12月,政务院发布了《关于举办工农速成中学和工农干部文化补习学校的指示》,到1954年,全国共建速成中学87所,招生64700余名。1952年5月,教育部发出通知,在全国推广西南军区某部文化教员祁建华所创造的"速成识字

[①] 《中国教育年鉴》编辑部:《中国教育年鉴1949—1981》,603页,北京,中国大百科全书出版社,1984。

[②] 《中国教育年鉴》编辑部:《中国教育年鉴1949—1981》,180页,北京,中国大百科全书出版社,1984。

法"。1953年,全国城乡参加识字学习的人数近2000万人。到1954年,全国扫除文盲职工130万人、农民850万人、市民36万人。

三、高度组织化与国家主导的社会治理模式

新中国成立后,形成了国家(政府)全方位控制社会的治理模式。这种"全能型"体制的形成有其历史与现实原因,最重要的有三个方面。首先,近代以来中国半殖民地半封建社会的国情,要求强大的国家来抵御外侮、重振中华。其次,新中国成立之前,社会生产力遭到了极大破坏,整个社会陷入衰弱与自治能力低下的境况。最后,赶超性的国家发展战略,推动了全能型社会管理模式的强化。在乡村,"政党下乡"将传统的乡绅阶层取而代之,党组织成为乡村治理的权力主体。在城市,国家通过以单位制为主、街居制为辅的方式实现对社会的管控与整合。在这样的模式下,人民群众被高度组织起来,极为紧密地联系在一起,同时各级党政部门成为社会治理的唯一主体。

(一)国家统一计划的经济与劳动就业模式

新中国成立初期,借鉴苏联管理模式,对国家政治、经济、思想文化及其社会生活进行高度集中的管制,建立了按计划定量配给食品和其他生活必需品、全国统一工资制度以及国家统一计划的劳动力分配制度。

1953年10月16日,中共中央做出《关于实行粮食的计划收购与计划供应的决议》;11月19日,下达《中央人民政府政务院关于实行粮食的计划收购和计划供应的命令》。全国农村于1953年12月开始实施粮食统购统销。此后,又实施了油料统购统销和棉花棉布统购统销。

除生活物资外,收入分配与劳动就业也由国家统一管理。1956年,国家进行了第二次工资改革,按单位、产业、部门、地区的不同,统一规定发放工资的等级标准。与收入分配一样,就业也基本由国家统一管理。国家确定了"先调剂,后招收""先城市,后农村"的原则,强调劳动力的统一招收和调配。对高等院校、职业学校的毕业生实行统一分配,统一安排就业,根据工龄决定职工所享受的退休金待遇。通过这样的集中管理,客观上避免了失业和其他一些社会问题,但也使单位成为就业的唯一途径。

(二)城市中的单位制与街居制

新中国成立以后,城市建立了以单位制为主、街居制为辅的社会管理体制,实现了以政府为主体,自上而下的社会整合与控制。

新中国成立初期所面临的政治斗争与经济局面,使得党和政府在社会治理领域采取了统一的管理措施,形成了国家对社会的支配性制度结构,通过国家控制财政赤字,打击投机活动,稳定了市场与物价,同时为高度集中的经济体制奠定了基础。而国家与社会一体化结构的确立,也使得国家权威向城市社会基层渗透,统一的工资制度、统一的劳动力分配制度等,使个人命运完全依赖于国家,这都为单位制的出现奠定了基础。

单位制成型最重要的阶段,是第一个五年计划期间,我国建立了城市工业体系。1953年6月15日,毛泽东提出逐步改造资本主义工商业,使之成为严密、高效的社会主义经济单位。1955年国务院《关于发展国民经济的第一个五年计划的报告》提出,要集中主要力量进行以苏联帮助我国设计的156项建设单位为中心的、由限额以上的694个单位组成的工业建设,建立我国社会主义工业化的初步基础。新中国最核心的一批工业单位正式出现。1955年中共中央政治局通过的《中央关于资本主义工商业改造问题的决议》,确立了以城市单位为主体的条块管理体制。从此,"企业"成为依附于行政体制的"单位"。在单位制确定以后,新中国城市中几乎所有的公共文化与私人生活领域,都被打上了这一制度的烙印。

但是,单位并不能覆盖所有城市人口。据统计,1952年时,上海无单位的居民占全市人口的2/3,1954年占3/5左右。针对这些无单位居民,政府需要另一种基层组织形式,既能实现国家政权深入基层的全面控制,又能满足居民部分生存与生活的需要。城市居民委员会就在这种情况下应运而生。城市居民委员会最早起源于各类与基层公共生活有关的社会组织,例如清洁卫生委员会、冬防委员会、自来水管理委员会等,大都功能单一。后来,杭州、天津、上海等城市逐渐出现具有综合性功能的居民组织。1952年,许多城市都开始了建立基层群众组织的试点工作,但名称不同,组织结构形式也不尽相同。1954年12月31

日，全国人大常委会通过了《城市居民委员会组织条例》（以下简称《条例》），第一次以法律的形式对居民委员会做了明确规定，这标志着我国城市居民街居制的正式确立。《条例》规定，居委会是群众自治性的居民组织，下设居民小组，通常由15~40户居民组成，每个居委会所设小组最多不得超过17个。居委会的主要任务有五项：办理有关居民的公共福利事项、向当地人民委员会或其派出机关反映居民的意见和要求、动员居民响应政府号召并遵守法律、领导群众性的治安保卫工作、调节居民纠纷。《条例》的颁布和实施，大大推动了全国居委会组织建设工作的全面展开。至1956年，居委会已在全国各城市普遍建立起来并开展工作。1958年以后，人民公社也开始在城市中进行试点，这对居委会制度造成了很大冲击。1960年，《中共中央关于城市人民公社问题的批示》发布，城市居民自治组织开始逐渐被"政社合一"和"工农商学兵五位一体"的人民公社所取代，居委会大多成为城市人民公社的下属组织。由于居委会性质的变化，其职能也随之发生改变，自治功能开始萎缩，而转为经济性组织和准行政性组织。一方面，居委会开始兴办各种服务性和生产性实体；另一方面，居委会担负的行政事务也日趋增多，逐渐成为街道办事处的"派出机构"。

（三）农村中的人民公社制度

1958年毛泽东提出："还是办人民公社好，它的好处是，可以把工、农、商、学、兵合在一起，便于领导。"[①]在党的领导人的号召和直接推动下，人民公社制度在全国建立起来。在这一制度下，生产经营与政权管理被融为一体，国家权力全面渗透入农村社会之中。1962年以后，人民公社调整并确定为公社、生产大队、生产队三级组织，公社集体生产资料由公社、生产大队和生产队三级共同占有，生产队为组织生产、劳动和收益分配的基本单位，公社党委和大队支部是各自区域的领导和决策机构。一切行政权力归党组织，公社设党委，大队一般设党支部，生产队则设党小组。一直到1982年制定的《中华人民共和国宪法》确定了

---

① 逢先知、金冲及：《毛泽东传（1949—1976）》上，829页，北京，中央文献出版社，2003。

乡政村治模式，社政合一的人民公社模式最终结束。

在农村土地改革和人民公社制度确立以前，中国传统农村是一个变化相对缓慢且稳定的社会，历次封建王朝的更替从未在根本上摧毁过这一社会结构的基础。新中国成立后的一系列农村革命运动，从两个方面摧毁了这一传统：第一是消灭传统赖以存在的物质基础，比如分解族产，解散宗族组织，限制风水、法事、道场等活动，为强意识形态的介入提供空间；第二是通过强有力的意识形态宣传来瓦解传统文化的精神内核，例如提倡科学、破除迷信，提倡新文艺、破除旧戏剧，提倡阶级斗争，打破原有人际关系等。在此基础上建立的人民公社制度，是通过强有力的政社合一组织，颠覆了传统的自然村落制度，但同时，又在集体经济、紧密型人际关系等方面延续着乡村传统。

以人民公社制度代替传统自然村落，这是历史发展的结果。新中国成立后，农村治理的首要任务是重建农村社会秩序，建立社会主义公有制，同时也需要以最小的行政成本、最精炼的政治动员机制，高效吸收农村资源，支援城市工业化进程。人民公社制度就是这一背景下的产物。在此之前，经济制度与社会制度两方面的改革，为人民公社制度的出现奠定了基础。在经济方面，土地改革完成后，广大农村地区实现了生产资料的社会主义公有制，土地实行劳动群众集体所有制，农民拥有土地使用权，1954年《中华人民共和国宪法》明确规定了公有制在中国社会经济中的主体地位。相应的社会制度与行政体制也随之建立起来。1951年4月，《政务院关于人民民主政权建设工作的指示》要求已进行土地改革的地方，缩小区、乡管理的规模，以方便人民群众管理政府，提高行政效率。但这也加大了县级政府的工作难度。1954年1月，内务部颁布《关于健全乡政权组织的指示》，对乡一级政权组织的设置、民主操作程序等做出规定。1954年9月颁布的《中华人民共和国地方各级人民代表大会和地方各级人民委员会组织法》中，进一步规范了农村基层政权体制，明确乡级人民委员会只设立民政、治安、武装、生产合作、财粮、文化教育、调解等工作委员会，必要时可增设文书一人。至此，县乡基层政权结构基本确定下来，并一直延续到人民公社体制出现之前。

第三节 改革开放以后社会治理变革(1978—2012年)

一、社会治理变革的背景

1978年,党的十一届三中全会胜利召开,开启了社会主义现代化建设的历史新时期,党和国家的工作重心实现了从"以阶级斗争为纲"到"以经济建设为中心"的重大转移,并做出实行改革开放的重大决策。这为中国社会治理变革提供了新的历史条件和社会环境。

(一)经济体制转轨不断深入

随着改革开放的逐步扩大和不断深化,原有的计划经济体制转变为社会主义市场经济体制,原有封闭和半封闭的经济状态转变为全方位对外开放格局。这两大转变推动了行政管理体制和社会治理模式的变革,逐步放松社会领域管控,释放社会活力,让社会活跃起来,并逐步构建与社会主义市场经济体制相适应的社会治理框架和探索社会治理新路子。1982年12月4日,第五届全国人民代表大会第五次会议通过新的《中华人民共和国宪法》,对国家的基本制度、根本任务、治理结构和主要原则都做出了新的规定,包括法治原则、尊重和保障人权原则,也包括改变人民公社"政社合一体制",放松城市"单位制""街居制"管理。[1] 1983年10月,中共中央、国务院印发《关于实行政社分开、建立乡政府的通知》,开始在全国范围内撤销人民公社的建制,人民公社体制退出了历史舞台。随着市场经济的发展,所有制形式的多元化,大量社会成员开始到企业就业,单位体制的支配性地位明显弱化,私营企业、外资企业、社会组织吸纳越来越多的劳动力,整个社会的活力和效率日益显现。1992年党的十四大明确提出,经济体制改革的目标是建立社会主义市场经济体制。2001年,我国成功加入了世界贸易组织,这标志着中国进一步加强了与世界经济的联系。在市场经济不断深入发展的背景下,整个社会的流动性不断增强。

---

[1] 魏礼群:《我国社会治理40年变革的历史进程》,载《前线》,2018(9)。

（二）社会生产力大解放大发展

改革开放以来，随着思想解放的深入推进，我国社会生产力获得极大解放。1992年邓小平在南方谈话中指出，改革开放成功与否，"判断的标准，应该主要看是否有利于发展社会主义社会的生产力，是否有利于增强社会主义国家的综合国力，是否有利于提高人民的生活水平。"[①]由此，"三个有利于"成为20世纪90年代中期以后我国社会主义市场经济发展的重要价值取向和标准。在这个价值标准的指引下，我国经济建设持续快速发展，创造了令世人瞩目的"经济奇迹"。1978年，我国经济总量居世界第十位；到2010年，我国经济总量超过日本，跃升至世界第二位；2017年，我国经济总量突破80万亿元，按不变价格计算，比1978年增长33.5倍；全国人均可支配收入达到25974元，扣除价格因素，比1978年实际增长22.8倍，年均增长8.5%。[②] 这些都为大力加强以保障和改善民生为重点的社会建设提供了坚实的物质基础。

（三）社会多元化趋势日益明显

改革开放以来，随着社会分工细化和社会流动加剧，我国社会多元化趋势日益明显。从社会结构来看，市场经济的发展带来社会利益的不断分化，中国社会在阶层结构、就业结构、人口结构、城乡结构等方面均发生了深刻变化。改革开放前的"两个阶级、一个阶层"（工人阶级、农民阶级和知识分子阶层）的阶层结构发生了显著分化，出现了民营科技创业人员、外企管理技术人员、个体户、私营企业主和自由职业人员等新的社会阶层，中等收入群体开始逐步发育和成长起来。2002年，党的十六大报告明确提出，这些新的社会阶层是中国特色社会主义事业的建设者。从社会主体来看，随着经济成分、就业方式和分配方式日益多元化，我国各类新的利益群体和社会组织逐步蓬勃发展起来。社会组织日益成为我国经济社会发展不可或缺的重要力量。从社会价值来看，市场经济的充分发展促进了多种经济形式、多元文化并存的局面，我国社会成员的价值多元性大大增强。由此，多元的利益、阶层、价值、组织

[①] 《邓小平文选》第3卷，372页，北京，人民出版社，1993。
[②] 中共国家统计局党组：《改革开放铸辉煌 经济建设展新篇——改革开放40年经济社会发展主要成就》，载《求是》，2018(17)。

的产生，必然要求社会治理方式的多元化。

(四)社会矛盾纠纷多发频发

随着改革开放的深入推进，市场经济体制改革的不断深化，人们的利益意识日趋增强，多元利益主体不断成长，社会结构发生深刻和持续的分化，城乡之间、区域之间、不同社会群体之间收入差距扩大，"先富与共富""效率与公平"成为重要社会问题。世界各国的社会发展规律表明，在人均GDP达到1000~3000美元这个阶段，既是经济发展的黄金期，又是各种社会矛盾的凸显期。2003年，我国人均GDP首次突破1000美元，这标志着我国现代化建设进入一个新的发展阶段。在这个新的发展阶段，各种社会矛盾和社会纠纷容易集中爆发，改革逐步进入"深水区"和"攻坚期"，特别是经济与社会发展不相协调，经济发展较快、社会发展滞后，导致"一条腿长、一条腿短"的问题日益突出。在经济快速发展的过程中，贫富分化、环境污染、食品安全、土地拆迁、医患矛盾、物业纠纷等问题日益凸显，引发社会广泛关切。这就要求贯彻落实科学发展观，坚持以人为本，树立全面、协调、可持续的发展观，促进经济社会和人的全面发展。可以说，面对社会矛盾和社会冲突的不断增多，我国传统的行政管理体制和社会管理体制表现出明显的不适应。这充分说明我国社会结构的深刻变革，必然使得加快构建社会主义和谐社会、有效维护社会安定团结成为迫切需要。

(五)政府社会管理职能更加明确

改革开放以后，随着市场经济的发展，各种社会事务和社会问题日渐增多，政府的社会管理职能逐步发展和完善。1992年党的十四大之后，加快转变政府职能成为一项迫切任务。在建立社会主义市场经济体制的背景下，政府的社会管理职能部门得到加强。1998年进行的国务院机构改革，首次明确提出各级政府承担着"社会管理"职能，提出要把政府职能切实转变到宏观调控、社会管理和公共服务方面上来，把生产经营的权力真正交给企业。2003年，"SARS事件"的爆发，对政府职能变革起到重要推动作用。党的十六届三中全会明确提出，政府在继续搞好经济调节、加强市场监管的同时，更加注重履行"社会管理"和"公共服务"的职能。由此，"社会管理"和"公共服务"作为政府的基本职能越发受到高度重视,并在以后历次中央会议上得到进一步确认和强化。

二、社会治理变革的主要进展

(一)基层自治和社区组织不断完善

随着"人民公社制"和"单位制"的逐步瓦解,基层群众自治制度逐步成为一种新型的基层社会治理模式。1979年,广西宜山县合寨大队的村民,率先自发创立了"村民委员会"。这一群众创造受到认可和重视,并被广泛学习借鉴和推广。1980年,全国人大常委会颁布《城市街道办事处组织条例》《城市居民委员会组织条例》,创立于城市的居民委员会制度重新恢复,并与街道办事处一并建立了"街居制"。1982年修订的《中华人民共和国宪法》明确规定:"城市和农村按居民居住地区设立的居民委员会或者村民委员会是基层群众性自治组织。"这为基层群众自治奠定了坚实的宪法根基。此后,1987年,《中华人民共和国村民委员会组织法(试行)》颁布实施;1989年,《中华人民共和国城市居民委员会组织法》颁布实施。由此,以村委会和居委会为代表的基层群众自治逐步进入制度化、规范化、法制化的运行轨道,也为基层社会治理开辟了新路径。

市场经济发展所带来的利益分化,带来了基层社会治理格局的深刻变化,城乡社区的地位和作用越发重要,城乡社区建设和自治开启新议程。中国的社区建设首先是从城市开始的,并逐步扩展到农村。在城市社区建设方面,1992年,"社区服务"的概念最早被提出,在此基础上延伸、扩展和提升为"社区建设"。这期间的一个重要的发展转折点是,1998年的国务院机构改革,对民政部的职能及内设机构进行了重要调整,并明确赋予其"指导社区服务、推动社区建设"的职能。由此,"社区建设"成为国家层面的政策概念。到2000年,中共中央办公厅、国务院办公厅转发《民政部关于在全国推进城市社区建设的意见》。这是城市社区建设史上的一个纲领性文件,标志着城市社区建设开始在全国范围内全面推进,由此社区服务、社区卫生、社区文化、社区环境、社区治安成为重点建设内容。在城市社区建设和自治取得积极成效的同时,农村社区建设和自治也稳步展开,取得了一系列新突破。1998年,党的十五届三中全会通过了《关于农业和农村工作若干重大问题的决定》,这是关于农村社区建设和自治的一个重要文件。该文件明确要求全面推进村级民主选举、民主决策、民主管理、民主监督，由此进一步扩大和完善中国农村基层群众民主自治。同年，全国人大审议通过《中华人民共和国村民委员会组织法》，十年试行创造的经验成果上升到法律高度，由此中国村民自治迈入规范化、法制化的新阶段。

2002年，党的十六大以来，以村委会、居委会为代表的基层群众自治进入发展的新阶段。在农村村民自治方面，2002年7月，《中共中央办公厅 国务院办公厅关于进一步做好村民委员会换届选举工作的通知》进一步强调和保障农民的选举权。2004年，《中共中央办公厅、国务院办公厅关于健全和完善村务公开和民主管理制度的意见》明确提出要保障农民的知情权、决策权、参与权和监督权。在城市居民自治方面，2010年，中共中央办公厅、国务院办公厅印发《关于加强和改进城市社区居民委员会建设工作的意见》，进一步全面强化和提升了城市社区居委会能力建设。随着我国住房商品化改革的深入推进，越来越多的商品房住宅小区在成片建设，继村委会自治和居委会自治之后，2003年国务院印发《物业管理条例》、2007年第十届全国人大第五次会议审议通过《中华人民共和国物权法》、2009年住建部印发《业主大会和业主委员会指导规则》，标志着业委会自治作为一种新的自治形式，进入制度化、法制化建设阶段，并成为基层社会自治的一种重要力量。

（二）社会事业改革发展全面推进

改革开放后，国家不断重视各项社会事业发展，社会福利和保障体系开始进行社会化改革。1980年开始研究制定国家第六个五年计划时，将前五个计划中的"国民经济计划"改为"国民经济和社会发展计划"，从1982年实行"六五"计划起，在中长期计划和年度计划中都增加了社会发展的内容。这表明党和国家开始高度重视社会发展，教育、科技、卫生、社保等领域发展和改革不断加强。总体而言，这一阶段社会事业改革创新发展，在前半阶段主要是作为经济体制改革的重要配套部分来进行，在后半阶段逐渐发展成为一个相对独立的重要改革领域。

在教育领域，改革开放之后，高考制度首先得到正式恢复。1985年5月，《中共中央关于教育体制改革的决定》颁布，明确提出教育改革的基本思想是，要为社会主义建设服务，面向现代化、面向世界、面向未来；教育改革的根本目的则是，提高民族素质，多出人才，出好人才。1993年，中共中央、国务院印发《中国教育改革和发展纲要》，明确了我国教育改革发展的目标和任务。2002年，《中华人民共和国民办教育促进法》颁布，为民办教育发展奠定法制根基。2003年，我国召开新中国成立以来第一次全国农村教育工作会议，将"农村教育"摆在了教育改革发展的突出重要位置。2006年，修订后的《中华人民共和国义务教育法》颁布实施，这是中国基础教育发展史上的一个里程碑，由此义务教育经费保障机制以法律形式得以固定下来。从2006年起，在短短几年时间里，我国基本实施九年义务教育和基本扫除青壮年文盲的"两基"目标全面实现。2010年，中共中央、国务院颁布《国家中长期教育改革和发展规划纲要（2010—2020年）》，明确提出了未来十年中国教育改革发展的20字方针，即"优先发展、育人为本、改革创新、促进公平、提高质量"。

在医疗领域，改革开放之后，首先着眼于卫生系统的恢复建设，强调"运用经济手段管理卫生事业"。1981年，卫生部印发《医院经济管理暂行办法》和《关于加强卫生机构经济管理的意见》，1982年进一步颁布了《全国医院工作条例》。1992年9月，国务院印发《关于深化卫生医疗体制改革的几点意见》，这标志着我国卫生医疗体制改革的正式启动。1997年，《中共中央、国务院关于卫生改革与发展的决定》颁布，成为这一时期医疗卫生改革的重要指导性文件。2003年，农村新型合作医疗制度试点开始在全国陆续展开。同年3月，国务院出台《医药卫生体制改革近期重点实施方案（2009—2011年）》，明确提出重点抓好"基本医疗保障制度建设""国家基本药物制度""基层医疗卫生服务体系""基本公共卫生服务均等化"和"公立医院改革试点"五项改革。2009年，中共中央、国务院印发《关于深化医药卫生体制改革的意见》，标志着"新医改"的正式启动，由此我国医疗卫生改革不断深入。

在住房领域，住房制度改革取得重要进展，城乡居民的居住条件和环境获得显著改善。改革开放初期，我国开始了以"公房出售"为主要内容的住房制度改革。1980年，《全国基本建设工作会议汇报提纲》印发，探索推行由企业、个人和政府各承担房价1/3的方式，鼓励职工自主购房。1988年,《国务院住房制度改革领导小组关于全国城镇分期分批进行住房制度改革的实施方案》发布,其改革的思路是通过提高房租、增加工资的方式,鼓励职工自主买房。1991年,住房公积金制度在上海开始试行,随后在全国推广。1994年,《国务院关于深化城镇住房制度改革的决定》发布,这标志着住房制度市场化改革的正式启动。1998年,《国务院关于进一步深化城镇住房制度改革 加快住房建设的通知》明确提出停止住房实物分配,全面实行住房货币化,这标志着我国福利分房制度的结束。2007年,《国务院关于解决城市低收入家庭住房困难的若干意见》发布,明确提出进一步建立健全城市廉租住房制度,改进和规范经济适用住房制度,为城市低收入群体实现"住有所居"奠定了重要制度基础。

在社会保障领域,改革开放之后,养老保险制度改革率先推进。1984年,广东、江苏等地进行了国有企业职工退休费用的社会统筹试点。1986年,养老保险的社会统筹开始在全国各地推行。由此,国有企业职工养老保险费用实现了由"企业保险"向"社会保险"的转变。进入20世纪90年代之后,养老保险改革进一步深化,1991年《国务院关于企业职工养老保险制度改革的决定》发布,明确提出开始推行社会统筹与个人账户相结合的养老保险方案。2003年,"新农合"实行,2009年"新农保"建立,两者基本覆盖几乎所有农村人口。2006年,《中华人民共和国农业税条例》正式废止,农业税在全国范围内被取消,我国农民首次彻底告别数千年来缴纳"皇粮国税"的历史。2007年,城镇居民基本医疗保险开始试点;2011年,城镇居民社会养老保险制度建立。特别是2010年《中华人民共和国社会保险法》颁布实施,对保障和改善民生意义重大。

(三)社会组织逐步发展壮大

改革开放以前,我国并不存在真正意义上的民间社会组织,名义上的社会组织主要以工、青、妇等为代表的人民团体,实质上是国家政权的延伸。党的十一届三中全会以后,随着经济体制改革的逐步推进,社会组织作为一种重要的社会力量不断发育和显现,并日益获得了一个较为宽松的快速发展环境。由于国家针对民间组织的管理体制设置的缺失，从1978年到1988年这十年，可谓是民间组织"野性生长"的十年，特别是各类学术性社会团体获得较快增长。1988年7月，民政部设立了社会团体管理司，专门负责社会团体的登记管理。这标志着我国对民间组织的发展开始进行规范和管理。1988年9月，国务院出台了《基金会管理办法》；1989年6月，国务院颁布了《外国商会管理暂行规定》，同年10月《社会团体登记管理条例》颁布，由此形成和确立了民间组织登记管理部门与业务主管单位的双重管理体制。这种双重管理体制对中国社会组织发展产生了至为深远的影响。1992年，邓小平南方谈话之后，民间组织发展涌现出一些新的景象，产生了一些重要的标志性事件。比如，1992年，民政部召开了首次全国社会团体管理工作会议；1995年9月，联合国第四次世界妇女大会在北京召开，此次大会专门设置的"非政府组织论坛"，对中国民间组织发展产生了重要的社会影响。

1997年，党的十五大报告提出，要培育和发展社会中介组织。1998年6月，在国务院机构改革中，民政部社会团体管理局，更名为"民间组织管理局"；同年10月，新修订完善的《社会团体登记管理条例》和新制定的《民办非企业单位登记管理暂行条例》发布实施，从而使得民间组织的管理更加系统规范、有法可依。1999年以前，所有的民间组织都统称为"社会团体"，后来新增了"民办非企业单位"，分化出了"基金会"，由此民间组织类型实现了从"一元"向"多元"的转变。由于这一阶段正处于市场经济深入发展的重要时期，与之相适应的各类行业协会商会、社会中介组织以及民办非企业单位的需求明显释放，从而获得了较为快速的增长和发展。相关数据显示，1993年和1998年两次政府机构改革中，从政府机构部门职能调整和转制中产生了将近4万家行业协会；民办非企业单位1999年已有6000多家，到2001年时则超过8万家。①

2002年，党的十六大之后，我国各类社会组织不断发展壮大，逐步进入稳定发展期。从数量上来看，据相关数据显示，2002年在民政部登记注册的社会团体、民办非企业单位、基金会有24.4万个，到2011年

---

① 谢菊、马庆钰：《中国社会组织发展历程回顾》，载《云南行政学院学报》，2015(1)。

已经猛增至46.2万个。① 此外，民间社会还有数量庞大的"草根"社会组织。在体制改革上，2006年，广东省在全国率先对行业协会管理体制进行了"五自四无"的改革，对推进行业协会民间化、社会化起到重要示范作用。深圳、广州等地开始积极探索针对公益慈善类等民间组织实行无主管直接登记，双重管理体制改革在地方层面日渐取得新突破。除实行登记制之外，社区社会组织实行备案制也得到了广泛推行。2008年，《中华人民共和国企业所得税法》颁布，该法将公益性捐赠支出税前扣除比例由3%提高到12%，在国际上都属于较高水平，充分体现了公益捐赠财税政策的优惠性。2010年，《国家中长期人才发展规划纲要（2010—2020年）》发布，"社会组织人才"作为重要人才类型被纳入其中。自此以后，社会组织迅速发展并在社会管理和公共服务中发挥重要积极作用，特别是大量志愿服务型社会组织在"汶川抗震救灾""玉树强烈地震""舟曲特大山洪泥石流"等抗震救灾工作和"北京奥运会""上海世博会""广州亚运会"等重大活动中都发挥了重要积极作用。

(四)社会治安建设取得明显成效

改革开放之后，在社会转型的新形势下，我国刑事犯罪，尤其是大中城市青少年违法犯罪猛增，成为影响和危害社会稳定的突出问题。这使得人民群众的安全感明显下降，社会治安形势变得相当严峻。在这种严峻的社会形势和背景下，1981年，中央政法委召开了"五大城市治安座谈会"，中央在批转座谈会纪要时明确指出："争取社会治安根本好转，必须各级党委来抓，全党动手，实行全面综合治理。"由此，社会治安综合治理的战略方针正式确立。此后，中央对这一方针予以不断强调和深化。

1991年2月，《中共中央、国务院关于加强社会治安综合治理的决定》发布，中央社会治安综合治理委员会（简称"中央综治委"）成立，从中央到地方各级社会治安综合治理机构随即建立健全，大大提升了社会治安综合治理工作的组织领导。同时，制定和确立了"打防并举，标本

---

① 参见民政部发布的《2002年民政事业发展统计公报》和《2011年社会服务发展统计公报》。

兼治，重在治本"的社会治安综合治理基本方针，明确了社会治安综合治理的工作范围主要包括"打击、防范、教育、管理、建设、改造"六个方面。1991年12月，《中央社会治安综合治理委员会关于社会治安综合治理工作实行"属地管理"原则的规定（试行）》及《中央社会治安综合治理委员会关于实行社会治安综合治理一票否决权制的规定》发布，使得社会治安综合治理政策规范体系日益加强和完善，"属地管理"和"一票否决制"成为社会治安综合治理的重要原则，并对我国社会治理改革发展产生了重要影响。1992年，党的十四大把"加强社会治安综合治理，保持社会稳定"作为一项重点任务写入党章。1993年，中央综治委等五部委出台了《关于实行社会治安综合治理领导责任制的若干规定》，进一步强调了社会治安综合治理一票否决权。

1997年，中央综治委印发《关于进一步开展基层安全创建活动的意见》，全面部署和推进基层平安创建工作。2001年，中共中央、国务院印发《关于进一步加强社会治安综合治理的决定》，要求坚持"打防结合，预防为主"的方针，并着重指出"打击违法犯罪是社会治安综合治理的首要环节"。2002年，党的十六大进一步强调了这一方针，要求落实社会治安综合治理的各项措施，改进社会管理，保持良好的社会秩序。2003年，各地开始探索进行平安建设。2005年12月，《中共中央办公厅、国务院办公厅转发〈中央政法委员会、中央社会治安综合治理委员会关于深入开展平安建设的意见〉的通知》，强调平安建设是新形势下加强社会治安综合治理的新举措，对于构建社会主义和谐社会具有重大意义。随后，平安建设在全国各城市全面展开。2006年11月，《中央社会治安综合治理委员会关于深入开展农村平安建设的若干意见》印发，由此平安建设开始从城市扩展到农村。此后，在大力推进"平安中国"建设的背景下，我国社会治安工作取得积极进展，社会大局总体保持稳定。

（五）社会管理创新得到加强

党的十六大以后，加强和创新社会管理逐渐成为我国的一项重大任务，并从政府的职能领域逐渐上升为党的执政方略和战略任务。2004年9月，党的十六届四中全会明确提出，加强社会建设和管理，推进社会管理体制创新，并要求建立"党委领导、政府负责、社会协同、公众参与"的社会管理格局。这成为这一时期加强和创新社会管理的重要指导原则。

2007年,党的十七大将中国特色社会主义事业总体布局从"三位一体"扩展为"四位一体",社会建设作为一个独立领域被明确提出,社会管理则是社会建设的重要内容,并且提出加强以保障和改善民生为重点的社会建设方略,明确了建立健全社会管理基本格局的重要性。2009年,全国政法工作会议强调深入推进"社会矛盾化解、社会管理创新、公正廉洁执法"三项重点工作,"社会管理创新"作为专项重点任务予以进一步明确。2010年10月,中央政法委、中央综治委确定了35个市、县作为全国社会管理创新综合试点,各地积极开展社会管理创新探索和实践,在试点经验的基础上着力构建社会管理创新的体制和机制。

2011年2月,中央党校举办省部级主要领导干部社会管理及其创新专题研讨班,党和国家领导人出席会议并发表重要讲话;同年3月,"社会管理创新"在国家"十二五"规划纲要中单独成篇写入;同年7月,中共中央、国务院印发《关于加强和创新社会管理的意见》,进一步明确了加强和创新社会管理的指导思想、基本原则、目标任务和主要措施。2012年,党的十八大报告提出,加强社会建设,必须加快推进社会体制改革,加快形成党委领导、政府负责、社会协同、公众参与、法治保障的社会管理体制。这都表明社会管理创新被纳入国家重要战略部署。

三、社会治理变革的经验启示

改革开放以来,我国社会治理变革取得重大进展,实现了从"农业社会"到"工业社会"、从"封闭社会"到"开放社会"、从"短缺社会"到"丰裕社会"的巨大历史性转变,整个社会的生机和活力获得空前激发和释放。在这个过程中,中国社会治理积极探索、不断前行,积累了宝贵经验,集中体现在如下五个方面。

(一)坚持解放思想

改革开放之后,随着对"实践是检验真理的唯一标准"的讨论,以及关于"计划经济与市场经济""姓社姓资"讨论的不断深入,党和政府以及人民群众的思想获得空前解放。在这个背景下,我国社会领域的思想解放也逐步展开,特别是针对如何正确认识和看待社会组织的地位和作用、如何正确认识和处理维护社会稳定等一系列问题在理论认识和思想观念上都有了重大突破，从而为社会治理变革奠定了思想理论基础，使得这一时期我国的社会组织获得了较为快速的发展和壮大，整个社会大局能够长期保持安定。由于这一时期我国社会生产力获得大解放大发展，从而也为保障和改善民生、创新社会管理奠定了坚实的物质基础。

(二)坚持立足基本国情

每个国家都有自己的历史、文化和传统。这就意味着社会治理对每个国家而言都具有自身的特色和相对的独立性。纵观这一时期的社会治理变革，坚持立足基本国情，从客观实际出发，进行社会建设和社会改革，是一条重要的基本经验。改革开放之后，我国确立了以经济建设为中心的基本方针，社会建设和社会管理也相应加强。随着市场经济的深入发展，特别是国企改制的深入推进，社会保障和社会福利改革成为一个重要方向。同时，从"单位人"到"社会人"的转变，也使得传统的基层管理体制面临严峻挑战，使得社区在整个基层社会中占据越来越重要的地位、发挥越来越重要的作用。在这个背景下，社会建设和社会管理作为一个独立领域被提出，其与经济建设协调发展的地位和作用日益明晰和确立。由此可见，随着我国经济社会发展所处的不同发展阶段，社会建设和社会管理的地位和角色也有所不同，其自身主体性和独立性的彰显是一个历史建构的过程。而这个过程，始终与我国的国情、国力紧密相连，并在学习和借鉴国外先进社会管理经验的基础上，实现了自身的创造性转化，开辟和走出了一条具有中国特色的社会主义社会治理之路。

(三)坚持以人为本

以人为本是科学发展观的核心，也是社会建设和社会治理必须秉持的基本价值理念。社会建设和社会治理，说到底，是对人的服务和管理。这就要求处理好"服务"和"治理"的关系，坚持寓治理于服务之中，在服务中实现治理，在治理中体现服务。社会建设和社会治理必须坚持发展为了人民、发展依靠人民、发展成果由人民共享，必须以实现人的全面发展为目标，切实尊重人民群众的现实利益需求和人格价值尊严。从这个意义上而言，人民群众既是社会建设和治理的出发点，也是其落脚点。同时，应当看到，人民群众是历史的、具体的、实在的，具有不同的阶层、利益和特点。这就要求社会建设和社会治理必须针对不同的人群、阶层和团体，实施差异化、多元化、个性化的需求方案。在市场经济的洗礼下，人的因素愈益深广，愈益获得解放，从而也使得人成为社会建设和社会治理中最根本性的因素。

(四)坚持保障和改善民生

民生问题是社会建设和社会治理的本源性问题。改革开放以来，随着我国市场经济的迅猛发展，特别是分税制改革的全面实施，中央政府财政收入也实现了较为快速的增长和积累，这也为国家大力保障和改善民生提供了基础条件。由此，我国民生事业获得重要发展，民生支出逐步不断增加，初步形成了较为鲜明的民生公共财政体制，民生的内涵体系也得到不断丰富和拓展。在这个过程中，因保障改善民生、协调利益关系的需要，国家不断重视社会建设，协调"经济政策"与"社会政策"之间的关系。社会领域的基本立法也取得积极进展。而社会建设和社会治理的基本目标，就是要通过各种社会政策法规不断保障、改善和优化民生，更好实现广大人民群众"幼有所育、学有所教、业有所就、劳有所得、病有所医、老有所养、住有所居、弱有所扶"，实现改革发展成果共建共享，使得社会公平正义价值得到充分彰显和体现。

(五)坚持加强和完善党的领导

改革开放是中国共产党的伟大决策。正是由于改革开放的实行，使得党和国家的工作重心实现了重大历史性转变，整个社会重新迈上持续发展的轨道。这也为我国社会治理改革创新提供了基本的环境条件和制度土壤。显然，在长期坚持以阶级斗争为纲的情况下，是不可能产生现代意义上的社会建设和社会治理的。同时，应当看到，社会建设和社会治理是一项长期、系统的复杂工程，必须充分发挥党总揽全局、协调各方的领导核心作用。党的十六大以来，针对社会建设和社会治理工作，从中央到地方都加强了党的领导体制建设。在中央层面，加强了中央综治委的成员单位和领导力量；在一些地方，成立了专门负责社会建设和治理、群众工作的党政职能机构。这些专门机构的设立，大大增强和促进了社会建设和社会治理领导体制的完善，为我国社会领域改革发展提供了强有力的组织保障，也使得社会建设和社会管理工作能够更好地落到实处。

第四节　新时代社会治理的新进展(2012年至今)

一、新时代社会治理主要进展

党的十八大以来，中国特色社会主义进入新时代。在习近平新时代中国特色社会主义思想的指引下，我国社会治理实践创新取得了重大进展。按照全面建成小康社会、完善中国特色社会主义社会治理体系的目标要求，从宏观社会治理到微观社会治理，从各领域系统治理到城乡社区治理，都大力度、全方位地深入推进，取得了新突破、新进展、新成效。

(一)筑牢改善和保障民生工程

建设和谐社会、平安社会，形成全民共建共治共享的社会治理新格局，最重要的是保障和改善民生。以习近平同志为核心的党中央把保障和改善民生放在更加突出的位置，根据特定历史时期的需要，坚持居民收入增长与经济增长同步、劳动报酬提高与劳动生产率提高同步的方针，普遍地持续增加城乡居民收入。同时，实行坚守底线、突出重点、完善制度、引导预期、注重机会公平的原则，构筑民生保障和改善工程。

一是实施脱贫攻坚工程。党中央把贫困人口脱贫作为全面建成小康社会的底线任务和标志性指标，在全国范围全面打响了脱贫攻坚战。脱贫攻坚力度之大、范围之广、影响之深，前所未有。2015年11月，党中央召开扶贫开发工作会议，发布《中共中央 国务院关于打赢脱贫攻坚战的决定》，对脱贫攻坚做出全面部署。国务院印发《"十三五"脱贫攻坚规划》，细化落实中央决策部署。中央办公厅、国务院办公厅出台11个配套文件。中央和国家机关有关部门出台118个政策文件或实施方案。实施"六个精准"和"五个一批"计划。通过建立一套行之有效的脱贫攻坚责任体系、政策体系、投入体系等，中央各项决策部署得到落实。

2013—2016年，农村贫困人口每年都减少超过1000万人，共有5564万人摆脱贫困，贫困地区面貌明显改善，也促进了社会和谐安定。

二是促进就业创业。就业是民生之本。坚持就业优先战略，实行更加积极的就业政策，创造更多的就业岗位，鼓励以创业带动就业，着力解决结构性就业矛盾。在经济发展进入新常态、增长速度放缓的情况下，通过实施扶持就业政策，推行"大众创业，万众创新"，持续推进"放管服"改革，有力地激发了社会创造力，就业创业人员稳定增加，近几年来每年新增就业人员超过1300万人，为改善民生和维护社会稳定发挥了重要作用。

三是深化分配制度改革。为了促进发展成果由全体人民共享，实行一系列有利于缩小收入差距的政策，各地普遍提高最低工资标准。同时，改革收入分配制度，完善初次分配机制，健全再分配调节机制，建立促进居民收入较快增长的长效机制，推动形成公开透明、公正合理的收入分配秩序，明显增加低收入劳动者收入，扩大中等收入者的比重，多渠道增加居民财产性收入，并努力构建体现技能、知识价值的收入分配机制。

四是完善社会保障制度。我国社会保障制度在实现广覆盖、保基本、可持续的框架基础上，进一步打破城乡分割、单位双轨的坚冰，更多地体现了公平公正的原则。一是建立了全国统一的城乡居民基本养老保险制度。合并新型农村社会养老保险和城镇居民社会养老保险。目前，全国所有省级政府都制定了新的城乡居民社保实施意见，基本实现了制度名称、政策标准、经办服务、信息系统"四统一"。持续调高养老保险基础养老金标准。二是实施养老金并轨改革。实行了20多年的养老金双轨制正式废除，机关事业单位与企业都实行社会统筹与个人账户相结合的基本养老保险制度，养老金待遇与缴费不与职级挂钩。三是统筹推进社会救助。国务院颁布《社会救助暂行办法》，首次将救急难、疾病应急救助、临时救助等方针政策纳入法制安排，是我国统筹构建社会救助制度体系的标志。同时，支持慈善事业发展，广泛动员社会力量开展社会救济和社会互助、志愿服务活动。特别是《中华人民共和国慈善法》（以下简称《慈善法》）的颁布与实施，是我国整个社会保障体系建设中具有里程碑意义的重大事件，将开启中国现代慈善事业的新时代。

五是改善住房保障。采取一系列政策措施，引导房地产业持续健康发展，抑制房价过快上涨。加快推进棚户区和城乡危房改造工程。构建了包括公共租赁住房、棚户区改造、农村危旧房改造、住房公积金等在内的住房保障体系。实施公共租赁住房制度。明确提出从2014年起各地公共租赁住房和廉租住房并轨运行，并轨后统称为公共租赁住房，并把公租房扩大到城市非户籍人口。推进城镇住房法治化，规范城镇住房保障工作。

(二)推进社会治理基础性制度改革创新

教育、卫生、人口、户籍管理等制度是社会治理的重要基础性制度，与人民群众利益密切相关，是社会治理体系和社会文明进步的重要方面。为了促进社会公平正义，更好地满足人民需求，国家采取了一系列重大决策部署和制度安排。

在教育领域，大力促进教育公平制度建设。推动义务教育均衡发展，逐步推进中等职业教育免除学杂费，健全家庭经济困难学生资助体系，构建利用信息化手段扩大优质资源覆盖面的有效机制，逐步缩小区域、城乡、校际差距。健全政府补贴、政府购买服务、助学贷款、基金奖励、捐资激励等制度，鼓励社会力量兴办教育。推进考试招生制度改革，提出到2020年基本建立中国特色现代教育考试招生制度，形成分类考试、综合评价、多元录取的考试招生模式，健全促进公平、科学选才、监督有力的体制机制，从根本上解决教育领域的痼疾，满足人民对受到更好教育的需求。

在医疗卫生领域，突出建立现代医疗卫生事业制度。一是基本医疗保障制度覆盖全民。目前，我国基本医保覆盖95%以上人口，编织起全球最大的基本医疗保障网，世界卫生组织称赞"中国的医改成就举世瞩目"。二是完善大病保险和医疗救助制度。全面开展重特大疾病医疗救助，实现基本医保、大病保险、医疗救助、疾病应急救助、商业健康保险和慈善救助的有效衔接。三是深化医药卫生体制改革，实行医疗、医保、医药联动，推进医药分开，实行分级治疗。破除公立医院以药养医机制。全面推进公立医院改革，优化医疗卫生机构布局。四是全面推进

"健康中国"建设。2016年10月，党中央召开全国卫生与健康大会，中共中央、国务院印发《"健康中国2030"规划纲要》，提出把健康摆在优先发展的战略地位，加快转变健康领域发展方式，全方位、全周期维护和保障人民健康，大幅提高健康水平，显著改善健康公平。这些是具有重大历史意义的决策和制度安排。

在人口发展方面，完善计划生育制度。实施人口发展战略，促进人口均衡发展。全面实施一对夫妇可生育两个孩子的政策。"二孩"政策的颁布，是对我国1983年以来所实行的计划生育政策的重大调整，关系到中华民族子孙后代的繁衍和可持续性发展。同时，积极开展应对人口老龄化行动，构建以生育政策、就业制度、养老服务、社保体系、健康保障、人才培养、环境支持、社会参与等为支撑的人口老龄化应对体系，积极研究制定渐进式延迟退休年龄政策，加快健全养老服务体系和老年服务产业发展，开展全国养老院服务质量建设专项行动，实施老年教育发展规划等。人口政策的创新，是社会治理实践创新的重大标志。

在户籍管理方面，建立全国城乡统一的户口登记制度。2014年7月，《国务院关于进一步推进户籍制度改革的意见》发布，取消了农业户口与非农业户口性质区分，统一登记为居民户口，稳步推进城镇基本公共服务常住人口实现市民化。2016年1月，国务院发布施行《居住证暂行条例》，"居住证"取代"暂住证"，居民据此享受所在城市各类基本公共服务和各项便利。2016年9月，国务院印发《推动1亿非户籍人口在城市落户方案》，国务院各有关部门出台了一系列配套政策措施，着力解决广大农业转移人口最为关心的教育、就业、医疗、养老、住房保障以及农村"三权"等方面的实际问题。户籍制度改革是我国社会治理基础性制度的重大创新。

(三)构建国家安全体制

这是加强和创新社会治理极具标志性的重大举措。国家安全是安邦定国的基础，也是社会稳定和社会进步的前提。为了应对日益复杂多样的国内外安全形势，落实总体国家安全观，党中央决定建立集中统一、高效权威的国家安全体制，采取了一系列重大举措。一是设立国家安全委员会。2013年11月召开的十八届三中全会明确提出，要建立国家安全委员会，完善国家安全体制和国家安全战略，确保国家安全。2014年1月，中共中央政治局会议决定正式成立国家安全委员会。国家安全委员会的主要职责是，负责国家安全工作的决策和议事协调，研究制定、指导实施国家安全战略和有关重大方针政策，统筹协调国家安全重大事项和重要工作，推进国家安全法治建设；同时，发挥应对重大突发事件的协调指挥作用。国家安全包括军事、公安、司法、外交、金融等多方面的安全体系，涵盖传统安全和非传统安全领域。成立国家安全委员会，是应对安全形势趋于严峻复杂的时代挑战做出的重要制度安排。二是制定《国家安全战略纲要》和《关于加强国家安全工作的意见》。规划了在新的形势下维护国家安全的指导思想、重大原则和重点任务，强调要做好各领域国家安全工作。三是修订并通过新的《中华人民共和国国家安全法》。该法着眼于我国经济社会发展和保障国家安全的实际需要，明确了维护国家安全的职责与任务，国家安全制度，国家安全保障，公民、组织的义务与权力等方面的具体制度。国家安全委员会的成立、《国家安全战略纲要》和《中华人民共和国国家安全法》的制定，对维护国家安全和社会安全起到十分重要的作用。

（四）健全公共安全体系

建设平安中国是加强和创新社会治理的首要目标，是决胜全面建成小康社会和全面建设社会主义现代化强国的基础性工程，更是全国人民的期盼。国泰才能民安。党的十八大以来，"平安建设"被提到了一个新的历史高度。围绕深入推进平安建设，健全公共安全体系，推出食品药品安全、安全生产、防灾减灾、社会治安防控和网络安全等方面的体制机制改革举措。成立了统一权威的食品安全监管机构，建立了严格的覆盖全过程的监管制度，出台了一系列食品药品安全、质量安全的政策措施。持续深化安全生产管理体制改革，建立隐患排查治理体系和安全预防控制体系，努力遏制重大安全生产事故。健全防灾减灾救灾体制。应急管理体系不断健全，应对危机与风险的能力明显提高。加强社会治安综合治理，创新立体化社会治安防控体系，制定和实施健全落实社会治安综合治理领导责任制，健全社会治安防控网，提高社会治安防控体系建设科技水平，依法严密防范和惩治各类违法犯罪活动，提高社会治安防控活动能力。社会治安综合治理迈出新步伐，社会矛盾化解工作实现新突破，加强和创新群众工作，健全重大决策社会稳定风险评估机制。完善网络和信息化管理领导体制，制定和实施网络安全战略，加强网络市场监管。适应互联网时代的要求，引导社会成员确立共同防控风险的理念；推进公共安全工作精细化，实现公共安全事务共同治理。面对当前我国公共安全事件易发多发的总体态势，编织全方位、立体化的公共安全网，并更加注重运用法律规范、道德教化、心理疏导等方式手段，提升了维护公共安全实效，平安中国建设取得重要新进展。

(五)加快社会诚信制度建设

推进诚信制度建设，既是建设和谐社会的重要任务，也是推进社会治理现代化的必然要求。党的十八大以来，党和国家对社会诚信建设做出了一系列重要部署。国务院发布《社会信用体系建设规划纲要(2014—2020年)》，中央文明委印发《关于推进诚信建设制度化的意见》，强调着力推进诚信制度建设。共青团中央、国家发改委、中国人民银行联合制定《青年信用体系建设规划(2016—2020年)》。50个部门和一大批企业共同实施优秀青年志愿者守信联合激励行动计划。2018年4月，中共中央、国务院颁布的《中长期青年发展规划(2016—2025年)》中，将推进青年信用体系建设、倡导和培育青年诚信品格纳入青年发展事业总体布局。注重加强社会信息基础设施、基础制度、基础能力建设，加快推动统一社会信用代码制度，建立以公民身份号码为唯一代码、统一共享的国家人口基础信息库，健全相关方面的配套制度。建立公民统一社会信用代码制度、法人和其他组织统一社会信用代码制度。加强社会信用管理，建设全国统一的信用信息共享交换平台，建设并已上线运行"信用中国"网站，为社会公众查询、了解社会信用信息、社会信用体系建设工作动态提供渠道。积极探索、完善守信联合激励和失信联合惩戒制度。

(六)加强城乡社区治理

城乡社区是社会治理的基本单元，也是社会治理体系中的基础部分。党和政府更加重视城乡社区在社会治理中的重要作用，实施了一系列改革创新举措，使全国城乡社区治理水平明显提高。注重完善城乡社区治理体系，充分发挥基层党组织领导作用，有效发挥基层政府主导作用，努力发挥基层群众性自治组织基础作用，统筹发挥社会力量协同作用。注重提升城乡社区治理水平，提高社区服务供给能力，提升社区矛盾预防化解能力，增强社区信息化应用能力。各地普遍推行民主化、网络化、网格化、精细化管理，创新城乡居民全面服务管理新模式。畅通民主渠道，开展基层协商，推进城乡社区协商制度化、规范化和程序化。坚持因地制宜，突出特色，推动各地立足自身资源、条件、人文特色等实际，完善社区治理模式。完善市民公约、乡规民约等行为准则。许多城乡重视传播优秀传统文化，有些地方成立乡贤理事会，弘扬新乡贤文化，提高农村社会组织化水平，增强"自治组织"能力。大力开展乡风、村风、家风建设，通过加强古村落保护，编写族谱、家训等，传承向上向善的正能量。中央有关部门制定和实施一系列历史文化名城名镇名村和传统村落保护措施，有力地推动了中华优秀传统美德与文化的保护和创新发展，也促进了平安社会、和谐社会建设。

（七）促进社会组织健康发展

社会组织是社会治理不可或缺的重要力量，是公众和社会力量参与社会治理的重要载体，也是我国社会治理中的短板和难点。针对我国社会组织发展中的问题，党的十八届三中全会提出："要正确处理政府和社会关系，加快实施政社分开，推进社会组织明确权责、依法自治、发挥作用。""适合由社会组织提供的公共服务和解决的事项，交由社会组织承担。支持和发展志愿服务组织。"近年来，中央有关部门制定和实施一系列清理、规范和支持社会组织发展的办法，推动行业协会商会与行政机关真正脱钩，致力于建立新型行业协会商会管理体制和运行机制，促进和引导行业协会商会自主运行、有序竞争、优化发展。这方面改革取得重要进展。2016年年底，第一批脱钩试点的132家全国性行业协会商会实现与行政机关脱钩，完成脱钩试点的改革目标。2016年6月，第二批全国性行业协会商会脱钩试点名单（144家）公布，第二批试点正在有序推进。2016年12月，《行业协会商会综合监管办法（试行）》印发。至此，总体方案规定的10个配套文件已全部出台，并形成了一个完整的政策体系框架。中共中央办公厅、国务院办公厅印发《关于改革社组织管理制度促进社会组织健康有序发展的意见》提出,到2020年建立健全统一登记、各司其职、协调配合、分级负责、依法监管的社会组织管理体制,营造法制健全、政策完善、待遇公平的社会组织发展环境,构建结构合理、功能完善、诚信自律、有序竞争的社会组织发展格局,形成政社分开、权责明确、依法自治的现代社会组织制度。近年来,从中央到地方各级政府都积极探索实行购买服务机制,重视发挥社会组织在引导社会成员参与风险评估、矛盾调解、社区矫正、青少年教育管理等方面的作用,取得了积极效果。

(八)创新社会治理方式

按照推进社会治理现代化的要求,积极探索社会治理方式创新,是中国社会治理新实践的重要特征。一是以信息化建设为基础,不断提升社会治理的网络化与智能化。当今世界,以数字化、网络化、智能化为特征的信息化浪潮蓬勃兴起,没有信息化就没有国家和社会治理现代化。这几年,国家全面推进社会治理信息化建设。2014年2月,中央网络安全和信息化领导小组成立,推动了国家网络安全和信息化建设。随后,印发《国家信息化发展战略纲要》,规范和指导未来10年国家信息化发展。制定《"十三五"国家信息化规划》,明确统筹实施网络强国战略、大数据战略、"互联网+"行动,整合集中资源力量,为推进国家与社会治理体系和治理能力现代化提供数字动力引擎。北京、上海和深圳等特大城市积极探索符合特大城市特点和规律的社会治理新路子,强化网络化、智能化管理,提高城市管理标准,许多城市在社会治理中广泛运用互联网、大数据等信息技术手段,大力推行基层治理信息化,打造"智慧社区",不断提高城市社会治理科学化、精细化、智能化、现代化水平。二是以推行"全面依法治国"为契机,不断推进社会治理的法治化。党的十八大以来,我国开辟了全面依法治国、建设法治社会的新局面。2013—2017年,共制定、修改法律48部、行政法规42部、地方性法规2926部、规章3162部,同时通过"一揽子"方式先后修订法律57部、行政法规130部,启动了《中华人民共和国民法典》编纂,颁布了《中华人民共和国民法总则》,中国特色社会主义法律体系日益完备;高效的法治实施体系、严密的法治监督体系、有力的法治保障体系建设取得显著成效，对全面依法治国、依法治理社会发挥了重大推动作用。国务院制定了2020年基本建成法治政府的奋斗目标和行动纲领；先后取消、下放行政审批事项618项，彻底终结了非行政许可审批，激发了市场和社会活力。行政执法体制改革深入推进，公正文明执法水平明显提升。新一轮司法体制改革主体框架基本确立。司法责任制改革全面推开，以审判为中心的刑事诉讼制度改革深入推进，省以下地方法院、检察院人财物统一管理逐步推行。制定实施干预司法记录、通报和责任追究制度，设立知识产权法院、最高人民法院巡回法庭、跨行政区划法院检察院，实行立案登记制，废止劳教制度，一批重大冤假错案得到坚决纠正，司法职权配置不断优化，执法司法规范化建设进一步加强。司法质量、效率和公信力大幅提升，人民群众对公平正义的获得感明显增强。全民守法和法治社会建设迈出新步伐。设立国家宪法日，宪法宣誓制度普遍实施；更加重视社会矛盾纠纷的调解化解，多元化纠纷解决体系日益健全。领导干部带头尊法学法守法用法，运用法治思维和法治方式的能力与水平明显提高。

(九)加大环境保护与治理力度

治理环境污染，提高环境质量，事关人民生命安全和社会安定，是加强创新社会治理的重大任务。党中央、国务院更加重视环境保护与治理，着力推进解决影响人民群众身心健康和社会稳定的环境问题，建设美丽城市、美丽乡村，改善生活环境质量，消除社会风险隐患。党的十八届三中全会通过的《中共中央关于全面深化改革若干重大问题的决定》做出明确规定："必须建立系统完整的生态文明制度体系，实行最严格的源头保护制度，损害赔偿制度、责任追究制度，完善环境治理和生态修复制度，用制度保护生态环境。"国家"十三五"规划中对着力改善生态环境，形成政府、企业、公众共治的环境治理体系做出全面规划和部署。这几年，大力改革生态环境保护管理体制、环境治理基础制度，强化环境保护法治，开展环保督察巡视，推进污染物综合防治和环境治理，推行改水改厕、垃圾处理，建立严格监管所有污染物排放的环境保护组织制度体系；以打好大气、水、土壤污染防治三大战役为抓手，逐步构建与改善环境质量的工作体系。全面启动控制污染物排放等方面的强力监管和严格问责制。创新环保督察体制，决定建立环保督察机制。2016年7月，第一批中央环境保护督察工作全面启动，组建8个中央环境保护督察组，分别负责对8个省(自治区)开展环境保护督察工作。2017年起，用两年时间对全国31个省、市(区)进行全部环保督察。通过中央环保督察，不仅提升了地方党委政府的环保责任，而且推动解决了一大批环境问题，推动地方建立环保长效机制。各地普遍清理"散、乱、污"企业。国家旅游部门发起的"厕所革命"，在全国旅游系统大张旗鼓地推进，不仅有力地改变了当地旅游环境，也带动了全社会的"厕所革命"。许多地方还开展了创新公共空间治理行动，城乡人居环境明显改善，社会秩序和社会风气为之改观。

(十)全面加强党对社会治理的领导

全面加强党的领导，全面从严治党，是党的十八大以来治国理政的最鲜明特点，也是社会治理领域实践创新的最突出标志。党风决定政风、社风、民风。治国必先治党，治党必须从严，这是中国社会治理体系和治理能力现代化的重要制度与组织保障。实践表明，从严治党、惩治腐败是最大的社会治理，是理顺民心、实现党长期执政、确保社会长治久安的根本之举。几年来，从严治党的重大举措环环相扣，老虎、苍蝇、蚊虫一起打，惩治了一大批腐败分子，对端正党风起了重大作用，伸张了正义，刹住了歪风，赢得了党心民心，极大地带动了政风、社风、民风好转，也推动了社会治理创新发展。针对群团组织存在的突出问题，大刀阔斧地改革群团组织。中共中央召开党的群团工作会议，党中央制定并实施工会、共青团、妇联和文联等群团组织的改革方案，提出一系列改革部署和举措，有力地推动了群团组织改革的顺利进行，使群团组织更好践行群众路线、服务群众，更有效发挥党和政府联系人民群众的桥梁和纽带作用。这几年，还大力加强基层服务型党组织建设，使党的建设覆盖到各类企事业单位、各种社会组织、各个城乡基层，强化党组织的领导核心作用。这些措施对全面加强党对社会治理的领导起了重要作用。

二、新时代社会治理创新的几点启示

党的十八大以来，中国社会治理创新，鲜明体现了以公平正义为核心价值的制度取向，反映了以习近平同志为核心的党中央治国理政的新理念、新思想、新战略。近些年的社会治理创新变革越发深刻表明，推进社会治理现代化需要正确认识和处理好以下几个关系。

(一)活力与秩序的关系

推进社会治理创新，必须处理好激发社会活力与维护社会秩序的关系。习近平指出："一个好的社会，既要充满活力，又要和谐有序。"①党的十八届三中全会明确提出："加快形成科学有效的社会治理体制，确保社会既充满活力又和谐有序。""秩序"代表着社会的有序、和谐与稳定，"活力"则蕴含着社会生活的丰富多样性，两者是辩证统一、相辅相成的。在社会治理过程中，活力与秩序应保持一种有机平衡，特别是要避免出现要么是"一潭死水"，要么是"波涛汹涌"②。这就要求推动社会治理从主要依靠单一行政手段转变为综合运用法治、经济、行政等手段，从主要依靠强制、处罚等惩罚性手段转变为更多运用协商、对话等方式。

(二)维权与维稳的关系

推进社会治理创新，必须处理好保障公民权利与维护社会稳定的关系。所谓"维权"，就是要把群众合理合法的利益诉求解决好，使群众由衷感到权益受到了公平对待、利益得到了有效维护。"维稳"，就是人民群众的正当利益解决好了，人自然就心顺气顺，社会也就和谐稳定了。"不能简单依靠打压管控、硬性维稳，还要重视疏导化解、柔性维稳。"③从这个意义上讲，创新社会治理实现从"维稳"向"维权"的转变，将"维稳"内化于"维权"之中，是党的十八大以来中国社会治理理念创新的重大成果。

(三)法治与德治的关系

推进社会治理创新，必须处理好法治与德治的关系。"法治"是法律

---

① 中共中央文献研究室：《习近平关于全面建成小康社会论述摘编》，150 页，北京，中央文献出版社，2016。

② 中共中央文献研究室：《习近平关于全面建成小康社会论述摘编》，139 页，北京，中央文献出版社，2016。

③ 中共中央文献研究室：《习近平关于全面建成小康社会论述摘编》，139 页，北京，中央文献出版社，2016。

之治、规则之治;"德治"是礼俗之治、教化之治。党的十八届四中全会通过的《中共中央关于全面推进依法治国若干重大问题的决定》提出:"要坚持法治国家、法治政府、法治社会一体建设,实现科学立法、严格执法、公正司法、全民守法,促进国家治理体系和治理能力现代化。"法治是治国理政的基本方式,也是最有效的社会治理模式。这就要求运用法治思维和法治方式来谋划、引领和实施社会治理,进而在法制轨道里实现社会良治。同时,社会治理的有效运行也离不开道德价值的内在支撑。社会主义核心价值观是创新社会治理的重要精神力量,能够有效增强社会的凝聚力、向心力和感召力。这就要求将社会主义核心价值观的培育从注重家庭、家教、家风开始做起,并在全社会成员中化作实际行动。

(四)共建与共享的关系

推进社会治理创新,必须处理好共建与共享的关系。2015年5月,习近平在浙江调研时指出:"社会建设要以共建共享为基本原则,在体制机制、制度政策上系统谋划,从保障和改善民生做起,坚持群众想什么、我们就干什么。"[1]所谓"共建",强调社会治理的动力来源于人民群众,需要多元主体的共同参与、积极奉献;"共享"则强调社会治理的成果要普惠于广大人民群众,使得人民群众的获得感和幸福感不断增强,进而"形成人人参与、人人尽力、人人都有成就感的生动局面"[2]。共建是共享的基础前提,共享则是共建的必然要求,两者共同贯穿于社会治理的全过程实践。

(五)共治与自治的关系

推进社会治理创新,必须处理好共治与自治的关系。共治和自治,都是现代社会治理的核心要义,两者既有联系又有区别。共治,即"共同治理"(co-governance),主要是指政府与社会在公共事务领域中的合作共治;自治,即"自我治理"(self-governance),强调社会的自组织机

---

[1] 中共中央文献研究室:《习近平关于协调推进"四个全面"战略布局论述摘编》,145页,北京,中央文献出版社,2015。

[2] 中共中央文献研究室:《习近平关于全面建成小康社会论述摘编》,61页,北京,中央文献出版社,2016。

制，主要表现为以居委会和村委会为代表的基层群众自治和各类社会组织自治。社会共治的基本机制是协商民主；社会自治的基本机制是志愿信任。良好的社会共治，离不开成熟的社会自治。在社会治理体系中，政府、市场、社会三个主体在社会公共事务中的职责权限的划分，是有效推进社会共治和社会自治的关键环节和难点所在。

(六)治理与民生的关系

推进社会治理创新，必须处理好治理创新与民生保障的关系。党的十九大报告指出："提高保障和改善民生水平，加强和创新社会治理。"习近平指出："在改善民生的政策方面，我们要把握好一个原则，就是要多做雪中送炭的工作，少做锦上添花的事情。"[1]这就要求在民生工作上，要突出补齐民生短板，守住民生底线，既要尽力而为，又要量力而行，坚持在发展中保障和改善民生。同时，加强和创新社会治理，必须打造共建共治共享的社会治理格局，使人民群众更有获得感、幸福感和安全感，努力实现全体人民共同富裕。这就表明，保障和改善民生，既是加强和创新社会治理的基本方式，更是加强和创新社会治理的根本依归。

第五节　改革开放以来社会治理变革的主要经验

改革开放以来，我们党为形成和发展适合中国国情的社会治理理论和制度进行了不懈的探索和实践，取得了巨大的进步和成就，同时也积累了十分宝贵的丰富经验。这些经验对于继续推进社会领域改革发展有着重要的启示。

一、坚持不断解放思想，推动社会治理理论创新

中国特色社会主义实践的每一次历史性进展，都是解放思想、实事求是、与时俱进的结果，是马克思主义基本原理与中国具体实践相结合

---

[1] 中共中央文献研究室：《习近平关于社会主义社会建设论述摘编》，79页，北京，中央文献出版社，2017。

进行理论创新的结果。从邓小平开创中国特色社会主义理论到形成"三个代表"重要思想、科学发展观，特别是习近平新时代中国特色社会主义思想，这都为发展和完善中国特色社会主义提供了强大思想武器和行动指南。改革开放以来，我国社会治理变革取得的举世瞩目的成就，也都得益于不断解放思想、坚持推进党的社会治理理论创新，特别是摆脱了许多不合时宜的传统思想和理念的禁锢，包括不断纠正以往实际工作中普遍存在的经济建设"一手硬"、社会建设"一手软"的问题；明确提出建设社会主义和谐社会的重大思想和进行社会体制改革的部署要求；社会治理相关理论经历了逐步深化和推进的过程，即从社会治安综合治理到社会管理，再到社会治理现代化的发展过程。我们党勇于用世界眼光和时代发展要求审视社会领域现状，不断推进社会建设和社会治理的理论创新，坚持用新理论、新思路、新办法解决改革开放和现代化建设中的新问题，努力使社会治理变革体现时代性、符合规律性、富有创新性。这是最根本性的经验。

二、坚持正确政治方向，开拓中国特色社会治理之路

改革朝着什么方向前进，关乎中国现代化事业的成败，关乎国家命运、人民幸福。"旗帜决定方向，道路决定命运。"举什么样的旗帜，就决定了要朝着什么方向前进。党的十一届三中全会以来，我们党始终高举中国特色社会主义伟大旗帜，带领全国人民开辟了中国特色社会主义道路，并在实践中不断完善和发展。改革开放以来的发展历程，就是从我国国情出发，守正创新，始终坚持和发展中国特色社会主义的过程。从根本上讲，社会建设和社会治理改革同经济建设和经济治理改革等其他方面改革一样，都是社会主义制度的自我完善和发展，而不是对社会主义制度的改弦更张。始终保持政治定力，既不走封闭僵化的老路，也不走改旗易帜的邪路。我们要以宽广胸怀研究与借鉴外国在社会建设和社会治理中一切有益的做法，但是，绝不能照抄照搬别国经验、别国模式。必须自觉抵制各种错误思想和主张的影响，确保社会治理变革发展始终沿着中国特色社会主义道路前进。

三、坚持以人民为中心，依靠群众创新社会治理

始终坚持以人民为中心，是改革开放以来中国社会治理变革的动力

源泉。人民是历史的创造者,群众是真正的英雄。坚持以人民为中心就是坚持人民主体地位。人民群众既是创造社会物质财富和精神财富的主体,也是进行社会治理变革的主体,人民群众的愿望、意志和力量决定着所处历史时期的生产关系、经济基础和上层建筑,从根本上决定历史发展的走向。改革开放以来,我国之所以能取得社会治理变革一系列成就,就在于我们党始终坚持人民立场,把人民利益放在高于一切的位置上去看待问题、处理问题。同时,广泛地动员和组织人民依法管理国家事务和社会事务,坚持走群众路线,社会治理一切为了群众、一切依靠群众。只有切实保障人民合法权益,充分发挥广大人民群众的积极性、主动性、创造性,才能真正实现有效社会治理。

四、坚持全面深化改革,着力推进社会治理体制创新

加强和创新社会治理,关键在于不断深化改革,推进体制机制创新。在以往相当一段时期内,传统的政府包办的"大一统模式",不仅给政府带来沉重负担,而且抑制了社会领域的活力。加强社会建设,创新社会治理,解决社会领域中的问题,就必须进行体制机制改革创新。改革开放以来,加强和创新社会治理领域工作,就是紧紧抓住了体制机制改革创新这个"牛鼻子"。包括改革城乡二元结构,推行户籍制度改革,实行基层自治制度,创新社区治理体制,发展各类社会组织,发挥市场、社会力量的作用,不断推进就业、分配、教育、医疗、社会保障、住房等体制制度改革创新。通过转变政府职能,加强和改进政府社会管理,持续推进"放管服"改革,提高社会治理水平。通过推动事业单位分类改革,优化事业单位构成,强化公益类事业单位基本公共服务属性;通过建立政府购买公共服务制度,撬动和激活了公共服务市场。只有通过不断深化社会领域体制改革,才能更好地推动社会治理现代化。

五、坚持运用多种手段,不断创新社会治理方式

改进社会治理方式,不仅是创新社会治理体制的重要方面,而且是转变社会发展方式的必然要求。社会治理要讲究辩证法,既要管理又不能管得太死,要做到刚柔相济、宽严适度,使社会活跃起来而又要有序运行。坚持系统治理、依法治理、综合治理,努力实现社会治理由单一行政手段向多种手段综合并用转变。特别是在信息时代下的中国已经形成了规模巨大、构成复杂、形态多元的网络社会，其复杂性、风险性前所未有，不稳定、不确定性因素难以完全预料，这使得社会治理难度加大，必须高度重视运用现代信息技术，打造"互联网＋"社会治理模式，把精细化、标准化、智能化、专业化贯穿于社会治理全过程，把体制机制变革与现代科技应用深度融合起来，有效利用大数据、云计算、物联网、人工智能等信息化手段，不断提高社会治理的质量、效率和效能。

六、坚持统筹协调推进，构筑社会治理创新坚实基础

社会建设与社会治理是国家建设与治理的一部分。社会治理创新，离不开基本的社会条件、基础设施、文化建设等的支撑。只有推进经济建设，创造更多社会财富和物质条件，才能为社会建设和社会治理提供坚实的物质基础。改革开放以来，正是随着中国经济持续快速发展，才使得社会建设和社会治理事业不断深入发展。从近些年来许多地方的实践看，社会治理体系和治理能力建设必须具有相应的物质基础和经济实力。同时，中国特色社会主义社会治理是一项长期、复杂的系统工程，不是单项推进就可以一蹴而就的，而必须与中国特色社会主义经济治理、政治治理、文化治理、生态治理紧密结合，相互促进、相辅相成，实现中国特色社会主义国家治理的整体性提升。而社会和谐稳定、主体多元、活力充沛，也会为其他方面治理创新提供良好的条件和保障。这就要求在推进社会治理变革中牢固树立整体观、系统观、协同观。

七、坚持加强和改善党的领导，充分发挥党对社会治理的核心作用

习近平指出：中国特色社会主义最本质的特征是中国共产党的领导。包括社会治理领域变革在内的改革开放之所以取得巨大成就，从根本上说，是始终坚持党的领导、不断加强和改善党的领导的结果。历史和实践雄辩地证明，在当代中国，没有中国共产党的领导，不可能把全国各族人民凝聚起来，不可能把国家和社会治理好。社会治理改革是一项艰巨、繁重的历史任务。要顺利推进这一重大任务，必须充分发挥党总揽全局协调各方的领导核心作用，牢牢把握社会治理的正确方向。中国共产党的执政地位也决定了深化社会治理改革必须在党的领导下进行。同时，要加强党的自身建设，自觉改善党的领导，不断增强党的政治领导力、思想引领力、群众组织力、社会号召力，不断提高党的领导

水平,并以党的自我革命推动伟大的社会革命。这也是改革开放以来社会治理变革最为重要的经验。

以上七条,是对改革开放以来我国社会治理领域变革发展基本经验的认识。归结起来说,就是坚定走中国特色社会主义社会治理之路,坚持在改革开放中充分发挥社会主义制度的优越性和政治优势,正确把握社会运行和变革的规律,妥善处理和协调各方面关系,有领导、有秩序地使中国社会治理领域的变革发展不断前进。

延伸思考

1. 简述中国传统社会治理的主要特征。
2. 新中国(1949—1978 年)基层社会治理体系包括哪些内容?
3. 简述改革开放以后(1978—2012 年)的社会治理经验。
4. 党的十八大以来新时代社会治理在哪些方面有新进展?

参考文献

[1] 中共中央宣传部. 习近平新时代中国特色社会主义思想三十讲[M]. 北京:学习出版社,2018.

[2] 赵秀玲. 中国乡里制度[M]. 北京:社会科学文献出版社,1998.

[3] 景枫,武占江. 中国治理文化研究[M]. 北京:中国社会科学出版社,2012.

[4] 李强,胡宝荣. 中国历代社会治理论纲[M]. 昆明:云南教育出版社,2014.

[5] 魏礼群. 社会建设与社会管理[M]. 北京:人民出版社,2011.

[6] 李培林. 社会改革与社会治理[M]. 北京:社会科学文献出版社,2014.

[7] 龚维斌. 中国社会治理研究[M]. 北京:社会科学文献出版社,2014.

[8] 魏礼群. 坚定走中国特色社会主义社会治理之路[J]. 求是,2018(16).

[9] 魏礼群. 党的十八大以来社会治理的新进展[N]. 光明日报,2017-08-07.

[10] 陈鹏. 党的十八大以来社会治理体制创新[J]. 社会治理,2018(3).

第五章　中国社会治理体制

本章概述

本章在阐述基本社会制度与社会治理关系的基础上，深入分析了社会治理体制内涵与框架，论述了社会治理体制的核心问题。读者通过本章的学习，可以掌握中国社会治理体制的内涵及基本特征。

第一节　社会制度与社会治理

社会制度是在各个国家中具有普遍性、在相当一段历史时期内具有稳定性的社会制度体系。马克思以人类最基本的实践活动即生产为出发点，把社会制度的本质理解为人们在生产过程中结成的特定社会生产关系，也就是不同的集团、不同的阶层和不同的阶级在整个社会分工协作体系中相互形成的社会关系。马克思指出："人是最名副其实的政治动物，不仅是一种合群的动物，而且是只有在社会中才能独立的动物。"[1]这就是说，人类作为人的存在，就是社会的存在，人不能离开社会，人的生存、进步和发展必须是在历史性的社会活动中进行，必须依赖于社会的

---

[1]《马克思恩格斯选集》第1卷，2页，北京，人民出版社，1995。

表现形式,即社会关系,"只有在这些社会联系和社会关系的范围内,才会有他们对自然界的影响,才会有生产"①。

不同的社会制度具有不同的功能,社会制度决定着社会形态的性质,是制定各种制度的主要依据。社会制度具有如下功能。

一是保障社会运行的功能。社会制度决定社会发展的方向和社会运行模式,是制定社会各领域具体制度的基础。

二是规范社会秩序的功能。社会制度规范和协调社会活动,协调人际关系,发挥社会组织的作用,建立社会运行的秩序。

三是传承与创造文化的功能。社会制度通过传承和弘扬优秀传统文化,创造时代文化,传播先进文化,提升社会文明水平。

四是引导社会主体行为的功能。社会制度规定社会主体的权利和义务,提供思想和行为规范,以预防、化解社会矛盾和冲突。

二、社会制度的演变与社会治理变迁

(一)社会制度是社会治理的前提与基础

人类社会发展至今,形成了原始社会、奴隶制度、封建制度、资本主义制度、社会主义制度五种社会制度(社会形态)。推动人类社会基本社会制度变迁的根本动力,是生产力与生产关系的矛盾运动。不同社会制度下,管理包括社会事务在内的公共事务的方式与方法是不同的,这种不同构成了不同社会发展形态下社会治理的内容、体制、制度与机制的差异。

在原始社会阶段,生产力水平决定了族群的生存与发展必须依赖紧密的合作与较为平均的劳动与分配。因此,原始社会的社会治理依靠习俗、禁忌与惯例来对个体行为和社会生活进行规范和调整。氏族首领作为社会的代表与化身,负责简单的社会事务管理,处理诸如内部纠纷在内的简单的社会事务。因此,在这一历史阶段,社会治理大体处于自发阶段,没有成为一种自觉、有意识的行为,更谈不上制度化的发展。

国家产生之后,私有制成为社会生产与分配中占主导地位的生产关系,剥削阶级与被剥削阶级之间的矛盾逐渐成为社会发展中的主要矛

---

① 《马克思恩格斯选集》第1卷,344页,北京,人民出版社,1995。

盾，国家的职能本质上成为维护以私有制为基础的统治阶级利益的工具。在封建社会阶段，国家与社会高度重合，国家的政治职能与社会职能尚未分化。因此，社会管理主要通过国家的政治性职能得以体现出来，国家在社会管理中占据着绝对主导地位。被统治阶级仅仅是作为管理的对象和客体而被动地加入社会管理的系统之中。这一时期的社会管理，已经从自发走向自觉并开始了制度化的建设，但总体上处于统治型社会管理，解决的是维护统治集团与统治阶级的利益，统治阶级与被统治阶级之间的压迫与被压迫关系通过社会管理加以强化。

资产阶级革命后诞生的资本主义社会，是人类社会发展史上一个重要的阶级社会。从此，封建社会人身依附关系的枷锁，通过资产阶级社会革命与政治革命得以解放。政治解放使市民社会摆脱政治属性，实现国家社会二元分化，并直接催生了现代社会和现代国家。"政治解放同时也是市民社会从政治中获得解放"。资产阶级革命通过将人从宗教与国家的双重压迫下部分地解放出来，使人在近代民主制国家中获得更接近人性的生活。资产阶级宣扬自由、平等等人权，在资产阶级革命时期以天赋人权对抗封建等级专制，资产阶级革命成功后将之贯穿于国家立法中。正是在这个意义上，马克思高度评价道："政治解放当然是一大进步；尽管它不是一般人类解放的最后形式，但在迄今为止的世界制度的范围内，它是人类解放的最后形式。"[①]在资本主义社会，占统治地位的资产阶级主要通过体现其意志的法律与契约等方式，构建与其社会形态相适应的社会管理模式。这一社会管理模式的特征，主要表现为国家政治统治职能在社会领域的相对分离；与此同时，国家的管理职能逐渐彰显并占据社会管理的中心，人类社会管理模式进入管理型社会治理模式的历史阶段。

然而，由于资本主义社会基本矛盾的决定性作用，作为资本主义社会实现人的自由与社会权利载体的社会治理，从来都未能真正实现。资本主义的社会发展是一种"社会上的一部分人靠牺牲另一部分人来强制

[①] 《马克思恩格斯全集》第1卷，429页，北京，人民出版社，1956。

和垄断社会发展"①。"只有当现实的个人同时也是抽象的公民,并且作为个人,在自己的经验生活、自己的个人劳动、自己的个人关系中间,成为类存在物的时候,只有当人认识到自己的'原有力量'并把这种力量组织成为社会力量因而不再把社会力量当作政治力量跟自己分开的时候,只有到了那个时候,人类解放才能完成"②,这一阶段即共产主义社会。由国家管理逐步过渡至高度的社会自主治理,是社会治理制度的基本方向。在人类社会发展进入社会主义社会及共产主义社会之后,社会的主要矛盾不再是阶级统治与阶级压迫的矛盾,而是人的自由发展与社会整体发展之间的矛盾。这一时期的社会治理,将是以保障人的充分自由与权利为前提,以个体自主管理为基础的合作治理阶段,只有在这样的阶段,才能实现人的全面自由发展。

(二)社会治理是社会制度的重要体现

马克思主义经典作家从国家起源、国家本质入手分析国家职能,指出国家一方面是阶级统治的工具,另一方面还具有管理社会事务的重要职能。"政治统治到处都以执行某种社会职能为基础,而且政治统治只有在它执行了它的这种社会职能时才能继续下去。"③国家是阶级矛盾不可调和的产物,为了维护统治阶级的利益,就需要国家发挥社会管理的职能来调节社会矛盾与冲突,维护基本社会制度的稳定与有序运转。社会管理职能是国家的基本职能,国家的政治统治职能是国家的本质体现,政治统治职能以社会管理职能为基础。只有在履行了以上两种职能后,国家才能实现持续发展,基本社会制度才能够维持稳定与有序运转。

与此同时,国家的政治统治职能将会随着生产力的发展与生产关系的变革而调整以至趋于消亡,但国家的社会管理职能将会继续存在并日益强化,"对人的统治将由对物的管理和对生产过程的领导所代替"④。由此可见,社会治理是基本社会制度的稳定器,也是人类社会发展的永

---

① 马克思:《资本论》第3卷,928页,北京,人民出版社,2004。
② 《马克思恩格斯全集》第1卷,443页,北京,人民出版社,1956。
③ 《马克思恩格斯选集》第3卷,523页,北京,人民出版社,1995。
④ 《马克思恩格斯选集》第3卷,755页,北京,人民出版社,1995。

恒主题。

三、我国社会制度与社会治理关系

（一）我国社会制度及其内涵

我国的社会制度是中国特色社会主义制度。《中华人民共和国宪法》第一条第一款明确规定，"中华人民共和国是工人阶级领导的、以工农联盟为基础的人民民主专政的社会主义国家。社会主义制度是中华人民共和国的根本制度。中国共产党领导是中国特色社会主义最本质的特征"。这是对我国基本社会制度性质的宪法规范。

中国特色社会主义制度是近代以来中国人民长期奋斗历史逻辑、理论逻辑、实践逻辑的必然结果，是坚持党的本质属性、践行党的根本宗旨的必然要求。党的十八大将中国特色社会主义制度表述为："中国特色社会主义制度，就是人民代表大会制度的根本政治制度，中国共产党领导的多党合作和政治协商制度、民族区域自治制度以及基层群众自治制度等基本政治制度，中国特色社会主义法律体系，公有制为主体、多种所有制经济共同发展的基本经济制度，以及建立在这些制度基础上的经济体制、政治体制、文化体制、社会体制等各项具体制度。"

（二）中国特色社会主义制度下的社会治理及其特征

中国特色社会主义制度是我国社会治理的基础和前提。习近平指出："一个国家选择什么样的治理体系，是由这个国家的历史传承、文化传统、经济社会发展水平决定的，是由这个国家的人民决定的。我国今天的国家治理体系，是在我国历史传承、文化传统、经济社会发展的基础上长期发展、渐进改进、内生性演化的结果。"[①]中国当代的社会治理同样是由我国基本社会制度、经济社会发展水平及基于中国历史与传统的本土社会治理资源决定的。

从根本上讲，中国特色社会治理是一个体现社会根本制度、反映社会诉求、维护人民根本利益、维护社会公平正义，增加社会和谐因素的过程。主要体现在以下几个方面。

---

① 中共中央文献研究室：《习近平关于全国深化改革论述摘编》，21页，北京，中央文献出版社，2014。

一是以党的领导为核心的社会治理结构。基于我国正处于社会主义初级阶段的基本国情和长期形成的社会制度，党在社会治理中的领导地位是任何组织机构都无法替代的。社会治理要充分发挥党总揽全局协调各方的领导核心作用，牢牢把握党对社会治理的领导权。

二是以人民为中心的社会治理价值观。社会治理，说到底就是对人的服务和管理。我国社会治理坚持以人为本，把人民放在心中最高位置，坚持全心全意为人民服务，随时随地倾听人民的呼声、回应人民的期待。

三是以不断改善民生为目的的社会治理方略。民生是人民幸福之基、社会和谐之本。民生连着民心，民心关系国运。因而，在社会治理过程中，始终坚持推动解决人民群众的基本民生问题，不断夯实社会和谐稳定的物质基础，从源头上预防和减少社会矛盾的产生，实现社会的健康有序、长治久安。

四是以群众工作为法宝的社会治理方法论。群众工作是党的全部工作的基础和重要组成部分，是党领导人民进行革命、建设、改革的制胜法宝，也是社会治理的基础性、经常性、根本性工作。我国在社会治理工作中继承和发扬群众工作的优良传统，坚持走群众路线，注重加强和创新群众工作方法，相信群众、依靠群众，积极宣传、动员、组织群众参与社会治理实践，从而实现一切都是为群众谋利益、一切都是为群众服好务的社会治理工作宗旨。

第二节　社会治理体制内涵与框架

一、社会体制与社会治理体制概述

我们这里所讨论的社会体制，是指中国特色社会主义制度体系中与经济体制、政治体制、文化体制、生态体制相并列的具体制度，是社会建设现代化的重要组成部分。

社会治理体制，指的是社会治理主体、各要素间的关系结构，是各种社会治理主体在社会生活、社会事务和社会关系中的地位、作用、相互关系及运行方式的一系列规则和程序性安排。

社会体制与社会治理体制既有联系，又有区别。社会体制包含社会治理体制，社会治理体制是社会体制的重要组成部分。党的十九大报告提出："打造共建共治共享的社会治理格局。加强社会治理制度建设，完善党委领导、政府负责、社会协同、公众参与、法治保障的社会治理体制。"可以说，这既是对新时代我国社会体制改革提出的基本要求和基本目标，也高度概括了社会体制与社会治理体制之间的关系。打造共建共治共享的社会治理格局，是构建和谐社会、实现社会治理现代化的必然要求。"共建"，就是坚持人民主体地位，依靠全体人民共同建设和谐社会。"共治"，就是优化社会治理格局，支持社会力量和人民群众参与社会治理。"共享"，就是让全体人民共同享受发展和治理成果。在社会体制大的框架下，社会治理体制侧重于明确各类社会主体的地位和作用。

二、社会治理体制的基本框架和关键环节

（一）"五位一体"的社会治理体制基本框架

中国特色社会主义社会治理体制的主体框架是：党委领导、政府负责、社会协同、公众参与、法治保障"五位一体"。

党委领导，是我国社会治理体制的核心，就是要发挥各级党委在社会治理中总揽全局、协调各方的领导核心作用。各级党委要认真贯彻党的路线、方针、政策和工作部署，支持政府依法行政和依法管理，引导各种社会组织、群众组织、自治组织和人民群众积极有序参加社会治理，充分发挥基层党组织和党员在社会治理中的作用。合理配置党政部门社会治理职责权限，切实解决多头管理、分散管理、难以形成有效合力的问题。在坚持党的领导的同时，要不断完善党的领导，发挥政治优势，善于引导舆论，充分发挥各种媒体作用，不断提高预防及化解各种社会矛盾、构建和谐社会的能力。

政府负责，就是要强化政府的社会治理职能，做到职能到位，既不越位，也不缺位。政府要推进社会治理领域"放管服"改革，凡是公民、法人和其他社会组织通过自律能够解决的、行业协会和中介组织能够解决的问题，政府要充分放权。与此同时，该由政府管理的事项则应当管

住、管好，通过完善和落实社会领域的法律法规，担负起事中及事后的监管责任。

社会协同，就是要发挥各类社会组织的作用，组织社会力量参与社会治理。基层单位是社会协同治理的基础，要加强以城乡社区为重点的基层建设，在基层构建横向到边、纵向到底的社会治理体系，切实解决社会问题和社会矛盾。各类社会组织是社会协同治理的重要力量，要发挥社会组织的作用，推动包括社会团体、行业组织、中介机构、志愿者团体等在内的各种社会组织发展壮大，坚持鼓励发展和监管引导，加强社会组织管理和服务体系建设，发挥各类社会组织提供服务、反映诉求、规范行为的作用。企事业单位负有社会治理的重要职责，要强化各类企业事业单位的社会治理责任，鼓励和支持它们继续承担有关社会治理和社会服务的责任，包括发挥好各类所有制企业在社区建设、安全生产、处理劳资关系、发展慈善事业、促进社会和谐稳定等方面的作用。

公众参与，就是要充分发挥人民群众管理国家公共事务和社会活动，引导公民依法理性有序参与社会治理。大力培养公民参与意识，履行公民义务，优化公民参与社会治理的机制和途径，拓宽公民参与渠道，为公民参与社会治理创造条件。

法治保障，就是要充分发挥法治在社会治理中的保障作用。现代社会是法治社会，实行法治原则才能切实体现公平正义，也才能真正建设民主政治。社会治理必须全面落实依法治国基本方略，提高领导干部运用法治思维和法治方式治理社会的能力，突出加强社会领域立法、执法和监察工作，切实保障法律法规的有效实施，把各项社会治理纳入科学化、规范化、法制化的轨道。

(二)社会治理体制的关键环节

社会治理比社会管理有三个"更加突出"：更加突出党委领导和政府主导下的多元社会主体共同参与、良性互动；更加突出民主、法治，重视运用协商民主、法治思维；更加突出源头治理、综合施策、标本兼治、健全机制；这标志着由传统的社会治理体制向适应时代发展要求的现代社会治理体制转变。要顺利实现这种社会治理现代化的转变，必须准确把握我国当前社会治理体制良性运行的内在逻辑，特别是把握好政府善治、合作共治、基层自治、社会法治、全民德治五个关键环节。①

政府善治：创新政府治理方式，发挥政府主导作用。政府作为公共权力的行使者、公共事务的管理者，必须切实履行社会治理的基本职能。在高度复杂、充满风险和不确定性的现代社会，政府在社会治理中的重要作用只能加强，不能削弱。但政府治理必须创新，要做到科学治理、依法治理、良好治理、有效治理。政府在社会治理中的主导作用主要体现在：制定相关社会治理规则、政策和标准体系，制定和实施社会建设总体规划和专项规划，提供社会治理基础设施和公共产品服务，依法行政和依法监管，维护社会良好秩序、保障公共安全。

合作共治：激发社会组织活力，发挥社会组织的桥梁作用。社会组织是现代社会治理不可或缺的重要主体，是解放和激发社会发展活力的重要能量。现代社会治理需要更加重视充分调动和发挥社会组织的桥梁作用，实现政府与社会组织的合作共治。社会组织的桥梁作用主要体现在：社会组织充当政府与民众之间的"中间地带"和"跨界合作平台"，既能有效聚合、沟通和表达民众的利益诉求，又能将政府的治理意图、政策措施及时吸纳和传递到民众中去，并且能够提供便捷、高效的公共服务。

基层自治：重视基层社会自治，发挥群众参与的基础作用。群众参与社会治理是坚持人民主体地位的基本要求。从某种意义上讲，社会治理首先需要社会成员的自我组织和自我管理，这是维持社会和谐稳定和社会正常秩序的自动调节机制。良好的社会自治，能够激发基层社会活力，有效降低社会治理成本，从而提升社会治理效能。要积极探索社会治理新途径、新形式，形成社会治理人人参与、成果共享的生动局面。

社会法治：推进法治社会建设，发挥法治的保障作用。法治是社会治理的基本准则与手段，全面推行法治，是实现社会治理现代化的重要标志。要全面推进法治中国建设，坚持依法治国、依法执政与依法行政共同推进，法治国家、法治政府与法治社会一体建设，立法、执法、司

---

① 魏礼群：《积极推进社会治理体制创新》，见《改革论集》，512～516页，北京，人民出版社，2016。

法、遵法、守法普遍提升。特别是各级党政组织和各级干部要牢固树立法治社会和依法治理理念,善于用法治精神思考社会治理、用法治思维谋划社会治理、用法治方式破解社会治理难题,把社会治理的思想和行为全部纳入法治化轨道。

全民德治:加强思想道德建设,发挥社会主义核心价值观的引领作用。实现社会治理现代化,既要靠法治,又要靠德治,要做到法治与德治相结合、二者并用。人类社会发展的历史表明,对一个国家、一个民族来说,最深厚、最持久的力量是全社会一致认同的核心价值体系和核心价值观。坚持中国特色社会主义制度,创新社会治理体制,必须坚持充分反映中国特色、民族特色、时代特征的社会主义核心价值体系。我们党明确提出的"三个倡导",12个词,24个字,即倡导"富强、民主、文明、和谐,自由、平等、公正、法治,爱国、敬业、诚信、友善",是社会主义核心价值观的基本内容,实际上提出并回答了我们要建成什么样的国家、建设什么样的社会、培养什么样的公民的重大问题。这个核心价值观把涉及国家、社会、公民的价值要求融为一体,既体现了社会主义的本质要求,继承和弘扬了中华优秀传统文化,也吸收了世界文明有益成果,体现了时代精神。

第三节 社会治理体制的核心问题

一、国家、市场、社会的关系是核心问题

正确处理国家、市场、社会的关系是社会治理体制的核心问题。改革开放以来,我们党不断加深对国家、市场、社会之间关系的认识,在每一个发展阶段都根据国情、社情,做出有关社会治理体制改革的重要决策。在中国特色社会主义现代化进程中,社会治理领域的国家、市场与社会的关系,其中的国家主要体现为以党的集中统一领导为特征的国家权力在社会治理领域的角色与功能,市场则体现为以价值规律为准则的市场机制在社会治理领域的引入及发挥作用,而社会主要体现为以人民群众为主体力量、以社会组织为重要载体的社会自治功能的实现。

中国特色社会主义社会治理实践取得巨大成就，与正确认识和处理国家、市场、社会三者关系，并使三者正确发挥作用密不可分。中国共产党领导是中国特色社会主义的最本质特征，是中国特色社会主义制度的最大优势。要正确处理国家与市场的关系、国家与社会的关系。在发展社会主义市场经济的条件下，社会领域的发展与改革，要重视运用市场机制以提高资源配置的效率，但更需要重视发挥好政府的作用。因此，推进社会治理现代化的核心问题，一定要正确处理好国家、市场、社会之间的关系，从而使中国特色社会主义社会治理道路越走越宽，不断提升社会治理现代化水平。

二、正确认识国家、市场、社会功能和优势

在社会治理体系中，国家拥有强制力，是社会治理责任的主要承担者，它以强制力制定和保障法律得以执行，保证社会秩序的正常运行。但是政府也不是万能的，不能包办社会治理。毛泽东在《关于正确处理人民内部矛盾的问题》中指出："是不是要把一切人一切事都由政府包下来呢？当然不是。许多人，许多事，可以由社会团体想办法，可以由群众直接想办法，他们是能够想出很好的办法来的。"[①]政府在提供公共产品的过程中，也会发生效率低下，成本过高的问题。这就需要政府与社会、市场的相互配合，让政府与社会组织协作，并接受社会组织监督，避免权力寻租等腐败现象发生。

正确处理国家、市场、社会之间的关系，就是要充分发挥三者各自的优势，避免过于强调某一方面的功能而带来的弊病。市场是一种以价值规律为基本指导原则对资源进行配置的模式，在资源配置效率方面具有优势，通过价格杠杆和竞争机制的功能，把资源配置到效益好的环节和部门中去。但市场也存在明显不足，市场机制的自发作用容易造成社会失衡和波动，导致资源浪费。在社会保障、社会事业发展、生态环境保护和公共物品提供等方面市场功能缺失或能力不足而主要应由政府承担起责任。

相对于市场在效率方面的优势，国家（政府）在社会治理领域的主要

---

① 《毛泽东文集》第 7 卷，228 页，北京，人民出版社，1999。

优势，是纠正由于市场失灵而导致的公平正义、公共服务及环境保护等领域发生的问题。在引导社会治理的方向、制定社会治理的法律政策，并在涉及社会公平、基本公共服务供给等重要社会领域，国家或政府具有无可替代的职责。

政府作为社会秩序和社会公平的维护者，为了尽量减少行政成本和提高行政效能，还需要有第三方力量，这就是社会力量。习近平指出："我们要发挥社会力量在管理社会事务中的作用，因为有些事情是政府管不了也管不好的，可以让群众依法实行自我管理、自我服务。"①

社会在这里是各类社会组织。社会组织是依法、并且根据社会不同的需要而成立的。社会组织具有公益性、非营利性、民间性等属性。社会组织的作用主要有两方面，一是实现社会自治，减轻政府工作压力。例如社区治理、社会救助、劳资纠纷和环境保护等方面都可以发挥重要作用。二是参与政府决策和监督，保障政府决策的科学性和公正性。社会组织能起到凝聚社会力量、监督公共权力、调解社会矛盾、维护公共利益的作用。社会组织也不是万能的，它不具有强制力，不能替代政府对社会的治理。社会组织只能作为政府的补充，通过协商解决社会矛盾。

上述分析说明，国家、市场和社会组织在社会治理活动中各有优势和不足，要充分发挥各自的优势，合理行使各自的职责权限和活动范围，实现三者的良性互动，达到乘数效应，从而推进社会治理现代化，进而实现国家治理的现代化。

三、处理国家、市场、社会关系的基本原则

我国是一个有着13亿多人口的大国，处理好国家、市场、社会关系的意义重大，需要研究解决一系列特殊的复杂问题，不断推进理论创新和实践创新。

（一）坚持从国情出发，解放思想，实事求是，与时俱进

古往今来，关于国家、市场、社会关系的理论学说和实践模式众说

---

① 中央中央文献研究室：《习近平关于全面深化改革论述摘编》，54页，北京，中央文献出版社，2014。

纷纭、莫衷一是。我们要注意学习研究人类社会在处理三者关系方面一切有益的思想理论成果和实践做法。但是，不能照抄照搬别国经验、别国模式。世界上没有一种经验模式可以通行于不同国情的国家。我们必须全面、真切地认识我国现阶段基本国情及其内在要求，坚持马克思主义的中国化、时代化、大众化，在新时代中国特色社会主义思想的指导下，坚持解放思想、实事求是、与时俱进、求真务实，积极探索符合当今时代中国国情的国家、市场和社会关系的科学理论、具体做法和实践模式。

（二）坚持正确改革方向，积极稳妥，扎实推进，注重实效

在建设中国特色社会主义社会治理体制过程中，我们党进行了艰辛的理论探索和实践创新，积累了不少经验，但也存在一些未被认识的"必然王国"。其中，在处理国家、市场、社会关系方面还有一系列棘手的矛盾和问题有待研究解决。这需要以积极进取的精神，大胆探索，勇于创新，敢于攻坚克难。但对于涉及全局的重大改革事项，决心要大，步子要稳，改革方向要坚持，行动要坚决，但市场和社会发挥作用的边界和手段，应与国家宏观调控、监管能力和法治水平相适应、相协调。

（三）坚持统筹协调推进，把重视市场和社会作用与更好发挥政府作用有效结合起来

在社会治理实践中，国家、市场、社会三者的作用不可或缺，更不能相互分割。因此，坚持国家在社会治理中的主导作用，同重视市场和社会作用、激发社会活力之间不是互相排斥的，而是统一的，把它们对立起来的认识和做法是有害的。要统筹协调推进，要在坚持党的全面领导的前提下，全面履行政府的社会管理职能，正确引入市场和社会的力量，以保持社会和谐稳定又充满活力。总之，国家、市场、社会三者之间要有效配合，扬长避短，优势互补，相互促进。

（四）坚持准确把握功能，区别层次，分清领域，界定范围，合理和充分发挥各自的职责作用

在社会治理领域中，国家、市场、社会发挥作用的层次、范围、程度、方式、形态存在差异，需要深入研究和准确界定，防止三者各自功能错位、越位、缺位，避免发生错误和损失。

延伸思考

1. 解释下列概念：社会制度、社会治理体制。
2. 试析社会体制和社会治理体制的关系。
3. 简述中国社会治理体制的内涵。
4. 社会治理的核心问题是什么？为什么？

参考文献

[1]马克思恩格斯选集[M]．第1—4卷．北京：人民出版社，1995．

[2]毛泽东文集[M]．第7卷．北京：人民出版社，1999．

[3]习近平．之江新语[M]．杭州：浙江人民出版社，2013．

[4]习近平谈治国理政[M]．第1卷．北京：外文出版社，2018．

[5]习近平谈治国理政[M]．第2卷．北京：外文出版社，2017．

第六章 中国社会治理基础制度

本章概述

本章主要阐述了中国社会治理八个方面的基础制度，包括人口制度、户籍制度、就业制度、土地制度、教育制度、医疗卫生制度、社会保障制度、收入分配制度。阐述社会治理基础制度的概念、内容、演变和问题等，分析社会治理基础制度的特征。读者通过本章的学习，可以把握中国社会治理主要基础制度的基本内容。

第一节 人口制度

一、人口制度

人口制度是社会治理的重要基础性制度。广义的人口制度是指国家为了达到经济、社会发展目标而采取的人口法律、政策措施，旨在影响人口生育率、死亡率、年龄结构、生理素质、文化教育程度、道德思想水平，以及人口迁移和地区分布等。狭义的人口制度主要指政府在影响生育率变化方面的措施。本节主要讨论狭义的人口制度。

二、中国人口制度的演变

中国古代的人口思想和政策，主要集中在人

口数量的增加和人口结构的调整上。在"人口增者国必强,户籍减时国即衰"的思想观念下,历朝历代都把增加人口作为重要的施政方针,为鼓励人口增长,往往奖励早婚多育,惩罚晚婚、晚育和不婚者。同时,由于农业是古代决定性的生产部门,农业人口的数量和增长速度也是人口制度调整的重要内容。近代中国人口制度受外来人口理论和思想的影响较大,尤其是对马尔萨斯人口理论的学习和批判,把人们对人口制度的认知向前推进了一步。新中国成立以后,人口制度经历了以下几个阶段的变化。

(一)从鼓励生育到限制生育

新中国成立以后,随着经济的恢复和基本生活的稳定,我国人口状况发生变化,出生率攀高、死亡率降低,人口数量急剧增加。加上当时新中国建设需要大量人口储备,对鼓励人口增长的做法也广为认同,1949年到1953年,国家对人口增长采取自由放任的态度。1953年第一次人口普查后,中央政府开始意识到人口过快增长所引发的诸多社会问题。1955年2月,中共中央对卫生部提交的一份节制生育的报告做出重要批示,将节制生育政策提高到党的重大决策的高度,开创了20世纪50年代中期提倡节育的新环境。[①] 1962年12月,《中共中央、国务院关于认真提倡计划生育的指示》明确提出提倡计划生育是我国社会主义建设的基本国策,要通过在农村人口稠密的地区和城市中倡导节制生育达到适度控制人口增长的目标,从而使无计划的生育状态逐步过渡为有计划的生育状态。这是党中央、国务院第一次以正式文件的方式表明对计划生育问题的鲜明立场,成为我国进一步开展计划生育工作的动员令,也是我国第一次明确确定推行限制生育的政策。为使节制生育的人口制度落到实处,国务院成立了计划生育委员会,由时任国务院秘书长任主任,同期,各省(市、区)、地市两级以及部分较大的县开始组建相应的计划生育工作机构并配备了专职工作人员,计划生育工作活跃起来。但此时的"计划生育"只是带有自愿性质的提倡节育的工作,并非真正意义

[①] 陈江生、李良艳、胡健闽:《中国人口发展的政策与实施》,43页,北京,经济科学出版社,2017。

上的计划生育。由于政策缺乏刚性，1962年到1970年，我国的平均总和生育率仍高达6左右(即每个妇女生育6个孩子)。

1970年至1980年年初，我国在前期实践的基础上开始全面推行"晚(晚婚晚育)、稀(两胎间需要有间隔)、少(少生)"的计划生育政策。经过强有力的行政干预，控制人口增加和调整人口结构的基本目标得以实现，总和生育率逐步降至中华人民共和国成立以后的历史最低水平。这一时期，生育政策在影响人口发展的诸多因素中居于主导地位。渐进性的"晚、稀、少"人口调整政策的实施标志着我国计划生育政策的全面开始。

(二)全面推行计划生育

1980年9月25日，《中共中央关于控制我国人口增长问题致全体共产党员共青团员的公开信》明确提出了"争取在本世纪末把我国人口总数控制在十二亿以内"的人口控制目标，并号召"一对夫妇只生育一个孩子"。1982年9月，党的十二大把计划生育确定为基本国策；10月，中共中央办公厅、国务院办公厅转发《全国计划生育工作会议纪要》，将实行计划生育确立为国家的一项长期战略任务；12月，计划生育被写入新修订的《中华人民共和国宪法》(以下简称《宪法》)中，《宪法》第二十五条规定："国家推行计划生育，使人口的增长同经济和社会发展计划相适应"；第四十九条规定："夫妻双方有实行计划生育的义务。"1991年5月12日，中共中央、国务院发出《关于加强计划生育工作严格控制人口增长的决定》，要求依法管理计划生育。

"一孩"政策也被称为"一孩紧缩"人口制度，它的提出基于一定的理论基础和政策目标，吸收了前期人口制度实践的经验和教训，突出了抓人口数量这一主要矛盾。

20世纪90年代，计划生育政策成效凸显，总和生育率明显下降。据1992年国家计生委对38万人调查，总和生育率为1.52，低于生育更替水平的省份达21个，覆盖了总人口的81.62%。[1] 此后，计划生育政

---

[1] 陈江生、李良艳、胡健闽：《中国人口发展的政策与实施》，89页，北京，经济科学出版社，2017。

策的主导思想主要是稳定低生育水平、提高人口素质,计划生育工作思路和工作方法做出调整,国家法制逐步完善。2000年3月2日,《中共中央、国务院明确关于加强人口与计划生育工作稳定低生育水平的决定》指出:"人口问题是社会主义初级阶段长期面临的重大问题,是制约我国经济和社会发展的关键因素。控制人口数量,提高人口素质,是实现我国社会主义现代化建设宏伟目标和可持续发展的重大战略决策。"2002年9月1日起施行的《中华人民共和国人口与计划生育法》明确规定,国家建立健全基本养老保险、基本医疗保险等社会保障制度以促进落实计划生育工作的责任和义务。2006年12月17日,《中共中央、国务院关于全面加强人口和计划生育工作统筹解决人口问题的决定》,提出统筹解决人口问题,千方百计稳定低生育水平、大力提高出生人口素质、综合治理出生人口性别比偏高问题、不断完善流动人口管理服务体系,积极应对人口老龄化。

(三)实行"单独二孩"政策

进入21世纪,我国人口形势发生转变,生育率持续低于更替水平、人口老龄化加速发展、家庭规模持续缩减等,削弱了人口作为重要生产要素投入的可持续发展能力。为适应人口形势的变化,2013年11月,党的十八届三中全会通过的《中共中央关于全面深化改革若干重大问题的决定》指出:"坚持计划生育的基本国策,启动实施一方是独生子女的夫妇可生育两个孩子的政策,逐步调整完善生育政策,促进人口长期均衡发展。"12月30日,《中共中央、国务院关于调整完善生育政策的意见》提出启动"单独二孩"政策。2014年开始,全国各省(区、市)相继出台本地区的单独二孩政策。"单独二孩"是中国人口生育政策的重大转向,标志着我国逐步放开严控的计划生育政策,开始向"放开二孩"过渡,这是中国人口和生育政策适应经济社会发展所做出的重大调整。

(四)"全面放开二孩"政策

生育率一旦下降到一定水平(总和生育率为1.5,即每个妇女生育1.5个孩子)以下,就会继续不断下降,陷入"低生育率陷阱"。低生育率陷阱的影响是多方面的,包括导致老龄化程度加快,赡养比加大,养老金支付压力增加,人口红利不断衰竭,进而影响劳动力供给与经济增长。

在总结了"单独二孩"政策实践经验和充分研究论证的基础上，2015年10月，党的十八届五中全会明确提出："促进人口均衡发展，坚持计划生育的基本国策，完善人口发展战略，全面实施一对夫妇可生育两个孩子政策，积极开展应对人口老龄化行动。""全面放开二孩"政策是对"单独二孩"政策的延伸和扩展，有利于优化人口结构，减缓老龄化压力，增加劳动力供给，也有利于更好地顺应群众生育意愿，促进家庭幸福和社会和谐稳定发展，当然这些功能不是短期内能实现的。"全面放开二孩"政策促进了人口均衡发展。据统计，2016年，全年出生人口1786万人，人口出生率为12.95%；2017年，全年出生人口1723万人，人口出生率为12.43%，出生人口和人口出生率都有小幅下降，但2017年全年，二孩数量比2016年增加了162万人，二孩占全部出生人口的比重达到51.2%，超过一孩出生数。

三、中国人口制度的成效及目前存在的问题

新中国成立以来，中国人口制度经历了放任生育、鼓励计划生育到全面计划生育再到逐渐放宽计划生育的过程，这是个不断探索适合中国国情的人口制度发展的过程，既有经验也有教训。

第一，人口制度效果明显，成功地控制了人口的过快增长，缓解了人口负担的压力，提高了民生质量，为现代化建设提供了重要保障和基础性支撑。人口出生率从1955年的32.6%下降至2016年的12.95%；自然增长率从1955年的20.32%下降至2016年的5.86%；育龄妇女的总和生育率于1993年下降至2，低于国际公认的人口更替水平2.1，以后不断下降，至2015年降至1.047，"二孩"政策以后，2016年总和生育率提升至1.7。

第二，人口制度调控人口数量与质量并举，人口素质得以提升。人均预期寿命已由1955年的41岁提高到2016年的76.5岁，大专及以上文化程度人口占总人口比重由2000年的3.6%上升至2014年的11.5%，劳动年龄人均受教育年限在2015年达到10.23年。

第三，"全面放开二孩"政策需要其他政策配套。一般说来，人们生育意愿和生育行为明显受经济社会因素影响。随着经济社会发展程度提

升，人们自我实现的要求日趋增高，生育率会自然下降，而生育意愿下降的原因主要包括养育成本高、托育服务短缺、女性职业发展压力大等。

四、中国人口制度发展趋势

人口问题是全社会共同面对的基础性、全局性和战略性问题，生育政策影响的不是现在而是未来，能否制定一个符合国情的生育政策，关系到国民经济和社会发展与国家命运。进入21世纪，我国人口发展的内在动力和外部条件都发生了明显变化，准确把握未来人口发展的趋势性特征，深刻认识人口发展变化对人口安全和经济社会发展带来的挑战，对完善我国长期的人口制度具有重大意义。总体上看，人口规模和人口结构，是未来中国人口制度发展关注的重点。在今后相当长一段时间内，中国人口演变将出现以下变化。

第一，人口总规模增长惯性减弱。根据近些年我国人口变化的趋势，实施"全面放开二孩"政策后，三至五年内，出生人口会有所增加；以后，由于育龄妇女数量减少带来的出生率下降和老年人口比重增大带来的死亡率上升，人口增长惯性将减弱，人口总量增速减缓。

第二，人口结构出现变化。首先，从年龄结构上看，随着人口预期寿命的延长和少儿比重的下降，高龄人口比重上升将成为我国人口年龄结构变化的大趋势，我国已经并将进一步进入老龄化社会。其次，从性别比例上看，随着计划生育政策的不断放宽和社会保障制度的不断健全，男女性别失衡的结构有望得到缓解。

"全面放开二孩"政策不是我国生育政策调整的终点，因为生育政策必须依据社会、经济、环境及资源可持续发展的需要，根据实际的生育指标发展变动趋势做出及时调整。做好出生人口监测预测，加强人口发展战略研究，促进生育政策和相关经济社会政策配套衔接，努力推动解决群众在生育养育方面的实际困难和后顾之忧，促进人口长期均衡发展，是未来人口工作的重要方向。从关注人口数量到关注人口质量，以尊重人的权利和促进人的全面发展为中心统筹解决人口问题，将是完善我国人口制度的战略选择。

第二节 户籍制度

一、户籍制度

户籍制度是一项具有中国特色的社会治理基础制度。中国是世界上最早进行人口调查并实行一套严密户籍管理制度的国家。中国历史上的户籍制度直接与土地相联系，是以家庭、家族、宗族为本位的人口管理方式。现代户籍制度是国家依法收集、确认和登记公民出生、死亡、亲属关系、法定地址等公民人口基本信息的规范体系。目前，我国实施以户为单位的户籍人口管理政策，居住证制度是户籍制度的一项改革措施。居住证是持证人在居住地居住、作为常住人口享受基本公共服务和便利、申请登记常住户口的证明。

二、户籍制度的演变

新中国成立以来的户籍制度，形成于计划经济体制建构过程中，并伴随市场经济体制的建立而逐渐变革。

（一）1951年至1977年：城乡二元户籍制度逐渐形成

1951年7月，公安部制定并颁布了《城市户口管理暂行条例》，在城市开始推行户口登记。这是新中国成立后最早的一个户籍法规。1954年12月，内务部、公安部等发出联合通知，要求建立农村户口登记制度。1955年6月，《国务院关于建立经常户口登记制度的指示》要求登记常住人口，建立起经常性户口登记和户口管理制度。1956年3月，全国首次户口工作会议召开，提出在短时期内建立一套比较严密的户口管理制度，对人口、户籍的管控逐步收紧。1958年1月，《中华人民共和国户口登记条例》颁布实施，规定"公民由农村迁往城市，必须持有城市劳动部门的录用证明，学校的录取证明，或者城市户口登记机关的准予迁入的证明"。1977年，《国务院批转公安部关于处理户口迁移的规定的通知》，提出严格控制市、镇人口，明确户口迁移的审批权限和手续，要求严格控制"农转非"。

在强化人口迁移控制的过程中，户籍与粮油等生活用品供应、教育、就业、劳动保障、医疗、养老等制度相结合，使得农业户口和非农业户口变成高低有别的户口等级。同时，户籍也成为通过升学、招工、参军提干等制度化途径实现人口由农业向非农业转移的附加。户籍逐渐异化为权利配置的基本依据，也成为身份的象征，以户籍为基础的城乡分割的二元政策体系逐渐形成。

(二)1978年至今：城乡户籍制度不断改革

改革开放后，人口开始大规模流动，户籍制度从集镇、小城镇入手调整，放松对人口迁移的控制。1984年10月，《国务院关于农民进入集镇落户问题的通知》提出，有条件地允许在集镇务工、经商和办服务业的农民及其家属落户集镇。1992年8月，公安部发布《关于实行当地有效城镇居民户口制度的通知》，在小城镇、经济特区、经济技术开发区、高新技术产业开发区实行当地有效城镇户口制度。1998年7月，国务院批转公安部《关于解决当前户口管理工作中几个突出问题的意见》，重点解决婴儿落户、夫妻分居、投亲落户等问题。2001年3月，国务院批转公安部《关于推进小城镇户籍管理制度改革的意见》，允许有合法固定住所、稳定职业或生活来源的农民转为城镇户口，并允许其自愿保留或转让承包地经营权。与此同时，粮棉油等物质生活资料的市场供应、劳动就业领域的市场化改革、允许中小学借读等一系列政策的调整，使得基于户籍的资源与权益配置制度有所弱化。

进入21世纪，尤其是2012年以后，户籍制度改革进程加快。2003年，国家推行统筹城乡社会经济发展，一些大中城市开始推进区域性户籍制度改革。改革内容主要集中在两方面：一是从管理上取消户籍性质划分，统一登记为居民户口；二是推行居住证制度，同时以固定住所、稳定职业或生活来源等准入条件取代进城指标。2011年2月，国务院发出《关于积极稳妥推进户籍管理制度改革的通知》，提出分类户口迁移政策，继续合理控制大城市人口规模，县级市有合法稳定职业(地级市满三年)和住所(含租赁)、按参加社保达一定年限的人员，可以申请登记常住户口。党的十八大报告提出："加快改革户籍制度，有序推进农业转移人口市民化，努力实现城镇基本公共服务常住人口全覆盖。"2013年6月，在十二届全国人大常委会第三次会议上，《国务院关于城镇化建设工作情况的报告》首次提出各类城市具体的城镇化路径，即全面放开小城镇和小城市、有序放开中等城市落户限制，逐步放宽大城市和合理设定特大城市落户条件。2014年7月24日，《国务院关于进一步推进户籍制度改革的意见》要求进一步调整户口迁移政策，全面放开建制镇和小城市落户限制，有序放开中等城市落户限制，合理确定大城市落户条件，严格控制特大城市人口规模，有效解决户口迁移中的重点问题。同时，要求创新人口管理，建立城乡统一的户口登记制度，取消农业户口与非农业户口性质区分和由此衍生的蓝印户口等户口类型；实施居住证制度；健全人口信息管理制度。2015年11月26日，国务院颁布《居住证暂行条例》，明确居住证是持证人在居住地居住、作为常住人口享受基本公共服务和便利、申请登记常住户口的证明。《居住证暂行条例》自2016年1月1日起施行。

三、户籍制度改革的成效与问题

我国的户籍制度主要发挥了三个功能：一是户籍登记管理，即对人口居住地点与基本信息的登记；二是限定人口自由流动，主要约束和规制人口的城乡流动；三是权益分配，突出表现在与户口相联系的就业、教育、住房、医疗、社会保障等与民众切身利益相关的诸多方面。在不同的经济社会发展时期，三个功能的作用程度不同。

在经济社会体制转轨的大背景下展开的户籍制度变迁，经历了一个不断探索的艰辛过程。早在20世纪80年代，有学者就提出我国户籍制度需要彻底改革，建立城乡统一、待遇平等的户籍制度。户籍制度经过近40年的改革，很多方面都取得了实质性进展，人们获得了一定程度自由流动和居住的权利，户籍改革逐步从小城镇向更大的城市推进，并朝着剥离黏附权利、解除迁徙限制的方向发展。但从各地实践来看，户籍改革多以城市发展为中心，对外来人口采取选择性入户，且基于户口性质的差别化待遇依然存在。

四、户籍制度的发展趋势

居住证制度是我国户籍制度改革的重要任务。在我国经济和社会转轨与转型的过程中，传统的户籍制度已不能适应新时代的要求，甚至成为新时代经济社会发展的阻碍，城乡统筹一体化发展需要"以人民为中心"的、打破城乡户籍壁垒的新型户籍制度。居住证制度对于居住证的申领条件和持证人待遇有明确规定。公民离开常住户口所在地，到其他城市居住半年以上，符合有合法稳定就业、合法稳定住所、连续就读条件之一的，可以依照规定申领居住证。居住证持有人在居住地依法享受劳动就业，参加社会保险，缴存、提取和使用住房公积金的权利，也享有以下基本公共服务：义务教育、基本公共就业服务、基本公共卫生服务和计划生育服务、公共文化体育服务、法律援助和其他法律服务以及国家规定的其他基本公共服务。同时，居住证制度明确规定了四类规模城市的落户条件。

居住证制度创新了流动人口服务管理理念，有利于促进社会和谐；创新了流动人口管理内容，有利于提升服务水平；创新了流动人口服务管理机制，有利于强化社会管理。

户籍制度改革的根本原因在于二元化的户籍制度阻碍了经济社会的发展，改革的目的就是要消除城乡二元体制的障碍，赋予城乡居民平等的发展机会与权益。未来，随着各项制度的完善和社会的发展，户籍制度必将淡出历史舞台。

第三节 就业制度

一、就业制度

就业是民生之本。就业制度是社会治理的重要制度。关于就业制度有不同理解，这里将其定义为：一定社会历史条件下规范人们就业活动的行为规则及其关系的总称。如何实现劳动者就业权利，是就业制度的核心。从广义上看，就业制度泛指与劳动者就业相关的一系列制度安排体系，不仅包括就业实现机制，还包括劳动用工制度、就业培训制度、就业服务制度、聘用解雇制度、辞职退休制度，以及劳动保障制度等。其中，就业实现机制是劳动者如何实现就业，受什么样的机制调节；劳动用工制度则是规定劳动者与用人单位之间需要建立什么样的关系；就业培训制度是关于如何提升劳动者胜任能力的规定。从狭义上看，就业制度主要是指劳动者如何实现就业的机制体制,仅指劳动力资源的配置和利用问题。

就业制度具有两个重要特征。第一,相对稳定性。就业制度一经确立就会在较长的时期内对社会的就业活动产生作用,即使其存在的社会基础发生了改变,还会在一定时间里保持效力,具有路径依赖的特点。第二,可变性。就业制度会因为生产力发展水平、经济结构、人口结构和经济体制等因素的变化而发生变化。例如,计划经济体制和市场经济体制下的就业制度就具有显著不同的特点。

按照就业实现机制的不同,可以分为计划机制为主的就业制度和以市场机制为主的就业制度。计划就业制度就是依靠计划行政手段实现就业的制度,市场化就业制度,是指主要通过劳动力市场调节劳动力资源的流动和配置,以实现劳动力利用的就业方式。

二、就业制度的演变

新中国成立以来,我国由实行计划经济向实行社会主义市场经济转变,就业制度也经历了由计划性就业向市场化就业的演变,总体上经历了三个阶段。

(一)计划就业制度阶段(1953—1980年)

1955年,劳动部规定,企事业单位招工必须由劳动部门统一进行。同时,政府颁布了禁止辞退职工的规定,各单位用人便往往只能进不能出。自此以后,企事业单位的用人自主权逐渐削弱,形成了以政府"统包统配"和固定工制度为主要特征的传统劳动就业制度。"统包统配"制度是国家用行政手段对城镇劳动力实行统一计划、统一招收、统一调配的一种就业制度,固定工制度是国家用行政手段使劳动者与企事业单位保持终身固定的劳动关系的就业制度,俗称"铁饭碗"。这种劳动就业制度是计划经济体制的内在要求和体现,表现为政府包揽劳动者就业、劳动力靠行政配置、企事业单位没有用人自主权,并且劳动就业关系具有终身固定。

(二)计划就业制度和市场化就业制度并存的双轨制阶段(1980—1992年)

1980年8月,国家提出劳动部门介绍就业、自愿组织起来就业和自谋职业相结合的"三结合"就业方针。这是对传统"统包统配"就业制度的突破性变革,开辟了国营、集体经济和个体经济多种就业渠道,拓宽了就业领域。1986年国务院发布《国营企业实行劳动合同制暂行规定》,提出对新招职工普遍实行劳动合同制,打破了固定工制度。劳动合同制的推行,虽然改变了原有的用工模式,但是局限于就业增量部分,企业原有职工仍然保留固定工制度。这一阶段的就业制度是一种劳动就业双轨制,即一部分(非国营经济领域,包括农村和城镇非国有经济以及国有经济的增量部分)受市场调节,劳动者自主就业;另一部分(国营经济)仍然实行"统包统配",企业和职工没有就业自主权。

(三)市场就业制度的确立和发展阶段(1992年以来)

1992年10月,党的十四大确立以建立社会主义市场经济体制为改革目标,标志着我国就业制度的市场导向正式确立。1992年国务院颁布《全民国有制工业企业转换经营机制条例》,规定"企业可以实行合同化管理或者全员劳动合同制",正式赋予企业招聘或辞退员工的自主权,而且明确合同化管理范围由新增职工扩大到包括原有职工在内的全体就业人员。1993年党的十四届三中全会以后,劳动就业制度改革取得突破性进展,缩小了指令性计划的调节范围,标志着劳动就业进入了"以市场调节为主、计划调节逐步减少"的新阶段。1998年,国务院针对国企改革出现的问题,提出"要建立和完善市场就业机制",实行劳动者自主择业、市场调节就业和政府促进就业的方针。2003年党的十六届三中全会提出,要坚持"劳动者自主择业、市场调节就业和政府促进就业"的方针。2014年5月,国务院颁布《事业单位人事管理条例》,规定事业单位新聘用工作人员,应当面向社会公开招聘。经过持续多年的改革,我国市场就业制度基本确立并不断发展。

三、就业制度改革的成效和问题

就业制度改革产生了显著成效,对经济社会发展具有明显的促进作用。

第一,促进了劳动力流动,提高了劳动力资源的配置和利用效率。计划就业制度下,劳动者与用人单位是固定终身关系,劳动者很难辞职,用人单位也无权解聘劳动者,导致劳动力难以自由流动,容易出现劳动者与岗位"不匹配"的现象，造成"人不能尽其才"的局面，限制了劳动力资源的高效配置。市场化就业制度下，市场在配置劳动力资源中发挥基础性和决定性作用，企业与劳动者通过劳动力市场进行双向选择，建立起平等的劳动就业关系，打破了固定终身关系，促进了劳动力自由流动，有利于实现"人尽其才"，优化了劳动力资源的配置和利用。

第二，实现了就业的灵活性和稳定性。计划就业制度下，在"全民就业"的目标下，劳动就业的稳定性得到大幅提高，但是活力不足，而且产生了高就业率下隐形失业问题。市场化就业制度下，实现就业的过程是受市场竞争机制作用的过程。从劳动力需求方来看，用人单位之间存在人才引进的竞争；从劳动力供给方看，劳动者之间也会因为争取就业岗位而展开竞争。竞争就意味着优胜劣汰，劳动者存在不能就业的风险和压力，这会促使劳动者不断提高自身素质，以获得更大的竞争优势，实现自由灵活就业。同时，市场化就业制度下，劳动就业关系采取契约形式加以规范，这保证了劳动就业一定的稳定性。

尽管我国就业制度改革取得了显著成效，但是仍然存在一些需要改进的问题。主要表现在以下四个方面。

第一，城乡劳动力市场制度性分割现象依然存在。劳动力市场被人为地分割为城乡两个不同等级的市场，城市劳动力和农村劳动力不能在同一个市场上实现就业公平竞争。农村转移劳动力的就业主要集中在制造业、建筑业和个体商业服务领域，其职业变动并没有带来社会地位的上升。

第二，对弱势就业群体的政策扶持力度不足。一直以来，我国就业工作的重心在城市，城乡不平等的就业制度使得农村劳动力难以享受到城镇劳动力在就业服务、劳动保障、社会福利等方面平等的待遇，导致外出务工的农民不能在城市定居下来。虽然《中华人民共和国国劳动法》明确规定企业实行劳动合同制，但目前仍有不少农村劳动者在城市就业时没有签订就业合同，导致农村劳动者的合法权益得不到有效保护。

第三，对劳动者的职业培训比较缺乏。与西方国家具有比较完善的职业培训体系相比，我国用人单位对劳动者的职业培训明显不足。我国不少企事业单位不仅培训经费少，员工接受培训的比例偏低，培训时间短，而且职业培训也没有形成体系化和制度化。

第四，尚未完全形成和谐的劳动关系。劳动关系是就业者与用人单位之间产生的经济社会关系，劳动关系和谐是社会和谐的基础。劳动就业制度市场化改革使得我国劳动关系日益复杂、多元。当前，企业内部的劳资利益冲突与矛盾仍比较突出，劳动争议案件数量居高不下。劳资双方冲突的根源大部分是劳动者对于自己合理权益的正当维护，而不是"无端取闹"。

四、就业制度的发展趋势

我国虽然基本上形成了"劳动者自主择业、市场调节就业和政府促进就业"的就业制度，但形成完善的市场化就业制度还需要一个过程。展望未来，我国就业制度的发展应着力于以下四个方面。

第一，破除体制障碍，统筹城乡就业，实现公平就业。随着经济社会的发展和转型，政府就业工作也应该由"重城市、轻农村"转变为统筹城乡就业。因此，统筹城乡就业，建立城乡统一的人力资源市场是深化劳动就业制度改革的一项重要战略举措。统筹城乡就业的重点是农民工问题，许多农民工还没有完全享受到平等的就业权利，同工不同酬、同城不同权等现象长期存在。所以，统筹城乡就业的最基本要求就是打破城乡二元的就业体制，赋予农民工平等的权利。

第二，加强劳动者权益保护，构建和谐劳动关系。政府应在协调劳资关系中发挥重要作用。首先，政府是劳动关系的规范者。比较成熟的劳动关系一般都有一套比较完善的法律体系，通过规章制度建设来规范劳动关系。其次，政府是规则的执行者、监督者，不能庇护"资本方"对法律法规的规避。最后，政府是劳资关系和谐的推动者。在完善的市场经济条件下，政府需要采取多种措施和手段平衡劳动关系，防止劳资关系的失衡，努力缓解劳动关系日益紧张的状态。

第三，推动实现更高质量和更加充分的就业。推动高质量发展是当前和今后一个时期制定发展战略、采取经济政策、实施宏观调控的基本要求。相应地，就业工作也进入了追求更高质量的时代。实际上，从"十二五"时期开始，我国即提出了就业质量和就业数量并重的理念，党的十九大进一步强化了就业质量的理念。因此，如何深化就业制度改革，使就业质量得到切实提高，是未来就业领域的一项重要工作。

第四，实行更加积极的就业政策。在经济发展新常态下，就业将面临日益严重的压力。推行更加积极的就业政策，例如将就业和创业结合在一起，在资金、信息、人才培养等等方面对创业型就业加大支持力度，有利于化解新业态下的就业压力，也符合就业发展的大趋势。

第四节 土地制度

土地制度是我国社会治理的一项重要基础性制度。土地制度是在一定经济社会条件下，因土地的归属和利用问题而产生的所有土地关系的总称。广义的土地制度包括土地所有制度、土地使用制度、土地规划制度、土地保护制度、土地征用制度、土地流转制度、土地税收制度和土地管理制度等。狭义的土地制度仅仅指土地的所有制度、土地的使用制度和土地的国家管理制度。土地制度是反映人与人、人与地之间关系的重要制度，它既是一种经济制度，又是一种法权制度，是土地经济关系在法律上的体现。

经过多年的探索，我国逐步形成了以公有制为基础，以保护耕地和节约用地为主线，以产权保护、用途管制和市场配置为主要内容的中国特色土地制度。具体来看，我国逐步建立了公有制基础上平等保护各类产权的土地权利制度，不断完善了用途管制基础上的土地要素市场配置制度，始终坚持符合我国国情的最严格的耕地保护制度，全面落实促进绿色发展的最严格节约集约用地制度。

一、农村土地制度

（一）农村土地所有权与经营权的演变

土地是农民赖以生存的基础，土地问题是当前中国农村最基础、最广泛，也是最为复杂的经济社会问题之一。新中国成立以来，我国农村土地制度大致经历了土地改革与互助合作、人民公社、家庭联产承包责任制三个时期。

1. 土地改革与互助合作时期（1949—1957年）

20世纪50年代进行的土地改革，实现了农民"耕者有其田"的诉求，奠定了新中国土地制度的基础。1950年6月28日，中央人民政府委员会第八次会议通过了《中华人民共和国土地改革法》，规定中国实行"农民的土地所有制"；没收的土地，除依法规定收归国家所有的以外，"统一地、公平合理地分配给无地少地及缺乏其他生产资料的贫苦农民所有"；土地所有者可以自由经营、买卖和出租其土地权利，由地方人民政府向土地所有者发放土地所有证。

进入第一个五年计划时期，国家强调通过土地合作化提高农业产量。各地农村出现了农业劳动互助组，并逐渐过渡到初级社、高级社。初级农业生产合作社，是以农民个人的土地入股，进行统一经营，农民对其入社的土地拥有所有权，不再拥有使用权；从入股土地获得土地报酬，通过参加集体劳动，取得劳动报酬。高级农业生产合作社是在初级社的基础上，主要对生产资料和耕畜实行公有，由合作社折价购买。而对土地则是改私人占有为合作社集体所有。

2. 人民公社时期(1958—1982年)

1958年8月，中共中央通过了《关于在农村建立人民公社问题的决议》。随后，小型农业生产合作社被合并成大型生产合作社，后来又被组建成人民公社，包括公社、生产大队和生产队三级组织。土地存在三种所有制形式：公社所有、生产大队所有、生产队所有。1962年发布的《农村人民公社工作条例(修正草案)》指出，人民公社三级组织中最低一级的生产队是"基本核算单位"，该制度至少三十年不变；生产队范围内的土地都归生产队所有，不准出租和买卖；生产队可以将耕地面积的5%～7%划为"自留地"，归社员家庭使用且长期不变。自留地产出的农产品，不计算在集体分配产量和口粮以内，国家不征公粮、不计统购。

3. 家庭联产承包责任制时期(1982年至今)

1979年末，农村家庭联产承包责任制在安徽试行，1983年在全国普遍推行。1984年，中共中央一号文件提出土地承包期一般应在15年以上，同时规定：如群众有土地调整要求的，可以在延长承包期之前，本着"大稳定、小调整"的原则，经过充分协商，由集体统一调整土地。1993年，中共中央决定耕地承包期再延长30年不变，提倡承包期内不再根据人口变化调整土地，即"增人不增地，减人不减地"。

1998年8月，全国人大常委会通过修订的《中华人民共和国土地管理法》，从法律上规定了赋予农民30年土地承包经营权的政策。2002年颁布的《中华人民共和国农村土地承包法》，将农民对土地的权利定义为包括耕地、林地、草地和荒地在内的所有种类农地的承包经营权。2007年十届全国人大五次会议通过的《中华人民共和国物权法》，明确将土地承包经营权定义为用益物权。2017年党的十九大报告提出："巩固和完善农村基本经营制度，深化农村土地制度改革，完善承包地'三权'分置制度。"保持土地承包关系稳定并长久不变，第二轮土地承包到期后再延长三十年。

(二)农村土地征收制度

1953年政务院出台的《国家建设征用土地办法》规定，国家可以征用个人私有土地、集体土地和国有土地，土地被征用后，其所有权归国家。对于征地的范围和用途，该法列举了"兴建厂矿、铁路、交通、水利、国防等工程，进行文化教育卫生建设、市政建设和其他建设"。该法设置了征地前置条件："如果对被征用土地者一时无法安置，应该等待安置妥善后再行征用，或者另行择地征用。"

1986年出台的《中华人民共和国土地管理法》(以下简称《土地管理法》)规定，"国家进行经济、文化、国防建设以及兴办社会公共事业"，皆可实施征地。1998年该法修订后，不再列举征地范围，而是规定"任何单位和个人进行建设，需要使用土地的，必须依法申请使用国有土地"。在征地安置方面，1986年版《土地管理法》规定每一个需要安置的农业人口的安置补助费标准，为该耕地被征用前三年平均每亩年产值的2~3倍，1998年版《土地管理法》则将该标准提高到4~6倍。这种按耕地产值倍数进行的劳动力安置，始终难以保障失地农民的长远生计，因征地而引发的上访和群体性事件频繁发生。2013年的中央一号文件首次提出了"加快推进征地制度改革"；同年，党的十八届三中全会决定"缩小征地范围，规范征地程序，完善对被征地农民合理、规范、多元保障机制"。

(三)农村(集体)建设用地制度

土地改革时期，对农村小量的工商业用地和公用事业用地，政府并不没收或征收，仍然维持原来的占有和使用关系。合作化运动进入高级社阶段后，社员原有的坟地和房屋用地不必入社；新建房屋用地由合作社统筹解决。1958年人民公社组建后，农村建设用地收归集体所有。1951年到1981年，由于农村经济发展水平低下，社队企业、农民建房和公用事业等用地需求量不大，集体建设用地免费使用。20世纪80年代末，部分集体建设用地开始实行补偿制度或有偿使用制度。

中央政府从1999年开始，禁止农村集体土地出让、转让或出租用于非农业建设。但是，私下流转集体建设用地使用权的现象时有发生。这种流转行为不规范、不受法律保护，容易引发纠纷，集体成员也不易分享土地增值带来的收益。2013年，党的十八届三中全会通过的《中共中央关于全面深化改革若干重大问题的决定》提出："在符合规划和用途管制前提下，允许农村集体经营性建设用地出让、租赁、入股，实行与国有土地同等入市、同权同价。"

(四)宅基地制度

在合作化、集体化运动之初，宅基地并没有被收归集体所有。直到1962年《农村人民公社工作条例(草案)》出台，它才被正式宣布为集体(生产队)所有，并自此被称为"宅基地"。1963年中共中央颁布的《关于各地对社员宅基地问题作一些补充规定的通知》中，除了强调宅基地"一律不准出租和买卖"外，还明确宅基地使用权"归各户长期使用，长期不变"。该《通知》还第一次提出了农民宅基地的取得方式："……由本户申请，经社员大会讨论同意，由生产队统一规划，帮助解决……社员新建住宅占地无论是否耕地，一律不收地价。"宅基地制度的雏形由此奠定。改革开放后，无论是1982年《中华人民共和国宪法》，还是多次修订后的《中华人民共和国土地管理法》，都规定："出卖、出租住房后再申请宅基地的，不予批准。"

2014年12月31日，中共中央办公厅、国务院办公厅印发《关于农村土地征收、集体经营性建设用地入市、宅基地制度改革试点工作的意见》，决定在全国选取30个左右的县(市)进行试点。2017年11月中央全面深化改革领导小组会议审议通过了《关于拓展农村宅基地制度改革试点的请示》，强调"不得以买卖宅基地为出发点，不得以退出宅基地使用权作为农民进城落户的条件"。

(五)耕地保护制度

我国实行严格的耕地保护制度,其核心内容包括占补平衡制度、基本农田保护制度、农地转用计划管理和分级审批制度。

1. 占补平衡制度

1997年,中央政府下发了《中共中央、国务院关于进一步加强土地管理切实保护耕地的通知》,首次提出了"耕地总量动态平衡"。要求建设用地审批必须执行耕地"占一补一"的政策,即建设占用一亩耕地必须等量补充一亩耕地,并且原则上必须在本行政区域范围内先补后占。

2. 基本农田保护制度

1998年发布的《土地管理法》规定:"各省、自治区、直辖市划定的基本农田应当占本行政区域内耕地的百分之八十以上。"基本农田保护法律从数量和空间上限制了建设占用耕地的规模和选址。

3. 农地转用计划管理和分级审批制度

土地利用总体规划,确定了较长时期内可以占用的耕地总量和位置;年度土地利用计划,下达农地转用计划指标,确定当年可以占用的耕地数量。获得年度计划指标后,方可办理农地转用审批手续。根据《土地管理法》,如果单个用地项目属于下列土地的,须由国务院批准:①基本农田;②基本农田以外耕地超过35公顷的;③其他土地超过70公顷的。单个项目占用非基本农田不超过35公顷或其他土地不超过70公顷的,由省、自治区、直辖市人民政府批准,并报国务院备案。

二、城市土地制度

1982年《中华人民共和国宪法》规定:"城市的土地属于国家所有。农村和城市郊区的土地、宅基地和自留地、自留山,除由法律规定属于国家所有的以外,属于集体所有。"我国城市土地制度的主要历经以下变革。

(一)城市土地国有化(1949—1978年)

新中国成立之初,虽然土地日益国有化,但是在很大程度上沿袭了旧中国的做法,即所有权和使用权相分离,所有权属于国家,使用权却属于各种不同经济所有制成分的经济实体和用地单位,由地方政府收取土地使用税并用于城市开发建设。1954年以后,我国建立了高度统一的计划管理模式，土地的有偿使用制度也相应取消。

（二）城市国有土地有偿使用制度（1979—1988年）

改革开放以后，城市土地行政划拨使用制度暴露出很多问题：土地无限期使用带来的国家所有权虚化，土地资源配置效率低下，抑制市场价值规律发生作用，等等。城市土地制度改革势在必行。

1980年《国务院关于中外合营企业建设用地的暂行规定》指出"中外合营企业用地，不论新征用土地，还是利用原有企业的场地，都应计收场地使用费。"1987年4月，国务院提出土地使用权可以有偿转让。同年9月，深圳市率先试行了这一办法，引入市场机制，改变了传统的依靠行政划拨土地供应的做法，从而正式揭开了城市国有土地使用制度改革的序幕。1988年12月发布的《土地管理法》明确规定国家将依法试行城市土地的有偿使用制度。

（三）城市土地流转制度建立（1989—2000年）

1990年5月，国务院发布《城镇国有土地使用权出让和转让暂行条例》，规定"国家按照所有权与使用权分离的原则，实行城镇国有土地使用权出让、转让制度"。为城市土地制度改革的进一步深入进行提供了法律依据。1992年国家土地管理局颁布的《划拨土地使用权管理暂行办法》进一步规范了划拨土地使用权的具体操作方式。

（四）实施土地招拍挂制度（2001年以后）

2001年，《国务院关于加强国有土地资产管理的通知》正式确立了经营性国有土地招标拍卖供地制度。2002年5月，国土资源部发布了《招标拍卖挂牌出让国有土地使用权规定》，要求所有的经营性开发项目用地都必须通过招标、拍卖、挂牌方式进行公开交易。2004年10月，《国务院关于深化改革严格土地管理的决定》颁布，着重强调实行严格的土地管理制度，加强土地利用总体规划、城市总体规划、村庄和集体规划实施管理，完善征地补偿和安置制度，健全土地节约利用和收益分配机制，建立完善耕地保护和土地管理的责任制度。2008年11月，国土资源部发布了《全国土地利用总体规划纲要（2006—2020年）》，围绕优化国土开发格局，科学划分土地利用区，明确区域土地利用方向，分别对不同地区不同性质的土地进行了方向性的规定，实施差别化的土地利用政策，加强对省、自治区、直辖市土地利用的调控，促进国家区域发展战略的落实。

三、土地制度的发展趋势

党的十九大报告提出："巩固和完善农村基本经营制度，深化农村土地制度改革，完善承包地'三权'分置制度。"按照这一精神，政府将不再是城镇居住用地唯一供应者。其本质是以土地制度改革为支撑，通过供给侧结构性改革，向农村供给更加符合国家整体利益的土地制度，促进城乡融合发展，让实际上拥有最宝贵资源的农村和农民充分享受土地增值的红利，促进乡村振兴。到2020年，城乡统一的建设用地市场基本建立，兼顾国家、集体、个人的资源收益分配机制基本形成，土地增值收益投向"三农"的力度明显加大，区域城乡资源要素配置更加公平。

经过多年的改革与发展，我国已经实现从乡土中国到城乡中国的历史转型，农民与土地的关系、农民与乡村的关系、农民与城市的联结都发生了不可逆的转变。在城乡中国阶段，农民的城市权利是关系中国转型和建立现代国家的重大权利安排。[1] 能否妥善解决好农民进城的平等权利问题，关系着中国现代化的进程和国家前途命运。土地权利是农民的基本权利，是城乡中国阶段经济社会转型的稳定基石。赋予农民农地和宅基地更完整、更稳定的财产权，以赋权、扩权、限权保障农民这两类土地的基本权利，在此基础上，顺应农业功能变化和村庄转型，推进承包经营权和宅基地的转让权改革，促进稀缺土地资源的有效配置，提高土地配置效率和农民土地财产权收益。打破城乡二元分割的土地制度，实现集体和国有土地权利平等，赋予农民利用集体土地参与工业化和城市化的权利。

第五节 教育制度

一、教育制度的内容与管理体制

广义的教育制度是指国民教育制度，包括一切教育设施和有关规章

---

[1] 刘守英、熊雪锋：《我国乡村振兴战略的实施与制度供给》，载《政治经济学评论》，2018(4)。

制度。狭义的教育制度指学校教育制度，简称学制，是一个国家各级各类学校的总体系，具体规定各级各类学校的性质、任务、目的、入学条件、修业年限以及它们之间的关系。综合看来，教育制度是构成国家教育体系的机构与组织系统及其运行规则的总和，包括党和国家的教育宏观制度、各级各类教育行政管理制度、各级各类学校教育制度以及与教育相关的其他制度等。

(一)教育制度的内容

我国教育制度体系，宏观上主要包括党和国家教育战略和体制、国家教育行政管理制度、国家各级各类学制等，中观上包括学前教育制度、义务教育制度、中等教育制度、高等教育制度等，微观上包括教师教育制度、特殊教育制度、职业教育制度、继续教育制度、国家教育考试制度、学业证书制度、学位制度、教育督导制度和教育评估制度等。

1. 学校教育制度[①]

学校教育制度包括：(1)学前教育。学前教育指的是对学龄前儿童实施的早期教育，包括幼儿园、托儿所、学前班等正规和非正规的儿童早期教育形式。我国幼儿园性质有公办与民办之分，实行分类管理。幼儿园一般分为三年制，按幼儿的年龄分设小班(3岁)、中班(4岁)、大班和学前班(5岁)。(2)初等教育。实施初等教育的机构为小学，招生对象一般为6~12周岁的儿童，修业年限为5~6年，促进儿童全面发展的基础教育。实行义务教育体制，无论公办还是民办，均为非营利性质。公办和民办学校实行分类管理。(3)中等教育。由普通中学、职业高中、中等专业学校、技工学校以及其他中等教育机构实施的中等普通教育和职业教育。普通中学，分为初中阶段和高中阶段。全日制普通中学，修业年限为6年，初中3年(属于义务教育阶段)，高中3年；中等专业学校、职业高中2~3年、技工学校一般为3年。(4)高等教育。由高等专科学校、高等职业技术学院、独立设置的专门学院、大学及其他高等教育机构实施的专业教育。高等教育分专科教育、本科教育和研究生教育。全日制教育的修业年限，专科教育为2~3年，本科教育为4

---

① 袁贵仁：《中国教育》，10~12页，北京，北京师范大学出版社，2013。

年，硕士研究生教育为2～3年，博士研究生教育为3年以上。

2. 职业教育制度①

职业教育是传授职业知识和专业技能，培养职业道德，提高职业能力的教育。1996年，《中华人民共和国职业教育法》(以下简称《职业教育法》)颁布。职业教育制度包括以下内容：(1)初等职业教育。主要在经济欠发达地区的初中阶段实施，主要形式是在初中两年普通教育的基础上进行一年职业教育，或者在三年普通教育的基础上进行短期的职业培训。(2)中等职业教育。在高中阶段实施，主要目的是培养初等、中等技能人才和实用人才，实施机构包括中等专业学校、职业高中、技工学校。(3)高等职业教育。是高等教育的重要组成部分，重点培养高端技能型人才和实用人才，实施机构包括高等职业技术学院、高等专科学校、职业大学及成人高校等。(4)职业培训教育。是我国职业教育体系的重要组成部分，我国实行"先培训、后就业"和"先培训、后上岗"的制度，并建立了职业资格证书和技能等级鉴定等制度。

3. 继续教育制度②

继续教育是终身学习体系的重要组成部分，主要是面向成人的教育，分为学历继续教育和非学历继续教育两大部分。学历继续教育主要以非全日制、业余、远程教育等形式向成人提供学历课程，分为高等、中等、初等三个层次。高等层次的继续教育，包括面向在职人员的博士课程、硕士课程、本科课程和专科课程；中等层次的继续教育包括初中和高中阶段的普通和职业课程；初等层次的继续教育包括小学、扫盲课程和扫盲后继续教育等。非学历性继续教育主要包括以提升职业技能为目的的各种职业培训和以改善生活质量为目的的社区教育等。

4. 教育考试制度③

《中华人民共和国教育法》(以下简称《教育法》)规定，国家实行国家教育考试制度。国家教育考试由国务院教育行政部门确定种类，并由国

---

① 袁贵仁：《中国教育》，15页，北京，北京师范大学出版社，2013。
② 袁贵仁：《中国教育》，17页，北京，北京师范大学出版社，2013。
③ 袁贵仁：《中国教育》，18页，北京，北京师范大学出版社，2013。

家批准的实施教育考试的机构承办。国家教育考试主要包括：一是入学考试，如高考、中考、研究生入学考试等；二是水平考试，如高中会考、汉语水平考试、外语水平考试等；三是文凭考试，如自学考试、学历文凭考试等。擅自举办国家教育考试是一种违法行为，考试成绩国家不予承认，所颁发的证书无效。对违法的组织或者个人，还将受到处罚甚至法律追究。

5. 学业证书制度①

学业证书是经国家批准或者认可的学校及其他教育机构按照国家规定对受教育者颁发的证明其所受教育程度、年限的证书。学业证书由学历证书和其他学业证书组成。学历证书包括毕业证书、结业证书和肄业证书。毕业证书，指学校对具有学籍的学生完成课程计划规定的全部课程，考试及格，准予毕业颁发的证书。结业证书，指学校对具有学籍的学生学完课程规定的全部课程，但有其中一门以上主要课程（包括毕业论文、毕业设计）不及格者颁发的证书。肄业证书，指学校对具有学籍、未完成教学计划的课程而中途退学者（被开除学籍者除外）颁发的证书和学历证明。学业证书的授予类型有完成义务教育的证书、高中毕业证书、中等专业毕业证书、高等学校毕业证书、成人高等和中等专业学校毕业的证书等。

6. 学业学位制度②

我国的学业学位分为学士、硕士、博士三级。硕士学位分为学术型硕士学位和专业型硕士学位。我国学位按照 13 个学科门类授予，即哲学、经济学、法学、教育学、文学、历史学、理学、工学、农学、医学、军事学、管理学、艺术学。我国的学位是一种"国家学位"，国家制定统一的学位授予标准，国务院授权有关高等学校和研究机构行使学位授予权。

7. 教育督导制度③

教育督导是督导部门代表政府和教育行政部门，以教育法律、法规

---

① 袁贵仁：《中国教育》，19页，北京，北京师范大学出版社，2013。
② 袁贵仁：《中国教育》，19页，北京，北京师范大学出版社，2013。
③ 袁贵仁：《中国教育》，21页，北京，北京师范大学出版社，2013。

和方针、政策为依据,对下级政府和教育行政部门的工作,对中等及中等以下学校和其他教育机构及其举办者的工作进行督查、评估和检查、验收。我国建立了国家、省、地市、县四级教育督导机构。我国教育督导的最高机构是国家教育督导团。全国31个省(区、市)成立了人民政府教育督导团(室)。2003年,教育部在《2003—2007年教育振兴行动计划》中明确提出实行"五年一轮"的普通高等学校教学工作水平评估制度,2004年成立教育部高等教育教学评估中心,负责组织实施高等学校本专科教育的评估工作。

(二)教育行政管理体制

目前,我国教育实行中央、省、地市、县四级管理体制。《中华人民共和国宪法》规定,国务院领导和管理教育工作。县级以上地方各级人民政府依照法律规定的权限,管理本行政区域内的教育事业。《教育法》规定,国务院和地方各级人民政府根据分级管理、分工负责的原则,领导和管理教育工作。中央政府统一领导和管理国家教育事业,地方政府负责落实国家方针政策,负责区域内教育改革和发展工作。上级教育主管部门和下级教育主管部门不是领导与被领导关系,而是业务指导关系。教育主管部门由同级人民政府直接领导。目前,我国基础教育实行由地方负责、分级管理的体制;中等及中等以下教育在国务院领导下,由地方人民政府管理。职业教育逐步建立在我国国务院领导下,分级管理、地方为主、政府统筹、社会参与的管理体制;高等教育实行中央和省级政府两级管理、以省级政府管理为主的管理体制。[1]

1. 高等教育管理体制[2]

高等教育领域实行中央和省级政府两级管理,以省级政府管理为主的管理体制。1986年《高等教育管理职责暂行规定》对中央与地方管理高等教育的权限进行了划分,初步奠定了中央与地方政府在高等教育管理过程中的权限框架。2000年国务院决定将除师范、医药类高等职业教育外的审批权下放给省级人民政府。2014年启动考试招生制度改革

---

[1] 董洪亮:《中国教育体制改革综述 育才兴国的制度保障》,载《人民日报》,2010-07-11。

[2] 袁贵仁:《中国教育》,24页,北京,北京师范大学出版社,2013。

试点，2017年全面推进，到2020年基本建立中国特色现代教育考试招生制度，形成分类考试、综合评价、多元录取的考试招生模式。

2. 职业教育管理体制①

《国务院关于大力推进职业教育改革与发展的决定》提出，推进职业教育管理体制改革，建立并逐步完善在国务院领导下，分级管理、地方为主、政府统筹、社会参与的职业教育管理体制。《职业教育法》规定，国务院教育行政部门负责职业教育工作的统筹规划、综合协调、宏观管理。国务院教育行政部门、劳动行政部门和其他有关部门在国务院规定的职责范围内，分别负责有关的职业教育工作。县级以上地方各级人民政府应当加强对本行政区域内职业教育工作的领导、统筹协调和督导评估。

3. 中等及以下教育管理制度②

2006年6月29日通过，自2006年9月1日起施行的《中华人民共和国义务教育法》规定，义务教育实行国务院领导，省、自治区、直辖市人民政府统筹规划实施，县级人民政府为主的管理体制。义务教育经费投入实行国务院和地方各级人民政府根据职责共同负担，省、自治区、直辖市人民政府负责统筹落实的体制。幼儿教育实行国务院领导、省市统筹、以县为主的学前教育管理体制。

除管理体制外，我国教育体制还包括办学体制、投入体制、评价体制等，主要表现在我国政府和主管部门规划、引导、管理、评价等方面，处理我国中央政府、地方政府和各级各类学校等诸多关系方面。

二、教育制度的改革历程

我国教育制度历史悠久。西周时期教育是"学在官府"，春秋时期私学兴起，战国时期官私合营。秦代的文教政策"书同文，车同轨""禁私学""以吏为师，以法为教"，教育被政治化。汉代重新允许开办私学，汉武帝立五经博士，罢诸子博士，办太学，以儒家为核心。魏晋南北朝设国子学，五品以上官员子弟入学。隋代在中央设置了国子寺（后改"国

---

① 袁贵仁：《中国教育》，25页，北京，北京师范大学出版社，2013。
② 袁贵仁：《中国教育》，26页，北京，北京师范大学出版社，2013。

子监"),总管教育事业。隋唐时期建立中央和地方分级管理的教育行政体制,科举制度诞生。宋代书院发达,蒙学教育开始发展。元代国子学中采用积分法。明代广设学校,加强学校模式化管理。清代鸦片战争以后,传统教育走向衰落。1898年清政府成立了京师大学堂,标志着中国近代国立高等教育的开端,当时它既是最高学府,也是最高教育行政机关,行使教育部职能。1902年和1904年,清政府颁布和实施了中国最早的学校教育制度:壬寅学制和癸卯学制。1904年的《奏定学堂章程》是中国第一个具有现代意义上的学制体系。1922年,民国政府颁布新学制系统,颁布幼儿园、小学、中学、职业学校、专科学校、大学、私立学校等相关法规,实行"六三三"单轨学制,标志着中国教育制度开始走上正规化的发展轨道。

1949—1978年,我国教育制度演变经历了"建立—调整—破坏—恢复"的过程。1949年10月1日实施的《中国人民政治协商会议共同纲领》规定了文化教育为新民主主义性质。接着,教育部成立,专门管理国家的教育。1950年,教育部颁布《中学暂行教学计划(草案)》。1951年,政务院公布实施《关于改革学制的决定》。1954年颁布的《中华人民共和国宪法》明确规定保证公民享受教育权利。至此,新中国教育制度基本建立起来。1960年开始改革学制,1965年开始教育半工(耕)半读,"文化大革命"期间,学校教育受到冲击、教育秩序受到破坏。1975年开始教育整顿工作,1977年恢复高考,1978年恢复教育督导制度。至此,新中国的教育制度开始逐步恢复。

改革开放40年,我国教育制度经历了从扫除思想政策障碍、恢复重建教育制度,简政放权扩大学校办学自主权,完善分级办学分级管理体制,鼓励多元化、多渠道筹资办学,完善农村义务教育管理体制,全面推进九年义务教育,促进教育均衡发展,深化教育综合改革的过程。

(一)扫除思想政策障碍,恢复重建教育制度(1978—1984年)

改革开放之初,我国教育面临的迫切任务是恢复与重建被"文化大革命"破坏的教育制度。否定1971年《全国教育工作会议纪要》的"两个估计",为教育恢复和拨乱反正扫清思想障碍。党的十一届三中全会为教育恢复和发展提供了政策支持。倡导"尊重知识,尊重人才",教育要

"三个面向"和培育"四有新人",为教育恢复和发展指明了方向。高等学校统一招生考试制度的恢复,成为恢复与重建教育制度的新开端。①

(二)厘清中央地方权责关系,简政放权实施分级管理(1985—1991年)

1985年5月,《中共中央关于教育体制改革的决定》明确了教育制度改革的核心是简政放权、扩大学校的办学自主权。在中央和地方关系上,改革管理体制,加强宏观管理,实行简政放权,扩大学校办学自主权。在基础教育领域,把责任交给地方,落实在乡镇,实行地方负责、分级管理的原则。在推进义务教育上,要求中央和地方政府的教育拨款的增长要高于财政经常性收入的增长,并使按在校学生人数平均的教育费用逐步增长。在高等教育领域,改革高等学校的招生计划和毕业生分配制度,改变高等学校全部按国家计划统一招生,毕业生全部由国家分配工作的办法,实行国家计划招生、用人单位委托招生、在国家计划外招收少数自费生三种办法。在学校领导制度上,学校逐步实行校长负责制,明确学校党支部、校长、校务委员会、教职工代表大会之间的权责关系,建立现代学校制度的基本架构。② 1986年颁布了《中华人民共和国义务教育法》。

(三)完善分级办学分级管理,鼓励多元主体多渠道筹资(1992—2002年)

1992年,党的十四大提出"各级政府要增加教育投入","鼓励多渠道、多形式社会集资办学和民间办学,改变国家包办教育的做法"。1993年的《中国教育改革和发展纲要》指出:"要逐步建立以国家财政拨款为主,辅之以征收用于教育的税费、收取非义务教育阶段学生学杂费、校办产业收入、社会捐资集资和设立教育基金等多种渠道筹措教育经费的体制。"1994年,国务院《关于〈中国教育改革和发展纲要〉的实施意见》指出,"鼓励企事业单位和其他社会力量按国家的法律和政策多渠

---

① 范国睿、孙闻泽:《改革开放40年教育体制机制改革的历史与逻辑分析》,载《教育研究》,2018(7)。

② 范国睿、孙闻泽:《改革开放40年教育体制机制改革的历史与逻辑分析》,载《教育研究》,2018(7)。

道、多形式办学。有条件的地方,也可实行'民办公助''公办民助'等形式",一些地方兴办了一批转制学校。形成政府办学为主与社会各界参与办学相结合的新体制。深化中等及中等以下教育体制改革,完善分级办学、分级管理体制。深化高等教育体制改革,建立政府宏观管理、学校面向社会自主办学的体制。同时,逐步实行高校学生缴费上学,大多数毕业生自主择业的制度。该阶段颁布了《中华人民共和国教育法》《中华人民共和国教师法》及其他教育行政法规、规章。

(四)全面免费九年义务教育,促进义务教育均衡发展(2003—2009年)

2002年《国务院办公厅关于完善农村义务教育管理体制的通知》建立了义务教育经费保障机制。2005年《国务院关于深化农村义务教育经费保障机制改革的通知》逐步将农村义务教育全面纳入公共财政保障范围,建立中央和地方分项目、按比例分担的农村义务教育经费保障机制。2006年,《中华人民共和国义务教育法》修订,将义务教育的均衡发展纳入了法制轨道,把实施素质教育作为义务教育的一项新的历史使命,确立了义务教育经费保障机制。2008年免除城市义务教育阶段学生学杂费。2015年,开始建立统一的中央和地方分项目、按比例分担的城乡义务教育经费保障机制。对城乡义务教育学生免除学杂费、免费提供教科书,对家庭经济困难寄宿生补助生活费(统称"两免一补")。

推进义务教育学校标准化建设,探索城乡教育一体化发展。实施县域内义务教育学校教师校际交流制度,实行优质高中招生名额分配到区域内初中学校的办法。探索非本地户籍常住人口随迁子女非义务教育阶段教育保障制度。完善寄宿制学校管理体制与机制,探索民族地区、经济欠发达地区义务教育均衡发展模式。建立健全义务教育均衡发展督导、考核和评估制度。

(五)全面深化教育制度改革,开启新时代教育改革新征程(2010年至今)

2010年国务院成立国家教育体制改革领导小组,同年,国家教育体制改革试点425个项目全面启动。2013年,党的十八届三中全会提出,要深化教育领域综合改革,内容包括以下几个方面。

第一,优化教育结构布局。优化中西部高等学校布局,引导部分地方本科高等院校向应用型转变,推动修订《普通高等学校设置暂行条例》,制定高校分类体系和设置标准。推动各地优化城市基础教育学校和中等职业学校布局结构。2014年,《国务院关于加快发展现代职业教育的决定》发布,引导普通本科院校转型发展应用型教育。

第二,改革考试招生制度。2014年,《国务院关于深化考试招生制度改革的实施意见》发布,探索多元录取机制,规范各类加分项目和自主招生方式。

第三,改革现代学校制度。推动所有高校完成章程制定工作。出台《高等学校学术委员会规程》《普通高等学校理事会规程(试行)》《学校教职工代表大会规定》,完善普通高校党委领导下的校长负责制,加强中小学家长委员会建设,推进直属高校和直属单位总会计师委派工作,完善总会计师管理制度。

第四,改革教育管理体制。加强省级政府教育统筹,推动省级政府落实城乡教育协调发展,保证教育投入。

第五,改革教育督导制度。国务院出台《教育督导条例》,成立教育督导委员会,建立责任督学挂牌督导制度,发挥信息公开监督功能,建立覆盖教育行政部门、高校和中小学的信息公开制度。

第六,改革教师管理制度。推进中小学、幼儿园教师国家级培训,2015年9月,全面推开中小学教师职称制度改革,实行统一的中小学教师职称制度,在中小学设置正高级岗位,启动乡村教师支持计划。[1]

第七,改革民办教育体制。2017年11月,通过《中华人民共和国民办教育促进法》,鼓励和规范民办教育发展,实行民办学校营利性和非营利性分类管理体制,明确规定义务教育阶段禁止设立营利性学校。2018年11月,《国务院关于学前教育深化改革规范发展的若干意见》规范学前教育发展,明确禁止学前教育进行资本运作上市行为,鼓励社会资本创办普惠性幼儿园。2018年8月,教育部要求对校外培训机构进行

---

[1] 宋晓梧:《构建共享型社会:中国社会体制改革40年》,20~22页,广州,广东经济出版社,2017。

专项治理整改。

第八，推进管办评分离改革。2010年，《国家中长期教育改革和发展规划纲要(2010—2020年)》提出，教育管理体制改革的目标是形成政事分开、权责明确、统筹协调、规范有序的教育管理体制，初步提出"管办评分离"。党的十八大以来，"管办评分离"融入了推进国家治理体系和治理能力现代化这个更大的国家治理背景中。2013年，党的十八届三中全会做出的《中共中央关于全面深化改革若干重大问题的决定》进一步指出要"深入推进管办评分离，扩大省级政府教育统筹权和学校办学自主权，完善学校内部治理结构，强化国家教育督导，委托社会组织开展教育评估监测"。2015年，教育部出台了《关于深入推进教育管办评分离 促进政府职能转变的若干意见》，明确了管办评分离的教育行动路线图。推进高等学校质量报告发布制度建设，启动全国义务教育质量监测工程，开展职业院校和普通高校评估，扩大社会参与教育评价领域，委托第三方参与教育评价。[①]

三、教育制度改革面临的问题

教育制度改革的本质是教育主体之间的利益关系调整。当前，教育制度改革面临的主要有以下八个方面核心问题。

(一)治理与管理理念问题

教育治理与教育管理的区别主要源自治理和管理的区别。第一，教育治理主体是多元的，包括政府、社会、学校、组织、个人等，而教育管理的主体只有政府一元。第二，教育治理的权力方向是横向平行多向的，而教育管理的权力方向是自上而下单向的。第三，教育治理的方式是多元主体之间平等协商、民主决策，而教育管理的方式是单一主体的上下级行政命令。第四，教育治理的目标是教育善治，教育管理的目标是服从命令。第五，教育治理主体之间是平等合作关系，教育管理主体之间是上下级领导与被领导关系。过去的教育制度主要服务于教育管理理念，而未来的教育制度应该服务于教育治理理念。因此，教育制度未来的发展必然要沿着教育治理理念方向发展。

---

① 欧媚、易鑫：《突破教育管理体制的瓶颈》，载《中国教育报》，2018-11-14。

(二)中央与地方责任问题

1985年,《中共中央关于教育体制改革的决定》适应财政体制改革的要求,将举办基础教育的责任归于地方。这种向地方"放权"实际上是中央政府甩下了包袱,却增加了地方政府的压力,造成了因地区差异而产生的教育不平等问题,加重了教育的区域差异。2005年义务教育经费保障新机制依据分税制改革后的财权与事权状况,实行分项目、按比例分担农村义务教育经费,中央开始在农村义务教育方面承担更多的责任。举办义务教育方面的责任主要由地方承担转变到中央与地方共同承担。目前,在中央与地方的关系,以至更为深入的各级政府的关系问题仍然没有得到根本解决。[1]

(三)效率与公平关系问题

2010年印发的《国家中长期教育改革和发展规划纲要(2010—2020年)》明确指出,均衡发展是义务教育的战略性任务。党的十八大强调均衡发展九年义务教育,开始关注教育公平问题。而在政策执行过程中,出现一刀切的现象,把教育公平和教育均衡当作教育平均主义,宁愿牺牲优秀的教育资源,也要实现教育资源平均化,挫伤一部分教育工作者的积极性。在高考录取制度方面,为了追求高考的绝对公平,仅仅依靠一次考试的卷面分数,区分选拔人才,不利于选拔一批有特长的优秀人才。因此,要区分公平和平均的关系,公共性和免费的关系。不能简单地把教育公平仅仅理解为"大家都一样",或者更简单地理解为"钱一样多",必须承认"差异化公平"理念。

(四)集权与分权关系问题

目前,上下级政府之间的权力关系基本上实现了分层办学、分层管理、分类管理。但是,政府由对学校的直接行政管理转变为运用立法、拨款、规划、信息服务、政策指导和必要的行政手段进行管理,推动宏观管理等方面的改革进展不大。在政府与学校的权力关系上,集权问题很严重。特别是校长负责制的现代学校治理体制下,校长没有学校的人事权和财政权,造成校长治理失去抓手,严重影响学校有效治理。在高

---

[1] 杜育红、梁文艳:《教育体制改革 30年的辉煌与展望》,载《人民教育》,2008(19)。

等教育学校，学校行政化现象严重，学术自由和学术独立受到束缚，不利于学术创新。

（五）条条与块块关系问题

条块关系是由我国行政管理体制决定的，但是这种体制在教育部门表现出了一定的制度性缺陷。教育事业的公共性、公益性和非营利性决定了教育部门在政府行政体系中的地位较低，与财政部门、规划部门、自然资源部门、工商业部门等能够给政府带来财政收入不同，教育部门基本上都是财政支出。因此，在实践中，教育部门在行政体系里很容易被挤压。这就造成，教育部门在同级行政体系横向关系上，资源调度能力弱。同时，在教育系统内部，上下级教育行政部门之间并非是直接的领导与被领导的关系，而是业务指导关系，这就意味着，上级教育行政部门没有行政权力直接管理下级教育行政部门，这就削弱了上下级直接的行政管理力度。因此，在教育制度的条块纵横关系上，如何处理好条块关系，提高管理效率，仍然是个重要问题。

（六）公办与民办关系问题

总体来看，办学体制改革从最初突破禁忌，允许民办学校的创办，到明确提出改变政府包揽办学的格局，逐步建立以政府办学为主体、社会各界共同办学的体制。但实践过程中，却存在政策不稳定和执行不到位的现象。民办教育无法获得与公办教育同等待遇的问题仍然是束缚办学体制改革的根本问题。民办学校发展无论在观念上还是在体制上，均受到了不同程度的限制。特别是地方教育行政管理部门在政策执行过程中，比较保守。公办与民办教育所占比例问题没有制度依据，公办与民办教育的地位关系没被明确，公办与民办分类管理具体制度到目前为止尚未制定。

（七）数量与质量关系问题

经过改革开放40年来的教育制度改革，我国在学前教育、初等教育、中等教育、高等教育、继续教育、职业教育、特殊教育等各领域均达到了较为完备的状态。全面普及九年义务教育，开始推进教育均衡发展，建立现代职业教育体系，取得高等教育突破性发展。但是，我国教育质量与数量不成正比，教育质量发展不均衡、不充分。例如，教育的应试化和一元化倾向依然严重，教育的创新性和多样性不足。教育仅仅解决了"有学上"的问题，尚未实现"上好学"的目标。特别是职业教育的质量相对更加落后。因此，在促进教育质量提升，教育创新发展方面缺乏制度保障，任重道远。

（八）一元与多元筹资问题

从1985年开始初步提出多元化的筹资体制，应该说多元化筹资体制已经成为教育发展的重要支撑。但是，多元化筹资体制实际上面临着许多政策上的障碍，很多地方政府总是片面地认为教育投资完全是政府自己的事，依然停留在统治思维和管理思维上，没有转变成治理思维。2017年，修改后的《中华人民共和国民办教育促进法》明确实施营利性和非营利性分类管理制度，义务教育阶段禁止设立营利性民办学校。2018年11月，《中共中央 国务院关于学前教育深化改革规范发展的若干意见》要求稳妥实施分类管理，社会资本不得通过兼并收购、受托经营、加盟连锁、利用可变利益实体、协议控制等方式控制国有资产或集体资产举办的幼儿园、非营利性幼儿园。这些规定虽然在一定程度上保障了教育的公共性，但是阻碍了社会资本作为多元化投资主体参与教育投入的积极性，从整体上增加了政府财政压力，不利于教育多元化筹资和多样性发展。

四、教育制度的发展趋势

教育制度的发展须遵循以下三个基本规律。

（一）与社会主要矛盾相适应

习近平在党的十九大报告中指出："中国特色社会主义进入新时代，我国社会主要矛盾已经转化为人民日益增长的美好生活需要和不平衡不充分的发展之间的矛盾。"在教育领域，这一矛盾表现为人民群众日益增长的对优质教育的需求与当前教育发展不平衡不充分之间的矛盾。因此，未来的教育制度主要应该围绕解决这一矛盾而设计。这种不平衡不充分主要表现在以下十个方面。

第一，社会整体发展不平衡，如改革开放40年社会经济发展较完善，而教育发展不充分。第二，城乡教育发展不平衡，如城乡教育基础设施和师资力量不平衡，农村教育发展不充分。第三，教育内容发展不平衡，如片面发展应试能力，忽视全面发展，素质教育发展不充分。第四，教育阶段发展不平衡，如义务教育阶段发展较好，学前教育和高等教育发展不充分。第五，教育结构发展不平衡，如普通教育发展较好，职业教育、继续教育、特殊教育、网络教育发展不充分。第六，不同性质学校发展不平衡，如公办教育发展好，民办教育发展不充分。第七，教育区域发展不平衡，如东部教育发展较好，中西部教育发展不充分。第八，课堂教学方式发展不平衡，如线下讲授式教学发展较好，以学生为主体的高效课堂教学方式和线上教育与人工智能教育发展不充分。第九，教师素质发展不平衡，如教师教学技能发展较好，师德素质发展不充分。第十，受教育者发展不平衡，如社会经济条件较好的受教育者发展较好，贫困家庭受教育者发展不充分。

因此，在教育制度发展顶层设计上，要把党的十九大报告关于教育的战略布局作为指引：优先发展教育事业，落实立德树人根本任务，发展素质教育，推进教育公平，培养德智体美全面发展的社会主义建设者和接班人。推动城乡义务教育一体化发展，高度重视农村义务教育，办好学前教育、特殊教育和网络教育，普及高中阶段教育，努力让每个孩子都能享有公平而有质量的教育。完善职业教育和培训体系，深化产教融合、校企合作。加快一流大学和一流学科建设，实现高等教育内涵式发展。健全学生资助制度，使绝大多数城乡新增劳动力接受高中阶段教育、更多接受高等教育。支持和规范社会力量兴办教育。加强师德师风建设，培养高素质教师队伍，倡导全社会尊师重教。办好继续教育，加快建设学习型社会，大力提高国民素质。

（二）与国家发展战略相适应

党的十九大制定了未来30年国家发展战略阶段，即：第一个阶段，从2020年到2035年，基本实现社会主义现代化。第二个阶段，从2035年到21世纪中叶，建成社会主义现代化强国……实现国家治理体系和治理能力现代化。因此，教育制度发展要与这两个十五年的发展战略相适应，要构建一套能够支撑实现这两个阶段目标的现代化教育治理体系和治理能力。

党的十九大指出，建设教育强国是中华民族伟大复兴的基础工程，必须把教育事业放在优先位置，深化教育改革，加快教育现代化。要构建党委领导、政府负责、学校主导、社会协同、公众参与、法制保障的现代化教育治理体系。同时，推进教育治理能力的制度化、科学化、法治化、民主化、社会化、智能化、精细化。

1. 加强党对教育的领导

2018年3月，为加强党中央对教育工作的集中统一领导，政府部门组建中央教育工作领导小组，作为党中央决策议事协调机构，进一步加强和改善党对学校的领导。公办高等学校坚持和完善党委领导下的校长负责制；在中小学、民办学校充分发挥基层党组织的政治核心作用，加强基层党组织建设。

2. 加快教育法治化进程

在全面推进依法治国的体系下，加快教育法治化进程是必然要求。要健全教育领域的法律、法规、规章体系，做到有法可依；要加强教育领域执法力度，做到执法必严；要完善教育领域司法监督体系，做到违法必究。不断推进教育法治化进程，清理不合理法规，完善教育法制体系。

3. 完善教育行政管理体制

重点理顺条块关系，在中央—省—市—县四级管理体系中，完善国务院领导，地方政府负责、分级管理、以县为主的行政管理体制，明确各自的责任与权力关系。在同级政府内设部门间，除教育行政部门以外，其他相关部门均有相应的教育管理职责。在条块关系中，未来可以适度探索分领域、分层级垂直管理体制。

4. 健全现代学校治理体系

扩大学校依法自主办学权，激发学校办学活力。完善学校章程，构建学校制度体系，加强改善党的领导，完善校长负责制、建立多元参与的校务委员会，完善民主决策程序，完善各类代表大会，完善学校内部治理结构，完善民主监督体系，完善校务公开制度，完善师生权益保护制度，引入第三方评价体系，等等。

5. 构建社会参与治理机制

发挥社会力量参与直接办学、提供教育购买服务、参与教育监督等职能。社会组织以其自身专业优势，以市场机制参与教育治理，完善政府购买服务体系，健全政府购买教育服务机制，在决策咨询、学校管理、提供义务教育和学前教育学位、师资培训、特殊人群服务、教育质量和办学绩效评价等领域推广政府购买服务，提高公共教育服务的质量和效率。

总之，要构建一个党委科学领导，政府依法负责，学校依法主导，社会依法参与的现代化教育治理体系。

(三)回应教育制度中的核心问题

矛盾是事物发展的动力，制度的发展必然要对制度中的问题做出回应。教育制度改革发展，在治理与管理理念问题上，要沿着教育治理理念方向发展；在中央与地方责任问题上，要坚持各司其职、分层负责、明确比例的原则；在效率与公平关系问题上，要坚持教育公平、兼顾效率的原则，注意区分公平和平均的关系，避免把教育公平误入教育平均主义；在集权与分权关系问题上，纵向上实行分层办学、分层管理、分类管理的原则，在政府与学校关系上坚持简政放权、依法治理、依法自治的原则；在条条与块块关系问题上，加强上下级权力关系，可以探索适度的垂直管理，在横向关系上，统筹设立议事协调委员会，提高协调效率；在公办与民办关系问题上，要明确民办学校是公办学校的有益补充，都是社会主义教育的重要组成部分，要一视同仁，公平对待，鼓励支持发展民办学校；在数量与质量关系问题上，要加强数量发展的同时，更加注重加强质量发展，让教育发展更充分、更均衡。在一元与多元筹资问题上，要鼓励多元投资和筹资渠道，减轻政府负担，依法保护投资者的权益。

第六节 医疗卫生制度

一、医疗卫生制度

医疗卫生服务与每个人的生命健康息息相关。随着经济水平和生活质量的提高，越来越多的国家将改善和提高国民的健康状况作为治国理政的一个主要目标，医疗卫生制度对于保障和促进国民健康具有举足轻重的作用。一般而言，医疗卫生制度是指影响医疗卫生系统的一系列机构、组织、服务以及资金安排的行动措施的总和。由于各国国情不同，所采取的行动方针、策略和措施也有很大区别。2009年3月，《中共中央 国务院关于深化医药卫生体制改革的意见》明确提出要按照公益性、可及性、公平与效率相统一和统筹兼顾解决当前突出问题与完善制度体系的原则，从推进和完善基本医疗保障制度、建立国家基本药物制度、健全基层医疗卫生服务体系、促进基本公共卫生服务均等化四个方面进行改革。

二、中国医疗卫生体制的内容与变革

新中国成立后，在一穷二白、百废待兴的情况下，党和政府提出了部门办社会、行业办社会、企业办社会的社会发展策略，各政府机关、事业单位、企业都开始创办自己的员工宿舍（或家属楼）、子弟幼儿园、子弟学校、医院或诊所（卫生室、医务室）等，退休员工的收入主要来自本单位效益或财政拨款。新中国的医疗卫生体系也因此逐渐形成，并历经了全能型政府主导的"大卫生"模式和市场化导向的基本医疗服务模式的改革。

（一）卫生防疫体系

新中国成立初期，与中央、省、地市、区县的行政区划相对应，分别建立了国家级、省级、地市级、区县级的卫生防疫站。在传染病、流行病、地方病肆虐的情况下，从省到区县，各级行政部门还建立了专科疾病防治体系，如传染病防治院、结核病防治院、麻风防治院、寄生虫病防治研究所、血吸虫防治所、皮肤病防治所等。20世纪90年代，受美国影响，政府将卫生防疫站改为疾病预防控制中心，后来又将一部分业务和人员分离出来，成立卫生监督局。疾病预防控制中心的功能主要为疾病预防和控制，而卫生监督局的功能则集中在食品卫生、环境卫生、劳动场所卫生、学校卫生、放射卫生、医疗市场等的监督执法上。疾病预防控制中心和专科疾病防治院所提供的服务成为后来公共卫生服务体系的主要内容。

（二）医疗服务体系

新中国成立以后，各级人民政府都建立了本级政府所属的、公有制综合医院，一般被称为"省（市、县）人民医院"，在毛泽东同志发展中医药的指示下，多数地方政府还建立了"省（市、县）中医院"，形成了从国家到省、地市、区县"人民医院"和"中医院"并存的局面。20世纪80年代，在卫生行政部门大力推行的医院等级评审热潮中，综合医院先后按照三级（一至三级）十等（每一级医院再分"甲、乙、丙"三等，三级医院还设立了最高等级——"特等"）建设；同时，各级中医院也进行了医院等级评审和挂牌。此外，本来履行妇幼保健功能的"妇幼保健站"，在当时卫生部妇女儿童保健司的影响下，逐渐改名为"妇幼保健医院"或"妇女儿童医院"，从以提供妇女儿童保健等公共产品和半公共产品为主的公共卫生服务机构，逐渐向提供私人产品的医疗服务方向发展，并进行了等级评审。因此，形成了现在的格局：每一级政府都至少有一所综合公立医院、一所公立中医院、一所公立妇幼保健院（或妇女儿童医院）。但在提供的服务内容上，综合医院、中医院提供的服务差别不大，中医院的服务包含西医诊疗，综合医院也有中医科；妇幼保健院（或妇女儿童医院）提供的服务与综合医院、中医院的妇产科提供的服务，也没有本质差异。

除去上述三类典型的医院外，还有一系列突出专科特色的医院，如肿瘤医院、儿童医院、胸科医院、心血管病医院、骨科医院、脑血管医院等，也有一些以某专科见长的综合医院。同时，还有不同行业、企业、机关、事业单位、学校等自己创办的医院和门诊部所。比如大到海陆空小到各兵种的海军医院、空军医院、炮兵医院、武警医院等；再如各级煤矿医院、铁路医院、交通医院、航天医院、航空医院等。

改革开放以后，民营医院逐渐出现并发展起来，但整体上，多数民营医院规模较小，医疗体系还是以公立医院为主。实际上，在不同发展阶段，政府曾多次提倡并鼓励社会力量办医，尤其在20世纪末期国有企业改制的带动下，许多国有企业或行业的医院转轨转型，部分改制为股份、股份合作制或私有制医院。发展到现在，非公有制医院在数量上已经超过了公有制医院，但这些非公有制医院的床位数仅占全社会医院床位的18%左右，诊治的患者数量也与此对应。

（三）基层卫生服务

新中国成立初期，政府在农村乡镇和城市街道一级设立了乡镇或街道卫生院，同时履行医疗和公共卫生服务两种功能。乡镇卫生院，基本为公有制和集体所有制两种产权形式。1997年全国开始推行社区卫生服务政策以后，几乎城市地区的所有街道卫生院及部分农村地区的乡镇卫生院先后改名为"社区卫生服务中心"，城市地区的门诊部（所）和卫生室与部分农村地区的村卫生室改名为"社区卫生服务站"。基层卫生机构的名称改为社区卫生服务中心（站），意味着基层卫生服务机构的工作人员不能在工作场所坐等病人，要走出去，进入社区、进入家庭，提供预防、治疗、康复、保健等一体化的、综合的健康服务。从1998年开始，在国有企业股份制改造政策的影响下，个别地区的乡镇卫生院开始实行股份合作制或私人所有制；2009年新医改政策出台以后，政府回购已经卖出了的乡镇卫生院现象时有发生。2014年后，在个别地区也出现了私立机构大量购买城市社区卫生服务中心（站）的现象。

此外，在农村集体经济制度下，一些农民经过培训后成为"赤脚医生"，依靠集体经济中的一部分资金购买基本药品并提供简单服务，农民在患病时可到村卫生室领取免费药品。这种被称为"合作医疗"的制度从1966年开始在全国农村推广。党的十一届三中全会以后，原来依托集体经济的赤脚医生和合作医疗制度因失去了赖以存在的经济基础而分崩离析。原来的农村赤脚医生成为农村个体医生（达不到执业医师资格，但政策允许其行医），在医药市场管理较为混乱的背景下，个体开业医生成为基层医疗服务的主要提供者，农民患病时更倾向就近去家门口的村医处看病取药；村医不能处置的疾病，则直接去县医院就诊。多数地区的乡镇卫生院因财政经费补助和技术能力有限而业务清淡。90年代后期，卫生部在全国推广乡村一体化的做法：将村卫生室纳入乡镇卫生院管理，所有药品从乡镇卫生院购买且业务收入上缴乡镇卫生院，卫生院控留一部分后将剩余部分返还村卫生室。由此导致村卫生室在经济上失去独立自主权，经营惨淡。2009年开始的"新医改"规定，基层卫生机构只能经营基本药物并实行药品零差率政策，乡镇卫生院被纳入政府财政保障，以卖药为主的村卫生室难以为继。

（四）基本医疗保障

我国的医疗保障制度脱胎于计划经济时期，其显著的特征是按人群分设。改革开放前，我国人口按照户籍分为农业户籍人口和非农业户籍人口，非农业户籍人口按照就业关系又分为机关事业单位职工、国营企业职工、集体企业职工、非就业人口四类，并分别享受对应的医疗保障项目：机关事业单位职工对应公费医疗，企业职工参加"劳保医疗"，非就业人口作为上述两类职工的家属分别被公费医疗和"劳保医疗"覆盖。农村人口医疗保障水平较低，主要是依靠"合作医疗"制度。

改革开放后，随着国有企业的改革，依托于企业的"劳保医疗"逐渐演变成"社会统筹加个人账户"模式的城镇企业职工基本医疗保险；机关事业单位的公费医疗也逐步整合进职工医疗保险。城镇企业职工医疗保险以就业职工为参保对象，但不覆盖他们的非就业家属以及其他城镇非就业人员。针对未被覆盖的群体，国家从2007年开始建立城镇居民基本医疗保险，居民自愿参加，通过政府补贴和个人缴费进行筹资。在农村地区，随着人民公社的瓦解，旧的合作医疗制度随之逐步瓦解。为了给农村居民提供医疗保障，2003年，政府开始建立新型农村合作医疗制度（简称"新农合"）。农村居民自愿参加新农合，实行政府补贴加个人缴费的筹资原则。2013年，城镇职工医疗保险、新农合、城镇居民医疗保险三项制度实现了人群的全覆盖，医疗保险的覆盖率超过了95%。由于覆盖农村居民的新农合与覆盖城镇非就业人口的城镇居民医疗保险的分立格局越来越不适应我国城镇化的快速发展以及大规模的乡—城人口流动，自2013年起，各地开始整合新农合与城镇居民医疗保险。2016年国务院提出按照"六统一"的原则整合新农合与城镇居民医保，建立统一的城乡居民基本医疗保险。

2018年的国务院机构改革，整合了城镇职工医保、城镇居民医保和医疗救助的管理体系，建立了国家医疗保障局。至此，我国形成了包括覆盖就业职工的城镇职工医保、覆盖农村居民和城镇非就业居民的城乡居民医保两项医疗保险制度，和面向全体国民的医疗救助制度在内的统一的医疗保障体系，并实现了医疗保障的全覆盖。

三、医疗卫生制度存在的问题

随着经济社会的发展以及生活水平的提高，人们对健康医疗的需求日益增多且呈多元化趋势。虽然医疗改革措施不断推陈出新，但医疗服务领域的问题却日渐凸显。

(一)基本医疗服务水平整体较低,群体、区域间差距大

十几年来,虽然政府不断鼓励发展以社区为基础的基本医疗服务,但总体上来讲,第一,基本医疗服务较弱,在疾病预防、病情监测、初级诊疗和分级诊疗等方面的效果都不尽如人意。第二,医疗资源配置不均,医疗服务的可及性、公平性和质量等都有所欠缺。医疗卫生优质资源和服务主要集中于经济发达的东南部地区和大中型城市,医院人满为患、一号难求,医生工作压力大,医患关系紧张。农村和欠发达地区基层医疗机构不但硬件设施有限,还缺乏专业的医务人员,医生的诊疗水平和服务水平整体较低。

(二)医疗保障体系不能满足"病有所医"的需求

第一,医疗保障体制的区域分割不适应大规模人口流动的常态化。我国医疗保障是按照属地化原则建立的,医疗保险基金以地市级统筹为主,且因为制度设计的原因转移接续困难。我国职工医保规定退休职工不缴费,这导致职工医保具有"半积累制"的特征,使得实际执行中跨区转移政策形同虚设。第二,医疗保险基金的区域不平衡。职工医保和居民医保实行属地化管理,基金的统筹层次以地市级为主,统筹区之间难以进行资金的余缺调剂。从全国层面看,医保基金的收支不存在收支不平衡的问题;但地区差异大,东部沿海地区以及一些大城市等人口流入的地区积累了大量结余,而中西部地区和东北老工业基地等人口流出的地区则面临较大的支付压力,甚至出现收不抵支的情况。第三,医保制度设计与新的就业模式不相匹配。随着新技术、新产业的出现,新型的没有雇主或雇主不明确的就业模式大量涌现,依托单位的"单位—职工"共同缴费的职工医保制度无法维系。虽然没有单位的城镇就业人员可以以灵活就业人员的身份参加职工医保,但需要个人缴纳单位承担的保费,过高的个人缴费使得大量单位不明确的就业人员选择参加居民医保,或者不参保、脱保。此外,由于居民医保的个人缴费低且含有政府补贴,导致一些城镇职工医保的应参保人员转而参加居民医保。此外,商业健康保险发展缓慢,没有起到对社会医疗保险的补充作用。

(三)医药产业还处在发展的初级阶段

目前,我国制药产业规模约占全球的4%,市场规模仅次于美国、

日本、德国，为全球第四。① 但从整体上看，医药产业还处在发展的初级阶段，主要表现为：第一，医药企业竞争力较弱和创新能力不足，产品同质化严重，生产的药品以仿制药为主，占上市药品的97%以上，且大部分为普药；第二，市场集中度低，竞争激烈，有规模的大企业凤毛麟角(占比小于5%)，欠规范的小型企业则遍地存生(占比大于75%)；第三，竞争机制不完善，医药行业地域性发展和地方保护主义严重，市场机制不能很好地发挥资源配置作用；第四，新药审批制度、药品定价和集中招标采购制度等管制措施不利于药品的研发和创新；第五，医药流通和销售领域不正当竞争明显，竞争成本最后都被转嫁给了患者。

(四)现代技术手段在医疗卫生管理中应用较少

首先，国家没有建立医学技术评估系统。从医疗保险的角度看，对临床医疗技术的管理实际上是空白。医学技术评估主要针对某项临床技术的可行性和经济学效应进行评估，以及对新药针对的疾病的发病率进行测算，同时与现有药品在功能、成本上的差别进行比较，评估其能否纳入医疗保险目录，淘汰不适合的药品与技术，完善医疗保险赔付机制。此外，医疗质量信息不公开、不透明，无论是患者、公众，还是公共政策研究者，都无法得到相关的信息。在大数据时代，这是引发社会问题的隐患。

四、医疗卫生制度的未来发展

党的十九大报告提出要实施健康中国战略，并明确了健康中国战略的主要内容和措施，包括完善国民健康政策，为人民群众提供全方位、全周期的健康服务；深化医药卫生体制改革，全面建立中国特色基本医疗卫生制度、医疗保障制度和优质高效的医疗卫生服务体系，健全现代医院管理制度；加强基层医疗卫生服务体系和全科医生队伍建设；全面取消以药养医，健全药品供应保障制度；坚持预防为主，深入开展爱国卫生运动，倡导健康文明生活方式，预防控制重大疾病；实施食品安全战略，让人民吃得放心。坚持中西医并重，传承发展中医药事业。支持

---

① 国家食品药品监督管理总局南方医药经济研究所：《2015年度中国医药市场发展蓝皮书》。

社会办医，发展健康产业。医疗卫生制度的发展需要注重以下几个方面。

(一)宏观层面上，划分政府与市场职责

医疗服务宏观目标的实现，需要政府、社会和市场的共同推动。从根本上讲，医疗服务的社会效益和经济效益是可以统一的，社会效益是医疗服务的价值目标，而经济效益是社会效益的实现手段；离开社会效益单纯追求经济效益，医疗服务必将失去价值目标；而不讲经济效益单纯追求社会效益，必然会使医疗服务失去发展的动力和手段，必然不利于我国医疗卫生的健康发展。医疗卫生领域的治理应更多地运用经济手段，通过法制、规章、合同、契约等工具来引导利益相关者更好地组合、协作，达到职能上的互补，针对不同的需求结构提供不同的医疗服务，更好地服务民生。医疗卫生制度的未来发展，需要合理划分政府与市场的职责，政府加强顶层设计，做好统筹协调，强化绩效导向，保障基本医疗需求，推动医院提高服务水平，探索基本医疗保险的社会化治理方式，让市场在资源配置中起决定性作用。

(二)运行机制上，解开对公共卫生机构人员的束缚

第一，解开医生与医院的人身依附关系，使二、三级医院的医生能够自由流动或强制性流动，在不同的地区执业；医生与医院通过劳动合同确定雇佣关系，合同可以是长期的、短期或临时的(可以每周在医疗机构工作几天或几小时)，医生可与医院协商收入和报酬。第二，从法律上，允许获得国家执业医师许可的医生自由执业，可以在中华人民共和国的境内(大陆地区)，自由开设诊所，执业所在地的区县级卫生行政部门起监督管理作用。第三，完善医疗服务定价体系，由医疗保险经办机构与医疗机构协商定价，政府只规定医疗服务的基本价格或价格区间。第四，通过经济手段激励专业素养高的医生定期或不定期下基层诊疗，通过在基层开设高水平的诊所、小型社区全科诊疗中心等方式，使广大居民能够在基层或社区得到有质量的医疗服务，促进医疗资源和患者的合理有序流动。放开人身管理，是我国当前搞活和提高基层医务人员素质的核心内容；否则，在当前城乡经济社会条件差异巨大的情况下，很难使有水平的医务人员留在农村基层和城市社区卫生机构。

(三)技术层面上,多利用经济和信息技术手段

第一,更多地通过经济手段而非行政命令影响医疗服务的提供行为。例如,通过不同层次医疗机构之间的联合、技术合作等,鼓励专业水平高的医生去农村和城市社区出诊或服务等。第二,大力发展信息技术和手段,建立医药卫生行业的大数据系统。这是因为,科学的决策来自完善、真实的数据支持,对医疗改革、医疗保险、医疗质量、医药产业、医疗服务、公共卫生等的政策,应建立在科学的数据分析基础之上。第三,改革激励医疗服务过度使用的支付方式,推行住院患者按病例、病种支付等新的支付方式。

(四)机制保障上,充分发挥国家医疗保障局应有的作用

2018年国家医疗保障局的设立意味着,将医疗保障相关事务从各部门独立出来,交由国务院直属机构国家医疗保障局统一管理,这突出体现了医疗保障事务在国家治理中的突出地位和作用,表明了党和国家着力解决人民的疾病医疗问题、提高全体国民健康保障水平的意愿与决心。这一改革在优化医疗保障管理体制的同时,将在多个方面发挥作用。比如,推进三医联动,有利于医药卫生体制改革的进一步深化。这是因为,国家医疗保障局的组建使得医保管理权得以统一,从而强化医保作为医疗服务第三方支付和监管的能力。更重要的是,药品采购、定价和管理职能的统一是当前药价改革的突破口,医保作为医疗费用的最大支付主体,有权干预其定价,例如通过医保和药品生产商进行价格谈判来控制药费的机制。新组建的国家医疗保障局集药品支付、采购、定价、管理于一体,能够进一步增强医保的话语权,增加支付方与服务方博弈的"筹码",变过去被动支付为主动支付,从根本上促进药价改革。同时,医保局的组建还会促进全民医保制度与体系的进一步优化,有利于多层次医疗保障体系的构建等。但这些作用的发挥都必须基于正确、充分发挥国家医疗保障局本身作用的基础上。

第七节 社会保障制度

一、社会保障制度及其发展历程

社会保障是民生的安全网,是社会治理的重要基础制度,是各种具有经济福利性的、社会化的国民生活保障系统的统称。实行社会保障制度,是为社会成员的基本生活权利提供安全保障,以确保他们不因特定事件的发生而陷入生存困境,并弥补市场经济的不足,维护社会公平正义与实现国民共享发展成果,促进整个社会稳定与和谐发展。

在人类社会的发展史上,社会保障主要是以救灾济贫的形式出现的,既有政府出面组织的救灾济贫事业,也有宗教组织举办的各种慈善事业。1601年英国颁布的《济贫法》被认为是社会保障发展史上的一个重要里程碑,开创了国家以立法形式介入济贫事务的先河。1883年德国《疾病保险法》的颁布标志着现代社会保障制度的产生。1935年美国通过的《社会保障法》及据此确定的社会保障制度使现代社会保障制度由社会保险制度向综合性社会保障制度跨了一大步。第二次世界大战后,随着英国政府宣布建立福利国家,社会保障制度开始步入成熟阶段。20世纪70年代末以来,一些西方国家开始思考以往社会保障政策中出现的各种问题,从而促使现代社会保障制度进入了一个改革、发展与完善时期。

中华人民共和国成立后,我国政府曾建立了一个虽然水平较低,但覆盖全民的、板块式的"国家—单位"保障制度。40年来,随着改革开放的推进和社会经济结构的变化,"国家—单位"保障制逐步向"国家—社会"保障制度转变,由政府、企业和个人共同分担社会保障责任。特别是进入21世纪以后,随着经济的持续增长、社会建设加速推进,公平、正义、共享理念的深入人心,我国社会保障制度也在政府的主导下进入了黄金发展期,先后出台了《失业保险条例》《工伤保险条例》《中华人民共和国社会保险法》《社会救助暂行办法》《中华人民共和国慈善法》等一系列法律法规,建立了包括城乡最低生活保障制度、城乡居民养老保险制度、城乡居民医疗保险制度在内的一系列社会保障制度，制度体系框架逐渐完善。2017年10月党的十九大报告明确提出："增进民生福祉是发展的根本目的"，要"不断促进人的全面发展"，要"坚持在发展中保障和改善民生。"

二、社会保障制度的内容与功能

健全的社会保障体系包括基本社会保障制度与补充社会保障措施两部分。前者由政府主导的社会救助、社会保险和社会福利三个不同系统的制度组成，构成社会保障制度的主体；后者则是多层次社会保障体系的具体体现，它包括在政府的支持下，由民间和市场来解决的慈善事业和商业保险等，构成对基本社会保障制度的补充，并发挥着促进民生改善的作用。

中国的社会保障体系也由社会救助、社会保险、社会福利等多个系统构成。在这一体系中，现行的社会救助制度包括城乡最低生活保障、特困人员供养、受灾人员救助、医疗救助、教育救助、住房救助、就业救助、临时救助等。社会保险制度则包括基本养老保险制度、基本医疗保险制度、工伤保险制度、失业保险制度等。其中，基本养老保险制度又包括城镇职工基本养老保险制度，机关事业单位基本养老保险制度和城乡居民养老保险制度；基本医疗保险制度则包括城镇职工基本医疗保险制度、城镇居民医疗保险制度和新型农村合作医疗保险制度。社会福利制度包括残疾人福利、老年人福利、儿童福利、教育福利和住房福利制度等。补充保障制度包括企业为员工建立的企业年金和补充医疗保险、慈善事业以及商业保险等，它们体现了社会保障体系的多层次特征。

除此之外，我国的基本社会保障制度还包括国家针对军人职业风险，为军人和军人家属建立的军人保障制度。我国传统的军人保障通常被称为社会优抚或优抚安置，由抚恤优待保障、离退休保障、安置保障等部分组成，在现代社会保障体系中，军人保障包括军人抚恤优待、军人保险、军人安置保障和军人福利制度，构成了一个既相对独立、由于其他社会保障系统相联系的子系统，在解除军人后顾之忧、稳定军心、巩固国防等方面具有独特的意义。

社会保障制度对和谐社会建设至关重要，这是由社会保障制度所具有的功能决定的。

(一)社会保障具有促进社会稳定和谐的功能

首先，社会保障制度可以帮助陷入生活困境的社会成员摆脱生存危机，化解人们的生活后顾之忧，从而能够防范与消化可能出现的社会危机，有效地缓和乃至消除引起社会震荡与失控的潜在风险，为社会的和谐发展创造稳定的环境。其次，社会保障制度可以缓和劳资之间的矛盾。一般而言，劳资之间的利益分歧是客观存在的，但通过强制性的社会保险制度的建立，雇主必须承担起为劳动者缴纳各种社会保险费用的法定义务，劳动者则可以通过此制度来维护并实现自己的福利权益，从而有力地调节了劳资双方的利益关系。再次，社会保障制度通过社会救助制度和社会福利制度帮助了社会困难群体和特殊群体摆脱生活困境、维护基本权益，也会缓和贫富之间的矛盾，并增进各社会群体之间的和谐。最后，打破城乡界限、不同地域的慈善事业的发展为富裕阶层和地区提供了反哺社会的途径，使有需要者得到来自社会各界的帮助，弘扬了社会互助精神，有效地润滑了社会成员之间的关系。

(二)社会保障具有增进国民权益和福利的功能

社会保障制度建立和完善的过程，是国民权益和福利不断提升的过程。在社会保障制度建立之前，特别是在农业社会，个人的权利和义务只限于个人所在的家庭或家族，个人风险只能由个人和家庭成员来承担，国家和社会给予的也只是临时性的、带有恩赐和怜悯色彩的救济。当国家以法律法规的形式确立了社会保障制度后，在需要的时候给予社会成员必要的帮助成了国家法定承担的义务，得到帮助和照顾则成了社会成员法定的权利。并且，随着社会保障制度的发展，以人的生存权和发展权为内核的一系列权益都进入了必须维护的范围，国民权益是一个不断扩大的过程。与此同时，国民福利的水平也会随着经济社会的发展而不断发展，从无依无靠到幼有所育、学有所教、劳有所得、病有所医、老有所养、住有所居、弱有所扶，从最低水平的生活保障到起码保障，从基本、单一的保障到多层次、全方位的保障，等等。总之，社会保障制度的建立和发展会使国民权益和福利得到实现和增进。

（三）社会保障具有推动社会发展的功能

一方面，社会保障制度通过化解困难群体的生存危机、解除劳动者的后顾之忧，可以增强社会成员的安全感，让人们全心全意地投入生产、投入劳动，促进经济社会发展；另一方面，社会保障制度对各阶层、各群体利益矛盾的调节，特别是劳资双方矛盾的调节，使矛盾双方有更多的共同利益，可以营造稳定的社会环境，构筑国家经济社会持续健康发展的基础。

（四）社会保障具有维护社会公平正义的功能

社会保障制度通过调整各种关系、创造稳定的社会环境、建立和谐的社会关系、维护国民的权益、增进国民的福利，可以起到维护社会公平正义的作用，社会成员通过社会保障项目在不同程度上实现起点、过程上的公平，并缩小结果的不公平。

三、中国社会保障制度改革的成绩与问题[①]

中国的社会保障事业自20世纪80年代中期进入全面而深刻的制度变革时期。社会保障体制改革采取与经济体制改革相似的渐进改革方式，经历了从被动变革到主动变革，从自下而上到自上而下，从试点先行与单项推进到中央政府顶层设计与全面推进，从服务并服从于经济体制改革到自成体系地影响、维系和促进社会公正与经济发展的转变过程。目前，中国的社会保障体系已经从总体上完成了制度转型，即从计划经济时代的国家负责、单位包办、全面保障、板块结构、封闭运行式的社会保障制度转变为政府主导、责任分担、社会化、多层次化的新型社会保障体系。社会保障体系的日益健全和社会保障水平的持续提升，为经济体制改革和社会转型创造了相对安定的社会环境，形塑了可以在全国范围内自由流动的统一劳动力市场；同时，也直接增加了城乡居民的福利收入，大幅度地消解了人民生活的后顾之忧，进而极大地提振了城乡居民的消费欲望与消费能力。

然而，总体看来，中国目前社会保障制度体系还存在一些问题，制

---

① 参见郑功成：《中国社会保障改革与经济发展：回顾与展望》，载《中国人民大学学报》，2018(1)。

度分割、权责不清、多层次缺失及供给短板等制约着整个社会保障制度的健康发展。

（一）地区与群体间的制度分割损害了制度的公平性

目前基本养老保险的地区分割使不同地区的筹资负担轻重不一，养老基金余缺并存且差距不断扩大，既损害了参保人的权益公平，也损害了市场经济竞争的公平；医疗保险对城镇职工、城镇居民和农村居民等不同群体的筹资与待遇差距仍然存在；社会救助制度虽然打破了城乡分割的界限，但实际操作中仍然存在城乡分割的惯性。老年福利、儿童福利及相关服务方面，同样存在制度或政策分割的现象，不同户籍、不同阶层的人群享受不同的保障待遇，等等。这种基于地域、户籍、职业身份等要素的不同制度安排，必定会带来利益失衡、公平不足的结果。

（二）权责不清导致责任主体边界模糊、责任失衡

多方共建、各方合理分担责任是现代社会保障可持续发展的根本原则，社会保障制度需要调动政府、市场、社会与个人及家庭之力量，共同实现全民共享国家发展成果。但目前，作为社会保障责任主体的政府、社会、市场及企业、个人及家庭的责任边界不够清晰，中央政府和地方政府之间权责关系不匹配，个人及家庭作用有限，社会与市场力量发挥不足。

（三）保障体系不健全导致民众需求无法得以满足

建立多层次的社会保障体系是当今世界的共识，因为多层次的社会保障体系是对社会保障责任分担机制的重塑，是应对人口老龄化的理性、可持续的制度安排。我国自20世纪90年代就明确提出了社会保障多层次化的政策取向与发展目标，但目前仍然是以政府提供的法定基本保障为主，市场与社会提供的补充保障并未得到应有发展，这不仅限制了整个社会保障体系物质基础的壮大，也影响了社会保障资源与服务的供给，使民众尤其是老年人、残疾人、儿童等特殊群体的社会保障需求无法得到满足的社会保障制度尚需健全和完善。

（四）养老、育幼、助残等社会服务相对滞后

我国进入老龄化社会后，老龄化速度不断加快、程度不断加深，但目前全国各类养老服务机构和设施、各类养老床位等远不适应老年人的

需求；育幼方面，公办幼儿园数量较少，无法满足适龄儿童入园需要；助残方面，残疾人保障与服务还主要依靠家庭照顾。

四、进一步完善社会保障制度的路径

(一)坚持社会保障权益公平的原则

维护社会公平正义是社会保障的应有之意。促进社会公平正义的实现必须打破城乡分割、群体分割的传统做法，牢固确立全体公民的社会保障权益公平的价值取向，社会保障制度的健全程度也应该更多地用社会公平性指标来衡量。

(二)完善医疗保障和养老服务体系

我国目前尚未建立完善的公共卫生医疗保障体系，公众在享有公共卫生服务方面还存在较大的差异，应着力完善农村和贫困地区医疗保障。人口老龄化进程加快正在给我国现行老年保障制度带来了严峻的挑战。尽快将基本养老保险的覆盖面扩大到全体社会成员，并充分调动公共资源和社会资源，促进各项老年福利事业的发展，应当成为现阶段建设覆盖城乡居民社会保障体系的重要方向。

(三)切实明确并落实政府的责任

社会救助制度是保障贫困群体基本生活的最后安全网，社会福利制度为老年人、残疾人、妇女儿童等特殊社会群体共享国家发展成果提供渠道，因此政府应该承担主要责任。社会保险制度应体现权利和义务相结合，使其自成系统、按照自身的规律发展。对慈善事业、企业年金等补充保障措施，政府要创造条件支持其发展。对于由制度转型形成的历史债务，政府也应该在厘清责任的基础上承担责任。应当明晰中央政府和地方政府在不同社会保障项目中的财政责任、监管责任等，并建立相应的体制。严格按照政府职能部门的分工，让各主管部门切实履行对相关社会保障制度的监督管理责任，并实行严格的监管问责制。

(四)调动和整合社会资源，共同促进社会保障事业持续发展

调动社会资源不仅可以补充社会保障公共资源的不足，还可以扩大社会保障享有的广泛性，并促使公共道德与互助意识的提升。政府可以通过相应制度设计，鼓励和引导社会力量参与到社会保障事业的发展中，在维护国民福利权益不受到损害的前提条件下，引入市场机制，以

需求为导向发展多种形式的项目，促进国民福利的增长。

第八节 收入分配制度

一、收入分配制度的内涵和发展历程

分配制度即劳动产品在社会主体中如何分割和配给制度的总和，是一国生产关系和基本经济制度的重要组成部分，也是社会治理的基础制度。在社会主义初级阶段，我国实行以按劳分配为主体、多种分配方式并存的收入分配制度。改革开放以来，在初次分配领域，劳动者报酬在国民收入分配中的比重有所下降；在再分配领域，财政支出中经济建设的支出占比逐渐下降，民生和公共服务支出占比日益增加，公共支出注重加强和改善民生。努力实现居民收入增长和经济发展同步，劳动报酬增长和劳动生产率提高同步，同时，在初次分配和再分配中都处理好效率与公平的关系，在再分配中更加注重公平，这是中国现阶段收入分配领域中必须实行的基本原则。

在计划经济时期，收入分配中的最突出的问题是平均主义。在这种分配制度下，收入分配缺乏充分激励机制，劳动者不能实现多劳多得，挫伤了其积极性和主动性，经济运行效率低下，人民群众生活水平提高缓慢。

我国经济体制改革实际上是从收入分配制度变革开始的。20世纪80年代，在企业和农村中都实行了以提高经济效益、增加劳动激励为主的"承包责任制"。1992年党的十四大之后，经济体制改革步伐加快。1993年党的十四届三中全会通过的《中共中央关于建立社会主义市场经济体制若干问题的决定》中，明确了中国经济体制改革的目标是建立社会主义市场经济体制；在收入分配制度方面，明确提出了个人收入分配要坚持按劳分配为主体、多种分配方式并存的制度，把按劳分配以外的多种分配方式从补充地位上升到制度层面，允许资本、技术等生产要素参与收入分配。此后，社会主义市场经济快速发展，各种生产要素在经济社会发展中的作用逐渐增大，按生产要素分配成为收入分配制度中的

重要组成部分。党的十五大更为明确地提出,在坚持按劳分配为主体、多种分配方式并存制度的基础上,要把按劳分配与按要素分配结合起来。至此,中国特色社会主义的收入分配制度基本形成。党的十六大、十七大、十八大、十九大都强调要完善按劳分配为主体、多种分配方式并存的收入分配制度。

以按劳分配为主体,主要体现在两方面:一方面,全社会范围的收入分配中,按劳分配起主要作用;另一方面,公有制经济范围内劳动者总收入中,按劳分配收入是主要的收入来源。多种分配方式并存,主要是指资本、技术等其他生产要素合理合法参与收入分配的分配制度。以按劳分配为主体、多种分配方式并存的分配制度实质上反映出劳动、管理、资本、技术、土地等各种生产要素,都按贡献参与分配。

二、收入分配制度的核心是兼顾效率与公平

收入分配一般分为初次分配和再分配两个过程。初次分配是指国民总收入(即国民生产总值)直接与生产要素相联系的分配,具体包括劳动力、资本、土地和技术等生产要素在国民收入分配中所占的比重。再分配(也称社会转移分配)是指在初次分配结果的基础上,在整个社会范围内进行的分配,国家通过税收、财政预算和其他政策、法律等措施,对国民收入进行再次分配,也是对各种生产要素收入进行再次调节的过程。

改革开放以来,我国收入分配制度改革一直主要围绕着如何处理好效率和公平的关系展开。

改革开放初始,1982年党的十二大报告提出:"在现阶段,我们必须在经济和社会生活中坚持按劳分配制度和其他各项社会主义制度",实际上提出了要纠正以往在收入分配中"吃大锅饭"的平均主义做法,打破"绝对公平"。1987年党的十三大报告提出:"在促进效率提高的前提下体现社会公平"。1992年党的十四大报告提出:"兼顾效率和公平"。1997年党的十五大报告提出:"坚持效率优先,兼顾公平";2002年党的十六大报告对公平和效率问题进行了新的阐述,提出"初次分配注重效率","再分配注重公平"。2007年党的十七大报告提出:"初次分配和再分配都要处理好效率和公平的关系,再分配更加注重公平"。2012年党的十八大报告提出:"努力实现居民收入增长和经济发展同步、劳动报酬增长和劳动生产率提高同步、提高居民收入在国民收入分配中的比重,提高劳动报酬在初次分配中的比重。初次分配和再分配都要兼顾效率和公平,再分配更加注重公平";并且强调"规范收入分配秩序,保护合法收入,增加低收入者收入,调节过高收入,取缔非法收入","加大再分配调节力度,着力解决收入分配差距较大问题,使发展成果更多更公平惠及全体人民,朝着共同富裕方向稳步前进"。2017年党的十九大报告提出:"必须坚持和完善我国社会主义基本经济制度和分配制度";"坚持按劳分配原则,完善按要素分配的体制机制,促进收入分配更合理、更有序";"坚持在经济增长的同时实现居民收入同步增长、在劳动生产率提高的同时实现劳动报酬同步提高"。

显然,在社会主义初级阶段,正确认识和处理收入分配领域的效率和公平之间的合理关系,是一个重要原则问题,总的说来,"初次分配和再分配都要兼顾效率和公平,再分配更加注重公平"。只有处理好收入分配领域的效率和公平的关系,才能促进整个经济更有效率更加公平更可持续发展,使全体人民逐步朝着共同富裕目标前进。

三、收入分配制度面临的挑战

(一)初次分配中劳动者报酬占比较低

劳动报酬在国民收入初次分配中所占的比重具有十分重要的基础性意义。为了说明目前劳动者报酬占国民收入分配的比重情况,这里按两种口径呈现相关结果:一是国民收入全口径分配中劳动者报酬占比的变化情况;二是企业部门中劳动报酬占国民收入增加值的比重变化情况。

首先是全口径国民收入中劳动者报酬占比的变化情况:20世纪80年代,由于采取了各种"放权让利"式的搞活政策,劳动者收入占比在国民收入中的比重略有上升,大体保持在50%以上;1990年开始,劳动者报酬占比就缓慢下降,2003年降为46.16%;2004年由于统计口径调整,劳动者报酬占比骤降至41.55%,此后一直下降到了2007年的

39.74%①；2009年起重新恢复2003年之前的统计口径，劳动者报酬占比为46.62%，此后还是缓慢下降。显然，排除统计口径调整的影响，2010年之前，劳动者报酬占比一直在逐步下降。但是，2010年之后，尤其是2012年党的十八大以来，劳动者报酬占比又开始重新缓慢回升，但上升幅度仍然很小②。

其次是企业部门中劳动者报酬占国民收入比重的变化情况：企业部门的劳动者报酬通常占各机构部门（全社会）③劳动报酬总和的50%左右，它的变动趋势直接影响或左右着全社会劳动者报酬占GDP比重的走势，我们可以通过测算企业部门劳动者的劳动报酬占该机构部门增加值的比重来把握全社会劳动者报酬占GDP比重的变动情况④。研究表明，企业部门劳动者报酬占比自1992年以来也一直在逐步下降，从50%下降到了2009年最低的35%左右，2010年之后略有回升，但幅度非常小⑤。

显然，20世纪90年代以来我国居民个人在国民收入分配格局中的比重是下降的，并且几乎在收入分配的各个环节都是下降的，党的十八大以来，劳动者报酬在国民收入初次分配中的比重略有回升，但幅度仍然很小。因此，党的十九大报告提出，要"坚持在经济增长的同时实现居民收入同步增长、在劳动生产率提高的同时实现劳动报酬同步提高"。这是针对收入分配中劳动所得明显偏少提出来的。

---

① 白重恩、钱震杰：《国民收入的要素分配：统计数据背后的故事》，载《经济研究》，2009(3)。
② 吕光明、于学霆：《基于省份数据修正的我国劳动报酬占比决定因素再研究》，载《统计研究》，2018(3)。
③ 我国国民收入分配主体的划分依据联合国国民经济核算体系标准，将收入分配主体分为企业部门（非金融企业部门和金融企业部门）、政府部门、住户部门和国外部门。各部门的活动创造出本部门的增加值，各部门一年创造的增加值之和就是该年度的GDP。讨论劳动报酬占GDP比重问题，也就是分析各机构部门劳动报酬的总和在各机构部门每年创造的增加值总和中所占的比重。
④ 信卫平：《企业部门初次分配中劳动报酬占GDP比重问题研究》，载《中国劳动关系学院学报》，2013(2)。
⑤ 周琢、权衡、陈陶然：《制造业出口、分工深化效应与企业的劳动收入占比》，载《国际贸易问题》，2017(2)。

(二)再次分配中公共服务支出比重较低,地区与城乡发展不平衡

国家财政支出是国民收入再分配领域的主要部分,是调节个人收入差距和地区发展差异的重要手段。改革开放以来,我国国家财政支出领域发生了很大变化,其中最大的变化是越来越注重加强和改善民生。

据有关资料①表明:经济建设支出比重由1978年的64.1%下降到2006年的26.5%。社会文教支出则保持了持续上升的趋势,由1978年的13.1%上升到2006年的26.6%,2011年则达到了36.4%,其中,2006—2008年还超过了经济建设支出的比重。一直到目前为止,我国财政支出结构都呈现出经济建设和公共服务的"双强"格局。

显然,改革开放以来,财政支出中经济建设支出占比逐渐下降,民生和公共服务支出占比日益增长,公共财政建设取得显著成绩。但是,与发达国家(经济体)相比,我国当前的公共支出结构与之差异还很大。发达国家公共支出的绝对主体是以社会保险、教育和医疗为代表的公共服务支出。我国以社会保险、教育和医疗为代表的公共服务支出占财政支出的比重则要低很多。因此,我国财政支出结构中,公共服务和经济建设支出呈现出一种"双强"格局,我国既面临着很强的公共服务支出压力,也面临着很强的经济建设支出压力,中西部地区的少数基层政府,甚至面临着维持行政运转和工资发放的压力。

同时,在国民收入再分配过程中,还存在区域间和城乡间的不平衡问题。改革开放以来,中国区域间发展差距明显拉大,城乡居民的收入差距也显著扩大。2002年党的十六大之后,我国加大了对中西部地区和农村地区的财政转移支付,区域间和城乡间发展差距有所缓解。2012年党的十八大之后,中央进一步强化了对区域间和城乡间发展不平衡问题的调节力度,尤其加大了对贫困地区的脱贫攻坚力度,区域和城乡间的不平衡问题得到进一步的缓解。但是,我国区域间和城乡间的不平衡问题,仍然是再分配过程中最突出的矛盾之一,区域间和城乡间在人均财政支出、基本公共服务均等化、人居环境改善等方面仍然存在较大差距,需要中央进一步加大公共财政均衡力度,以促进区域间和城乡间平

---

① 宋爱武:《中国财政年鉴(2007)》,383~384页,北京,中国财政杂志社,2007。

衡发展。

四、收入分配制度的发展趋势

当前，中国特色社会主义事业进入了新时代，我国仍将继续实行以按劳分配为主体、多种分配方式并存的收入分配制度。在迈向建设社会主义现代化国家的新征程中，要正确认识和处理"初次分配和再分配都兼顾效率和公平"，在初次分配中实现两个"同步"即"坚持在经济增长的同时实现居民收入同步增长、在劳动生产率提高的同时实现劳动报酬同步提高"；同时，要正确认识和处理按劳分配与其他分配方式的关系，坚持按劳分配原则，完善按要素分配的体制机制，促进收入分配更合理、更有序。鼓励劳动守法致富，扩大中等收入群体，增加低收入者收入，调节过高收入，取缔非法收入。拓宽居民劳动收入和财产性收入渠道。要逐步缩小个人收入差距，逐步向共同富裕目标迈进。同时，要进一步履行好政府再分配调节职能，加快推进基本公共服务均等化，缩小城乡间和区域间的收入分配差距。这些既是我国完善收入分配制度的基本方向，也是全面建成小康社会和全面建设社会主义现代化国家的基本要求。

延伸思考

1. 解释下列概念：就业制度、社会保障制度、收入分配制度。
2. 谈谈你对"开放二孩"政策的看法。
3. 简述社会保障制度和医疗保障制度的关系。
4. 为什么在国民收入再分配中要更加重视公平？

参考文献

[1]陈江生，李良艳，胡健闽. 中国人口发展的政策与实施[M]. 北京：经济科学出版社，2017.

[2]韩俊. 中国农村土地问题调查[M]. 上海：上海远东出版社，2009.

[3]郑功成. 社会保障学——理念、制度、实践与思辨[M]. 北京：商务印书馆，2000.

[4]李清华. 中国功能性分配格局变迁研究：1978～2008[M]. 北

京：社会科学文献出版社，2014.

[5]袁贵仁. 中国教育[M]. 北京：北京师范大学出版社，2013.

第七章　中国社会治理体系

本章概述

本章论述了社会组织体系、公共服务体系、公共安全体系、社会治安防控体系、防灾减灾救灾体系、环境安全体系、应急管理体系、社会信用体系，以及社会心理服务体系的基本内容和发展情况。读者通过本章的学习，可以对社会治理体系的构成及其发展变化有一个基本的了解。

第一节　社会组织体系

一、社会组织的基本范畴及分类

（一）社会组织的概念

自 20 世纪末以来，社会组织成为全球经济社会发展中一种新型的组织形式。由于不同国家在历史文化和语言习惯方面存在差异，社会组织在不同的国家和地区有多种不同的称谓，比较常见的有非营利组织、非政府组织、民间组织、慈善组织、公益组织、第三部门组织等，我国统一使用"社会组织"概念。关于"社会组织"概念的界定，主要涉及法律、组织资金来源、组织"结构—运作"、组织特征四种方式，但各有侧重，差异很大。通常所说的社会组织，指在政府和企业之外，向社会某个领域提供社会服务，同时具有组织性、非政府性、非营利性、公益性、自治性、志愿性等特点的组织形式。

我国在相当长一段时期内，各级政府普遍使用"民间组织"概念，民政部门下设"民间组织管理局"，负责民间组织管理。2006年10月，党的十六届六中全会通过《中共中央关于构建社会主义和谐社会若干重大问题的决定》，正式提出"社会组织"概念，系统论及社会组织的培育发展和管理监督，"社会组织"作为一个重要范畴得以确立。2007年10月，党的十七大报告提出加强以改善民生为重点的社会建设，进一步重视社会组织建设和管理。此后，党和政府的政策文件开始统一使用"社会组织"这个概念。2016年8月，国家民间组织管理局更名为国家社会组织管理局。

(二)社会组织的分类

国内外学者从不同视角对社会组织进行分类，但尚无统一标准。就社会组织的国际分类而言，多以经济活动领域为标准，形成了几种主要的分类体系：一是联合国国际标准产业分类体系（the International Standard Industrial Classification System，ISIC）。该体系将各种组织的主要经济活动区分为17大类，60个亚类。社会组织是其中一类，包括教育、健康与社会工作及社区社会与个人服务活动3个亚类、15项经济活动。二是欧共体一般经济活动产业分类体系（the Eurostat's General Industrial Classification of Economic Activities，NACE）。该体系是对ISIC的改进，主要根据组织运作是否依赖捐赠将社会组织分为教育、医疗卫生、研究与开发、其他公众服务，以及休闲与文化5类18项活动。三是非营利组织国际分类体系（the International Classification of Non-profit Organization，ICNPO）。该体系根据经济、显著性、精确性、完整性及组织的力量这五项标准，将社会组织划分为12大类27个亚类。其中12大类为文化娱乐、教育研究、健康、社会服务、环境、发展与住宅、法律宣传与政治、慈善中介与志愿性服务、国际活动、宗教、商业与专业协会及其他。该分类体系因其简洁、全面而系统，得到学术界与实务界的广泛接受与认可。①

社会组织的发展与各国的政治制度、经济条件及文化背景等息息相关，且社会组织的活动领域、组织规模、组织形式等繁杂多样。因此，各国实践中关于社会组织的分类也各不相同。依据我国现行法律法规，社会组织主要有社会团体、基金会、民办非企业单位(社会服务机构)及慈善组织、境外非政府组织之分。社会团体是由公民或企事业单位自愿组成、按章程开展活动的社会组织，包括行业性社团、学术性社团、专业性社团和联合性社团。基金会是利用捐赠财产从事公益事业的社会组织，包括公募基金会和非公募基金会。民办非企业单位(社会服务机构)是由企业事业单位、社会团体和其他社会力量以及公民个人利用非国有资产举办的、从事社会服务活动的社会组织，分为教育、卫生、科技、文化、劳动、民政、体育、中介服务和法律服务等十大类。随着《慈善法》和《中华人民共和国境外非政府组织境内活动管理法》分别于2016年、2017年生效实施，开始使用"社会服务机构"替代"民办非企业单位"，同时也出现慈善组织、境外非政府组织概念。慈善组织是指依法成立，以面向社会开展慈善活动为宗旨的非营利性组织。慈善组织可以采取基金会、社会团体、社会服务机构等组织形式。境外非政府组织，是指境外合法成立的基金会、社会团体、智库机构等非营利、非政府的社会组织。

社会组织理论主要有民间社会理论、法团主义、政府失灵理论、第三方管理和行政吸纳社会理论等。中国特色社会组织理论，是这些理论的批判性扬弃与科学性整合。

二、社会组织在全球的发展

社会组织的存在与发展历史悠久，但作为一种主要社会力量在世界范围内兴起则始于20世纪七八十年代。世界上社会组织的产生主要有三方面原因：一是市场经济条件下，分工越来越细，社会经济关系日益复杂化、多样化，市场主体之间的沟通、协调、监督越来越重要，这就必然产生以沟通、协调、监督市场主体为主要职能的社会组织；二是市

---

① 王名：《社会组织概论》，15～17页，北京，中国社会出版社，2010。

场经济中，政府、企业、个人都是市场主体，政府与企业、企业与企业、企业与个人、政府与个人、个人与个人之间都需要打交道，有些事政府不管、法院不管，社会组织便应运而生，它的产生有利于保护各个市场主体的利益，并使各个市场主体得到良好的服务；三是国际经济一体化发展，要求按国际惯例办事，大量的社会组织则为各国的市场主体提供它们不熟悉的国际惯例。总体而言，全球社会组织的发展始终沿着两个主线展开：一是慈善公益，特别是教育、卫生、慈善服务等公益组织的发展；二是公民权利，特别是对弱势群体权利的维护和关怀，这也构成民间社会的两个核心价值：公民权利和社会自治。

20世纪70年代以来，社会组织在全球范围内蓬勃兴起并发挥着越来越大的作用。据统计，世界各国社会组织的平均规模约占各国国民生产总值的4.6%，占非农就业人口的5%，占服务业就业人口的10%，相当于公共部门就业人口的27%，其中志愿者规模大约占社会组织总人口的1/3。在发达国家中，美国截至2013年年底，根据IRS（Internal Revenue Service）注册的社会组织有141万个；德国、英国各有社会组织50万个；法国有40万个。就每万人拥有社会组织而言，法国拥有110个，日本97个，美国52个，新加坡14.5个。① 如此庞大的社会组织，它们的影响力也日益强劲，尤其在诸如动物权利、全球效应、种族歧视等公共议题方面的作用举足轻重。在一些发达国家，社会组织的活动范围不仅包括积极参与社区建设、地区自治、公共政策的制定和执行等社会治理与区域性公共事务，还包括积极参与国际决策，解决各种全球性问题。因此，社会组织已经越来越成为全球化时代国际治理中一支不可或缺的重要力量。

三、我国社会组织的发展

经过改革开放以来的快速发展，我国社会组织在数量、形式、活动和影响等方面都达到了新高度。

一是数量不断增长。截至2017年年底，全国民政系统依法登记的社会组织75.58万个，其中社会团体35.2万个、社会服务机构39.7万

---

① 孙燕：《浅析西方社会组织发展的主要特点和管理经验》，载《学会》，2012(3)。

个、基金会6323个,还有纳入城乡基层群众自治管理的社区社会组织300多万个。据不完全统计,截至2017年6月30日,全国共认定慈善组织916家,其中民政部认定的全国性慈善组织107家,各省认定的地方性慈善组织809家。自《中华人民共和国境外非政府组织境内活动管理法》2017年1月1日生效实施,截至2017年年底,259家境外非政府组织共登记了305家代表机构,另有224家境外非政府组织备案了487项临时活动。① 需要指出的是,这些数据只反映了我国社会组织数量的一部分,因当前仅社会团体、民办非企业单位(社会服务机构)、基金会、境外非政府组织可依法注册,而且我国社会中还存在大量未在民政、公安部门注册的各类社会组织,它们的数量实际上远远超过了注册社会组织的数量。

二是组织形式和类别多样。当前我国的社会组织不仅数量庞大,而且种类繁多、形式多样。仅在民政部合法登记的就有社会团体、民办非企业单位(社会服务机构)、基金会三大类。其中,社会团体又可分为工商业服务、科技与研究、教育、卫生、社会服务、文化、体育、法律、宗教、生态环境、农业及农村发展、职业及从业组织、国际及涉外组织、其他14类;民办非企业单位(社会服务机构)又可分为科技服务、生态环境、教育、卫生、社会服务、文化、体育、商务服务、宗教、国际及其涉外组织、其他11类;基金会又可分为公募基金会和非公募基金会。境外非政府组织在公安部门登记或进行活动备案。此外,我国社会组织还包括工商登记的非营利组织、城市社区社会组织、农村基层民间组织,以及其他新型社群组织等。

三是服务能力增强。随着基本公共服务体系建设和政府购买社会组织服务的快速发展,社会组织在公共服务等社会服务领域的能力和作用逐渐增强,政府与社会组织合作趋势也日益明显。公共财政逐步成为社会组织发展的重要资金来源之一,越来越多的社会组织成为公共服务的供给主体。在购买服务基础上政府与社会组织之间的深度合作,中国特色国家与社会合作新模式,已逐步成为我国社会组织发展中的一种主流

---

① 《境外非政府组织代表机构登记突破300家》,载《公益时报》,2018-01-16。

趋势。

四、我国现代社会组织体制的提出与实践

2012年11月，党的十八大提出"加快形成政社分开、权责明确、依法自治的现代社会组织体制"。2013年3月，《国务院办公厅关于实施〈国务院机构改革和职能转变方案〉任务分工的通知》要求，逐步推进行业协会商会与行政机关脱钩，强化行业自律，使行业协会商会真正成为提供服务、反映诉求、规范行为的主体，逐步形成"政社分开、权责明确、依法自治的现代社会组织体制"。2015年7月，中共中央办公厅、国务院办公厅发布《行业协会商会与行政机关脱钩总体方案》，要求积极稳妥推进行业协会商会与行政机关脱钩，厘清行政机关与行业协会商会的职能边界，加强综合监管和党建工作，促进行业协会商会成为依法设立、自主办会、服务为本、治理规范、行为自律的社会组织。2017年10月，党的十九大进一步强调推进社会组织协商、发挥社会组织作用。2018年2月，党的十九届三中全会将社会组织改革纳入党和国家机构改革体系，突出强调加强社会组织党建、"激发社会组织活力"。

现代社会组织体制是现代社会运行系统的基础部分，社会体制改革的一项重要任务就是社会组织体制改革。现代社会组织体制，是现代社会中以各种社会组织为主的资源、机制、规则配置，是社会治理体制的重要组成部分。概言之，现代社会组织体制内涵主要包括六个方面：一是现代社会组织党建体制，包括党的建设制度、支持保障体系等；二是现代社会组织监管体制，包括登记、备案、监督等制度；三是现代社会组织支持体制，包括社会组织的培育、孵化、税收优惠与财政补贴等；四是现代政府与社会组织合作互动体制，包括服务购买与委托制度，政策倡导和政策之间互动制度，政府与社会组织间的对话协商、共同行动制度等；五是现代社会组织治理体制，包括协同治理、共同治理以及社会组织内部民主治理等；六是现代社会组织运行体制，比如社会组织专业化、企业化、市场化的运行制度等。

从世界范围来看，社会组织体制存在三种主要类型。第一种是慈善主义。以公民结社为基，以民间慈善为本，国家与社会平行发展，如美国、韩国。第二种是法团主义。国家与社会协调发展，特点是国家鼓励并监管社会组织发展，社会组织积极参与公共服务并获得大量公共资源，如德国、英国。第三种是管制主义。以体制公益为主，以民间非营利为辅，国家管制社会发展。特点是社会组织分为官办与民办，政府对其分类管理与监督，如日本。[①]

我国现代社会组织体制的实践探索，走出了一条借鉴世界各国成功经验与立足中国国情、坚持从实际出发，走中国特色发展之路。具体而言，主要体现在以下三个方面。

第一，政社关系：从合一到分开。中华人民共和国成立后，我国在计划经济体制下，把所有人都组织在一定的单位中，建立起高度集中的、政府包揽一切的社会组织体制。这种社会组织体制以"单位制＋街居制"为特征，推动国家权力下乡、下基层。这种在计划经济体制下形成的社会组织体制，极大地增强了国家对社会的组织动员能力和控制能力，对建立高度统一的社会秩序，推动我国经济社会发展发挥了积极的作用。然而，这种社会组织体制把社会管得太死，缺乏必要的社会流动，社会自身缺乏自组织能力和自我调节的机制，缺乏活力和创造力。随着社会组织的不断发育成长和社会包容度、开放性的日益增强，人们对社会组织的过度"行政化"越来越不满意，对社会组织的附属地位越来越不满意。因此，实行政社分开是我国社会组织发展的方向。

第二，权责关系：从模糊到清晰。过去一个相当长时期中，我国对社会组织的管理分散在不同部门。社会组织的成立由各个部门分别审批，监管缺乏统一、规范化的管理规则。不同管理部门的权责没有明确区分，遇到有利的事情争着管，遇到不利的事情互相推诿扯皮，致使整个社会组织的管理存在许多漏洞、空白点和盲区，某种程度上处于无序、分散的状态。因此，国务院于1998年7月在民政部设立社会团体管理司作为统一登记管理社会组织的政府机构。为规范社会组织管理，国务院于1989年9月颁布《基金会管理办法》，1989年10月颁布《社会团体登记管理条例》，逐步形成了登记管理部门和业务主管单位双重管

---

① 王名：《现代社会组织体制的国际比较及中国的战略》，载《中国机构改革与管理》，2015(4)。

理的体制模式。申请新成立的社会组织应先经业务主管单位前置许可，然后再向登记管理机关申请登记注册。此后，随着《中共中央办公厅、国务院办公厅关于加强社会团体和民办非企业单位管理工作的通知》《民办非企业单位登记管理暂行条例》《基金会管理条例》的颁布施行，以及《社会团体登记管理条例》的修订，社会组织双重管理体制得到确认和进一步强化。比较而言，社会组织双重管理体制有其进步性，是在我国社会主义市场经济尚未充分发育、政府职能尚未完全转型条件下的管理体制。同时，这种双重管理体制也在一定程度上影响了社会组织的良性发展。针对双重管理体制的弊端，党的十八届二中全会提出并经十二届全国人大一次会议审议通过的《国务院机构改革和职能转变方案》，以及党的十八届三中全会的《中共中央关于全面深化改革若干重大问题的决定》，都明确提出和促进实施行业协会商会类、科技类、公益慈善类和城乡社区服务类四类社会组织，可以依法直接向民政部门申请登记，不再经由业务主管单位审查和管理。当前我国的社会组织管理，进入双重管理与直接登记同时存在的管理体制阶段。

第三，管理方式：从运动式治理到依法治理。随着我国经济社会发展和改革开放的深入，社会组织迅速发展，国家逐步加强对社会组织的规范管理。1990年6月，《国务院办公厅转发民政部关于清理整顿社会团体请示的通知》要求对社会团体进行规范管理，努力消除政治风波所带来的负面效应。1997年4月，《国务院办公厅转发民政部关于清理整顿社会团体意见的通知》要求对社会组织进行清理整顿。这种清理整顿虽然解决了一些问题，但仅仅是临时性的、政策性的。1998年对1989年的《社会团体登记管理条例》进行修订，1998年首次发布施行《民办非企业单位登记管理暂行条例》，2004年对1988年出台的《基金会管理办法》进行大幅度修订进而颁布施行《基金会管理条例》。2016年，颁布《慈善法》；2017年，《中华人民共和国境外非政府组织境内活动管理法》生效。2018年，《社会组织登记管理条例》列入"国务院2018年立法工作计划"。从重视集中清理整顿转向重视法律规制，反映了我国对社会组织管理理念的历史性变化。我国不少社会组织脱胎于政府部门，在其成立、成长、成熟的各个阶段，与政府都有着割不断的紧密联系，难免对政府有天然的依赖性。这种依赖性的弊端非常明显，突出体现在自治性、自主能力的严重欠缺，导致一旦"断奶"、脱离政府部门，有的社会组织将面临最起码的生存、发展危机。鉴于此，政府开始着力推动和引导社会组织实现依法自治。

构建现代社会组织体制，作为一项基础性顶层设计，一方面着力加快推进政府改革、职能转变与社会重建步伐；另一方面不断丰富和完善社会组织规范发展格局，一个包括党建体制、法治体制、监管体制、支持体制、合作体制、治理体制、运作体制等框架在内的中国特色社会主义现代社会组织体制将逐步构建起来。

第二节　公共服务体系

公共服务是指政府为了保证国民基本生存和发展权利的实现，而提供的相应物质基础设施或公共政策制度安排。公共服务是社会治理的重要组成部分。公共服务和社会秩序管理是实现政府善治的重要任务和必要路径。公共服务的主要内容是民生保障和改善，保障人民基本的生存权和发展权的实现，保障人民享有基本公共服务权利的均等化，保障人民享受到改革开放的成果。加大力度进一步促进基本公共服务均等化，是全力打造共建共治共享社会治理格局的必然要求和应有之意。

一、公共服务基础理论和政策变迁

公共服务范畴的界定主要可以分为两大类。一类是基于"物品性质"界定的公共服务。在这个视角下，"公共服务"和"公共产品"被看作可以等同和相互替换的概念。另一类是基于"行为方式"界定的公共服务。主要是指从公共行政和公共管理的角度来定义公共服务。本节讨论的公共服务是指前者，即"物品性质"的公共服务。

现代意义上的"公共服务"理论研究，最早可以追溯到19世纪90年代，大体经历了创立、发展、紧缩和回归四个阶段。"公共服务"理论探索的过程，是人类社会关于生存权利、公共利益以及政府责任不断思考和完善的历史过程。不同社会发展阶段的公共服务理论研究重点有很大差异，从最初对于人类福祉和公共服务性质追索，逐渐发展到对政府责任的界定，进而探讨更微观操作层面的主体关系、供给绩效和财政支出制度设计。"公共服务"政策的历史变迁，反映了不同政治经济形势背景下各种社会思潮的变化。

公共服务理论的发展为政府公共服务决策提供思想指导和力量支撑。德国社会政策学派的主张促使俾斯麦政府制定了世界上第一部《疾病社会保险法》(1883年)。凯恩斯主义对罗斯福新政产生了巨大影响。新自由主义和供给学派推动了英国撒切尔政府和美国里根政府大幅削减公共服务支出的行动。英国布莱尔政府更是旗帜鲜明地主张选择"第三条道路"。社会福利政策是一场永不间断的政治斗争，是与贫困和不平等以及社会中的其他社会问题有关的一场持续的政治斗争。从全球横向比较看，经济发展水平的巨大差异使各国公共服务发展水平呈现差异显著，不同的文化背景和政治制度使世界各国选择了不同的公共服务政策体系和供给模式。

公共服务政策在我国经历了四个阶段的变化。第一个阶段，从新中国成立到1978年。这个阶段的公共服务供给特征与计划经济体制相适应，政府是唯一供给主体，公共服务均等化水平较高，但公共服务供给能力较弱，供求缺口较大。第二个阶段，从1978年实行改革开放到1992年确立实行社会主义市场经济体制。这个时段虽然商品经济逐渐蓬勃发展，但经济生活仍然呈现双轨制特征，政府仍然是公共服务供给的唯一责任者。第三个阶段，从1992年到2004年，这个阶段的显著特征是市场经济体制改革快速推进，公共服务供给理念和供给方式受到很大冲击，一些人主张公共服务由市场经济组织提供，政府不是主要供给主体。第四个阶段，从2004年至今。一些学者和政府主管部门开始反思教育产业化和医疗卫生体制改革市场化的严重后果。开始重新强调公共服务领域的政府责任。认为政府是公共服务和政策制度的安排者，公共服务可以实行多元主体供给。总体而言，完全市场化显然不符合公共服务的本质要求和属性特征。但是，要求政府在公共服务供给中承担"无限责任"既不现实也不科学。如何合理划定政府责任边界，高效履行政府责任，是我国未来公共服务制度设计中需要深入研究解决的重要问题。

二、基本公共服务体系的主要内容和制度框架

根据我国目前发展阶段的特征，政府将公共服务的供给重点确定为"基本公共服务"。基本公共服务是由政府主导、保障全体公民生存和发展基本需要、与经济社会发展水平相适应的公共服务。基本公共服务具有保障的基础性、广泛性、迫切性和可行性等特征，更符合社会发展的现实要求。基本公共服务均等化是指全体公民都能公平可及地获得大致均等的公共服务，其核心是促进机会均等，重点是保障人民群众得到基本公共服务的机会，而不是简单的平均化。享有基本公共服务是公民的基本权利，保障人人享有基本公共服务是政府的重要职责。2012年国务院正式发布了《国家基本公共服务体系"十二五"规划》，把基本公共服务均等化的实现上升到了国家制度层面。在此基础上，2017年1月国务院又发布了《"十三五"推进基本公共服务均等化规划》，进一步明确了国家基本公共服务制度的体系和基本内容。

国家基本公共服务制度紧扣以人为本，围绕从出生到死亡各个阶段和不同领域，以涵盖教育、劳动就业创业、社会保险、医疗卫生、社会服务、住房保障、文化体育等领域的基本公共服务清单为核心，以促进城乡、区域、人群基本公共服务均等化为主线，以各领域重点任务、保障措施为依托，以统筹协调、财力保障、人才建设、多元供给、监督评估五大实施机制为支撑，是政府保障全民基本生存发展需求的制度性安排。

"十三五"期间，我国国家基本公共服务制度主要包括以下内容：

一是国家基本公共教育制度。加快义务教育均衡发展，保障所有适龄儿童、青少年平等接受教育，不断提高国民文化素质。具体包括：免费义务教育、农村义务教育学生营养改善、寄宿生生活补助、普惠性学前教育资助、中等职业教育国家助学金、中等职业教育免除学杂费、普通高中国家助学金、免除普通高中建档立卡等家庭经济困难学生学杂费。

二是基本劳动就业创业制度。大力推动大众创业、万众创新，鼓励以创业带动就业，健全覆盖城乡的公共就业创业服务体系，加强职业培训，维护职工和企业合法权益，构建和谐劳动关系，推动实现比较充分和更高质量的就业。具体包括：基本公共就业服务、创业服务、就业援助、就业见习服务、大中城市联合招聘服务、职业技能培训和技能鉴定、"12333"人力资源和社会保障服务热线电话咨询、劳动关系协调、劳动人事争议调解仲裁、劳动保障监察。

三是国家构建全覆盖、保基本、多层次、可持续的社会保险制度。实施全民参保计划，保障公民在年老、疾病、工伤、失业、生育等情况下依法从国家和社会获得物质帮助。具体包括：职工基本养老保险、城乡居民基本养老保险、职工基本医疗保险、生育保险、城乡居民基本医疗保险、失业保险、工伤保险。

四是国家建立健全覆盖城乡居民的基本医疗卫生制度，推进健康中国建设。坚持计划生育基本国策，以基层为重点，以改革创新为动力，预防为主、中西医并重，提高人民健康水平。具体包括：居民健康档案、健康教育、预防接种、传染病及突发公共卫生事件报告和处理、儿童健康管理、孕产妇健康管理、老年人健康管理、慢性病患者管理、严重精神障碍患者管理、卫生计生监督协管、结核病患者健康管理、中医药健康管理、艾滋病病毒感染者和病人随访管理、社区艾滋病高危行为人群干预、免费孕前优生健康检查、基本药物制度、计划生育技术指导咨询、农村部分计划生育家庭奖励扶助、计划生育家庭特别扶助、食品药品安全保障。

五是国家建立完善基本社会服务制度。为城乡居民提供相应的基本公共产品等兜底帮扶，重点保障特定人群和困难群体的基本生存权与平等参与社会发展的权利。具体包括：最低生活保障、特困人员救助供养、医疗救助、临时救助、受灾人员救助、法律援助、老年人福利补贴、困境儿童保障、农村留守儿童关爱保护、基本殡葬服务、优待抚恤、退役军人安置、重点优抚对象集中供养。

六是国家建立健全基本住房保障制度。加大保障性安居工程建设力度，加快解决城镇居民基本住房问题和农村困难群众住房安全问题，更好保障住有所居。具体包括：公共租赁住房、城镇棚户区住房改造、农村危房改造。

七是国家构建现代公共文化服务体系和全民健身公共服务体系。促进基本公共文化服务和全民健身基本公共服务标准化、均等化,更好地满足人民群众精神文化需求和体育健身需求,提高全民文化素质和身体素质。具体包括:公共文化设施免费开放、送地方戏、收听广播、观看电视、观赏电影、读书看报、少数民族文化服务、参观文化遗产、公共体育场馆开放、全民健身服务。

八是国家提供适合残疾人特殊需求的基本公共服务。为残疾人平等参与社会发展创造便利化条件和友好型环境,让残疾人安居乐业、衣食无忧,生活得更加殷实、更加幸福、更有尊严。具体包括:困难残疾人生活补贴和重度残疾人护理补贴、无业重度残疾人最低生活保障、残疾人基本社会保险个人缴费资助和保险待遇、残疾人基本住房保障、残疾人托养服务、残疾人康复、残疾人教育、残疾人职业培训和就业服务、残疾人文化体育、无障碍环境支持。

三、我国公共服务体系建设的成就和问题

(一)主要成就

"十二五"以来,我国已初步构建起覆盖全民的国家基本公共服务制度体系,各级各类基本公共服务设施不断改善,国家基本公共服务项目和标准得到全面落实,保障能力和群众满意度进一步提升。截至2015年,义务教育均衡发展深入推进,国民受教育机会显著增加,九年义务教育巩固率达到93%,进城务工人员随迁子女在流入地公办学校就读的比重超过80%。实施就业优先战略,促进就业创业服务和职业培训不断强化,全国就业人员达到77451万人,劳动者参加就业技能培训后就业率平均达70%以上;覆盖城乡的社会保障体系进一步健全,城乡居民养老保险制度实现整合,保障水平稳步提高,社会服务体系继续完善,临时救助制度全面实施,残疾人小康进程加快推进;基本公共卫生服务项目增加到12类,全民医保体系加快健全,基本医保参保率超过95%,大病保险覆盖全部城乡居民医保参保人员,国家基本公共卫生服务经费和城乡居民基本医疗保险补助标准分别提高到每人每年40元和380元,人民健康水平总体上达到中高收入国家平均水平;城镇保障性安居工程和农村危房改造力度加大,全国累计开工城镇保障性安居工程住房4013

万套、其中改造棚户区住房 2191 万套，改造农村危房 1794 万户；现代公共文化服务体系建设积极推进，农村公共文化服务能力增强，全民健身活动蓬勃开展，广播、电视人口综合覆盖率均达到 98%。

(二)主要问题

我国公共服务体系发展过程中存在的主要问题有三个方面。

一是基本公共服务均等化水平较低，不能保证人民在享有生存和发展权利上的相对平等。基本公共服务非均等化，主要表现为城乡不均等、区域不均等和社会群体之间享有的不均等。

二是公共服务不同类别之间发展不均衡。按照国家《"十三五"推进基本公共服务均等化规划》的规定，基本公共服务可以分为八大类。其中发展水平较高，公众满意度较高的主要是基本公共教育服务。公众需求非常迫切、而发展水平和发展速度比较落后的主要是公共卫生医疗和社会保障。

三是公共服务供给方式粗放。进入 21 世纪以来，我国基本公共服务建设处于全面推进，遍地开花的状态。这种粗放型供给模式在一定阶段迅速填补了严重匮乏的公共服务设施和项目。只要有投入，无论投入哪个领域，都能给百姓生活带来很大的改善。但近年来的调查数据显示，随着公共财政支出规模不断扩大，公共服务体系不断完善，公共服务满意度却没有随着公共服务供给增加而相应提升。据有关调查显示，2005—2010 年公共服务公众满意度平均为 66.38 分，而 2011—2015 年公众满意度平均得分为 66.12 分，不仅没有提高，反而出现小幅下降。这说明公共服务发展已经超越了只要投入就能让老百姓满意的粗放型阶段，单纯依靠供给规模扩大带来的效应已开始递减，必须努力提升公共服务供给的质量。

四、完善公共服务供给体系，提升公共服务质量

(一)基本公共服务供给模式必须从"供给导向"向"需求导向"转变

我国目前公共服务供给效率低下、公众满意度低的重要原因是供给与需求不匹配。地方政府在制定公共服务供给目标时更多考虑的是上级部门的指标要求，或者通过自行"拍脑袋"来决定，较少征求相关群体的意见。政府自上而下的供给内容与民众的真实需求不匹配，导致社会资源浪费,阻碍了公众享用公共服务的有效成果。

在公共服务资源稀缺、公众需求日趋多元的情况下,公共服务供给模式必须从自上而下的"供给导向"转变为自下而上的"需求导向"。供给模式转变的关键在于对政府公共服务决策实行"硬约束"。所谓"硬约束"是指在决策阶段充分行使公众意见表决权,甚至是否决权,使公众表达意见的权利制度化,对政府决策实现硬性约束。2016年2月,中共中央办公厅、国务院办公厅印发《关于全面推进政务公开工作的意见》,明确规定政务公开包括"决策公开、执行公开、管理公开、服务公开和结果公开"五个方面。其中决策公开是首要部分,把"公众参与、专家论证、风险评估、合法性审查、集体讨论决定"确定为重大行政决策法定程序,提出"探索利益相关方、公众、专家、媒体等列席政府有关会议制度,增强决策透明度"。同时提出,着力培养公众主动参与和自我服务的公民意识,充分利用现代化大众传播方式,鼓励公众理性参与、依法维权。

(二)促进公共服务由"粗放"供给向"精准"供给转变

"粗放"供给主要是指遍地开花的供给模式,"精准"供给是指服务内容准确,符合公众需求,服务对象更多聚焦特殊群体,可以消除公共服务中存在过度消费与供给不足并存的现象。公共服务精准供给的前提是充分掌握公众对服务项目类型和数量的需求。现代化信息科学的进步,为基本公共服务由粗放供给向精准供给转变提供了有力的技术支持。以深圳市"织网工程"为例,"织网工程"数据库可以准确观测到全市所有社区内流动人口、老年人口、育龄人口、学前和义务教育适龄儿童、残障人士等群体的分布规模及变化情况,可以有针对性地根据群体分布特征类型来设置社区卫生中心、公立幼儿园及中小学、残疾人服务设施等。"循数供给"可以极大地改善公共服务供求不对称的格局,减少社会资源的浪费,提升公共服务供给效率。

"精准"供给也必须是服务对象的精准。近年来,虽然公共服务整体水平大幅提升,但是群体和区域间享有的公共服务差距却在不断扩大。促进基本公共服务均等化的核心在于"补齐短板",而不是齐头并进。以学前教育为例,《中华人民共和国国民经济和社会发展第十三个五年规划纲要》中明确指出要在规划末期实现学前教育适龄儿童毛入园率达到85%的水平，但实际调查中发现，虽然东部地区城市儿童入园率高达90.3%，而川、滇、贵等西部贫困地区农村儿童入园率不足20%。教育的缺失和情感的匮乏是导致留守儿童心理问题的主要原因。基本公共服务均等化绝不是城市幼儿园的贵族化，更应该是贫困地区和弱势群体基本公共服务的均等化。补齐公共服务短板的关键在于财政体制改革的配套。要充分发挥中央财政的"保底"功能，提高中央财政在基本公共服务和社会保障方面的支出比例，扩大对欠发达地区公共服务方面的转移支付比例，保证欠发达地区最迫切的基本公共服务和社会保障需求能得到有效供给。

(三)推动基本公共服务从"一元主体供给"向"多元主体协同供给"转变

传统的以政府为单一主体的一元供给模式在社会发展中面临越来越大的挑战。一方面，政府经济资源和管理能力的局限性不断凸显；另一方面，公共服务需求规模逐渐扩大，需求质量要求提升，需求类别不断多元化。显而易见，仅靠政府单一主体来满足越来越广泛多样的公共服务需求，已经不符合现实要求。政府在公共服务供给方面只能承担"有限责任"。政府直接和主要承担的应该是最基本、最迫切、最广泛的保底型公共服务，其职责在于"坚守底线、突出重点、完善制度、引导预期"。

公共服务应是基于一定合作机制和合理分工的协同供给，包括两个层面：一是政府内部相关职能部门之间的协同；二是政府与市场、社会在公共服务供给方面的协同。协同供给主要是以信息化为依托，协同公共服务相关政府机构，做到统筹规划、分头实施、密切合作和高效运营。"协同供给"的另一个层面，是政府与市场、社会的协同。这种协同不能简单等同于政府购买公共服务。政府购买公共服务只是政府协同社会力量完善公共服务供给的一种方式。促进公共服务多元供给的核心在于如何激发社会活力。没有市场经济组织和社会组织以及公众积极主动参与，再多的政府购买也仍然只是一厢情愿的独角戏。近年来，北京、上海和深圳等特大城市在"枢纽型社会组织""社会动员""社会组织孵化"

"社区基金"等方面进行了切实有效的创新性探索,也遇到了很多体制机制的约束。社会活力的激发需要更多的顶层设计和系统性制度建设来全面支撑和逐步推进。

(四)公共服务供给战略转变要分阶段、分步骤、分区域推进

我国目前各区域间基本公共服务均等化水平存在很大差异。改善公共服务必须遵循从实际出发、因地制宜的原则。东部地区具备较好的物质基础和制度保障,已经开始向精准型、高效率和选择性供给模式过渡。这些地方面对的最大难题已经不再是资金或资源,而是体制和机制,应着重鼓励其进行体制和机制创新。以信息化,特别是大数据为技术手段,搭建公共服务平台,整合相关部门,转变政府职能,优化组织结构,实现公共服务的统筹协调、精准高效供给。西部经济欠发达地区,基本公共服务供给水平偏低,目前影响公共服务供给的主要问题还是资金和资源供给的问题。中央政府应加大资金投入的支持力度,继续强化保底功能。在全面建成小康社会的关键时期,西部地区基本公共服务均等化建设与"精准扶贫""教育扶贫"及"扶贫攻坚"等工程要系统设计,统筹规划,提升社会资源配置效率。

第三节 公共安全体系

公共安全连着千家万户,是社会安定、社会秩序良好的重要体现,是人民安居乐业的重要保障,事关改革发展稳定大局。我国健全公共安全体系的任务,主要包括食品药品安全、安全生产、防灾减灾救灾、社会治安防控以及环境安全体系等方面与人民生命财产安全息息相关的重点领域,目标是编织全方位、立体化的公共安全网。

一、食品药品安全监管体系

食品药品安全关系人民群众的生命健康,是公共安全体系的重要领域之一。党和国家高度重视食品药品生产、流通的监管工作。1998年4月,成立国家药品监督管理局,负责全国药品生产、流通监管工作。2003年4月,成立国家食品药品管理局,负责统筹食品药品生产、流通

监管工作。为了进一步加强食品药品监管工作，国务院于 2010 年设立食品安全委员会，作为国务院食品安全工作的高层次议事协调机构，负责分析食品安全形势，研究部署、统筹指导食品安全工作；提出食品安全监管的重大政策措施；督促落实食品安全监管责任。2013 年 3 月，成立国家食品药品监管总局，改革食品药品监管体制。

由于食品药品安全涉及生产企业、普通公众等多元利益相关者，因此，食品药品安全领域多元共治体系也不断健全。首先，以国家食药监总局为主的政府相关部门依据法律法规和政策文件，综合运用行政许可、监督检查、监测检验、信息公开等监管手段，探索创新源头治理、市场监管、风险防控、监督抽检等工作机制，深入开展各环节专项治理，依法惩处违法犯罪行为。其次，食品药品生产企业承担食药安全的主体责任，逐步建立和完善了食品药品生产经营的过程控制体系、产品追溯体系、风险防范体系、责任落实体系，加强信息公开、信息共享，从源头上保障食品药品安全。再次，发挥食品药品行业组织的行业自律作用。政府通过政策引导和扶持，培育一批食品药品行业协会，吸纳行业协会参与相关政策、法规、标准的制定和宣传贯彻，充分发挥行业协会在行业自我监督、自我管理、自我约束等方面的主导作用，引导食品药品生产经营者恪守法规标准。最后，鼓励社会主体参与食品药品安全监督。鼓励消费者切实履行理性消费、依法维权、参与共治的社会责任，充分发挥群防群治作用。媒体承担食药安全的舆论宣传责任，一方面可以发挥舆论监督作用，依法曝光、揭露食品药品安全违法犯罪行为；另一方面通过科学理性的食品药品安全风险沟通，营造食药监管的社会环境。

食品药品监管离不开相关法律制度的保障。我国历来高度重视食品安全管理的法制建设。1995 年，颁布了《中华人民共和国食品卫生法》。在此基础上，2009 年 2 月 28 日，十一届全国人大常委会第七次会议通过了《中华人民共和国食品安全法》，确立了以食品安全风险监测和评估为基础的科学管理制度，明确食品安全风险评估结果作为制定、修订食品安全标准和对食品安全实施监督管理的科学依据。

2018 年 3 月，《国务院机构改革方案》决定将国家工商行政管理总局的职责，国家质量监督检验检疫总局的职责，国家食品药品监督管理总局的职责，国家发展和改革委员会的价格监督检查与反垄断执法职责，商务部的经营者集中反垄断执法以及国务院反垄断委员会办公室等职责整合，组建国家市场监督管理总局，作为国务院直属机构。同时，组建国家药品监督管理局，由国家市场监督管理总局管理。保留国务院食品安全委员会，具体工作由国家市场监督管理总局承担。不再保留国家工商行政管理总局、国家质量监督检验检疫总局、国家食品药品监督管理总局。

当前，与食品药品安全监管相关的政府部门还包括"国家卫生健康委员会"（简称"卫健委"）和"农业农村部"。卫健委承担食品安全风险评估和食品安全标准制定的职责，而农业农村部负责农产品质量安全监督管理和生猪定点屠宰监督管理。

二、安全生产管理体系

我国工业化、城镇化快速发展的过程中，出现了生产企业与居民区毗邻交错的布局，发生安全生产事故的潜在风险增大。目前，我国已经建立以安全生产管理的领导机构、综合监管机构、行业监管机构和政府常设应急机构为主体的安全生产体系，对我国的安全生产监管和事故救援发挥着重要作用。

2003年10月，我国安全生产管理的领导机构是国务院安全生产委员会（以下简称"安委会"），在国务院领导下，负责研究部署、指导协调全国安全生产工作；研究提出全国安全生产工作的重大方针政策；分析全国安全生产形势，研究解决安全生产工作中的重大问题；必要时，协调有关方面参加特大生产安全事故应急救援工作；完成国务院交办的其他安全生产工作。安委会的办事机构是国务院安全生产委员会办公室，设在国家安全生产监督管理总局。

安全生产监管的综合性部门是国家安全生产监督管理总局（以下简称"安监总局"），为国务院直属机构，负责组织起草安全生产综合性法律法规草案，拟定安全生产政策和规划，承担国家安全生产综合监督管理责任，承担工矿商贸行业安全生产监督管理责任，负责危险化学品安全监督管理综合工作和烟花爆竹安全生产监督管理工作等。为有效应对突发生产事故，还成立了"国家安全生产应急救援指挥中心"，为国务院安全生产委员会办公室领导，安监总局管理的事业单位；履行全国安全生产应急救援综合监督管理的行政职能；按照国务院安全生产突发事件应急预案的规定，协调、指挥安全生产事故灾难应急救援工作；列入依照国家公务员制度管理范围。

除此之外，特定领域的生产安全管理由于技术监管的特殊性，分别由不同的政府相关部门承担安全生产监管责任。

消防安全与广大群众的生产和生活安全息息相关。公安部消防局负责对全国消防工作的监督管理；县级以上各级地方政府的公安机关，负责监督管理本行政区域内的消防工作，并由本级人民政府公安机关消防机构负责实施。

交通安全根据领域不同分属于不同的监管部门。公安部门负责道路交通安全。交通运输部承担水上交通安全监管责任：负责水上交通管制、船舶及相关水上设施检验、登记和防止污染、水上消防、航海保障、救助打捞、通信导航、船舶与港口设施保安及危险品运输监督管理等工作；负责船员管理有关工作；负责中央管理水域水上交通安全事故、船舶及相关水上设施污染事故的应急处置，依法组织或参与事故调查处理工作，指导地方水上交通安全监管工作。国家铁路局负责铁路安全生产监督管理，制定铁路运输安全、工程质量安全和设备质量安全监督管理办法并组织实施，组织实施依法设定的行政许可；组织或参与铁路生产安全事故调查处理。中国民用航空局承担民航飞行安全和地面安全监管责任。其他涉及安全生产的行业还包括水利、电力、建筑、国防工业、特种设备等广泛领域，分别由水利、电监、建设、国防科技、质监等部门负责。我国已经构建起广泛覆盖、功能完整的安全生产监督管理体系。

第四节 社会治安防控体系

社会治安，是指社会在一定法律、法规及制度的规范下社会生活

（包括公共秩序）呈现的一种安定、有序的状态。社会治安领域既有传统治安犯罪行为，也有群体性事件、恐怖主义等新型风险。群众反映强烈的治安问题还包括黑拐抢、黄赌毒以及电信诈骗、非法获取公民个人信息、非法传销、非法集资、危害食品药品安全、环境污染、涉邪教活动等违法犯罪活动。我国社会治安防控体系确定了党委领导、政府主导、综治协调、各部门齐抓共管、社会力量积极参与的原则，以确保公共安全、提升人民群众安全感和满意度为目标，以突出治安问题为导向，健全点线面结合、网上网下结合、人防物防技防结合，打防管控结合的立体化社会治安防控体系。

我国社会治安强调综合治理，即在党委、政府统一领导下，充分发挥政法部门特别是公安机关骨干作用的同时，组织和依靠各部门、各单位和人民群众的力量，综合运用政治、经济、行政、法律、文化、教育等多种手段，通过加强打击、防范、教育、管理、建设、改造等方面的工作，实现从根本上预防和治理违法犯罪，化解不安定因素，维护社会治安持续稳定的一项系统工程。社会治安综合治理的主要目标是：社会稳定，重大恶性案件和多发性案件得到控制并逐步有所下降，社会丑恶现象大大减少，治安混乱的地区和单位的面貌彻底改观，治安秩序良好，群众有安全感。

2005年，我国将平安中国建设作为加强社会治安综合治理的新举措，在各级党委和政府的统一领导下，组织动员社会各方面的力量，广泛开展平安地区和平安单位建设，确保人民群众安居乐业，确保社会稳定和国家长治久安。平安中国建设紧紧围绕国家治理体系和治理能力现代化的总目标，按照全面依法治国的总要求，发挥法治的引领和保障作用，坚持系统治理、依法治理、综合治理、源头治理，坚持问题导向、法治思维、改革创新，进一步加强基础建设，完善立体化社会治安防控体系，平安中国建设能力和水平显著上升，影响社会安定的问题得到有效防范、化解、管控。

党的十九大提出"加快社会治安防控体系建设，依法打击和惩治黄赌毒黑拐骗等违法犯罪活动，保护人民人身权、财产权、人格权"。2015年以来，我国从以下三个方面加强了社会治安防控体系的建设。

第一，加强社会治安防控网建设。对重点公共场所、重要时间节点的公共安全加强保卫，严防针对公共交通工具、人口密集场所的暴力恐怖袭击和个人极端案件。第二，加强重点行业治安防控网建设。对旅馆业、公章刻制业、娱乐服务业等重点行业加强治安管理，随着网络购物的蓬勃发展，快递、物流等行业潜在风险增多，也需要进一步加强防控。第三，加强乡镇（街道）和村（社区）治安防控网建设。通过网络化管理、社会化服务，推动社会治安防控力量下沉，从基层防控社会矛盾、化解社会风险。

为了加强源头治理，防范社会治安风险，我国还建立了社会稳定风险评估机制。社会稳定风险评估，是指与人民群众利益密切相关的重大决策、重要政策、重大改革措施、重大工程建设项目，与社会公共秩序相关的重大活动等重大事项在制定出台、组织实施或审批审核前，对可能影响社会稳定的因素开展系统调查，科学预测、分析和评估，制定风险应对策略和预案。为有效规避、预防、控制重大事项实施过程中可能产生的社会稳定风险，为确保重大事项顺利实施，中共中央办公厅、国务院办公厅于2015年4月发布《关于加强社会治安防控体系建设的意见》，对落实重大决策社会稳定风险评估制度，切实做到应评尽评，着力完善决策前风险评估、实施中风险管控和实施后效果评价、反馈纠偏、决策过错责任追究等操作性程序做出规范。落实矛盾纠纷排查调处工作协调会议纪要月报制度，完善人民调解、行政调解、司法调解联动工作体系，建立调处化解矛盾纠纷综合机制，着力防止因决策不当、矛盾纠纷排查化解不及时等引发重大群体性事件。

第五节　防灾减灾救灾体系

自然灾害是危害公共安全的一种传统风险。中国自然灾害种类多、频次高、灾害后果严重。新中国成立以后，党中央、国务院高度重视防灾减灾工作，并成立了相应的机构。在自然灾害领域，1950年成立中央防汛总指挥部，1992年更名为国家防汛抗旱总指挥部；1987年大兴安岭森林大火后,成立中央森林防火总指挥部(1998年取消),2006年成立国家森林防火指挥部;1989年成立中国国际减灾十年委员会,2000年更名为中国国际减灾委员会,2005年更名为国家减灾委员会;2000年成立国务院抗震救灾指挥部。

多年来,受全球气候变化等自然和经济社会因素耦合影响,极端天气前后事件及其次生衍生灾害呈增加趋势,破坏性地震仍处于频发多发时期,自然灾害的突发性、异常性和复杂性有所增加,对灾害领域的公共安全管理提出严峻挑战。我国及时调整防灾减灾救灾总体策略,坚持以人民为中心的发展思想,正确处理人与自然的关系,正确处理防灾减灾救灾和经济社会发展的关系,提出了"两个坚持、三个转变"的指导思想,即坚持以防为主、防抗救相结合,坚持常态减灾和非常态救灾相统一,努力实现从注重灾后救助向注重灾前预防转变、从应对单一灾种向综合减灾转变、从减少灾害损失向减轻灾害风险转变,着力构建与经济社会发展新阶段相适应的防灾减灾救灾体制机制,全面提升全社会抵御自然灾害的综合防范能力。

我国原有的防灾减灾救灾体系可以分为领导机构、灾害管理职能部门和地方救灾机构等不同层次,构成了条块结合的管理体制,强化以分级负责、属地管理为主的原则。国家减灾委员会(以下简称"国家减灾委")是防灾减灾救灾的领导机构,其主要任务是:研究制定国家减灾工作的方针、政策和规划,协调开展重大减灾活动,指导地方开展减灾工作,推进减灾国际交流与合作。国家减灾委员会的具体工作由民政部承担。根据灾害种类的不同,国家层次多个职能部门承担灾害管理职能。2018年3月,国家减灾委、国家防汛抗旱指挥部、国务院抗震救灾指挥部、国家森林防火指挥部以及民政部的救灾职能整合进新设立的应急管理部,进一步强化了综合防灾减灾救灾的能力。

我国在应对自然灾害中实行"分级负责、属地管理为主"的原则,明确了中央和地方应对自然灾害的事权划分。对达到国家启动相应等级的自然灾害,中央发挥统筹指导和支持作用,地方党委和政府在灾害应对中发挥主体作用,承担主体责任。因此,省、市、县级政府都逐步建立了统一的防灾减灾救灾领导机构,统筹防灾减灾救灾各项工作。这种纵向分级负责的体系对于明确责任、及时响应具有重要意义。

为充分发挥社会力量的积极性、整合全社会资源参与防灾减灾救灾，我国还逐步健全了社会力量参与机制，在鼓励支持、引导规范、效率优先、自愿自主的原则下为社会组织、志愿者等社会力量参与提供有利条件。通过建立巨灾保险制度，强化市场机制在风险防范、损失补偿和恢复重建等方面的积极作用。我国的防灾减灾救灾体系正在向多元协同治理的现代化方向发展。

第六节 环境安全体系

环境安全，是指维持国家环境质量和自然资源在正常水平，并且不受国家内部或外部的干扰和破坏的良好状态。环境风险不仅对人们的生存和健康造成威胁，还有可能转化为环境群体性事件，从而威胁社会的和谐稳定。因此，环境安全体系是社会治理体系的重要组成部分。

20世纪70年代以来，我国的环境安全体系经历了初创、形成、发展和不断完善的历程。1974年5月，国务院设立了一个由20多个有关部委领导组成的环境保护领导小组，主管和协调全国的环境工作。1979年，《中华人民共和国环境保护法（试行）》颁布后，国务院有关部门设立了环境保护监督机构，全国很多省、市级人民政府也设立了环境保护监督机构，这是我国环境监督管理体制的初创时期。1982年，五届全国人大常委会第二十三次会议闭幕会议通过全国人大常委会《关于国务院部委机构改革实施方案的决议》。根据该决议，设立城乡建设环境保护部，其下设的环保局为全国环境保护的主管机构。1984年5月，《国务院关于环境保护工作决定》提出成立国务院环境保护委员会，同年12月，城乡建设环境保护部环境保护局改为国家环境保护局，成为独立的国家机构。这是我国环境监督管理体制的形成时期。

1989年，《中华人民共和国环境保护法》的颁布实施，确立了我国现行的环境监督管理体制是一种统一监督管理与分级分部门管理相结合的管理体制。统管部门是环境保护行政主管部门；而分管部门则有国家海洋行政主管部门、港务监督、渔政渔港监督、军队环境保护部门和各级公安、交通、铁道、民航管理部门，负责对污染防治实施监督管理，县级以上人民政府的有关部门，如土地、矿产、林业、农业、水利部门也相继成立环境保护监督机构，负责对自然资源保护实施监督管理。1998年，国务院机构改革中国家环保局升格为正部级的国家环境保护总局，并对有关管理部门进行合并，如国土资源部、农林水利部等。这是我国环境监督管理体制的发展时期。

实行以行政手段为主导、统一监督管理和分级分部门监督管理相结合的环境监督管理体制，对我国的生态环境保护做出了重要贡献。然而，经过三十多年的快速发展，我国经济建设取得历史性成就的同时，也积累了大量生态环境问题，成为明显的短板。各类环境污染呈高发态势，成为民生之患、民心之痛。人民群众对干净的水、清新的空气、安全的食品、优美的环境等的要求越来越高，生态环境在群众生活幸福指数中的地位不断凸显，环境问题日益成为重要的民生问题。[①]

面对日益复杂的生态环境问题和人民群众对生态环境建设的新期待，传统的以政府单一主体为主的环境管理体系表现出很大的不适应性，主要表现为：治理成本越来越高、难度越来越大；环境资源产权不明晰、价格形成机制不完善，市场机制无法有效配置环境资源；一些群众的环境治理参与行为存在一定的无序性，同时现有的制度安排难以完全保障公众的参与权和监督权。总体来看，我国在环境治理方面存在的主要问题是政府、市场、社会的权责边界模糊，需要逐步建立和完善协同共治的环境治理体系。

在中国特色社会主义"五位一体"总体布局和"四个全面"战略布局的指引下，中共中央、国务院于2015年9月印发了《生态文明体制改革总体方案》，构筑由自然资源资产产权制度、国土空间开发保护制度、空间规划体系、资源总量管理和全面节约制度、资源有偿使用和生态补偿制度、环境治理体系、环境治理和生态保护市场体系、生态文明绩效评

---

① 中共中央宣传部：《习近平总书记系列重要讲话读本》，123页，北京，学习出版社、人民出版社，2014。

价考核和责任追究制度八项制度构成的现代化环境安全体系的总体框架，提出要"构建以改善环境质量为导向，监管统一、执法严明、多方参与的环境治理体系"。

2018年3月，为整合分散的生态环境保护职责，统一行使生态和城乡各类污染排放监管与行政执法职责，加强环境污染治理，保障国家生态安全，建设美丽中国，新一轮党和国家机构改革方案决定组建生态环境部。主要职责是：拟定并组织实施生态环境政策、规划和标准，统一负责生态环境监测和执法工作，监督管理污染防治、核与辐射安全，组织开展中央环境保护督察等。组建生态环境部有利于进一步贯彻保护环境的基本国策，实行最严格的生态环境保护制度，形成绿色发展方式和生活方式，着力解决突出环境问题。

同时，为统一行使全民自然资源资产所有者职责，统一行使所有国土空间用途管制和生态保护修复职责，着力解决自然资源所有者不到位、空间规划重叠等问题，我国还组建了自然资源部。主要职责是：对自然资源开发利用和保护进行监管，建立空间规划体系并监督实施，履行全民各类自然资源资产所有者职责，统一调查和确权登记，建立自然资源有偿使用制度，负责测绘和地质勘查行业管理等。生态环境部和自然资源部的成立有利于统筹山水林田湖草系统治理，解决环境安全中的突出问题，推动生态文明建设。

我国在保护环境安全的过程中，还十分注重采用现代化的治理方式。在多元共治的环境安全体系中，政府整合原有的监管力量，"将分散在各部门的环境保护职责调整到一个部门，逐步实行城乡环境保护工作由一个部门进行统一监管和行政执法的体制"，政府承担必要的财政投入、环境规划引导等重要职责。同时，在激励市场力量方面，我国通过培育环境治理和生态保护市场主体、推行用能权和碳排放权交易制度、推行排污权交易制度、推行水权交易制度、建立绿色金融体系、建立统一的绿色产品体系等方式健全环境治理和生态保护市场体系。最后，由于我国当前的环境问题点多面广，社会组织和公众参与在很大程度上弥补了环境监管信息不充分的难题，社会力量成为环境安全体系的重要组成部分。

第七节 应急管理体系

应急管理体系，是指应对突发公共事件时的组织、制度、行为、资源等相关应急要素及要素间关系的总和，是一个由政府和其他各类社会组织构成的应对突发事件的整合网络。它包括国家法律法规、体制机构（包括公共和私人部门）、机制与规则、能力与技术、环境与文化。应急管理体系的建立和演变决定了一个国家应对突发事件的能力和效率。只有建立比较完善的应急管理体系，才能保证在预防、预测、预警、指挥、协调、处置、救援、评估、恢复等应急管理各环节各方面快速、高效、有序反应，防止突发公共事件的发生，或减少突发公共事件的负面影响。

一、中国应急管理体系的形成与发展

我国五千年的悠久历史是一部与各种灾害和灾难斗争的历史，应对灾害的管理在历朝历代都是社会管理的重要内容。新中国成立后，国家建立了第一代的应急管理体系，表现为以政府为主体的高度集中的应急管理体系，依靠政治动员等手段完成突发事件的紧急应对。

1978年实行改革开放以后，我国经济社会领域发生了重大变化：经济体制从计划经济体制转向社会主义市场经济体制，经济持续快速增长；产业结构从以农业为主转变为工业大国，第三产业迅速发展；从传统的农业社会向现代工业社会转变，城镇化加快。同时，从相对封闭的社会转变为开放的社会。随着经济转轨、社会转型，各类公共突发事件日益增多，不断对应急管理体系建设提出新的挑战。

2003年以后，我国的应急管理体系建设开始全面发展，升级到第二代应急管理体系。2003年春，我国经历了一场由SARS疫情引发的从公共卫生到社会、经济、生活全方位的突发公共事件。在党中央、国务院坚强领导下，全国人民众志成城，取得了抗击SARS疫情的胜利。抗击SARS疫情的过程充分暴露了我国经济社会发展和应急管理工作存在的诸多薄弱环节，尤其在疫情初发阶段，应急准备不充分，信息渠道不

畅通，在处置重大突发事件方面所存在的各种体制性和机制性不足都暴露了出来。党和国家及时总结存在的问题，提出全面加强应急管理建设的重大任务。

应急预案是应急管理的重要基础，也是我国应急管理体系建设的首要工作。2003年11月，国务院办公厅成立应急预案工作小组。2004年是我国应急预案编制之年，编制、修订应急预案，建立健全各种预警和应急机制，成为政府工作的一项重要任务。2005年1月26日，我国制定出《国家突发公共事件总体应急预案》，2006年1月8日发布并实施。2005年年底，全国应急预案编制工作基本完成，包括国家总体应急预案、25件专项应急预案、80件部门应急预案，共计106件，基本覆盖了我国经常发生的突发事件的主要方面。同时，充分利用政府行政管理机构资源，依托于政府办公厅（室）设立应急管理办公室（简称"应急办"），建立了自上而下的应急办体系，发挥应急值守、信息汇总和综合协调的枢纽作用，联系若干个议事协调机构和联席会议制度的综合协调型应急管理新体制初步确立。2006年6月出台的《国务院关于全面加强应急管理工作的意见》提出：要"健全分类管理、分级负责、条块结合、属地为主的应急管理体制，落实党委领导下的行政领导责任制。"2007年，十届全国人大常委会第二十九次会议通过的《中华人民共和国突发事件应对法》（以下简称《突发事件应对法》）明确规定："国家建立统一领导、综合协调、分类管理、分级负责、属地管理为主的应急管理体制。"截至2007年年底，所有的省级政府和市级政府、92%的县级政府都成立或明确了应急管理领导机构；所有的省级政府和96%的市级政府、81%的县级政府成立或明确了应急管理办事机构。

应急管理机制建设以应急管理的全过程为主线，涵盖了事前、事发、事中和事后各个时间段，包括预防准备、监测预警、应急处置、善后恢复等多个环节。2006年7月，《国务院关于全面加强应急管理工作的意见》指出，我国要"构建统一指挥、反应灵敏、协调有序、运转高效的应急管理机制"。党中央、国务院和中央军委还发布了有关监测预警、信息报告、决策指挥、信息发布、调查评估、恢复重建等具体应急管理机制建设的文件，推动了应急管理机制建设。

应急管理法制是一个国家在非常规状态下实行法治的基础，是一个国家实施应急管理行为的依据。2007年8月，十届全国人大常委会第二十九次会议审议通过《突发事件应对法》，于同年11月1日起正式施行。这是新中国第一部应对各类突发事件的综合性法律。国务院还制定了《突发公共卫生事件应急条例》《重大动物疫情应急条例》等应对自然灾害、事故灾难、突发公共卫生事件和社会安全事件的单行法律和行政法规，初步形成了应急管理法律体系。

"一案三制"的形成构成了第二代应急管理体系的核心框架（见图1）。2008年，全国应急管理体系基本建立。

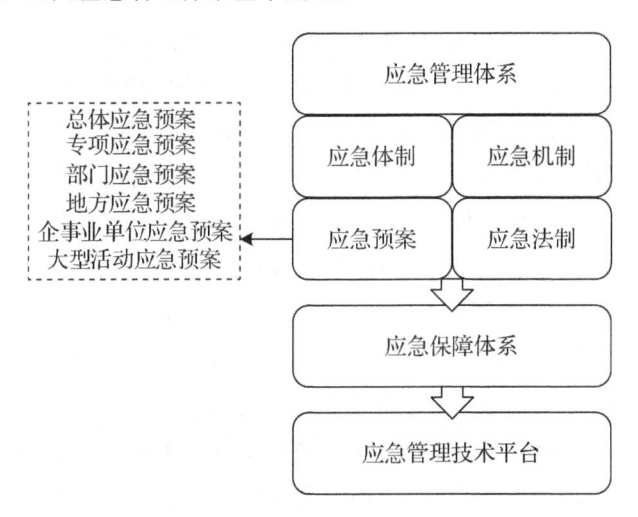

图1　"一案三制"的应急管理体系

二、我国应急管理的形势和存在的问题

当前，我国应急管理面临的新形势。一是新型风险在增加。特大高楼事故风险、新技术风险、城市地下空间风险等不断出现。二是事件复合性加强。一个小范围的传染病，可以形成世界性的传染事件，并使经济衰退；一次冰冻灾害，可以导致大规模停电，而一次大规模停电，可在一定程度上导致整个城市与区域社会的瘫痪；一次大雨，可以让城市变成海洋；一次安全生产事故，可在一定条件下中断整个产业链等。三是突发事件由境内扩展到境外。随着我国"走出去"步伐的加快，我国出入境人数快速增加，2017年达到5.98亿人次，从而出现境外突发事件

影响境内化，例如马航 MH370 事件和利比亚撤侨事件，不仅需要在境外进行处置，而且境内处置任务也非常繁重。四是应急管理由应对向防范转变。由于技术的快速发展，社会形态不断变化，人类社会已经进入了风险社会，更加自觉地防范各种风险已经成为应急管理的重要内容。在迈向后工业社会的过程中，现代社会的风险与突发事件越发表现出高度的复杂性、关联性、耦合性、跨界性。特别是重特大突发事件往往表现为系统性危机，一个突发事件往往引发连锁反应，产生次生、衍生事件，形成一个灾害或灾难的链条，需要多个部门协同应对。

面对这些新的挑战，我国在以往的应急管理中存在如下四方面问题。一是"单灾种"应急管理模式已不适应现代社会高风险特征。一直以来，我国实行的是"单灾种"型应急管理体系，即不同的专业部门管理不同类型的灾害与突发事件，如民政部门负责自然灾害救灾，消防部门负责火灾事故救援，安监部门负责工矿企业的事故灾难救援等。这种"分类管理"模式的优点是可以充分发挥主责部门的专业技术优势，但同时也造成条线过多、划分过细的格局，部门之间缺乏有效的联动与协调，资源分散、条块分割、各自为政、参差不齐等问题突出，制约了政府应急反应的整体能力与综合效果。二是在风险防范中，数据"部门墙"和"行业墙"比较严重，风险信息不全，风险防范能力较弱。三是在应急准备中，各种应急资源存在部门分割、低水平重复建设的问题，在专业化部门管理与属地化区域管理之间也存在协调不足的问题。四是应急预案体系建设针对性、实操性不足，尤其是预案衔接比较难。

三、新时代加强应急管理体系建设的任务

面对应急管理的严峻形势和人民对安全的高度期盼，在中国特色社会主义新时代进一步加强了应急管理体系的建设。为防范化解重特大安全风险，健全公共安全体系，整合优化应急力量和资源，推动形成统一指挥、专常兼备、反应灵敏、上下联动、平战结合的中国特色应急管理体制，提高防灾减灾救灾能力，确保人民群众生命财产安全和社会稳定，我国在政府机构改革中加大了应急体系的整合力度。2018 年 3 月，《国务院机构改革方案》提出，将安监总局的职责，国务院办公厅的应急管理职责，公安部的消防管理职责，民政部的救灾职责，国土资源部的

地质灾害防治、水利部的水旱灾害防治、农业部的草原防火、国家林业局的森林防火相关职责，中国地震局的震灾应急救援职责，以及国家防汛抗旱总指挥部、国家减灾委员会、国务院抗震救灾指挥部、国家森林防火指挥部的职责整合，组建应急管理部，作为国务院组成部门。由于中国地震局、国家煤矿安全监察局与防灾救灾联系紧密，划由应急管理部管理。应急管理部的建立标志着我国应急管理体系建设进入新的发展阶段，顺应了推进国家治理体系和治理能力现代化的需要，有利于实现对全灾种的全流程和全方位管理，提升公共安全保障能力。

应急管理部负责组织编制国家应急总体预案和规划，指导各地区各部门应对突发事件工作，推动应急预案体系建设和预案演练。建立灾情报告系统并统一发布灾情，统筹应急力量建设和物资储备并在救灾时统一调度，组织灾害救助体系建设，指导安全生产类、自然灾害类应急救援，承担国家应对特别重大灾害指挥部工作。指导火灾、水旱灾害、地质灾害等防治。负责安全生产综合监督管理和工矿商贸行业安全生产监督管理等。

新的应急管理体系强化了应急救援专业队伍的建设。公安消防部队、武警森林部队转制后，与安全生产等应急救援队伍一并作为综合性常备应急骨干力量，由应急管理部管理，实行专门管理和政策保障，制定符合其自身特点的职务职级序列和管理办法，提高职业荣誉感，保持有生力量和战斗力。

应急管理部建立后，应急管理体系的运行仍然坚持分级负责、属地管理为主的原则，一般性灾害由地方各级政府负责，应急管理部代表中央统一响应支援；发生特别重大灾害时，应急管理部作为指挥部，协助中央指定的负责同志组织应急处置工作，保证政令畅通、指挥有效。应急管理部负责处理好防灾和救灾的关系，明确与相关部门和地方各自职责分工，建立协调配合机制。

应急管理部的组建有利于进一步提升我国综合应急的效率和效果，主要表现在以下四个方面：第一，有利于解决灾害风险信息孤岛的问题，开展综合灾害风险管理，提高突发事件的风险管理能力；第二，有利于优化我国的应急预案体系和推动预案演练，将会改变原来因管辖权不同而不便于联合训练和联合演练的状况，有助于联合训练和联合演练，统筹应急力量建设和物资储备并在救灾时统一调度，组织灾害救助体系建设，提高应急准备能力；第三，有利于救援合作和现场指挥，以前各救援力量属于不同部门，作业时容易出现配合不顺，现场指挥权归属不清的问题，现在建成一个统一部门，协调方面的问题可以大大减少，应急工作效率大大提升，在应对复杂的紧急情况时可以提高整个国家的应急反应速度；第四，有利于整合消防、各类救灾武警和安全生产等应急救援队伍，成为综合性常备应急骨干力量，能统筹规划应急救援人才培训，避免重复建设，有利于向专业化方向发展，提高突发事件的处置能力。

新的应急管理体系应继续强化全流程的应急管理任务。在公众的一般认知里，应急管理就是"出了天灾人祸积极应对"。事实上，应急管理是一个系统工程。《突发事件应对法》将应急管理过程划分为预防与应急准备、监测与预警、应急处置与救援以及灾后恢复和重建四个阶段（见图2），是一个循环衔接的全流程管理过程。新的应急管理体系整合后，在流程上打通了预防、准备、处置、评估、改进和缓解等各个阶段，在工作上形成首尾相连、循环往复、持续改进的管理闭环，提升应急管理的前瞻性和主动性，推动风险的源头治理，从根本上保障人民群众的生命财产安全。

应急管理部的建立吸收了国际上应急管理的先进经验。美国是当今世界应急管理体系建设最为完备的国家之一，其现代综合应急管理模式始于1979年，美国联邦政府整合了分散在11个部门的应急管理职能，组建了美国联邦应急管理局。2001年"9·11"事件之后，美国应急管理实践的重点转向反恐，成立了国土安全部，整合了当时联邦22个部门的相关职能，也包括联邦应急管理局。我国应急管理部的成立，为探索中国的综合应急管理模式提供了推动力。我国应急管理模式将与美国的综合应急管理模式一起成为大国应急管理的两种实践模式。

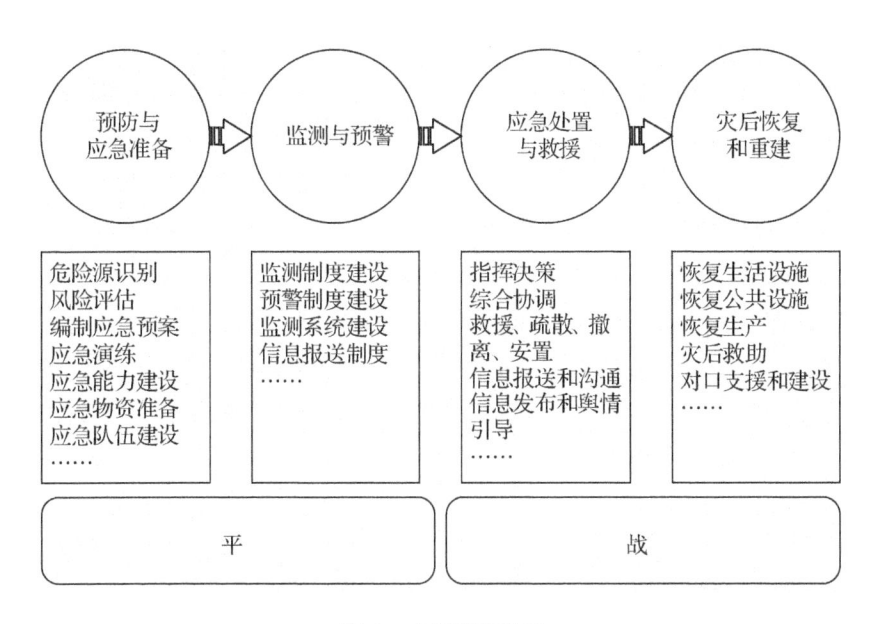

图 2　应急管理流程

第八节　社会信用体系

人无诚信不立，家无诚信不和，业无诚信不兴，国无诚信不强。诚信是古今中外社会治理的基础要素。加快社会信用体系建设是完善社会主义市场经济体制、加强和创新社会治理的重要手段，对增强社会成员诚信意识，营造优良信用环境，提升国家整体竞争力，促进社会发展与文明进步具有重要意义。

一、社会信用体系

社会信用体系是以国家法律法规和社会公约为依据，以社会成员的信用记录和信息共享为基础，以信用服务业为依托，通过政府监管、社会组织监督、信用主体自我管理，实现各类信用活动规范运行，形成激励守信、惩戒失信机制，促进和谐诚信社会建设的管理机制，是社会主义市场经济体制和社会治理体制的重要制度安排。

社会信用体系有广义和狭义之分。广义的社会信用体系是包括信用记录、信用征集、信用调查、信用评价、信用保证以及信用制度、信用管理在内的以社会为主体的信用系统；狭义的社会信用体系是指以独立中介机构为主体，在法律允许的范围内通过收集和分析个人及企业的信用资料，为客户提供当事人信用状况等证明资料的社会化的信用系统。

社会信用体系的主要作用，是规范一个国家或地区的信用活动。健全有效的社会信用体系可以促进该国或该地区市场经济交易手段，从原始支付方式向信用方式过渡和实现转变；创造和规范发展市场经济的良好信用环境；扩大并创造市场需求，保持市场繁荣，促进经济持续增长；促进该国或地区的市场经济走向成熟，为市场经济健康、有序发展提供制度保障与社会基础。

按照不同的划分标准，社会信用体系包含的内容也不同。以信用主体为划分依据，可以将社会信用体系划分为公共信用（政府信用）、企业信用和个人信用。

在政府信用体系中，政府信用处于主导地位，起支柱作用。政府是社会信用的代表，政府信用在社会中具有示范效应。政府在信用体系建设中的作用包括制定规划，总体协调；推动信用服务相关立法的建立完善；负责社会信用数据库建设，依法披露政府部门所掌握的信用信息；加强失信惩戒机制建设；加强征信行业管理。

企业信用也称商业信用，是指工商企业之间在商品交易时，以契约（合同）作为预期的货币资金支付保证的经济行为，其物质内容可以是商品的赊销，而其核心是资本运作，是企业间的直接信用。企业是信用的最大需求者和供应者。企业信用是企业管理水平、技术水平、道德水平的综合反映。企业信用在商品经济中发挥着润滑生产和流通的作用。企业信用的信用工具形式主要是商业票据。企业信用不仅在金融市场被投资人或贷款人所关注，而且在一般交易市场上也被多方重视。随着经济契约化的发展，企业信用将成为合作与交易的先决条件。因此，企业信用体系建设是整个社会信用体系建设的关键。

个人信用是指个人通过信用方式，从银行等金融机构获得自己当前所不具备的预期资本或消费支付能力的经济行为，它使得个人不再仅仅依靠个人资本积累才能进行生产投资或消费支出，而是可以通过信用方式从银行等金融机构获得预期资金或消费支付能力。个人信用是社会信用体系的构成基础。规范个人信用评估机构的设置和管理体制、模式，界定个人信用数据的开放范围，保护个人隐私权，保证数据的真实性及失信的法律责任，建立科学的个人信用评价标准，是个人信用建设的主要内容。

二、社会信用体系的运行

由于世界各国历史文化、经济水平和社会环境均不同，形成的社会信用运行模式也有所不同。综观全球，目前社会信用体系运行的模式主要有以下三种。

(一)公共模式

这是以政府为主导的社会信用运行模式。政府设立一个专门机构作为信用体系的建立者、监督者和管理者，该部门负责登记整理、数据采集，掌控着消费者的个人信用记录，不参与商业活动。在必要的时候无偿向需要个人信用状况的授信机构提供所需信息。这种模式的好处是把个人信用体系直接纳入政府管辖范围之内，不会造成区域间的信用记录混乱，有较高的法律保障。欧美大部分国家，如法国、意大利、德国等国的社会信用运行都采取这种模式。

在公共模式下，数据库信用信息及数据来源主要是金融机构的信贷登记数据，尚未拓展到未支付的税款、未支付的通信费及未支付的保费等重要信息。单一且缺乏竞争的征信机构设置，导致登记系统的覆盖率较低。例如，采用公共征信模式的法国在20世纪90年代下半叶的覆盖率只有全国总人口的2.2%。这些因素将影响金融机构对借款人的贷前审查，从而影响到消费信贷的发展。欧洲信贷研究所统计数据显示，在整个20世纪90年代法国的消费信贷只占私人消费支出的8%～15%，是欧洲国家发展较慢的一个。

公共模式的优势：一是利用行政及法律手段采集个人信用信息，保障个人信息的完整性和准确性；二是由央行设立征信机构，能够使政府及时掌握市场经济的运行情况，可以采取针对性的监管措施；三是公共征信收费低廉，降低了使用者成本。缺点：一是体系不够灵活，以个人信贷为主体的数据结构不全面，在现实中很难真实反映个人的信用状况；二是服务对象主要是银行业等金融机构，其他有需求的领域（商贸和服务领域）不能获得信用服务；三是缺乏利益刺激，工作积极性不高，服务质量较差；四是需要较多的公务人员，国家财政支出大，易出现利益寻租行为，滋生腐败。

(二)市场化模式

这是以市场为主导的商业化运行模式，如美国、英国、加拿大等。以美国为例，美国的征信机构在顶峰时多达 2200 余家，经过几十年的充分竞争，形成了环联公司（Trans Union）、益佰利公司（Experian）、艾克菲公司（Equifax）三家市场中占主导地位的个人征信公司。美国消费信贷持续增长催生了巨大的征信需求，市场化征信是其不二之选，市场全面多样化的征信服务反过来又刺激了消费信贷的增加，造就了美国成为全球最大消费信贷国。美国这些独立的征信公司都是企业法人，以营利为目的。它们的运作模式就是收集消费者的个人信用数据，并采用 FICO 评分模型对数据进行处理获得用户的信用等级，FICO 评分模型中所关注的主要因素有五类，分别是客户的信用偿还历史（35％）、信用账户数（30％）、使用信用的年限（15％）、正在使用的信用类型（10％）、新开立的信用账户（10％）。

银行、保险公司等授信机构为了在与消费者发生信用业务时能够做出科学准确的判断，从而能够减少失误增加盈利，愿意支付费用从征信公司手中购买信用产品。征信公司的信用产品不仅是面对金融业，还面向医疗、劳保等其他部门。反过来，当银行、保险等授信机构同消费者发生信用业务时，它们会及时把自己手中最新的消费者信用资料反馈给征信公司，以换取以后购买信用产品时能够得到优惠。这解决了征信部门的数据来源问题。

授信机构和征信机构的业务交往是以消费者的个人信用为基础的，消费者当然不能只是被动的接受者。美国法律明确规定：消费者有权了解任何征信局以出售为目的的对自己信用状况的评价及依据；消费者具有对征信局出具不实负面信息的申诉权利；消费者有权取得自身调查报告及副本。这样在法律的保障下消费者就对征信机构有了一定的监督权；同时征信机构对于消费者的信用活动有制约权。这样消费者、征信机构和授信机构之间就建立起一种相互制约的关系。在美国，多家征信公司的存在会以竞争促发展，行业内部可以不断自我完善。

市场化模式的优势：一是征信机构积极主动采集个人信息，全面、范围广；二是征信服务样式多样化；三是所有需求的参与方都可以在法律允许的范围内获得服务。缺点：一是对个人隐私保护较为困难；二是不同征信机构采集渠道不一，很难保证数据的准确性。

（三）行业协会模式

这是以银行协会为中心的会员模式。银行等金融机构作为会员可以在协会内部共享其他会员的客户信用信息，自己的信息也必须无偿提供给其他会员。这种会员模式覆盖面太窄，通常只能支持行业内部使用，而不能支持整个社会的多个行业。

日本的个人征信发展与其个人消费信贷的发展基本同步，为了解决消费信贷中信用风险，各征信机构要求有征信需求的金融机构成为会员，提供相应的信用信息及数据，汇总后供全体会员使用。目前，日本有三大个人征信机构：全国银行个人信用情报中心、全国信用情报中心联合会和日本信用卡信息中心。三者之间共享互通个人信用信息和数据。

与公共模式、市场化模式相比较，行业协会模式优势：会员单位按照标准格式提供个人信用信息，数据稳定准确，降低了征信成本。缺点：一是此类信用报告专业性较强，需求比较狭窄；二是仅对会员开放业务，其他有需求的领域（商贸和服务领域）不能获得信用服务。

三、中国社会信用体系建设的发展历程

中国的社会变迁和现代市场经济的建立有着内在特殊性，因而我国的社会信用体系建设也有着特殊的背景，是社会治理与现代市场经济改革的共同需要。

自20世纪90年代初期至今，我国社会信用体系大致经历了萌发、起步和发展三个阶段。

（一）萌发阶段

1990年，《国务院关于在全国范围内开展清理"三角债"工作的通知》发布，这是我国第一次由国务院文件提出社会信用问题。在这一阶段，建立了相关法律制度。《公司法》《商业银行法》《担保法》和《合同法》等从不同侧面对信用问题进行了规定。同时，以信用评估为代表的信用中介机构开始出现，如上海远东资信评估有限公司等。社会上的信用意识开始萌发，市场经营主体大多是根据自身的需求、自发性地开展信用活动，信用服务机构也是自发成立的。因此，自发性是我国社会信用体系建设在萌发阶段的主要特点。

(二)起步阶段

20世纪初的第一个十年，我国社会信用体系建设全面启动，中央和地方都加快了社会信用体系建设的步伐。2002年，党的十六大报告提出："整顿和规范市场经济秩序，健全现代市场经济的社会信用体系"。同年，国务院启动企业和个人征信立法工作，全国信用担保机构全面调查启动，中国人民银行企业信贷登记咨询系统实现全国跨省市联网，地方开展社会信用体系建设试点。2003年，党的十六届三中全会通过的《关于完善社会主义市场经济体制若干问题的决定》进一步指出："建立健全社会信用体系。形成以道德为支撑、产权为基础、法律为保障的社会信用制度，是建设现代市场体系的必要条件，也是规范市场经济秩序的治本之策。"2005年，《中共中央关于制定国民经济和社会发展第十一个五年规划的建议》提出："以完善信贷、纳税、合同履约、产品质量的信用记录为重点，加快建设社会信用体系，健全失信惩戒制度。"2007年，国务院社会信用体系建设部际联席会议制度建立。这一阶段，信用活动增多，信用中介机构增加、规模扩大、业务种类得到扩展，以政府部门为主体的信用信息披露系统和以社会中介为主体的信用联合征信体系开始起步并得以不断推进，失信惩罚机制逐渐形成，信用行为逐渐受到约束。

(三)发展阶段

2011年，我国社会信用体系建设进入发展阶段，中央和地方政府都加速推进社会信用体系建设，信用领域不断拓展。党的十七届六中全会提出："把诚信建设摆在突出位置，大力推进政务诚信、商务诚信、社会的诚信和司法公信建设，抓紧建立健全覆盖全社会的征信系统，加大对失信行为惩戒力度，在全社会广泛形成守信光荣、失信可耻的氛围。"这次会议强调,"十二五"期间要以社会成员信用信息的记录、整合和应用为重点,建立健全覆盖全社会的征信系统,全面推进社会信用体系建设。2014年6月,国务院印发《社会信用体系建设规划纲要(2014—2020年)》,提出加快社会信用体系建设的总体要求和主要任务;2016年6月,《国务院关于建立完善守信联合激励和失信联合惩戒制度加快推进社会诚信建设的指导意见》提出构建守信联合激励和失信联合惩戒协同机制。与此同时,各地方、各行业也都加强了信用建设工作。2018年3月4日发布的《中共中央关于深化党和国家机构改革的决定》要求:"加强信用体系建设,健全信用监管,加大信息公开力度,加快市场主体信用信息平台建设,发挥同行业和社会监督作用。"总之,这一阶段,我国社会信用体系建设全面推进,尤其是政府大力推进社会信用体系建设,对社会信用体系建设进行指导和部署,各行业协会、民间组织等在政府的指导下开始进行本行业或本地区的社会信用体系建设。

四、中国社会信用体系建设的重点领域

目前,我国社会信用体系建设有四大重点领域,即政务诚信、商务诚信、社会诚信和司法公信。

(一)政务诚信

政务诚信是政府获得社会公众信任的资本,主要表现在三个方面:政府的基本素质、在社会管理中的自身信用水平以及在经济活动中承诺践约的能力与结果。政务诚信具有示范表率作用,其核心是依法行政、守信践诺、取信于民。政务诚信是社会信用体系建设的关键,各类政务行为主体的诚信水平,对其他社会主体诚信建设发挥着重要的表率和导向作用。政务诚信既是法治政府的必然要求,也是建设诚信社会的重要基础。推进社会诚信体系建设,将政务诚信作为"第一诚信",以此带动整个社会诚信建设,是促进市场经济健康发展、构建和谐社会的重要力量。2016年12月,《国务院关于加强政务诚信建设的指导意见》提出,加强政务诚信建设"是深化简政放权、放管结合、优化服务改革和加快转变政府职能、提高政府效能的必然要求",要坚持依法行政、阳光行政和加强监督,建立政务领域失信记录,实施失信惩戒措施,不断提升公务员诚信履职意识和各级人民政府诚信行政水平,营造风清气正的社会风气，培育良好经济社会发展环境。

建设政务诚信，核心是合规建设，即规范化、规则化。一方面，政府应率先垂范，以政务诚信带动商务诚信和社会诚信，以风清气正的党风政风带出明理诚信的民风社风，确保政策和制度科学、合理、有效，避免"朝令夕改"，营造"有信者荣、失信者耻"的氛围和诚实、自律、守信、互信的社会环境；另一方面，要全面推进政务公开，使权力在阳光下运行，提升政府公信力，真正做到取信于民。目前，在世界范围内，政务诚信建设的公认规则之一就是公开化，包括政务公开、财务公开、个人财产公开。只有实行公开化，才能最大限度地避免暗箱操作，这其中也包括建立公务员诚信档案并予以公示。①

（二）商务诚信

商务诚信是商务领域中的企业主体获得社会公众信任的资本。商务诚信主要体现在企业主体经营活动中的诚信状况、经营方式、借贷能力与偿还情况、在市场中的声誉与公众形象等方面。所有在市场中进行的经济交易活动都属于商务领域，所有的企业都在商务领域，包括工商企业、金融机构、社会组织等。商务诚信体系建设的最终目的是保证市场主体交易的安全性，为市场和企业、消费者等市场主体服务，创造良好的市场环境，提高市场交易的安全性和效率，降低交易风险和成本。

《商务部关于加快推进商务诚信建设工作的实施意见》提出，"推进商务诚信建设是健全社会信用体系的重要内容，是完善市场经济体制的重要基础，是整顿和规范市场秩序的治本之策，是加快转变政府职能、创新行政管理方式的内在要求；是实现我国贸易转型，实施流通驱动战略，促进资源优化配置，建立现代市场体系的基本前提；是加强国际合作与交往，树立国际品牌和声誉，提升国家软实力和国际影响力的必要条件。"要求各地以商贸流通企业为主体，以建立政府主导的行政管理信息共享机制为基础，以建立市场化平台主导的企业综合信用评价机制为核心，以建立第三方机构主导的企业专业信用评价机制为支撑，着力打造"守信得益、失信受制"的良好信用环境，建设法治化、国际化、市场

---

① 吴学安：《政务诚信是"第一诚信"》，载《检察日报》，2015-02-10。

化的营商环境。这对推进商务诚信建设发挥着重要指导作用。

（三）社会诚信

社会诚信是指参与社会活动的所有社会主体的诚信，包括个人、企业、政府和各种社会组织。社会诚信是某一社会主体获得其他社会主体信任的资本。目前，我国社会诚信水平不高，各种失信状况频发，面临着诚信严重缺失的危机。这影响了社会正常的生产和生活秩序，对我国经济建设和和谐社会建设造成严重危害。因此，加快推进社会诚信建设，建立覆盖全社会的征信系统，已经成为当今社会的必然选择。

《国务院关于建立完善守信联合激励和失信联合惩戒制度加快推进社会诚信建设的指导意见》，要求加快推进社会信用体系建设，加强信用信息公开和共享，依法依规运用信用激励和约束手段，构建政府、社会共同参与的跨地区、跨部门、跨领域的守信联合激励和失信联合惩戒机制，促进市场主体依法诚信经营，维护市场正常秩序，营造诚信社会环境。

青年是未来社会建设的主力军，青年时期也是人生价值观形成的关键时期，青年诚信，则人生诚信、社会诚信。建设青年信用体系，培育青年诚信意识，抓好青年信用建设，是促进社会信用体系建设的题中之意。2016年7月，共青团中央、国家发展改革委、中国人民银行印发《青年信用体系建设规划（2016—2020年）》，全面推进青年信用体系建设。建设青年信用体系关键在制度建设，完善顶层设计、加强统筹规划、健全制度机制，是系统推进青年信用体系建设的前提；核心在信用应用，信用产品和服务是否有效应用于青年发展的重点领域，提升青年诚信意识，让青年有获得感，是检验青年信用体系建设成效的核心标准；基础在文化培育，既要靠制度去规范和约束，更要靠文化来引导和教育，使诚信理念内化于心、外化于形；重点在模式创新，青年信用体系建设既需要开展顶层设计规划，又需要发挥基层首创精神，率先尝试和探索。2016年9月，国家发展改革委、中国人民银行、共青团中央等51个部门共同签署《关于实施优秀青年志愿者守信联合激励加快推进青年信用体系建设的行动计划》，在教育服务和管理、就业和创新创业服务、社会保障服务、融资租赁服务、文化生活服务、评先树优等领域对优秀青年志愿者实施守信联合激励。这是全国首个针对自然人的守信联合激励政策，有利于在广大青年中树立激励诚信的价值导向，营造弘扬诚信的社会氛围，让诚实守信的青年体会到获得感。2017年4月，中共中央、国务院印发的《中长期青年发展规划(2016—2025年)》中，将推进青年信用体系建设、倡导和培育青年诚信品格纳入青年发展事业总体布局。

（四）司法公信

司法公信是司法机关依据自身对法律和事实的忠实而获得社会公众信任的能力，是司法机关通过司法活动在社会生活中树立起来的一种公共信用。就"司法"而言，对其主体范围的界定存在法院、检察院、公安机关、国家安全机关、司法行政机关的广义说，法院、检察院的中义说和仅指法院的狭义说。"信"的确立有其自身的清晰路径，即由法官自信的裁判，引发特定主体的他信，而当这种他信累积、拓展到一定规模和程度，公信才能最终实现。因此，司法公信是指在法律自身具备应有公正性的基础上，法院通过公正地适用法律，所逐步获得的社会一般人对司法作为矛盾纠纷终局裁决手段的普遍性信任评价。[1] 司法公信的获得，客观上要求司法机关自身做到司法公正与权威，同时也需要社会公众的主观感知，二者缺一不可。[2]

改革开放以来，我国法制建设取得了辉煌成就。近年来，人民法院每年办理各类案件1000多万件，越来越多的矛盾纠纷通过司法渠道得到妥善解决，司法公信力也在不断提高。但是，司法公信仍然存在不少问题。例如，当事人对判决不服而上诉的案件不少；对生效判决拒不执行的个案时有发生；对某些司法人员不信任，还存在案件请托、"案件一进门，两边都找人"的现象。"信访不信法"，涉法涉诉信访案件数量增加等。造成上述问题的原因，既有司法体制内部的问题，也有法治水平、社会环境以及媒体舆论等外部问题。

党的十七届六中全会首次明确提出，"大力推进司法公信建设"。十

---

[1] 蒋蔚：《何谓司法公信？》，载《光明日报》，2014-02-13。
[2] 杨军：《司法自信与司法公信》，载《光明日报》，2015-05-20。

八届四中全会再次强调,将"保证公正司法,提高司法公信力"作为全面推进依法治国的重大任务之一。司法公信是衡量一国进入法治社会的重要标准。司法公信力的提高需要一个较长时期的过程,要坚持走具有中国特色、符合司法规律的改革之路,在党的统一领导下,从基本国情出发,尊重司法规律,努力创造更高水平的社会主义司法文明。要坚定司法工作的道路自信、理论自信、制度自信、文化自信毫不动摇。

五、中国社会信用体系建设的未来趋势

社会信用体系建设作为社会治理的重要内容,在我国的未来发展趋势必然离不开多元主体的参与和大数据技术的融合发展。要通过政企之间的协同合作,实现政企融合的治理网络,发挥不同主体优势,建立基于大数据的智能化、信息化、覆盖全社会的社会信用体系。政府要做好社会信用体系建设的基础工作,包括通过诚信教育,打牢信用的道德基础;完善法制建设,构建信用保障体系;培育信用市场,构筑信用长效机制等。市场要发挥应有作用,助力社会信用体系建设,包括统一行业标准,建立数据共享机制;加强行业自律,完善行业监管等。在政务诚信领域建立信用政府,在商务诚信领域完善市场规则,在社会诚信领域强化公民自律,建立多主体参与、多领域发展的社会信用体系。这样必将大大加快中国社会建设的进程。

第九节 社会心理服务体系

当前,人类社会进入高风险期,我国处于经济社会快速变革期,随着人们生活节奏明显加快,竞争压力不断加剧,公众心理健康、社会心态失衡问题愈加凸显。党的十九大报告明确提出,要"加强社会心理服务体系建设,培育自尊自信、理性平和、积极向上的社会心态",这是打造共建共治共享社会治理格局的题中要义。

一、社会心理服务体系

社会心理服务体系,是指依托于心理学及医学的理论和方法,综合采用心理疏导、心理干预等手段,预防和减少心理问题,平和社会心态，引导价值导向，构筑社会心理防线的一整套组织结构和制度安排。它不仅包含过去人们常讲的个体层面的心理健康服务，更重要的是纳入了宏观层面的社会心理建设。心理健康和社会心理是密切相关的两个概念。心理健康指的是一个人在成长和发展过程中，认知合理、情绪稳定、行为适当、人际和谐、适应变化的一种完好状态。社会心理则是指在一段时期内弥漫在社会及人群中的社会心态，是整个社会的情绪基调、普遍看法与价值取向。因此，心理健康服务是面向个体的，以解决个体的心理疾患、促进心理健康、提高生活满意度为目标，主要工作方式包括由政府、社区、企事业单位等提供的心理健康教育、心理咨询、心理疾病治疗、心理危机干预等。而社会心理服务与心理健康服务的视角有根本上的不同，更强调解决宏观社会心理问题，从而提升整个社会的幸福感，减少社会不良事件的发生。

社会心理服务体系的提出，是基于我国国情和实践不断发展的。最早是 2007 年党的十七大报告提及"心理"的重要性，指出"加强和改进思想政治工作，注重人文关怀和心理疏导，用正确方式处理人际关系"。自国家实施"十五"规划以来，每个五年规划纲要都要求加强心理健康、心理疏导、心理健康教育。2015 年，党的十八届五中全会正式提出了"社会心理服务体系"，强调"健全社会心理服务体系和疏导机制、危机干预机制"，以防范极端事件发生，维护公共安全，营造并引导积极健康的社会心态。党的十九大报告六次提到"幸福"，并将加强社会心理服务体系建设提到新高度，从相对狭义的心理健康服务拓展为更为系统的、面向"五位一体"总体布局的社会心理建设。

社会心理服务体系建设，要把握好两个方面：一方面，心理健康服务是社会心理服务体系的基础，是直接服务个体、影响个体心理健康的重要手段；另一方面，认清宏观层面的社会心理问题才是主要着眼点。就后者而言，在一定社会范围内多数人或占一定比例的成员常表现出相近的心理特点和行为模式，即存在普遍性、群体性的社会心态。社会心理是在一定时空环境和文化背景下形成的，也将影响每个社会成员的价值取向和行为方式，进而到整个社会的幸福感和社会经济发展大局。但必须认识到，社会心理服务体系作为新生事物，先前人们很少从宏观层面思考社会心理建设问题,很多情况下仍不同程度地滑入了个体心理健康服务的原有思维中。事实上,绝大多数社会心理问题都不可能通过心理健康服务体系来解决。绝不能将其与个体的心理健康混为一谈,必须突出"社会"和"社会心理"的视角。

二、社会心理服务体系建设的功能

改善公众心理健康水平、促进社会心态稳定、提升公众幸福感,关系到广大百姓的幸福安康,影响着社会的和谐发展,具有十分重要的时代意义和社会功能。主要表现在三个方面。

(一)社会心理服务体系建设是满足人民美好生活需要的重大举措

党的十九大报告指出,"中国特色社会主义进入新时代,我国社会主要矛盾已经转化为人民日益增长的美好生活需要和不平衡不充分的发展之间的矛盾"。"美好生活需要"不仅包括物质文化需要,还包括社会心理需要。个体心理健康是社会心理服务体系的基础。在经济社会快速转型期,个体的心理行为问题及其引发的社会问题日益严重。特别是近年来心理行为异常和常见精神障碍人数持续增多,个人极端情绪引发的恶性案(事)件时有发生,成为危及社会稳定和公共安全的重要因素。随着经济社会的快速发展与民众对美好生活需要的急剧增长,以及党和国家对社会心理服务体系建设的重视程度不断提高,社会心理服务需求将更加紧迫和多样化。

加强心理健康、健全社会心理服务体系,从个体需求看,有助于缓解心理压力,排解不良情绪,引导个体树立积极的生活态度和良好的人际关系。从整个社会来看,形成健康的心态有助于使人民获得感、幸福感、安全感更加充实、更有保障、更可持续。

(二)社会心理服务体系建设是构建社会心态健康发展的迫切需要

对于社会处在转型期的中国,社会心理由于社会环境的快速变化而表现出一定的动态性,又由于当今世界多样化文化的交汇和冲撞而表现出相当的复杂性。党的十八大以来,随着我国经济社会持续快速发展、社会治理成效显著增强,人们对党中央治国理政新理念、新思想、新战略展现出高度认同,当前社会心态总体上保持向上的趋势。但是,一些不良社会心理问题依然存在。主要包括:民众生活满意度得分均衡分布，但幸福感状况并不理想；食品安全、信息安全和环境安全的安全感较低问题突出；社会信任困境依然没有出现扭转的迹象；等等。①

从群体层面看，社会心态是经济社会发展的晴雨表，对社会稳定与和谐发挥着潜移默化的作用。必须积极引导社会心态健康发展，为社会发展提供良好的心态支撑。

(三)社会心理服务体系建设是创新和加强社会治理的重要基础

客观准确地认识把握一个时期的社会心理是社会建设的需要，良好的社会心理是维护社会稳定的前提②。社会心理是影响经济社会发展的重大公共卫生问题和社会问题。社会心理是一定时期内社会问题的集中表现。当社会问题或矛盾长期得不到解决时，有可能产生一种消极的社会心态，并蔓延至整个社会。加强社会心理服务体系建设，有助于培养良好道德风尚、促进经济社会协调发展、培育和践行社会主义核心价值观，是实现国家长治久安的一项源头性、基础性工作。

在宏观层面上，社会心理服务体系建设是推进国家治理体系和治理能力现代化的关键举措。党的十九大报告提出"加强社会心理服务体系建设"的理念时，也是放在"加强和创新社会治理"的背景下来论述的。社会治理需要全社会的共识，而社会共识的形成离不开社会心理建设。

三、我国社会心理服务体系建设的发展过程

我国心理健康和社会心理服务工作，始于20世纪80年代中期，在政策法规建设、队伍建设、社会服务、理论研究、机构设置等方面出台了一系列重大举措。近年来，特别是党的十八大以来，党和国家的方针政策和重大工作部署从心理疏导拓展到健康教育与服务，并进一步拓展到内涵更丰富、目标更明确的社会心理服务，并已见成效。

2012年，为发展精神卫生事业、规范精神卫生服务、维护精神障碍患者的合法权益制定，我国颁布了《中华人民共和国精神卫生法》。2015年，《全国精神卫生工作规划(2015—2020年)》印发，以加强精神障碍的预防、治疗和康复工作，推动精神卫生事业全面发展。2016年8月，习

---

① 王俊秀：《中国社会心态研究报告(2017)》，2~16页，北京，社会科学文献出版社，2017。
② 王俊秀：《社会心理建设是创新社会治理的基础》，载《光明日报》，2015-09-07。

近平在全国卫生与健康大会上的讲话中强调："要加大心理健康问题基础性研究,做好心理健康知识和心理疾病科普工作,规范发展心理治疗、心理咨询等心理健康服务。"同月,中共中央、国务院印发了《"健康中国2030"规划纲要》,再次提出"加强心理健康服务体系建设和规范化管理,促进全民心理健康水平"。2016年12月,国家卫生计生委等22个部门联合印发《关于加强心理健康服务的指导意见》。这是我国首个加强心理健康服务的宏观指导性意见,旨在最大限度满足百姓心理健康服务需求,助力形成自尊自信、理性平和、积极向上的社会心态。根据《关于加强心理健康服务的指导意见》,我国心理健康服务的基本目标分为两个阶段:(1)到2020年,全民心理健康意识明显提高。各领域、各行业普遍开展心理健康教育及心理健康促进工作,加快建设心理健康服务网络,服务能力得到有效提升,心理健康服务纳入城乡基本公共服务体系,重点人群心理健康问题得到关注和及时疏导,社会心理服务体系初步建成。(2)到2030年,全民心理健康素养普遍提升。符合国情的心理健康服务体系基本健全,心理健康服务网络覆盖城乡,心理健康服务能力和规范化水平进一步提高,常见精神障碍防治和心理行为问题识别、干预水平显著提高,心理相关疾病发生的上升势头得到缓解。

社会心理服务体系建设,是加强和创新社会治理的重要任务,是建设社会主义和谐社会的重要方面。这些政策举措的出台,不断推动了全社会心理健康和社会心理服务工作的开展,为提升民众心理健康水平、社会和谐稳定发展发挥着重要作用。

四、加强社会心理服务体系建设的重点领域

进入21世纪以来,心理健康和社会心理服务受到越来越多的重视。但是,现有的社会心理服务状况尚不能满足人民群众的需求及国家现代化建设的需要,社会心理服务体系建设面临诸多挑战,主要存在三方面问题。一是社会大众对心理健康的重要性认识不足,对社会心理服务的认知度和接受度不高。一部分人对心理健康及心理疾病的认识存在误区。老年人、妇女、儿童和残疾人等重点人群的心理健康问题引起社会各界广泛关注。二是专业社会心理服务人才队伍短缺,供需缺口巨大且结构失衡。近年来,接受心理咨询师培训并获得认证资格的人越来越多,但是真正有能力开展心理服务实操的人员并不多。三是心理健康服务体系不健全,政策法规不完善,社会心理疏导工作机制尚未建立,服务和管理能力严重滞后。

找准社会心理服务体系建设在社会治理中的切入点和突破点,依托有效载体,切实发挥作用,是一个新的、极具挑战性的课题。下一步,我国加强社会心理服务体系建设应重点从以下四方面着手。

(一)全面开展心理健康促进与教育

全面开展心理健康促进与教育,开展源头治理,是社会心理服务体系建设的基本目标和任务。因此,各级党委和政府应当高度重视社会心理服务的宣传和普及,充分利用网络、新闻媒体等多种传播方式,倡导大众科学认识心理行为问题和心理疾病对健康的影响,树立积极的生活价值和观念,引导心理异常人群积极寻求专业心理咨询和治疗。

关注和加强老年人、妇女、儿童、残疾人和特殊人群等重点人群的心理健康教育。充分利用老年大学、老年活动中心、基层老年协会、妇女之家、残疾人康复机构、有资质的社会组织等多种社会力量,培训专兼职社会工作者和心理工作者。

(二)建立健全心理健康服务体系

打造完善的心理健康服务体系。一要建立健全各部门各行业心理健康服务网络,包括各部门各行业、城乡社区基层、社会心理机构,以及医疗机构的心理健康服务,搭建社会心理综治工作平台,为各行各业人群提供及时有效的心理疏导、危机干预、心理成长等心理健康服务。二要建立和完善心理健康教育、心理热线服务、心理评估、心理咨询、心理治疗、精神科治疗等衔接递进、密切合作的心理危机干预和心理援助服务的全过程。在突发事件发生时,立即开展有序、高效的个体危机干预和群体危机管理。在事件善后和恢复重建过程中,对高危人群持续开展心理援助服务。三要设立重点人群心理疏导及危机干预制度,加强对精神疾病患者的关怀和治疗,对容易出现心理行为问题的人群开展有针对性的心理辅导和咨询。

(三)加强心理服务人才队伍建设

虽然我国已经积累了一定规模的心理服务专业人才队伍,但远远不能满足社会需求。美国每100万人中有大约1000名专业人员可以提供心理健康服务，而目前我国每100万人中可以提供心理健康服务的专业人员只有24人。心理服务的专业人才队伍主要包括心理咨询师、心理治疗师、精神科医生、社会工作者，他们在社会心理服务体系中发挥着不可替代的作用。因此，有必要增加我国心理服务的有效供给，加快心理服务专业人才培养，加强心理咨询师的培训、认证与管理，逐步形成学历教育、毕业后教育、继续教育相结合的心理服务专业人才培养制度。同时，加大心理健康基础研究的科研投入，支持新技术研发和心理健康产业发展；发挥心理健康服务行业组织作用，对各部门各领域开展心理健康服务提供技术支持和指导，加强行业规范管理并适时推进立法。

(四)建立社会心态监测预警干预机制

在社会治理体系中加强社会心理建设，很重要的一点是在重大政策制定和实施过程中，要进行社会心态风险评估，准确把握社会大众的利益诉求和心理需要，逐步规范决策过程中的心理评估机制，注重疏导社会不公平感，从源头上预防和化解社会矛盾。建立社会心态调查系统，开展民意、民情、民生、民计的专题调查和分析研判，对多发易发问题进行有效干预，形成监测、预警、干预机制，有助于及时消除民众疑虑，排解消极社会心态，营造积极健康的社会氛围。

为了积极推动社会心理服务体系建设，我们必须充分认识到社会心理服务体系的重要性，最大限度满足人民群众对心理健康服务的需求，形成自尊自信、理性平和、积极向上的社会心态，构筑社会心理防线，有效维护社会和谐稳定发展。同时，要切实找准解决我国现实存在的社会心理问题的突破口，依托专业团体和专业人士，搭建社会心理综治工作平台，建设和完善社会心理服务、疏导、危机干预机制，不断提高社会心理服务的针对性和有效性。

加强心理健康服务、健全社会心理服务体系，符合当今社会和时代发展的迫切需要，是一项惠及大众的民心工程，是加强和创新社会治理的重要途径，有助于形成有效的社会治理、良好的社会秩序，使人民获得感、幸福感、安全感更加充实、更有保障、更可持续。

延伸思考

1. 简述社会组织的作用。
2. 公共服务体系的主要内容是什么？
3. 简述食品药品安全监管体系的重要性。
4. 我国应急管理体系存在的突出问题是什么？
5. 联系实际论述社会信用体系建设重点。
6. 简述加强社会心理服务体系建设的必要性和重点。

参考文献

[1] 习近平. 习近平谈治国理政[M]. 第1卷. 北京：外文出版社，2018.

[2] 习近平. 习近平谈治国理政[M]. 第2卷. 北京：外文出版社，2017.

[3] 王名. 社会组织概论[M]. 北京：中国社会出版社，2010.

[4] [美]埃莉诺·奥斯特罗姆. 公共事务的治理之道：集体行动制度的演进[M]. 余逊达，陈旭东，译. 上海：上海译文出版社，2012.

[5] 薛澜，等. 危机管理：转型期中国面临的挑战[M]. 北京：清华大学出版社，2003.

[6] 闪淳昌. 公共安全管理研究[M]. 北京：科学出版社，2018.

[7] 高小平. 中国特色应急管理体系建设的成就和发展[J]. 中国行政管理，2008(11)。

[8] 吴晶妹. 三维信用论[M]. 北京：当代中国出版社，2013.

[9] [美]戴维·迈尔斯. 社会心理学[M]. 侯玉波，等，译. 北京：人民邮电出版社，2016.

第八章　国家安全建设

本章概述

本章在阐述总体国家安全观内涵的基础上，论述国家安全与社会治理的内在关系，阐明了国家安全制度和国家安全任务。读者通过本章的学习，可以掌握国家安全建设的基本内容和主要任务。

第一节　国家安全和总体国家安全观

国家安全是安邦定国的重要基石，是一个国家处于没有危险的客观状态，也就是国家没有外部的威胁和侵害，也没有内部的混乱和疾患的客观状态。包括国家政权、主权、统一和领土完整、人民生命和财产、经济社会可持续发展和国家其他重大利益相对处于没有危险和不受内外威胁的状态，以及具有保障持续安全状态的能力。维护国家安全是全国各族人民根本利益所在。国家安全体系从根本上保障国家和人民的生存和发展权利，是经济社会发展的重要前提。维护国家安全，也是国家社会治理的重大任务。

国家安全观是一个国家对自身所处安全环境的主观认识，是指导国家安全的理论和思想。国家安全观涵盖对国家安全及国家安全相关问题的历史、现状、发展、规律、本质等的认知、评价和预期。国家安全观通常包括三个方面的内容：一是国家安全面临的总体形势和威胁来源，二是构成国家安全的基本条件，三是维护国家持久安全的方法。

国家安全观取决于国内外客观形势与国家决策者主观认识，并随着时间和环境的转换而有所变化。我们党始终把维护国家安全和社会安定作为党和国家的一项基础性工作，保持了我国社会大局稳定。新形势下，我国面临对外维护国家主权、安全、发展利益，对内维护多方面安全和社会稳定的双重任务，各种可以预见和难以预见的风险因素明显增多，国家安全内涵和外延比历史上任何时候都要丰富，时空领域比历史上任何时候都要宽广，内外因素比历史上任何时候都要复杂，维护国家安全的任务更加繁重艰巨。①

面对新形势、新挑战，党中央适时将国家安全建设提升到新的战略高度。2013年11月12日，党的十八届三中全会对加强国家安全做出顶层设计，明确提出"设立国家安全委员会，完善国家安全体制和国家安全战略，确保国家安全"②。早在2014年4月15日，习近平就提出了"总体国家安全观"的思想，指出"必须坚持总体国家安全观，以人民安全为宗旨，以政治安全为根本，以经济安全为基础，以军事、文化、社会安全为保障，以促进国际安全为依托，走出一条中国特色国家安全道路。"③他强调："贯彻落实总体国家安全观，必须既重视外部安全，又重视内部安全"，"既重视国土安全，又重视国民安全"，"既重视传统安全，又重视非传统安全"，"既重视发展问题，又重视安全问题"，"既重视自身安全。又重视共同安全"。④ 党的十九大报告将"坚持总体国家安全观"列为新时代坚持和发展中国特色社会主义的基本方略之一，指出

---

① 中共中央宣传部：《习近平总书记系列重要讲话读本（2016年版）》，226页，北京，学习出版社、人民出版社，2016。
② 《中共中央关于全面深化改革若干重大问题的决定》，北京，人民出版社，2013。
③ 中共中央文献研究室：《习近平关于全面建成小康社会论述摘编》，143页，北京，中央文献出版社，2016。
④ 中共中央文献研究室：《习近平关于全面建成小康社会论述摘编》，143～144页，北京，中央文献出版社，2016。

坚持总体国家安全观,"必须坚持国家利益至上,以人民安全为宗旨,以政治安全为根本,统筹外部安全和内部安全、国土安全和国民安全、传统安全和非传统安全、自身安全和共同安全,完善国家安全制度体系,加强国家安全能力建设,坚决维护国家主权、安全、发展利益";同时做出"要完善国家安全战略和国家安全政策""健全国家安全体系,加强国家安全法治保障""加强国家安全教育,增强全党全国人民国家安全意识,推动全社会形成维护国家安全的强大合力"等一系列战略安排。这样,新时代国家安全工作战略性总体布局基本形成,为走出一条具有中国特色的国家安全道路提供了依据和遵循。

总体国家安全观强调必须坚持统筹发展和安全两件大事,既要善于运用发展成果夯实国家安全的实力基础,又要善于塑造有利于经济社会发展的安全环境。要牢牢把握坚持和平发展、促进民族复兴这条主线,维护国家主权、安全、发展利益,为和平发展营造更加有利的国际环境,维护和延长我国发展的重要战略机遇期。

总体国家安全观强调坚持人民安全、政治安全、国家利益至上有机统一。国家安全要以人民安全为宗旨,以政治安全为根本,以国家利益至上为准则,实现人民安居乐业、党长期执政、国家长治久安。这是走中国特色国家安全道路的必然要求,是维护和塑造中国特色大国安全的根本保证。

总体国家安全观强调增强国家安全工作的战略性、策略性。完善国家安全战略和国家安全政策,要坚持科学统筹,始终把国家安全置于中国特色社会主义事业全局中来把握,充分调动各方面积极性,汇聚起维护国家安全的强大力量;要认清国家安全形势,立足国际秩序大变局来把握规律,立足防范风险的大前提来统筹,立足我国发展重要战略机遇期大背景来谋划;要保持战略定力、战略自信、战略耐心,坚持以全球思维谋篇布局,坚持统筹发展和安全,坚持底线思维,坚持原则性和策略性相统一,把维护国家安全的战略主动权牢牢掌握在自己手中;等等。

总体国家安全观还强调"树立共同、综合、合作、可持续的新安全

第八章 国家安全建设 · 237

观"①，坚持走和平发展道路。世界安全形势的新特点、新趋势决定了全球性挑战需要各国通力合作来应对。和平、发展、合作、共赢是不可阻挡的历史潮流，但是世界并不太平，恐怖主义、网络犯罪、跨国有组织犯罪、新型犯罪等全球性安全问题愈加突出，安全领域威胁层出不穷，人类面临着许多共同挑战。面对日益复杂化、综合化的安全威胁，我国提出了全球安全观的思想，即"树立共同、综合、合作、可持续的新安全观"。"共同"，就是要尊重和保障每一个国家安全；"综合"，就是要统筹维护传统领域和非传统领域安全；"合作"，就是要通过对话合作促进各国和本地区安全；"可持续"，就是要发展和安全并重以实现持久安全。合作安全、集体安全、共同安全才是解决世界安全问题的正确选择。

总体国家安全观在安全威胁认知、安全体系建设和安全战略布局三方面，与传统安全观相比有显著不同，这是我国国家安全理念、决策和管理上的重大创新。总体国家安全观科学地回答了我国这样一个发展中的社会主义大国如何维护和塑造国家安全的基本问题，把关于国家安全基本规律的认识提升到了新高度。

第二节　总体国家安全观与社会治理

社会治理与国家安全之间具有内在的联系。良好的社会秩序、稳定的社会环境、平和的社会心态，都是国家安全的基础条件。因此，加强和创新社会治理，维护国家安全，是我国社会主义社会发展规律的客观要求，是人民安居乐业、社会安定有序、国家长治久安的重要保障。

在总体国家安全观的指导下，社会治理要回应三个方面的时代要求。② 一是回应社会转型和变迁的新趋势。经过40年的改革开放，我国的社会结构和利益格局发生了极其深刻的变化，在干群之间、劳资之

---

① 习近平：《决胜全面建成小康社会　夺取新时代中国特色社会主义伟大胜利——在中国共产党第十九次全国代表大会上的报告》，25页，北京，人民出版社，2017。

② 李培林：《总体国家安全观指导下的社会治理》，载《社会治理》，2017(5)。

间、贫富之间，都产生了一些新的社会矛盾，各种利益关系更趋复杂化、多样化。与此同时，生活方式、行为取向、价值观念、小群体诉求等差异性不断增强，社会治理要研究和关注这些新层次的变化，分析各种新型社会矛盾产生的原因和发展的规律，把握社会变迁的新趋势，创新社会治理体制，把那些在实践中总结出来的有效、管用的社会治理方式理论化、制度化。

二是回应人民群众的新期待新诉求。随着人民群众生活水平的不断提高，人们对生活平安的期待和诉求已经既不仅仅限于生老病死问题，也不仅仅限于安居乐业，而是期望更好的教育，更能体现公平的分配，更加丰富的文化生活，更加绿色清新的环境，更加安全的食品药品，更加快捷高效的公共服务，更加有保障的安全感、获得感、幸福感。社会治理要坚持以人民为中心，把人民对美好生活的向往，作为社会治理的奋斗目标。

三是回应新时代提出的社会治理新课题。在新时代和社会条件下，社会治理面对一系列新的挑战和课题。比如，互联网的虚拟社会空间里，社会事件形成的方式和演变的规律发生了极大的变化，线上的意见表达和线下的行为交织在一起，很多事情难以预料，也难以治理。再比如，社会心态和社会舆论，在各种自媒体快速发展的情况下，它往往是变化的，有时甚至是跌宕起伏的，一个偶发的事件或者一个并不惊人的现象，也可能成为社会心态逆转和社会舆论起伏的导火索。再如，那种难以预料、传播迅速的新型社会风险，一种未知的疾病或一种传闻的食品安全，都可能酿成普遍的社会恐慌。

总体国家安全观为社会治理创新拓宽了视野，要求我们从建设平安中国的高度和广度来重新思考社会治理的力量、社会治理的领域、社会治理的方式、社会治理的机制等问题。

从社会治理的力量来看，过去比较强调社会的力量，特别是强调社会自治的力量。但从社会治理的格局来看，必须坚持党委领导、政府负责、社会协同、公众参与和法治保障，调动和发挥各个方面的优势和积极性。除了政府和社会的力量，我国过去的单位治理在新形势下仍然可以发挥重要作用，企业组织和事业单位也要为社会治理承担起应尽的社会责任，形成多方共治的新局面。

从社会治理的领域来看，过去比较强调社会治安和社会矛盾的处理，特别是解决因土地征用、企业改革、复转军人安置等问题产生的上访和群体性事件。而从建设平安中国的总体国家安全观来考虑，就要把许多非传统安全问题纳入社会治理领域，如因食品药品安全问题产生的社会焦虑，因雾霾等环保问题产生的社会不满，因社会突发事件产生的互联网舆论情绪，因房市和汇率异常波动产生的社会恐慌等。总之，要把各种新型社会风险纳入社会治理关注的范围。

从社会治理的方式来看，要坚持源头治理、综合治理、系统治理和依法治理。既不能单纯依赖"运动式维稳治理"，也不能放弃社会治理的问题导向；既要坚持综合治理、系统治理，也不能放弃有效的专项治理；既要坚持依法治理，更多地用法治思维思考问题、用法治方法解决问题，也要重视发挥乡规民约、民间调解、家教家风和道德规范的作用。

从社会治理的机制来看，要把国家机制、市场机制和社会机制有机结合起来，建立高效、管用、节约成本的社会治理机制。应该由国家管理的，就要加强监管；可以由市场供给的社会服务，要充分发挥市场的作用；通过社会自组织、自规范可以解决的问题，就要发挥社会力量的作用。

第三节　国家安全制度

国家安全制度是国家安全管理活动规范和行为模式的总和，其功能是为确保国家拥有安全状态和能力提供制度支撑。国家安全职能划分、国家安全机构管理制度、国家安全人力资源管理制度、国家安全权责机制和法律保障等，构成我国国家安全制度的基本内容。

我国的国家安全管理一直在党的领导下有序展开。1981年，中共中央决定恢复中央外事工作领导小组，下设办事机构为"国务院外事办公室"。2000年9月，中共中央决定组建"中央国家安全领导小组"，与

"中央外事工作领导小组"合署办公,两个机构,一套班子。中央国家安全领导小组(中央外事工作领导小组)负责对外事、国家安全工作领域的重大问题做出决策。

2013年11月12日,党的十八届三中全会提出"设立国家安全委员会"。2015年7月1日,全国人大常委会通过新的《中华人民共和国国家安全法》(简称《国家安全法》)明确规定:"坚持中国共产党对国家安全工作的领导,建立集中统一、高效权威的国家安全领导体制。"我国国家安全管理制度构建在总体国家安全观的指导下,以"集中统一""高效权威"为目标,在涉及国家安全的所有中央和政府部门全面展开。《国家安全法》第四十四条规定,"中央国家安全领导机构实行统分结合、协调高效的国家安全制度与工作机制";第六十二条规定,"国家建立统一领导、协同联动、有序高效的国家安全危机管控制度"。

中央国家安全委员会作为中共中央关于国家安全工作的决策和议事协调机构,向中央政治局、中央政治局常务委员会负责,统筹协调涉及国家安全的重大事项和重要工作。中央国家安全委员会成立后,坚持党的全面领导,按照总体国家安全观的要求,初步构建了国家安全体系主体框架,形成了国家安全理论体系,完善了国家安全战略体系,建立了国家安全工作协调机制,解决了许多长期想解决而没有解决的难题,办成了许多过去想办而没有办成的大事,国家安全工作得到全面加强,牢牢掌握了维护国家安全的全局性主动。

2014年以来,《中华人民共和国反间谍法》《中华人民共和国反恐怖主义法》《中华人民共和国境外非政府组织境内活动管理法》《中华人民共和国网络安全法》《中华人民共和国国家情报法》等国家安全相关法律陆续颁布,我国国家安全法律体系初步形成。

第四节 国家安全任务

总体国家安全观中的安全,包括12个方面:政治安全、国土安全、军事安全、经济安全、文化安全、社会安全、科技安全、网络安全、生态安全、资源安全、核安全和海外利益安全。

政治安全是国家安全的根本，在国家安全体系中居于核心地位和最高层次。政治安全是指国家主权、政权、政治制度、意识形态等方面免受各种威胁和危害的状态。政治安全的核心是政权安全和制度安全，最重要的就是维护中国共产党的领导，维护党中央权威和集中统一领导，维护中国特色社会主义制度。政治安全在内容构成上包括国家政治思想安全、国家政治制度安全、国家政治活动安全三个部分。一个国家的政治体系是否处于安全状态，通常可以从国家主权独立、政权稳定、主流意识形态彰显、政治制度恰适、执政党地位巩固、政治秩序良好等方面来衡量。我国的政治安全涵盖了国家主权、国土安全、民族团结等方面的具体内容。政治安全的标准，就是坚持人民民主专政和中国特色社会主义制度的性质、坚持马克思主义意识形态的主导地位，就是确保中国共产党的领导地位和执政地位绝对巩固。

国土安全是国家根本利益所在。国家利益至上是国家安全的准则。维护国家安全，主要是维护国家利益尤其是核心利益，确保国家领土和主权完整。中国人民爱好和平，坚持走和平发展道路，但绝不能放弃正当权益，绝不能牺牲国家核心利益。绝不允许任何人、任何组织、任何政党、在任何时候、以任何形式、把任何一块中国领土从中国分裂出去，谁都不要指望我们会吞下损害我国主权、安全、发展利益的苦果。坚决反对"台独"分裂势力，有坚定的意志、充分的信心、足够的能力挫败任何形式的"台独"分裂图谋。任何危害国家主权安全、挑战中央权力和特别行政区基本法权威、利用香港对内地进行渗透破坏的活动，都是对底线的触碰，都是绝不允许的。要提高海洋维权能力，坚决维护我国海洋权益，建设海洋强国。

军事安全是国家安全的军事保障或武力保障。国防和军队建设是国家安全的坚强后盾。建设与我国国际地位相称、与国家安全和发展利益相适应的巩固国防和强大军队，是我国现代化建设的战略任务。要坚持党对人民军队的绝对领导，牢牢把握党在新形势下的强军目标，努力建设一支听党指挥、能打胜仗、作风优良的人民军队。要坚持富国和强军相统一，加快形成全要素、多领域、高效益的军民融合深度发展格局，逐步构建军民一体化的国家战略体系和能力，为实现中国梦、强军梦提供强大动力和战略支撑。

经济安全表现为国家基本经济制度稳定和社会主义市场经济运行有序，关系国民经济命脉的重要行业和关键领域、重点产业、重大基础设施和重大建设项目以及其他经济利益安全。面对我国经济发展进入新常态、世界经济发展进入转型期、世界科技发展酝酿新突破的发展格局，我们要坚持以经济建设为中心，坚持以新发展理念引领经济发展新常态，加快转变经济发展方式、调整经济发展结构、提高发展质量和效益，着力推进供给侧结构性改革，推动经济更有效率、更有质量、更加公平、更可持续的发展。在金融市场体系中，防范和化解系统性、区域性金融风险，抵御外部金融风险的冲击是经济安全的重要内容。随着互联网技术的发展，网络和信息安全的重要性骤然上升，与政治安全、经济安全、社会安全等国家安全的诸多领域交织在一起，形成了威胁国家安全的更加复杂的因素。

文化安全的本质是一个国家文化传统的保持与延续，实质是国家的社会特征的保持与延续。国家文化安全不仅是总体国家安全的有机组成，关乎国家的价值取向、内外形象、生活方式等方面，而且也充当着国家总体安全的精神引领，影响其他安全保障效能，日益展现出渗透性和全局性的战略地位。文化安全的关键在于加强党对意识形态工作的领导权，增强意识形态领域的主导权和话语权。要巩固马克思主义在意识形态领域的指导地位，巩固全党全国人民团结奋斗的共同思想基础。要大力培育和弘扬社会主义核心价值体系和核心价值观，加快构建充分反映中国特色、民族特性、时代特征的价值体系。要保持文化的先进性，不断传承创新中华优秀传统文化、革命文化和社会主义先进文化。

社会安全一般被理解为反映社会治安、交通安全、生活安全和生产安全状况的综合指标。在国家安全体系中的社会安全问题，不仅是指社会本身的和谐稳定，还包括影响国家安全的社会因素、危害国家安全的社会因素、国家安全的社会保障等。社会安全程度总体上取决于一国社会发展程度以及社会公平程度。维护国家安全，必须做好维护社会和谐稳定工作，做好预防化解社会矛盾工作。要把维护公共安全放在维护最广大人民根本利益中来认识，努力为人民安居乐业、社会安定有序、国家长治久安编织全方位、立体化的公共安全网。要深入推进社会治安综合治理，完善立体化社会治安防控体系，遏制严重刑事犯罪高发态势，坚决打击暴力恐怖活动，保障人民生命财产安全。要始终把人民群众生命安全放在第一位，牢固树立安全发展理念，全面提高抵御自然灾害的综合防范能力，用最严谨的标准、最严格的监管、最严厉的处罚、最严肃的问责确保人民群众"舌尖上的安全"。

科技安全是指国家科学技术发展的一种安全态势。一个国家的科技安全态势体现了四个方面的国家能力：一是国家利益免受国外科技优势威胁和敌对势力、破坏势力以技术手段相威胁的能力。二是国家利益免受科技发展自身的负面影响的能力。三是国家以科技手段维护国家安全的能力。四是国家在所面临的国际国内环境中保障科学技术健康发展以及依靠科学技术提高综合国力的能力。高端科技是现代的国之利器。在国际上，没有核心技术的优势就没有政治上的强势。科技创新作为保障国家安全的战略支撑，必须摆在国家安全发展的核心位置。只有把核心技术掌握在自己手中，才能真正掌握竞争和发展的主动权，才能从根本上保障国家经济安全、国防安全和其他安全。计算机操作系统等信息化核心技术和信息基础设施的重要性显而易见，我们在一些关键技术和设备上受制于人的问题必须及早解决，为确保信息安全和国家安全提供有力保障。

网络安全已成为信息时代国家安全的战略基石，没有网络安全就没有国家安全，就没有经济社会稳定运行，广大人民群众利益也难以得到保障。网络和信息安全是我们面临的新的综合性挑战。要树立正确的网络安全观，加强信息基础设施网络安全防护，加强网络安全信息统筹机制、手段、平台建设，加强网络安全事件应急指挥能力建设，积极发展网络安全产业，做到关口前移，防患于未然。要坚持依法治网、依法办网、依法上网，让互联网在法治轨道上健康运行，营造风清气正的网络空间。要理直气壮维护我国网络主权和政治安全，建立多边、民主、透明的全球互联网治理体系，构建网络空间命运共同体。

生态安全是指国家生存和发展所需的生态环境处于不受破坏和威胁

的状态。生态环境一旦遭到破坏，不仅影响经济和社会的发展，而且会直接威胁人类的基本生存条件。良好生态环境是人和社会持续发展的根本基础。近年来，雾霾问题、生物入侵、森林资源被毁、水或土壤污染事件等生态环境问题逐步上升扩展为生态安全问题，如不及时对生态环境加以保护和恢复，生态系统就会面临难以逆转的结构性恶化和功能性退化，从而威胁到国家安全。要以解决人民群众反映强烈的大气、水、土壤污染等突出问题为重点，加强环境污染综合治理。要坚持节约资源和保护环境的基本国策，坚定走生产发展、生活富裕、生态良好的文明发展道路，建设美丽中国，为全球生态安全做出新贡献。

资源安全是一个国家或地区可以持续、稳定、及时、足量和经济地获取所需自然资源的状态。资源安全在国家安全中占基础地位。资源就是资财的来源，是人类生存与发展不可或缺的自然物质。资源安全分为战略性资源安全和非战略性资源安全；又可分为水资源安全、能源资源安全（包括石油安全）、土地资源安全（包括耕地资源安全）、矿产资源安全（包括战略性矿产资源安全）、生物资源安全（包括基因资源安全）、海洋资源安全、环境资源安全等。生态环境问题，归根结底是资源过度开发、粗放利用、奢侈消费造成的。推进工业化、城镇化、农业现代化，都必须树立人口与资源、环境相协调的原则。要树立节约集约循环利用的资源观，实行最严格的耕地保护、水资源管理制度，强化能源和水资源、建设用地总量和强度双控管理，更加重视资源利用的效率。要加快建立绿色生产和消费的法律制度和政策导向，建立健全绿色低碳循环发展的经济体系。

核安全问题是全球共同面对的严峻挑战。核能的开发利用给人类发展带来了新的动力。同时，核能发展也伴生着核安全风险和挑战。尽管加强核安全已成为国际社会共识，但核武器扩散、核武器国家的对峙和核军备竞赛依然存在。遍布世界的核材料、核设施，存在因发生核事故、核犯罪而导致核污染、核泄漏乃至核攻击的风险。《中华人民共和国国家安全法》第三十一条规定："国家坚持和平利用核能和核技术，加强国际合作，防止核扩散，完善防扩散机制，加强对核设施、核材料、核活动和核废料处置的安全管理、监管和保护，加强核事故应急体系和应急能力建设，防止、控制和消除核事故对公民生命健康和生态环境的危害，不断增强有效应对和防范核威胁、核攻击的能力。"核安全是全球性问题，核恐怖主义是全人类的公敌，人类要更好地利用核能实现更大发展，就必须应对好各种核安全挑战，维护好核材料和核设施安全。要坚持理性、协调、并进的核安全观，坚持发展和安全并重，权利和义务并重，自主和协作并重，治标和治本并重，把核安全进程纳入健康持续发展的轨道。

海外利益安全是对外开放的必然要求。随着对外开放的全面推进，特别是"一带一路"建设加快实施，海外利益安全日益关乎我国整体发展利益和国家安全，维护海外利益安全成为一项重要任务。加快走出去步伐是大势所趋，要加紧研究、加大投入、加强防范，逐步提高海外安全保障能力和水平，保护我国公民和法人在海外的安全，保护我国海外金融、石油、矿产、海运和其他商业利益。要坚持协同联动，打造开放共赢的合作模式，在开放中分享机会和利益、实现互利共赢。

总体安全观提出的国家安全任务十分广泛，涵盖上述十二个重点领域以及太空、深海、极地、生物四个新型领域在内的方方面面，是健全国家安全体系、加强国家安全能力建设、统筹推进新时代国家安全的基本遵循，也是新的历史条件下，加强和创新社会治理，推进社会治理现代化的重大任务。

延伸思考

1. 解释下列概念：国家安全、国家安全观。
2. 简述总体国家安全观的主要内容。
3. 简述中央国家安全委员会的地位和作用。
4. 为什么要重视海外利益安全？
5. 联系实际论述社会治理与国家安全的关系。

参考文献

1. 中共中央宣传部. 习近平总书记系列重要讲话读本(2016年版)[M]. 北京：学习出版社、人民出版社，2016.
2. 李培林. 总体国家安全观指导下的社会治理[J]. 社会治理，

2017(5).

3. 闻言. 指导新时代国家安全工作的强大思想武器——学习《习近平关于总体国家安全观论述摘编》[N]. 人民日报，2018-05-04.

4. 中共中央文献研究室. 习近平关于总体国家安全观论述摘编[M]. 北京：中央文献出版社，2018.

5. 刘跃进. 以总体国家安全观构建国家安全总体布局[J]. 人民论坛，2017(34).

第九章　中国社会治理场域

本章概述

本章主要阐释了家庭、社区、农村、城市和网络社会五个场域治理的内涵、特点、发展脉络和内在机制，分析了面临的主要问题和发展趋势。读者通过本章的学习，可以了解中国社会治理主要场域治理的重要作用和基本理论知识。

第一节　家庭治理

"天下之本在国，国之本在家。"[①]家庭是社会的基本单元，承担了国家最基本的社会组织功能，家庭秩序也是国家秩序的重要基石和保障，家庭治理是推进现代社会治理的基础。家庭有序，则国家稳固；家庭和睦，则国家兴旺发达。

一、家庭治理的内涵及意义

（一）传统文化的家庭治理观

我国传统文化中对家庭治理提出了相关的概念，例如"齐家""治家""正家"等。其中，《礼记·大学》中提出，"欲治其国者，先齐其家；欲齐其家者，先修其身；欲修其身者，先正其心；欲正其心者，先诚其意；欲诚其意者，先致其

[①] 万丽华、蓝旭译注：《孟子》，144页，北京，中华书局，2006。

知;致知在格物。"这段话的大意是:要治理好国家必须先管理好家事,使家族成员齐心协力,和睦相处;要治理好家庭,核心内容是修身,即培养家庭成员成为有良好品行的人;怎样才能成为一个有良好品行的人呢?就是要端正内心,使自己的心意真诚,为此,必须获取知识,即要探究事物的发展规律。这段话指出了古代家庭治理的重要内容,就是带领家庭成员探究和获取知识,以端正内心,真诚待人,成为有良好道德品行的人。"治家"和"正家"与"齐家"的意思相近,但也有些许差别。我国历史上出现了许多家训家规。例如《颜氏家训》,其核心就是论述治家之道和治家之法,即按照家规来约束和培养家庭成员良好的品德和行为。再如,《周易·家人》中记载:"家人,女正位乎内,男正位乎外。男女正,天地之大义也。家人有严君焉,父母之谓也。父父,子子,兄兄,弟弟,夫夫,妇妇,而家道正。正家而天下定矣。"这里的"正家",是指家庭治理在家庭关系中强调遵循等级尊卑,理顺了家庭成员所处的位置,家庭的秩序就会正常。而家庭的稳定是实现天下稳定和社会治理的基础。

家庭治理是传统社会治理得以实现的重要途径。在中国古代家国同构的政治生态中,家庭不仅承担着社会再生产和人口再生产的基本职能,而且是基层政治单位,承担着重要的政治职能[1]。《礼记·大学》指出,"古之欲明德于天下者,先治其国;欲治其国者,先齐其家;欲齐其家,先修其身"。由此可见,从个人修身、到家庭治理再到治国、平天下有着连贯的逻辑联系。古代家庭治理包括的内容比较广泛,主要有励志、修身、勉学、德行、治家、处世、交友等。其中,修身和德行主要是指个人的道德修养的形成和塑造,要求家庭成员"明理、做人"。"明理",就是明伦理道德之理和社会生活之理;"做人",就是做一个遵守道德规范、孝顺、知廉耻、守法度的贤良有德之人。道德的培养与塑造成为家庭治理的核心和宗旨。

(二)现代社会的家庭治理内涵

家庭治理是现代社会治理的重要基石。社会是由每个家庭成员组成

---

[1] 南钢:《家庭治理:现代社会治理的重要基石》,载《中国浦东干部学院学报》,2015(3)。

的，他们既是家庭治理的主体，也是社会治理的参与力量。家庭是个体社会化特别是道德社会化最初的场所，家庭对人的道德品质的形成和发展至关重要，家庭正是通过对家庭成员的道德品质和行为习惯的培养，把社会的要求不断转化为家庭的要求来实现社会治理。现代社会主要的特征包括民主化、伦理化、法制化和信息化，而现代社会治理主要体现为民主治理、伦理治理、法制治理和信息治理①。其中，伦理治理主要是以家庭为重要的教育载体得以实现。

所谓伦理是指人与人相处的道德准则和行为规范，其中的"伦"本义是"辈"，由此引申的含义有类、序等，所谓"理"有道理、规范、道德等含义。因此，伦理二字结合在一起就是指调节人际关系的行为规范和道德规范②。其中，五伦指的是古代中国五种人伦关系和言行准则，这五种人伦关系为：君臣、父子、兄弟、夫妇、朋友，这五种人伦关系和相应的行为准则中有三种属于家庭内部的伦理关系，是家庭伦理教育的范畴。这些伦理关系的处理在现代社会依然存在，当今社会，在家庭中依然需要处理父母与子女的关系，子女要孝顺父母，父母要抚养和教育孩子；处理兄弟姐妹的关系，兄弟姐妹之间要相互爱护；夫妻之间需要相互理解包容和忍让。还有两种社会关系在现代社会也依然存在，就是工作中的上下级关系，也需要服从和忠诚；朋友关系，需要诚信和善待。

社会治理中的民主治理、法治治理、信息治理也需要借助家庭治理，对家庭成员进行教化，使他们成为遵守民主和法律，同时行使民主权利，掌握现代化知识和信息的社会公民。

家庭是一个社会的基本单位和缩影，家庭成员的道德水平是家庭治理最主要的成果体现，只有社会成员的道德水平得到提高，才能更好地促进和推动社会治理有序、有效地进行，提高整个社会治理的水平和程度。

---

① 南钢：《家庭治理：现代社会治理的重要基石》，载《中国浦东干部学院学报》，2015(3)。

② 侯道娟：《家庭伦理教育的重要性研究》，载《青春岁月》，2012(6)。

二、我国家庭结构和家庭功能的变迁

(一)家庭结构的变迁及发展趋势

1. 家庭及其结构

家庭是由婚姻关系、血缘关系或者收养关系建立的社会生活组织，是最亲密的群体。家庭结构是家庭组织的基础，从静态方面理解，指的是家庭成员的组合方式和家庭内部的构造，包括家庭的人口数、夫妇的对数和代际数量等。[1] 从动态方面理解，家庭结构是指家庭成员的构成及其相互作用、相互影响的状态，以及由这种状态而形成的相对稳定的联系模式。[2]

2. 家庭类型

家庭结构主要分为以下类型：核心家庭，即由父母和未婚子女组成的家庭；主干家庭，即由父母和一对已婚子女组成的家庭；联合家庭，即由父母和两对以上已婚子女组成的家庭，或者是兄弟姐妹结婚后不分家的家庭。除以上类型外，还有其他类型家庭，包括：隔代家庭，即由祖孙两代组成的家庭；单亲家庭，是由于丧偶或者离异等原因，核心家庭中失去父亲或母亲一方的家庭。此外，还包括单身家庭、丁克家庭（一对夫妇无子女的家庭）、同性恋家庭、失独家庭（一对年老夫妇失去唯一的子女的家庭）、空巢家庭（一对夫妇，子女不在身边的家庭）等。传统的家庭结构模式主要有核心家庭、单身家庭、主干家庭和联合家庭四种，主干家庭和联合家庭为扩展家庭。

3. 家庭结构变化

第一，家庭规模趋于小型化。家庭规模逐渐缩小是我国现代社会家庭结构最明显的特征。中国历来比较崇尚多子女的大家庭，但从20世纪开始随着现代化的推进，尤其是20世纪70年代开始实施计划生育政策以来，家庭规模日趋减小。具体特征表现为：家庭人口数量减少，多代家庭在家庭结构中的比重下降，丁克家庭、单身家庭、单亲家庭的比重不断上升。

---

[1] 孙丽燕：《20世纪末中国家庭结构及其社会功能的变迁》，载《西北人口》，2004(5)。
[2] 何芸：《农村家庭结构及其对养老保障的影响分析》，载《社会保障研究》，2011(1)。

第二，家庭代数减少。家庭规模的缩小既是家庭模式变化的结果，也直接影响到家庭模式。近一个世纪以来，中国家庭中二代户家庭数量迅速上升，约占全部家庭的 2/3 左右，成为家庭的主要模式；一代户家庭的比例经历了一个大增长后，近几十年基本保持不变；三代户的比例降低，多代家庭约占全部家庭的 1/5。

第三，核心家庭占主导地位，其他类型逐渐增多。1982—2000 年，中国的家庭形式十分稳定：核心家庭始终约占全部家庭的 2/3，主干家庭和联合家庭约占 1/5，单身家庭不到 1/10，其他类型家庭不到 1%。近 20 年来，随着我国人口流动的增多，由于父母外出打工，由祖父母抚养照顾孙辈的隔代家庭，以及由于子女外出打工或就学，由一对中年或老年夫妇组成的空巢家庭数量逐年增加。由于离婚率的不断增高，单亲家庭所占的比例也逐渐增多；特别是随着我国青年自主和独立意识的增强、婚姻观念的变化，未婚率和晚婚率上升，单身家庭在近年来所占比例也有所增加。总体上看，核心家庭占全国家庭总数的比例略有下降，但依然占主导地位；隔代家庭、单身家庭、空巢家庭、单亲家庭等都有增多的趋势。

(二)家庭功能的变迁及发展趋势

1. 家庭功能

一般认为，家庭功能主要有六个方面：第一是经济生产功能，即以家庭为单位进行的生产、分配、交换和消费等；第二是生育功能，即家庭的人口再生产功能；第三是教化功能，即家庭是个体社会化和接受教育的最初场所，家庭的教化功能主要是父母对子女进行教育和社会化的功能；第四是情感交流陪伴功能；第五是赡养功能，即成年子女对父母进行照料、陪伴和经济赡养等功能；第六是性生活功能，性生活是家庭中婚姻关系的生物学基础，社会通过一定的法律和道德使性生活得以规范化，使家庭成为满足两性生活需求的基本单位。也有学者将家庭基本功能概括为：生产功能、消费功能、人口再生产功能、养育子女和赡养老人功能、满足家庭成员生理和心理需要的功能[1]。

---

[1] 唐灿：《中国城乡社会家庭结构与功能的变迁》，载《浙江学刊》，2005(2)。

2. 家庭功能变迁

随着我国家庭结构的变化和社会的变迁，中国的家庭功能也发生了明显变化，具有现代中国社会的特点。我国的家庭功能受到社会发展和个体价值观念包括婚姻观、生育观、教育观等的影响，有的家庭功能发生了削弱和萎缩，有的家庭功能得到了增强。

第一，家庭生育功能的变迁。家庭是人类生育和繁衍的场所，生育是中国家庭最基本的功能。中国实行计划生育政策后，家庭生育子女数量大幅度减少，生育率降低。2015年10月，"全面放开二孩"政策的实施使中国家庭的生育功能得到一定程度的增强，生育"二孩"的家庭逐渐增多。此外，家庭的生育功能还受个人婚姻和生育观念的影响。自1987年以来，中国的结婚率持续下降，独身人数比例增加，也在很大程度上弱化了家庭的生育功能。

第二，家庭教育功能进一步增强。家庭教育是指父母及其他年长者在家庭生活中对子女施加的自觉的、有意识的教育影响活动[1]。家庭教育是个体健康发展的起点和基础，是国民教育的重要组成部分。随着时代的变迁，我国的家庭教育也发生了一定的变化，呈现出看重智力教育和学业成绩，家庭教育投入比例高，亲子沟通问题突出、亲子冲突明显，以及父亲在家庭教育中缺失等问题。

从我国家庭教育的发展趋势来看，首先，德育教育受到关注。教育家陶行知先生说过，"道德教育是做人的根本""没有道德的人，学问本领越大，为非作恶的可能性越大"。一项对我国家庭教育情况的调查表明，越来越多的家长开始注意教育孩子如何同别人打交道、尊重别人以及诚实守信。其次，情感教育成为热点。随着现代化进程的加速，家庭教育的内容有所扩展，除了包括传统的家庭教育内容之外，家长越来越重视孩子的情感教育，重视孩子的社会性发展，使孩子学会爱自己、爱他人，更好地适应社会生活。最后，性教育受到家庭教育的重视。在中国传统的家庭教育中，性的问题是被回避的。但有研究发现，现在的家

---

[1] 胡莹、商虹：《论家庭教育的功能、特点和基本要求》，载《西南农业大学学报（社会科学版）》，2007(1)。

长不再"谈性色变",总体上对于性教育在观念和态度上趋于明朗化。城市的大部分家长在孩子问有关性的问题时,可以直接给予科学的回答,引导孩子通过健康的途径(如阅读科普读物)来认识这个问题,或公开地与孩子讨论这个问题。

总体上看,在社会竞争日趋激烈和实行独生子女政策等社会背景下,我国当代家庭延续传统上对家庭教育重视的同时,家庭在教育上的支出和投入越来越多,家庭的教育功能进一步增强。

第三,家庭的赡养功能有所萎缩。中国传统文化重视和强调子女对父母的孝顺和赡养,因此,我国家庭历来重视对父母的照顾和赡养,帮助年老体衰、失去劳动能力的长辈安享晚年是家庭的一项重要任务。但社会老龄化的加速和加剧以及家庭规模的小型化等直接冲击着家庭的养老功能,使得家庭日常照料的能力降低、情感慰藉功能弱化、经济支持重心改变,家庭养老功能急剧萎缩,中国老年人口完全依赖子女或其他家庭成员赡养的道路越来越不现实①。

家庭是为老年人提供支持和照料的重要来源和支柱,家庭养老是我国传统的养老模式。在目前的几种养老模式中,不论是机构养老、社区养老还是居家养老,家庭成员对于满足老年人经济支持、生活照料和精神慰藉方面的需求具有不可替代的作用。

由于养老的经济来源不同,我国农村和城市的养老模式存在差异。农村养老模式主要包括老人自养、儿子养老、儿女共同养老以及土地养老等,以子女为核心的家庭养老模式仍然起着难以替代的重要作用。有研究发现,近年来,女儿在农村家庭养老中的支持作用日渐上升,儿子对父母的赡养、照料和慰藉有所减少②,农村家庭养老模式从以儿子为核心的传统养老模式转变为儿女共同养老的新模式③。城市家庭养老模式主要包括老人自养、子女等家庭成员赡养老人,以及社区提供养老服务的居家养老模式。老人自养是指当老人身体健康,有足够的养老金的

---

① 杨菊华、何炤华:《社会转型过程中家庭的变迁与延续》,载《人口与社会》,2014(2)。
② 贺雪峰:《农村家庭代际关系的变动及其影响》,载《江海学刊》,2008(4)。
③ 朱明宝、杨云彦:《农村家庭养老模式变迁与低生育水平强化》,载《中国人口科学》,2016(3)。

情况下，依靠自己或者配偶养老，不需要子女提供经济供养和生活照料。传统的家庭养老模式，即子女等家庭成员与父母居住在一起，由子女为老人提供经济支持、生活照料和精神慰藉。居家养老是家庭养老和社会养老的有机结合，照料养老由社区承担，精神养老由家庭承担，物质养老由国家、集体和家庭共同承担。

三、家风建设与家庭治理

（一）家风建设的内涵

家风是一个家族多代相传沿袭下来的体现家族成员精神面貌、道德品质、审美格调和整体气质的特定文化风格。家风建设对于以国家道德建设、法治建设和政治建设等为内容的国家治理能力现代化是一种有益的补充和有力的推动力量。党的十九大报告提出："坚持全民行动、干部带头，从家庭做起，从娃娃抓起。"不仅继承了齐家治国的传统思想，而且创新性地拓展了治国理政理念和思想内涵。

现代社会的家风建设通过家庭教育和家庭治理激发家庭所具有的道德教化功能、规范约束功能、公共精神培育功能。因此，家风建设具有道德内涵、规矩内涵和公共性内涵。[1]

1. 家风建设的道德内涵

家风建设本质上属于道德建设的范畴，不论是传统社会还是现代社会，家风建设都包含着各自时代所倡导的特定道德，家庭在社会伦理道德观念的养成和实践中发挥着基础性作用，社会道德规范很多时候是通过家庭载体进行传承的。古代社会的家风建设注重具有亲缘关系的家族成员的德性养成，即仁、义、礼、智、信等私德伦理对于调节家庭成员的关系以及家庭成员与社会的关系都具有重要的促进作用。现代家风建设的道德内容被时代赋予了新的含义，除了古代社会家风建设中的那些私德之外，社会公德也被国家和社会所重视和倡导。社会公德强调一种无私的奉献，对无亲缘关系的他人的关爱，对国家公共事务的情怀。

2. 家风建设的规矩内涵

家风建设不仅注重柔性感性的道德内容，同时也包含了刚性理性的

---

[1] 王淑琴：《家风建设：国家治理能力现代化的有益滋养》，载《中北大学学报（社会科学版）》，2017(2)。

第九章 中国社会治理场域 · 255

约束成分。中国传统社会是一个礼法社会，其家风建设非常重视"礼"这种非正式制度在形成社会秩序中的作用，例如，"不学礼，无以立""非礼勿视、非礼勿言、非礼勿听、非礼勿动"等礼教内容都包含了强硬的约束性，以及家训、家规和家法所具有的约束力。此外，家风建设还强调家庭成员之间的"规则意识""界限意识"，而我国要构建的法治文化价值和法治社会，就是要使人们的社会关系变得"明白而合理"。这不仅有利于和睦家庭的建设，而且有利于和谐社会的建成。

3. 家风建设的公共性内涵

家庭不仅是培养道德规范的第一场所，而且也是养成公共性思维和公共精神的重要地方。传统社会的家风建设传递的主要是以孝悌为主的小共同体内部的家庭关系，是属于"私域"的范围。现代社会具有开放性和流动性，因而人们进入的社会公共生活领域是"公域"，要求其既享有社会和政治权利又要尽社会义务，这就需要就要处理好"公与私"的关系，成就自己的公民品格。家风建设中的公共内涵包括：第一，家庭成员注重自己的权利不遭受其他外力的非法侵害，同时具有强烈的公共关怀意识，关怀那些涉及其他社会成员利益的公共事务，关注公共利益的分配或者享用情况；第二，家庭成员关注社会弱势群体的生存境遇，关注社会最不利者的未来发展，热衷于从事公益事业和慈善事业，树立自愿奉献，践行"天下为公"的精神，确立共享发展理念。

家风也叫门风，是一个家族的传统风尚，在精神上发挥着维系家族运行的纽带作用，是民族文化在家庭中的集中体现。习近平同志关于家风建设的一系列重要论述，构成了其家风思想。这既是对中国共产党革命建设历史经验的科学总结，也是对目前反腐倡廉现实问题的深刻反思，体现了党中央对治国理政思想的整体和系统谋划，反映了全面从严治党的政治逻辑和执政理念，创新了家风建设的时代内涵[①]。

(二)习近平家风建设思想内涵

第一，家风是社会和谐的重要基点。习近平在2015年春节团拜会上强调，家庭是社会的基本细胞，是人生的第一所学校，不论时代发生

---

① 吕文涓：《习近平家风建设思想探析》，载《甘肃理论学刊》，2017(6)。

多大变化，不论生活格局发生多大变化，我们都要重视家庭建设，注重家庭、注重家教、注重家风，使千千万万个家庭成为国家发展、民族进步、社会和谐的重要基点。良好的家风对家庭成员的成长有着潜移默化的作用，营造风清气正的社会大环境，良好的家风的作用不容忽视，充分体现了家风与党风、政风的相互渗透、水乳交融的理念，这是家风建设的最终价值追求。

第二，家风是核心价值观的直接体现。2018年，习近平在与全国妇联新一届领导班子成员集体谈话时强调，家风是一个家庭的精神内核，也是一个社会的价值缩影。良好的家风和家庭美德正是社会主义核心价值观在现实生活中的直接体现。这是对家风与社会主义核心价值观的关系的深刻理解。家风作为社会风气的细胞，不仅是一种富有凝聚力的文明，而且是一个人精神和品格成长的源头，对于培育和践行社会主义核心价值观具有不可替代的天然优势。

第三，家风是领导干部作风的重要表现。习近平多次强调，领导干部的家风，不是个人小事、家庭私事，而是领导干部作风的重要体现。十八届中央纪委六次全会上，习近平特别指出：从近年来查处的腐败案件看，家风败坏往往是领导干部走向严重违纪违法的重要原因。在会见第一届全国文明家庭代表时，习近平指出，领导干部的家风，不仅关系自己的家庭，而且关系党风政风。党的十八大以来，全面从严治党的一个最突出特点，就是把家风建设作为领导干部作风建设的重要内容，其逻辑起点是家风，虽出自家庭，立足于家庭，但却对党员领导干部的道德水准和价值取向产生着重要影响。良好的家风不仅能促进领导干部涵养自身品行，而且还会给领导干部廉洁从政加上一道"防火墙"，进而形成具有强大感染力的精神力量。这些论述体现的是治国先治吏的理念，目的是在此理念指导下，涵养家风，加强修养，廉洁从政，每一名党员领导干部必须上好改进家风，进而改进作风这门必修课。

第二节 社区治理

一、社区与社区治理

(一)社区的定义

社区概念形成于19世纪后期的资本主义社会发生转折时期。1870年以后,随着科学技术和工农业生产的飞速发展,欧美主要资本主义国家的社会经济结构和社会力量格局都发生了巨大的变化,社区的定义亦随之发生变化。社会上对社区的概念和含义的认识不尽一致。这里,仅取其以下三种含义。第一种是作为"共同体"的社区,强调价值取向与社会价值取向的区别,社区的基本要素包括同质性的人群、共同的价值取向、互助的人际关系结构和加入群体的"前定"非选择性等。第二种是作为社会整合的社区,在"共同体"的社区含义中增加了地域要素,并将其上升到了社区必备要素的高度,使社区具有了社会整合的功能,认为"社区是指在一个地理区域围绕着日常交往组织起来的一群人"[1]。第三种是作为基层社会治理单位的社区,是社区居民的行动单位,是运用理论开展社会工作的单位,是社会治理的切入点。随着社会工作、社会管理、社会治理等应用研究的兴起,社区不仅是应用研究的单位,也成为实践场所,更是治理社会的一个切入点。在之前的视角上又增加了国家行政单位、基层组织机构和社会治理单位的视角。

综上所述,社区定义最基本的三大要素包括人群、地域和人与人之间"共同体式"的关系。随着社会研究理论和成果的应用,社区的内涵又增加了区域机构、社会单位、社会治理场域等含义。

按照不同标准,社区可以划分为不同类型。大致可以分为地缘社区、业缘社区、趣缘社区、虚拟社区等。地缘社区是指按照地域划分社区,大致分可分为城市社区、乡村社区和城镇社区等。业缘社区是指按照从业及其不同职业而形成的社区,如单位制社区、商业社区、农业社

---

[1] 美国社会学家戴伦·波普诺在《社会学》一书中的定义。

区、大学城的学生社区等。趣缘社区是指按照居民兴趣聚居而形成的社区，包括因画家和画室聚居而形成的"画家村"、摇滚乐手聚居的"摇滚社区"等。虚拟社区是指没有实际地域边界，以某种载体（网络、组织等）为依托的社区，如网络论坛、微信朋友圈、病友互助群等。目前，社区的"去地域"倾向明显，已成为社区的发展趋势。

（二）社区的功能

社区具有多种功能，主要包括以下几种。

首先，社会化功能。社会化涉及社会及个体两方面。从社会视角看，社会化即社会对个体进行教化的过程；从个体视角看，社会化是个体与其他社会成员互动，成为合格社会成员的过程。社会化可以分为早期社会化（儿童及青少年时期）、继续社会化（成人期）和再社会化（接受下一代的社会教化）。社区是社会化的一个重要场域，提供了社区成员成为社会成员所需要的互动场所、人际关系、社会知识及价值观。

其次，社会服务与社会治理功能。"共同体"意义的社区，最突出的一个功能是在相同价值标准下，社区居民的共享共治。随着现代工业社会的发展，社区成为社会的基层单位，也就成为政府、社会组织和个人开展社会服务的基本场所。以社区为单位，运用各类资源开展服务成为社区的重要功能。同时，社区作为一个基层组织机构，不仅政府可以通过社区基层组织向社区居民提供社会保障和社会福利、组织相关活动、整合相关力量、实施相关政策，社会组织也可以社区为单位向社区居民提供社区服务。加上以社区为单位开展志愿活动的个人，多种力量在社区的交汇，使得社区的共治共享功能越来越突出。

再次，社会参与和社会组织功能。社会参与指社会成员以某种方式参与、干预和介入国家政治生活、经济生活、社会生活、文化生活和社区的公共事务从而影响社会发展。社会居民以社区为单位参与国家和社会生活的方方面面，从而实现自身权利与义务的统一。此外，社区还是重要的社会基层单位，是选举、组织活动、上传下达、实施社会保障和福利的基层单位，具有重要的社会组织功能。

最后，社会控制与社会支持功能。社会控制指利用社会规范对其成员的社会行为实施约束的过程。广义的社会控制，泛指对一切社会行为的控制；狭义的社会控制，特指对偏离行为或越轨行为的控制。它可以协调社会运行的各个系统之间的关系，修正其运行轨道，控制运行方向和运行速率，使之功能耦合、结构协调、相互配套，尽量使社会各运行系统同频同步，促进社会的良性运行和协调发展。因此，社区作为最基层的社会单位，主要通过社区矫正，实现社会控制功能。与此同时，社区也是社会支持网络建构的主体之一。通过社区基层组织提供的政策帮助、邻里互助、链接社会资源等为居民建构社会支持网络。

（三）社区治理的内涵

中国的社区治理是指党组织、政府、社区组织、居民及辖区单位、营利组织、非营利组织等基于公共利益所开展的满足社区需求，优化社区秩序的过程与机制，也是维持社区的正常秩序，促进社区的发展，满足社区居民物质和文化活动等特定需要而进行的一系列的自我管理或行政管理活动的总和。社区治理主要包括四个层面的含义。

首先，社区治理的主体多元化。基层党组织和政府在社区治理中发挥决定性作用，社区治理的主体在向多元发展，企业、非政府组织、业主等通过与各类机构，以及彼此之间建立起多种多样的协作关系，开展相互之间的协商与合作，来共同决定和处理社区公共事务，组织社区活动，从而满足社区公众的需求，使得一元化的社区管理向社区治理过渡。

其次，社区治理的过程目标突出化。社区治理除了明确的任务目标之外，过程目标更是其所注重的因素。社区治理要解决社区存在的具体问题，完成特定的、具体的经济社会发展任务。在完成具体任务的同时，社区的归属感、凝聚力和社区居民自我管理、自我治理的能力等这些任务目标也越来越成为社区治理的重要内容。培育社区治理的基本要素，包括调动社区居民参与社区活动、关注公共事务，培育改善社区组织体系，建立正式、非正式的社区制度规范，建构社区不同行为主体互动机制等社区治理的过程目标。

再次，社区治理的范畴扩大化。社区治理的范畴涉及社区成员社会生活的多个方面，事关社区成员的切身利益，包括社区服务、社区安全、社区环境、社区物业服务、社区文化建设、社区社会保障、社区福利等。由于目前社区的权力主体主要包括党委和政府的基层派出机构、业主代表机构、物业服务机构，社区治理的范畴也相应地扩大到了政府事务之外的业主和市场范围之中。三大力量的共治要求整合社区内外资源，调动社区居民参与，规范社区物业服务，从而达成多范畴的社区治理。

最后，社区治理的互动多途径化。社区治理区别于行政管理，其治理方式不是自上而下的、单纯靠制定和执行政策等就能够达到管理目标，而是通过协商合作、协同互动、协作共建等来建立对共同目标的认同，进而依靠居民的参与完成社区治理。社区治理的多维度、上下互动的过程是社区治理的保障，社区治理的有效性也是源于人们的同意和认可，而不是靠强制和压力。

综上所述，社区治理的含义具有多层面、多维度、多范畴、多途径等丰富的内涵。其外延包含社区管理，是指在党委领导和政府的主导下，社区职能部门、社区单位、社区居民参与的社区各项事务的管理和所提供的服务。

在我国，社区管理的概念早于社区治理，是我国向社会主义市场经济体制转轨时期，随着改革的不断深化，社会结构、生活方式、思想文化以及行为方式的变化而提出来的。随着改革开放的全面深化，社会服务、社区治理逐渐取代了社区管理。

(四)社区治理的特性

第一，社区的自治性。社区的运转是一个自治的过程。在传统的乡村社区，特别是古村落具有良性循环的经济生活和社会生活，而社会治理就是发掘和提升这种自治性，从而最大限度地体现共建共治共享的社区治理特性。

第二，社区治理的跨越性。跨越性是指非常规阶段性发展，超越整体上的由低级形态到高级形态的发展过程，即从最初简单形态向复杂形态的发展过程。社会治理的跨越性则是指其随着社区类型的多样性，而产生的超阶段性发展。只依靠提升社区自身的自治性远远不能够满足社区治理的要求，因此，来自社区外部的各类资源的介入才能够满足当下社区治理的需求。

第三,社区治理主体的多元性。基层党组织和政府是社区治理的主体。此外,还有其他治理主体,包括企业、非政府组织、私人机构以及个人,它们通过同党组织和政府机构,以及彼此之间建立起多种多样的关系,主要通过各种形式的协商与合作来共同决定和处理社区公共事务,使得过去的社区管理趋向于社区治理。

第四,社区治理目标的多样性。社区治理的目标可以分为两大类,即任务目标和过程目标。任务目标指完成特定的社区治理任务,包括社区组织的建立与完善、社区治安的改善甚至社区车辆车位管理等。而过程目标则指在完成特定的、具体的任务目标的过程中,培育社区居民治理的基本能力,包括参与治理的观念、参与治理的技巧、参与治理的组织、参与治理的机构,从而建立起居民对社区治理的认同,促成治理意愿、达成治理行为。这些社区治理的过程目标只有在社区治理的较长过程中才能逐渐培育起来。

第五,社区治理内容的广泛性。社区治理的内容涉及社区成员社会生活的多个方面,事关社区成员的切身利益。它不仅内容多样,也正在日益向扩大化发展,不仅包括社区服务、精神文明建设等,也包括调动社区居民参与等,从而达成社区事务的良好治理。

第六,社区治理的多维度性。社区治理区别于政府的行政管理,社区治理不是通过发号施令、制定政策来达到目标,它是一个多维度的合作和沟通,多维度的协商与讨论,多维度的合作与建设。在这种全方位、多维度的互动过程中,推进社区治理目标的达成。

二、国外社区治理的理论

自19世纪80年代德国社会学家斐迪南·滕尼斯(Ferdinand Tönnies)提出社区概念后,经过长期研究探讨形成了十分丰富的理论,包括以帕克麦肯齐为代表的芝加哥学派的人文区位学理论,以齐美尔和沃思为代表的社区失落理论,以刘易斯和甘斯为代表的社区继存理论,以费金尔、韦尔曼和富顿为代表的社区解放理论,以亨特为代表的精英理论,以达尔为代表的多元政治理论,等等。从理论的不同视角来看又包括治理理论视角、公共选择理论视角、新公共服务理论视角和社会支持理论视角等。这些理论视角从不同的角度出发,对社区形成、社区关系、社区运行等进行了全方位阐释。

(一)治理理论视角

治理理论是20世纪末,在世界各国中央政府与地方政府权力结构调整以及以一定地域为基础的地方政府对社会资源配置进行重组过程中出现的。

从治理出发,政府不是唯一的主体,其更应发挥引导和服务的功能,其在社区中的管理要充分体现弹性化、动态化、多样化的特点。因为任何治理主体都不可能单方获得所有的资源,所以,社区治理的多元主体之间要形成一个相互依赖的、互动的、合作的网络体系,在促进社区发展目标推动下自觉自愿地进行社区公共事务的协调管理。同时,治理理论又明确指出,多元主体的共同参与需要厘清各自的权限与边界,否则,极易造成权责不清、相互推诿。合作互动的网络体系还存在对谁负责的问题。因此,我国在借鉴治理理论进行社区治理时,应该从实际出发,理顺各治理主体的角色关系,确定其职责和权限,防止治理主体的错位和资源内耗。

(二)公共选择理论视角

以美国当代著名经济学家詹姆斯·布坎南(James Buchanan)为代表人物的公共选择理论(Public Choice Theory)产生于20世纪40年代末,形成于60年代末70年代初,是一门介于经济学与政治学之间的综合理论。公共选择理论认为,政府产出的非市场化特征导致官僚机构缺乏竞争,使得政府没有动力降低成本,从而使得没有效率或低效率,需要向灵活的、成本—收益对称的市场机制转变。对于既可以由政府来提供、也可以由社会来提供的公共服务和社会管理等事务性工作,应该打破公私界限,破除政府垄断和行政化干预,在政府和社会之间,在公私之间形成竞争机制,给予公众对公共服务进行选择的机会。随着我国改革开放的深化,政府正在向有为政府、有效政府角色转变。社区治理借鉴公共选择理论,让社区居民、社区组织以及其他社会组织成为治理主体,协同高效参与社区治理。

(三)新公共服务理论视角

以珍妮特·V.登哈特(Janet V. Denhardt)、罗伯特·B.登哈特

(Robert B. Denhardt)为代表的新公共服务理论，强调的是以公民为服务对象，以政府公共管理的多元主体、多元参与为基础；以尊重公民权利、实现公共利益为目标的社会协调运作的综合治理模式。其理论核心是公共行政以服务为宗旨，政府的首要任务是帮助公民明确表达并实现公共利益，政府的作用在于与社会组织一起，为社会问题寻找良好的治理对策。新公共服务理论还强调把市场机制引入公共管理的同时，应关注法律、社区价值观、政府规范、职业标准以及公民利益的协调。可以看出，新公共服务理论中突出了管理的人本主义，以及坚持法律、坚持正义、坚持道德的社会治理思想。

(四)社会支持理论视角

所谓社会支持理论，"是个体从他人、群体、组织和社区中得到各种形式的关心、扶持和帮助，其本质是一种物质救助、生活扶持、心理慰藉等社会性行为"[1]。其来自法国社会学家涂尔干对于自杀现象的研究，"他通过对自杀现象的研究发现社会联系(social ties)的紧密程度与自杀率有关"[2]。作为专业术语，社会支持在20世纪70年代被正式提出，早期的社会支持被视为"个体从他人或社会网络中获得的一般或特定的支持性资源，以应对生活、工作中的问题与危机"[3]。

关于社会支持理论，国内外有许多学者从不同的角度进行了研究。首先是对社会支持类型的研究。韦尔曼利用因子分析的方法，"将社会支持分为感情支持、小宗服务、大宗服务、经济支持、陪伴支持等5项"[4]。"卡特纳那和罗素将社会支持区分为情感性支持、社会整合或网络支持、满足自尊的支持、物质性支持、信息支持"[5]。综合国外学者的研究发现，构建一套社会支持系统需要包含物质、情感、陪伴及社区

---

[1] 方曙光：《社会支持理论视域下失独老人的社会生活重建》，载《国家行政学院学报》，2013(4)。

[2] 李宁宁、苗国：《社会支持理论视野下的社会管理创新：从刚性管理向柔性支持范式的转变》，载《江海学刊》，2011(6)。

[3] 李宁宁、苗国：《社会支持理论视野下的社会管理创新：从刚性管理向柔性支持范式的转变》，载《江海学刊》，2011(6)。

[4] 贺寨平：《国外社会支持网研究综述》，载《国外社会科学》，2001(1)。

[5] 贺寨平：《国外社会支持网研究综述》，载《国外社会科学》，2001(1)。

参与四种必备要素。

三、国外社区治理的典型模式

(一)社区自治模式

社区自治模式主要表现为：政府与社会相对分离，政府对社区的干预以间接管理为主，政府的主要职能是为社区自治提供法律和制度支持，社区自治在社区中占主导地位，社区的具体事务完全是按自主自治的原则进行处理的。

美国是典型的社区自治模式的国家之一，政府依法管理、社会全面参与、社区自治管理、资金多方筹集、分工日趋完善是其社区治理模式的特点。在美国，社区治理的主体主要有五类：政府、社区组织、非政府组织、私人企业和公民，这些主体间分工日益清晰。社区设有社区委员会、社区服务顾问团等自治组织机构，它们是联系政府、社区居民的桥梁和纽带；社区委员会是半官方的机构，每个委员会设有50名委员，由区长任命、不领取工资、任期两年，其职责主要是制定实现社区目标的计划、聘用社区管理人员、组织公众听证会和公众集合等。社区服务顾问团是由各专业职能部门代表和市议会中本社区代表组成，他们的职责主要是征求并协商社区委员会主席和居民意见，制订解决方案并组织实施。

非政府组织是美国社区自治模式得以有效运作的支柱力量，主要致力于社区服务和民意表达。美国的非政府组织非常庞大，既有传统的社区服务机构，也有政府支持的用于职工培训和其他服务的组织，还包括为满足邻里和其他社区需要而建立的组织。它们之间没有隶属关系，分别代表着不同的利益主体，独立开展活动。它们在社区治理中的作用主要有：一是为社区提供全方位多元化的社区服务，满足社区居民的需要；二是帮助政府从烦琐的社区具体事务中得以脱身，使得社会公众服务更加有效、便捷；三是为社区居民政治参与提供渠道，加强选民与民选官员的沟通联系；四是提供大量就业岗位，带动社会各类服务业的发展，美国大约有全国就业人口的10%从事社区各类服务工作。

参与社区建设的企业主要有社区化的小企业发展中心、小企业投资公司、社区开发公司、社区贷款中心等，它们往往在政策、资金等方面得到了政府的支持,通过与政府的合作伙伴关系,承担了部分的社区责任。

公民不仅仅是公共服务的纳税人和消费者,也是社区公共事务的直接参与者,是社区治理不可或缺的组成部分。

(二)政府主导模式

政府主导模式主要表现为:政府和社区紧密结合,政府对社区实行直接管理,政府在社区中占主导地位。新加坡是典型的政府主导模式国家之一,可以用政府直接管理、居民响应参与、非政府组织日益发展来概括其社区治理模式的特点。

在新加坡,社区基本等同于选区,目前全国共划分为 84 个选区,社区组织是以选区为基础,社区活动也以选区为基本单位。政府对社区进行直接管理,对社区的干预也是直接和具体的,主要表现在:一是全国的社区事务由政府设立的专门职能机构(隶属社会发展与体育部的社区发展署)来负责,在社区里,也设有各种形式的派出机构;二是由国家住宅发展局负责社区公共服务的规划,配有全日制的联络官员负责与居民委员会沟通,通过对社区、社区组织领导人开展一系列培训,来统一社区活动组织者的思想;三是由政府发起一些社区活动或者资助某些社区活动,下拨经费来支持社区的有效运行,通过对社区组织行为的引导和物质支持,掌握社区方向。在新加坡,社区活动的经费主要是政府补贴和社会募捐,但是更多来自政府财政,据有关统计,政府负责 90% 的社区基础设施建设费用和 50% 的日常运作费用。社会募捐主要来源于企业和其他组织的捐赠。

在新加坡,社区组织和政府关系非常密切,虽然社区组织自成体系,但是有个非常重要的特点,就是主要的社区组织领导成员都不是民选产生的,而是由所在选区的国会议员委任或者推荐,所以社区组织的政治化程度非常高。全国社区组织的总机构是人民协会,政府通过内阁成员和政府公务员在人民协会担任一定的职务来实现对社区基础组织的领导。

因为政府在社区治理中占据主导地位,所以新加坡社区治理方式是从上而下的。但是近年来,社区居民对各类义务性质的社区活动积极性非常高，居民以志愿者的身份响应参与，这也使得吸纳志愿者参与社区活动的非政府组织日益发展，其在社区治理中的作用也得到了政府的高度重视，在西方"社区主义"的影响下，政府开始致力于"新加坡人的社区主义"，试图让社区所有的成员包括政府都能充分倾听各方利益群体的意见。

（三）混合治理模式

混合治理模式主要表现为：政府主导与社区自治两种模式相互混合，政府对社区的干预相对宽松。

澳大利亚是典型的混合治理模式的国家之一，可以用各级政府分工明确、独特的社区治理体系、社区治理官方色彩和自主治理色彩相结合、资金来源多元化来概括其社区治理模式的特点。澳大利亚的混合治理模式首先与其受西方发达国家文化传统和民主化倾向影响是分不开的，它和美国一样是个联邦制国家，具备了发达国家的主要政治体制和经济环境，但是它又是典型的多民族、多移民国家，是一个在殖民地国家基础上日益发展起来的国家。混合治理模式成为其社区运作机制的特色。

在澳大利亚，国家管理体制实行联邦、州、地方三级政府制，其中第三级地方政府设在州以下，统称为市。市政府是澳大利亚最低层次也是最主要的社会事务管理机关，它直接面对社区居民，在社区居民和市政府之间没有其他的中间机构，所以澳大利亚的社区地理范围和市政府的辖区一致，大的社区有9万多人，小的社区只有几百人。市政府主要包括市长、市议会、议员、总经理和职业工作人员，其中市长和议员都是来自民间的本社区人员，议员由社区居民直接选举产生，市长可以由居民直接选举产生，也可以由议员间接选举产生，市长和议员对社区居民负责，市议会是社区最高决策机构。市政府的实权则掌握在总经理手中，他由市长提名、议会通过，对市长或者议会负责。从社区治理的运作机制来看，市政府是典型的自治社会组织，其职能和运作方式完全类似于我国的居民委员会。但它又是基层政府，具有基层政权性质，和我国的居委会又不相同。正是这种独特的社区治理体系，使得澳大利亚的社区治理中官方色彩和自治色彩相结合，呈现混合治理的特点。

四、中国社区治理体制的沿革

由传统的行政化管理向多元主体治理的转变，是我国社区治理体制发展沿革的主线。我国传统的城市管理体制构建于计划经济时期，其主要特点是国家作为社会管理的唯一主体，通过高度集中的行政管理体制和行政干预实行全方位的统辖和管理，是当时国家意志和社会需求的集中反映。可以说改革开放以前，国家对城市社会的基层管理并不是真正意义上的"社区治理"，而是"地区管理"。改革开放以来，在社会主义市场经济改革取向和以职能转变为基点的政府机构改革的双重推动下，单一行政化的管理体制逐步被打破，社区的内在价值凸显出来，创建现代化的社区治理体制的要求提上议事日程。概括起来，我国城市社区治理体制的发展主要经历了三个阶段。

（一）"单位制"阶段

国家通过"单位制"形式对城市基层进行管理，从新中国成立之初一直延续到20世纪80年代中期。这一城市基层管理体制与高度集中的计划经济和国家一元化结构是紧密相连的。为了巩固社会主义制度的基础地位，国家通过强有力的行政权力体系加强对各级政权的管理，实现对社会的控制。1954年《中华人民共和国宪法》和《城市街道办事处组织条例》颁布实施后，行政权力迅速延伸到各个街道，全国城市统一了街道办事处的名称、性质、任务和机构设置，街道办事处和居民委员会成为我国城市社会管理体制的一个有机组成部分。街道办事处最初是被作为行政管理的一个基础层次来对待的，在较长的时期内并无"社区"的概念。在单位制阶段，只是自然地、逐步地形成了社区的雏形。此时的社区不仅是人们聚居的区域社会，更是政府管理的基层区域。

一方面，政府是国家利益的唯一代表，是经济生活、政治生活和社会生活等各个领域组织、领导和管理的唯一主体，当然也是社区管理的唯一主体。因此，街道办事处处于较弱的地位，作为区政府的派出机构，街道办事处的权力统一收归区政府。区政府政策实施主要通过其职能部门，然后再由各局传达到街道各所，街道办事处的作用局限于上情下达，反映基层情况、配合工作的具体落实，基本处于被动从属的地位。另一方面，发达的"单位制"取代了许多街道的职能。在城市中，除无业居民由城市基层政权组织和群众性组织——居民委员会——管理外，在职职工的社会管理、社会福利、社会保障等均由自己所属的单位来承担，连在职职工子女的医疗福利乃至住房、就学等也都由职工所在单位统揽。这就使得职工及其家属对所在单位产生高度认同感、依赖感，使职工更注重自己的单位属性，忽视了自己的居民身份。这种单位人的身份严重阻碍了居民社区意识、社区归属感和社区认同感的形成。这一时期，社区自治组织的发育遭到行政体系的抑制，造成社区萎缩、发育不良、功能异化。

(二)"街居制"阶段

20世纪80年代中期以后，经济体制改革和随之而来的社会结构调整诱发了"单位制"的弱化与社区的崛起。我国的社会结构由国家一元结构逐渐转变为"国家、市场、社区"三元结构，权力和资源在政府、企业、非营利组织之间适度分散。1986年，民政部提出了开展"社区服务"的要求，第一次提出了"社区"这一概念，并逐渐提出了我国社区建设的思路。在市场经济条件下，政府需要一个能够起社会整合和社会稳定作用的组织，社会组织的发展也需要一个能够互动发展的组织结构，社区的自治性、群众性、基层性决定了其能承担这一功能。因此，由单位制向社区制转变，就成为构建新型的政府与基层社会关系的现实选择。

这一时期社区建设得到迅速发展，社区服务中心等自治组织为满足居民不断提高的生活需求发挥了不可替代的作用。但由于对社区的认识还不充分，这时的社区建设突出表现为"街居制"，街道办事处职能急剧增加，负担加重。"单位制"解体后，其内部的改革使原有单位的功能溢出流向社会并具体落到了"街道"。街道办事处逐步形成了居民的社会福利、社会保障、社会服务、居民自治、自助与互助以及职业化的社区社会工作等社会职能。从行政职能的角度来说，作为市或市辖区人民政府的派出机构，街道办事处虽不是一级政府，却又构成了城市社区的一级行政组织。但由于这一时期法律缺乏明确的规定，上级政府又没有统一的授权，使得街道内部的行政秩序很混乱，具体表现为"条块冲突"，责权不清，"上边千条线下边一根针"，许多城市管理的任务落实到街道，但街道却没有明确的职权，而"条"上各机构又因为人力和物力所限以及与居民接触较少，所以把工作直接交给街道。这种条块矛盾在街道办事处成立之初就已见端倪，在"街居制"时期，由于街道和上级政府都试图通过各自权限来争夺更大的权限而表现得更为突出。因此，"街居制"阶段社区的自治能力虽然得到一定程度的发展，但仍受到严重制约。而政府由于包揽了大部分街道办事处的事务而不堪重负，行政成本上升，行政效率降低。这种情况充分说明，我国社区治理体制亟须改革。

(三)"社区制"阶段

1996年以来我国开始了"社区制"改革试验，各大城市掀起了轰轰烈烈的社区建设热潮，特别是1999年民政部启动"全国社区建设试验区"试点工作以后，不同形式的社区治理体制可谓异彩纷呈。这一时期的社区建设主要是围绕政府组织、经济组织、社区中介组织、社区自治组织等权限关系的调整这一核心，寻找制度创新的突破口。其中，上海、青岛、武汉、沈阳等城市，形成了社区治理体制的不同版本，同时也展现了我国城市社区治理体制创新的发展轨迹。

社区自治组织程度的提高，使街道办事处夹在基层政府与社区之间，其能够发挥作用的空间越来越小。因此，街道办事处功能应该如何定位，是社区治理体制面临的一次深刻变革。由居民委员会发挥牵头、协调、组织的作用，把辖区内的机关事业单位、驻社区单位、企业、社区单位和社区居民都纳入社区建设的行列中来，不仅能够取得综合协调管理的效应，更有利于社区资源的整合和社区自治功能的发挥。总之，我国城市社区治理体制的完善是一个不断探索、深化发展的过程，需要与其他领域改革统筹协调，从而使社区逐步回归自治组织的功能定位。

四、我国社区治理的问题和趋势

(一)社区治理面临的问题

1. 社区行政化色彩过强

长期以来，社区就像一个大箩筐，各种事务纷纷涌向社区，造成社区行政负担过重，居委会不堪重负，无力无心开展居民自治活动。近些年，在开展社区减负增效的改革下，一些地方的社区甚至出现行政负担越减越重的"减负怪圈"；也有一些地方推动社区居委会具有公务员身份或事业编制待遇，使得社区居委会组织结构日益科层化，其日常运作表现出较为强烈的行政化色彩；在社区规范化建设的背景下，各种标准化、数目化的考核，也使得社区产生了更强的行政依赖性。

2. 社区参与机制不完善

社区主体参与不足，是影响社区治理的一个重要方面。普通居民参与社区各类公益志愿活动的积极性普遍不高，基本上都是些老年人，年轻人则很少；一些驻区单位共驻共建意识不强，不积极支持配合社区工作，甚至存在一些矛盾；一些企业业主，围绕物权利益的争夺时有发生，并往往引发较大的物业纠纷冲突；社区居民的参与渠道比较分散，参与平台载体缺少有效整合，参与动力也比较有限，缺乏有效激励。

3. 社区公共服务供给不足

近些年，虽然各地都大力推动社区公共服务用房和配套基础设施建设，但不少社区仍面临办公条件严重不足的问题。一些老旧小区的公共服务设施，缺少稳定持续的资金进行维修和更新。政府购买社区公共服务日益成为一种普遍趋势，主要采取项目制运作方式，其实施效果参差不齐、有好有坏。人口老龄化的严峻形势和挑战，在基层社区层面更加凸显，社区养老服务需求缺口较大、养老服务体系建设亟待增强，社区公共服务多元筹资机制亟待完善。

4. 社区治理结构有待理顺

目前，城市社区中普遍拥有多个治理主体，包括社区党组织、社区居委会、社区公共服务站、物业公司、业委会等。由于有些社区主体是相对比较新的事物，人们对其认识和把握有一个适应的过程，再加上相关政策法规的制定和供给相对比较滞后，使得这些治理主体之间的权责关系并未有效理顺，彼此之间的多元协商议事机制也未能相应建立，导致基层社区治理结构碎片化，社区利益冲突多发频发。

(二)社区治理的发展趋势

党的十九大报告提出："打造共建共治共享的社会治理格局。加强社区治理制度建设"，"推动社会治理重心向基层下移"。这为新时代社区治理提供了重要指引和发展方向。提升社区治理社会化、法治化、智能化、专业化水平，成为当前和今后一个时期社会治理体制改革的重要任务。

1. 社区治理社会化

所谓"社会化",就是社区治理要充分发挥社会力量的积极作用。社区治理,要坚持依靠党委领导和政府负责作用,又要坚持社会化的发展方向,有效整合社区各方面资源,动员社区各方面力量参与,从而扩展和夯实社区治理广泛的社会基础。同时,社区治理社会化,需要多元化主体的协同、参与、合作、共治,"一核多元"将成为中国社区治理的基本发展方向和趋势。其中社区党组织是领导核心,肩负引领和规范社区治理发展方向的重要责任和使命;社区社会组织是不可或缺的活力因子,是链接和提供各类服务资源的重要桥梁纽带;物业公司是社区公共服务的重要提供者,其在社区治理中的作用将更加重要。社区治理的社会化,归根结底,要增强社区自身的主体性和社会性。

2. 社区治理法治化

所谓"法治化",就是社区治理要充分发挥法治保障作用,进而有效提升社区治理法治化水平。推动社区治理运行在法治化轨道上,通过法治思维和法治方式来破解社区治理难题,充分发挥居民自治公约、乡规民约在基层社区治理中的积极作用和效能。同时,大力推动法官、检察官、律师、公证员等进基层社区,提供法律服务,开展法治宣传教育,创建法治社区,不断增强社区居民的法治意识和法治观念,建立健全社区依法治理的良好氛围和优良风尚。社区治理法治化体系的建设,将有助于化解矛盾纠纷、实现定纷止争。

3. 社区治理智能化

所谓"智能化",就是社区治理要充分发挥信息技术的催化作用,进而不断提高社区治理的智能化水平。随着微信、微博、互联网、物联网、大数据、人工智能等各种信息技术的日新月异,"互联网+"社区治理成为基层社会治理的重要方式。一方面,通过信息技术促进社区治理精细化,推动实现精准定位、精准治理、精准服务,使得网格化管理、人性化服务,大力构建智慧社区,成为一种基本发展方向;另一方面,信息技术也能够推动社区治理的便捷化和扁平化,有助于信息、服务、组织、资源等各种要素实现优化配置和传递,更好满足社区居民多样化、个性化的美好生活需求。

4. 社区治理专业化

所谓"专业化",就是社区治理要充分发挥专业人才的支撑作用,进而不断提高社区治理的专业化水平。随着市场经济的发展和基层利益格局的深刻变动,社区人口构成日益复杂,社区需求日益多样,社区问题日益增多,这些都需要通过专业方式和专业手段来予以解决。相对于传统的社区居委会干部,现代专业社会工作是社区治理不可或缺的专业力量。与专业社会工作者紧密相连的是,专业志愿者队伍建设。在慈善公益时代,为了让专业社工和志愿者发挥更大作用,基层社区将会为其提供广阔的平台。

第三节 农村治理

农村社会是一个复杂的系统,不同的利益主体在农村社会中有着不同的利益诉求,如何协调这些主体的关系、促进农村社会的有效治理(以下简称"农村治理"),不仅事关农村社会秩序的稳定,而且关乎农村的整体发展和社会文明进步。

一、农村治理

农村治理主要是在党的领导下,农村基层政府、村民委员会、各种社会组织和农民等诸多主体,依据国家法律、法规及政策,运用各种正式与非正式的规范,对农村社会领域的各个环节进行组织、协调、服务和管理,以推进农村社会的持续健康发展,并助推农村现代化建设。

(一)农村治理的主体、方法及目标

1. 农村治理的主体

所谓农村治理主体,实际上就是"谁来对农村社会进行治理"的问题。西方社会治理理论奉行社会中心主义和公民个人本位,因此它本质上就是以理性经济人为基础的社会自我治理理论。[1] 与西方相比,当前

---

[1] 王浦劬:《国家治理、政府治理和社会治理的基本含义及其相互关系辨析》,载《国家行政学院学报》,2014(3)。

中国农村治理的现实条件有着本质的区别。第一，中国的民间社会虽然不断壮大，但它并不是西方意义上的市民社会。历史上，国家与社会就一直保持着相对良性的合作关系，因此，中国民间社会的不断壮大并未构成对国家治理的否定；第二，管理危机在中国并不存在。虽然在农村社会中也有政府难以满足民众需求的情况，但是称其为"管理危机"却言过其实。① 不仅如此，由于当前中国农村市场与社会的力量相对弱小，农村社会不同利益主体之间的整合以及原有利益的调整都离不开党委和政府的力量，因此，党委和政府作为农村治理的主体，承担主导者的责任。

社会组织是农村治理主体结构中的重要构成部分。"社会组织"指农村社会中除了党委、政府之外的所有组织，它包括村民委员会、宗族家族、红白理事会等组织，还包括各类企业、农民合作经济组织等与农民经济生活有关的组织。社会组织之所以在农村治理的主体结构中具有重要的地位，是因为社会组织拥有其独特的优势，它们更熟悉农民的利益需求，也能更灵活、快捷地调动相应的资源来满足农民的物质与精神需要。也正因如此，在农村治理的过程中，需要充分发挥市场、社会在资源配置中的优势、吸纳和动员社会组织的力量，以形成对党委和政府在社会治理中作用的配合与补充。

农民是农村社会最重要、最基本的主体力量，是农村治理主体结构中的主要构成部分。农民作为农村治理主体角色既是新中国赋予人民"当家做主"权利的内在要求，也是降低政府治理成本、进行"简约治理"的理性选择。只有广泛动员农民，使他们积极地参与到农村社会秩序维护与农村社会服务的过程中，农村社会才能更好地发展。20世纪60年代初，浙江省诸暨市枫桥镇干部群众就创造了"发动和依靠群众，坚持矛盾不上交，就地解决。实现捕人少，治安好"的"枫桥经验"。之后，"枫桥经验"得到不断发展，形成了具有鲜明时代特色的"党政动手，依靠群众，预防纠纷，化解矛盾，维护稳定，促进发展"的枫桥新经验，

---

① 郑杭生、邵占鹏：《中国社会治理体制改革的视野、举措与意涵》，载《江苏社会科学》，2014(2)。

成为新时期把党的群众路线坚持好、贯彻好的典范。"枫桥经验"的本质特征就是"党委领导、政府负责、社会协同、公众参与、法治保障",就是坚持群众路线,一切依靠群众、一切为了群众。

2. 农村治理的方法

农村治理的方法,是指农村治理的主体为了实现社会治理的预期目标而采用的手段和措施,具体可分为组织手段、制度手段和文化手段三种。

组织手段是治理主体利用组织内部的指令和规章进行治理的方式。由于农民都是通过融入特定的社会组织(例如村庄、家族、企业)而融入农村社会之中,他们所需要满足的各种物质与文化需求也是通过这些组织来提供的。因此,农村治理的主体可以运用组织的指令、组织的规章(包括村规民约、家规族规)等对组织中的成员或构成这些组织的亚组织的行为进行指导与约束。与其他的治理手段相比,组织手段最大的特点便是约束边界明显、范围不大。

制度手段是指以全社会的名义颁布行为准则,并对全社会个体、社会群体和社会组织的社会行为进行调节与制约的方式。[1] 在农村治理中,这种制度手段的典型就是国家的法律、法规及政策,例如《中华人民共和国治安管理处罚法》等。

文化手段是人们在长期社会互动过程中形成的行为准则和价值标准对人、群体和组织行为产生的约束与协调方式。它突出的表现形式有信仰观念、伦理道德、风俗习惯及社会舆论等。与城市社会的治理相比,文化手段在农村治理中发挥着更为重要的作用。费孝通先生在《乡土中国》中指出,农村社会是"礼治的社会",其中"礼是社会公认合适的行为规范""合于礼的就是说这些行为是做得对的",礼的运行不需要"有形的权力机构来维持""维持礼这种规范的是传统"。[2] 当然,文化手段在农村治理中发挥作用也是以一定的社会条件为基础的,即"礼治的可能必须以传统可以有效地应付生活问题为前提",而"在一个变迁很快的社

---

[1] 郑杭生:《社会学概论新修》第三版,40页,北京,中国人民大学出版,2003。
[2] 费孝通:《乡土中国生育制度》,49~50页,北京,北京大学出版社,1998。

会，传统的效力是无法保证的"①，这时就需要法律等制度手段来推进社会治理。

当前，中国农村社会正处于急速变革的过程中，虽然原有的礼俗等文化手段和村规民约等组织手段在农村治理中仍能发挥一定的作用，但它并不足以满足农村治理的需要。因此，党委和政府在推进农村治理时既要"坚持依法治理，加强法治保障，运用法治思维和法治方式化解社会矛盾"，又要"坚持综合治理，强化道德约束"。②

3. 农村治理的目标

农村治理的目标是实现农村社会的良性运行、协调发展和现代化建设。具体而言，是在工业化、城镇化、市场化、信息化及全球化的复杂背景下，在多主体广泛参与及民主协商的基础上，实现农村社会的和谐稳定及经济社会的可持续发展，进而不断提高农业农村现代化水平。

加强农村治理或创新农村社会体制机制，必须正视其中存在的矛盾。马克思主义认为，人们生产关系和社会关系的不同，决定了利益上的差别，不同的利益主体必然有着不同的利益诉求。以和谐社会和可持续发展为目标的农村治理是要建立一个有序的社会，要搭建相应的利益诉求和"利益博弈的公共平台"③，让身处这个社会中的拥有不同利益的人们能够通过合理、有效的途径来表达自身的利益诉求、维护权益，能够通过公平的对话、沟通、协调和谈判等方式来实现农村社会的和谐稳定及可持续发展。

(二) 农村治理的历史沿革

农村治理虽然是一个相对较新的概念，但它所指涉的事物却长久以来一直存在，只是具体的治理机制因不同时期农村社会内部结构与外部社会环境的不同而有所改变。从农村治理的历史沿革中可见一斑。

1. 传统时期的农村治理

自秦汉时期起，中国社会逐步形成了以世袭式的官僚制为主要特色

---

① 费孝通：《乡土中国 生育制度》，49~50页，北京，北京大学出版社，1998。
② 《中共中央关于全面深化改革若干重大问题的决定》，49页，北京，人民出版社，2013。
③ 蔡禾：《从利益诉求的视角看社会管理创新》，载《社会学研究》，2012(4)。

的国家治理机制。这一国家治理机制的设立是中央集权政府为了应对其无法回避的治理合法性问题而形成的。因此,中央政府总是力图避免直接介入地方事务的治理之中;但在介入对地方事务的治理时,则依托科层官僚进行治理,同时又尽可能地限制这些官员的数量以及他们对地方事务的干预。直到晚清以前,国家的权力机构都未直接触及基层民众,国家正式的行政权力机构仅仅设置到县一级,即所谓"皇权不下县,县下唯乡绅",农村社会的治理实际上是由士绅阶层利用礼俗等民间自生的、非政治性的手段来完成的。对此,梁漱溟曾有过阐述,即"自来中国政府是消极于政治而积极于教化的,强制所以少用,盖在缺乏阶级以为操用武力之主体,教化所以必要,则在启发理性,培植礼俗,而引生自力"①。在伦理本位的传统乡土社会,伦理不仅成为整个社会的基本构架,同时也形塑了农村治理机制的"软治理"特征;但通过伦理规则的治理以及依托士绅阶层的治理模式在推动旨在促进农村社会秩序稳定的社会整合外,却忽视或放弃了国家层面的以维护国家主权和行政控制为主要特征的政治性整合。虽然自明朝起即开始实行保甲制度,但真正控制乡村社会的是家族长老而不是保甲长,家族长老对乡村社会的支配权力不仅比保甲长宽泛得多,而且更为有效。

总之,这种依托士绅群体进行的"简约治理"②模式在保障中央集权有效性的同时,也实现了地方社会最低层次的稳定与有序。这种社会治理机制的运用不仅同儒家的政治理想——建立一个自我治理的道德社会——相契合,而且与农业社会的生产剩余较少及农业型政府的资源汲取需求较小相关联。然而,支持这种社会治理模式的社会基础在19世纪末随着中国国门被西方列强打开而遭到破坏,新的内外部环境促使国家必须调整农村治理的方式。至此,新的社会治理形式随之产生。

2. 20世纪初至1949年前的农村治理

晚清的国门被西方列强的坚船利炮打开之后,亡国亡族的危机便成为中国社会的第一危机。在这一背景之下,一方面需要完成国内的政治

---

① 梁漱溟:《中国文化要义》,213页,北京,学林出版社,1987。
② 黄宗智:《集权的简约治理:中国以准官员和纠纷解决为主的半正式基层行政》,载《开放时代》,2008(2)。

整合，结束军阀割据的状态，实现国家的统一和领土、主权的完整；另一方面，需要通过经济建设，特别是工业建设，来实现国家的富强。对于当时而言，无论是政权建设还是经济建设，都需要具有强有力的社会动员与资源汲取能力。正是基于这种需求，国家的权力开始突破原有"不下乡"的约束，逐步向农村社会渗透。

随着国家政权组织向农村基层推进，体制内行政官员的权威开始慢慢地取代了体制外的士绅，国家从农村社会汲取的资源量也日渐超出士绅所能够"保障"的范围。由于士绅"卸去"了保护功能，劣绅开始充斥乡村社会。

总体而言，在20世纪上半叶，国内秩序的稳定、国家主权的维护及推进国家工业化的发展对社会治理提出了新的需求，即迫切地需要强化国家层面的控制与动员能力以及从乡村社会汲取资源的能力。清末开启的政治改革以及传统士绅的衰落，削弱与瓦解了传统士绅整合乡村社会的功能，但新的、有效的治理机制和整合机制又未建立起来，这使得此一时期农村社会的治理出现了诸多混乱的局面。

3. 1949年新中国成立至1978年的农村治理

中华人民共和国成立之后，国家推进工业化建设需要继续保持对农村社会的强动员与资源汲取能力，以获得工业化建设所需要的资源。20世纪50年代末，政府在农村不仅建立了一个高度集中的计划经济体制，而且通过人民公社对农民社会生活进行全面的管理，建立起以人民公社为中心的全能社会治理体制。

这一时期的农村治理体制改变了旧中国农村社会一盘散沙的状态，建立了高度统一的社会秩序，极大地增强了国家对农村社会的组织动员能力和控制能力，为在非常薄弱的经济基础上调动资源推进工业化建设发挥了积极作用。由于全部重要的资源都由政府所掌握和分配，因此政府借助这些资源在城市和农村分别构筑了单位和人民公社两种组织形态，并通过人民公社对农村进行整合。在人民公社体制之下，农民生产什么、如何生产及怎样分配最终都由人民公社来决定，村集体和村民较少有决定权，这使得农民从事农业生产的积极性被挫伤。与此同时，所有农村社会成员都被管理在一个个相对封闭的区域中，阻碍了正常的社会流动,使社会缺乏活力和创造力。① 这种社会治理体制伴随着国家工业化积累的完成,弊端也越来越明显,这直接推动了20世纪70年代末的农村改革。

4. 改革开放以来的农村治理

自20世纪70年代末推进农村改革以来,农村社会发生了一系列的重要变化:不仅原有的计划经济体制逐步让位于社会主义市场经济体制,党和政府在改革发展中开始注重调节不同社会阶层和利益群体之间的利益关系,同时城乡社会流动极大地改变了农民的职业和价值观念。这一社会基础的变化,使农村的社会治理也发生了相应的变化,即以家庭为单位组织生产,并允许农民迁徙流动,以调动农民的潜能与创造力;完善社会保障体系,改革教育、医疗等公共服务体系等。

就农村治理而言,变革的成效虽然取得了积极进展,但农村社会的巨变对农村治理体制提出了新的挑战。农村社会流动的增加、社会分化的加剧、农民异质性的增强、村民之间陌生感的增多、村民对村庄的依赖和认同下降、村庄内生权威的削弱等,都对原有的社会治理体制提出了新要求。正是在这一背景下,国家提出了推进农村治理科学化现代化,建立健全符合国情、规范有序、充满活力的农村治理体制机制。

二、农村治理的外在条件、内在机制与内生基础

从根本上说,农村治理是为了使农村社会维护良好的秩序。村庄秩序具有建设性功能和保护性功能:建设性功能指可以增加村庄和村民收益的功能;保护性功能指保护村庄和村民合法权益不受侵犯的功能。其大致可分解为五个方面,即获得经济的协作、维护公序良俗、保证内部的基本和谐与稳定、抵御外力的侵犯、村干部主持村务的公正与廉洁。村庄秩序的维持状况,村庄治理的绩效,是由农村治理的外在条件、内在机制和内生基础所决定的。

(一)农村治理的外在条件

农村治理的外在条件决定了农村治理的目标、任务和农村治理可以获取的治理资源能力与状况。不理解农村治理得以展开的外在条件,我

---

① 李培林:《社会改革与社会治理》,192页,北京,社会科学文献出版社,2014。

们就无法评论农村治理的好坏。

当代中国的农村治理是在推进现代化的背景下进行的。现代化对于农村治理至少有三重含义。第一，为了实现现代化，农业要承担起提供资本原始积累的任务，工业化到相当程度后，则需要工业反哺农业，城市带动农村。第二，现代化的过程，也是由传统社会向现代社会转型的过程。在这个转型过程中，各种新的制度安排会被揳入农村社会。在现代性的冲击下，大传统与小传统的不断碰撞中农村治理所面对的规则体系发生了很大变化。第三，现代化往往同时也是城市化的过程，农村人财物资源不断地流出，农村会越来越衰败，与之相伴的是农村传统的伦理、价值体系遭受冲击，甚至濒临颠覆。这会对农村社会的秩序基础产生根本性的影响。

现代化因素所能自上而下、由外及内，对农村治理产生影响的三大维度，构成了农村治理得以展开的三个宏观历史条件。

农村治理的外在条件构成了农村治理制度发生作用的结构性约束条件，农村治理制度只能在这一结构性条件的制约下发挥作用。中国是有着众多农民的国家，农民的城市化将是一个相当长的过程。

在市场经济条件下，当前中国农村人财物资源流向城市，这是一个不可逆的过程。在大多数农民还未从农村转移出来以前，如何维持农村的治理状态，促进农村的繁荣发展，使农民能够生活在良好社会秩序之中，就成为理论界及政策部门十分关注的问题。党的十六届五中全会提出的建设社会主义新农村，党的十九大提出的实施乡村振兴战略，就是在国家层面推进农村现代化的战略部署。

(二)农村治理的内在机制

农村治理的内在机制，就是农村治理的内在运作逻辑，其包括两个方面：一是自上而下的相关法律、制度和政策在农村实践的过程、机制和后果；二是农村社会内生的秩序机制。

1. 农村治理制度、政策的制定与实践

任何制度、政策的制定，都是以施政对象为前提的。农村治理制度、政策实践的过程，是国家意志与基层的社会结构发生交汇，乃至各利益主体相互博弈的过程。农村治理的制度、政策进入实践层面时，大多数情况下能够实现国家的预期目标。但在一些时空条件下,农村的复杂性往往会超出预料,使得制度、政策的实践出现偏离。

例如,国家在2004年取消农业费税之前曾经对很多地方依据农民饲养生猪的数量征收相应的屠宰税。但是在征收的过程中,因为农户实在太多,且农村社会里的人情关系,基层的干部无力也无心在这项工作上耗费太多的精力,导致每个农户生猪存栏数无法准确统计,最终,一些地方不得不化约为依据"人头"来征收。"猪头税变成人头税"的故事让我们看到了税费的征收是需要成本的,国家与千家万户的农民打交道,交易成本极高;在以小农经济为基础的农村社会,不得不遵循相对简约的治理模式。

2004年取消农业税后,国家允许各地农村可以征收"一事一议"款,即在村庄范围内,向每个农民征收不超过20元,用于村内的公共事业。同时,随着新农村建设的展开,国家很多项目资金不断投入农村,其中一些资金投放下来时要求村庄内部自筹相应的配套资金。结果,一些内聚力较强,能形成集体行动的地方,这些"一事一议"款,配套资金比较容易筹集上来;但是在一些内聚力弱的地方,却根本无法实现。

2. 农村社会内在的秩序机制

除了国家的制度、政策之外,在农村社会还有诸多自发性的内在秩序机制,典型的如农民在生产生活中的互助合作,农民纠纷与冲突的内部化解等,大都是传统遗留下来的内生秩序,这种秩序构成了农民的一种生活习惯和"习惯法"。这种习惯法与成文法及其实践有很大的不同,但又都构成乡村治理机制的一个部分。这些内生的秩序机制解决了农民在生产生活中所要解决的大部分难题,且成为农村自下而上接应外来法律和制度安排的力量。

农民互助合作的状况,与传统制度和习惯有着十分密切的关系。一方面,农民在生产生活中有着互助合作的要求;另一方面,村庄中自古以来就存在的实践,村庄乃至家庭作为一种社会建构,克服了人与人交往中的搭便车行为,降低了人际交往的成本并在村庄中内生出秩序。

农村社会内在的秩序机制取决于农村内部的社会结构,尤其是村庄内部联结组织状况,它直接影响了村庄的价值与规则体系和行为逻辑,也使得同样的政策、制度，会在不同农村有不同的实践机制和后果，构成了村庄内接应自上而下制度、政策能力的差异，从而造成了制度、政策实践与后果的差异。①

总之，我们关注农村治理内在机制，所要回应的核心问题是，中国农村治理的真实逻辑究竟是什么，农村社会究竟是如何运转及为什么会如此运转，自上而下、自外而内的各种法律和制度、政策，究竟会如何影响农村治理逻辑，我们应如何理解真实的农村治理机制，从而形成一个科学、有效的理论体系。

(三)农村治理的内生基础

所谓农村治理的内生基础，就是农村治理得以发生的具体时空条件。农村治理不是凭空发生的，而是在具体的时空中，在特定的人群和社会基础上发生的。农村治理的内生基础，构成了自上而下制度、政策实施得以发生的条件，自上而下的政策在特定农村社会实践的过程、机制和后果，构成了农村治理的大部分内容。除了自上而下的制度、政策在农村社会实践的后果以外，农村社会内部也会自发地内生秩序，这种内生秩序构成了农村治理的另一部分内容。农村治理内生基础研究，重在研究构成农村治理得以发生的微观基础，而不是研究农村治理本身。

农村治理的内生基础，与农村治理外在条件及农村治理的机制有密切的关系，但不完全是一回事，在调查分析时需将它们作区分。区分的办法就是将农村治理的内生基础当作自变量，而非因变量——虽然事实上农村治理内生的微观基础，是受到宏观的外在条件约束并且是某些外在条件的因变量。

展开来说，农村治理内生基础要关涉三个方面的问题，一是人的条件，二是物质条件，三是社会和文化条件。所谓人的条件，是指在乡村生活的人们的状况，他们的观念、信仰、爱好、习惯、道德、知识、偏好等；所谓物质条件，是指构成农村治理得以展开的物质基础，如地理区位、公共设施、种植结构、经济发展水平、经济类型等；所谓社会和文化条件，是指构成特定农村社会文化特点的社会分层状况与地方性共

---

① 贺雪峰:《农民行动逻辑与乡村治理的区域差异》，载《开放时代》，2007(1)。

识,如农村能人状况、村庄舆论、共同体的强度、村庄生活习惯和习惯法等。

关于农村治理内生基础的人的条件内容十分丰富,具体可从以下几个角度分析。一是人的主体性价值的层面,或者是人的信仰层面,这个层面要回答农民生活意义和价值的问题,是其安身立命的基础。二是人的社会性价值的层面,人们是如何看待他人及认为应该如何处理与他人关系的。这个层面要回答农民在一个社会群体中的位置及其对这个群体的看法的问题。三是人的素质,如所谓愚、穷、弱、私的问题,人们合作能力等。

由于现代性因素的持续冲击,农民传统的以"传宗接代"作为基本追求的本体性价值被动摇了,村庄的社会性价值也在发生变化。村民对社会性价值的激烈竞争,往往不是整合了村庄的团结,而是破坏了村庄的团结,而使村庄共同体解体。

农村治理的物质基础内容也十分丰富。正是特定的物质条件,构成了农村治理得以展开的前提。这方面的研究可以从自然地理学、人文地理学、区域社会史和农业经济学等学科中受到很大的启发。例如,种植水稻对于水利的高要求,使得水稻产区的农民更倾向于内部合作,这就是聚居和宗族产生的原因。聚居也更容易产生出村庄认同。

农村治理内生基础的文化和社会方面,主要包括家庭的结构,对特定行动单位的认同状况,村庄舆论力量,特定的地方性共识的状况,农村社会分化的状况及其对农村治理的影响,乃至农村资源变动(如人财物的流动状况)对农村治理的影响,等等。

农村治理总是在具体的人员、物质和社会文化基础上展开的,不理解农村内部的具体时空条件,不理解农村治理得以展开的人员、物质及社会文化基础,就不可能真正理解农村治理的内在机制。在这项研究上,人类学"整体论视角"十分重要。这一视角强调社会整体中的部分对于整体的维持功能,即强调社会因素之间的相互关联对于构成一个整体的意义。农村生活中,人、物,社会与文化方面的任一因素都可能构成农村治理的内生基础,也都构成了农村治理得以进行的条件。

三、农村治理的结构与类型

农村治理的绩效与状况既取决于国家的相关制度、政策,又取决于农村社会内部的结构与性质，而农村基层干部则是居于两者之间的枢纽。基于此，影响农村治理的基本结构可以包括三个方面要素：村庄基本秩序状况及其维系机制、基层干部特别是村干部的角色与动力机制、国家与农村关系（具体表现为乡、村两级组织的关系）状况。治理结构的不同，使得农村治理的样态呈现出不同类型。

(一)农村治理的基本结构要素

1．村庄自主生产秩序的能力

当前中国相当部分村庄具有自主生产秩序的能力，村庄公共事务可以较好得到办理。同时，也有一些村庄自主生产秩序的能力很低，即使国家向村庄注入了不少资源，也难以达成村民的一致行动，因此难以办理涉及全村村民利益的公共事务。这就是说由于村庄社会性质的差异，使村庄秩序有不同的方式。

依据村庄自主产生秩序时是否主要借重自上而下的国家制度、政策力量，可以区分出原生秩序型和次生秩序型两种类型、内生秩序型和外生秩序型两组类型。

原生秩序即主要依据村庄内非正式组织的力量来生产村庄秩序，比如依靠村庄舆论和血缘组织来实现合作，获取秩序。次生秩序即依靠外来制度安排村庄秩序，典型为通过村民自治制度来达成村民的自我管理和自我服务。次生秩序往往不仅需要有一个外来的制度文本，而且需要与农村本身的状况联系起来，并以此作为基础。就当前的研究而言，有两个方面的因素可以构成外来制度发生作用的基础。一是前述村庄内生秩序的力量，这种力量不仅可以构成内生秩序的基础，而且是外来制度发挥作用的基础。正是在这个意义上，可以说现代与传统往往不仅不对立，而且现代以传统作为基础。二是强有力的国家力量保证了制度的实施，这种国家力量必须有介入村庄的途径。这方面的典型是村集体经济发达的村庄，因为村集体有经济能力，村民积极关心村务，各种力量凭借正式制度的安排，介入村庄利益的分配中去。村干部为了减少自己承担的责任，也愿意依据正式制度安排来运作村务。

当以上两种村庄内生秩序的生产方式都不能正常进行时，村民的生产生活就会陷入无序的困境，这样村庄秩序的维持就不得不依赖国家的强制力，也就是外生秩序。一个负责任的乡镇政府，面对陷入内生秩序困境的村庄，会想方设法避免事态的进一步恶化：它们不得不帮助村民调解纠纷，以行政乃至法律的力量介入从前可能只需要舆论和道德力量解决的老年人赡养问题，组织村民合作兴修水利，防止地痞在村庄为非作歹，并查处以权谋私的村干部，等等。

由此，列出以下村庄秩序架构图：

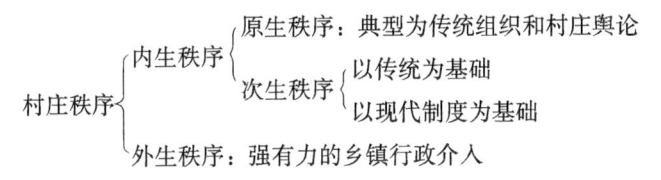

$$\text{村庄秩序} \begin{cases} \text{内生秩序} \begin{cases} \text{原生秩序：典型为传统组织和村庄舆论} \\ \text{次生秩序} \begin{cases} \text{以传统为基础} \\ \text{以现代制度为基础} \end{cases} \end{cases} \\ \text{外生秩序：强有力的乡镇行政介入} \end{cases}$$

2. 乡村两级组织关系的类型

除了村庄自主生产秩序的能力以外，国家对农村的影响与控制力对乡村治理十分重要，因此国家与农村社会的关系是我们必须关注的一维，它在现实的农村治理中经常集中表现为乡、村两级组织的关系。

虽然从理论上讲，乡、村关系被定位为指导与被指导关系，实际情况却复杂得多。即使从制度安排上看，乡镇党委、乡镇政府与村委会是指导与被指导的关系，乡镇党委与村党支部却是领导与被领导的关系。村委会和村支部往往是一套人马两块牌子，村支部在村庄中居领导地位，村支部书记是一把手。村支部与村委会的关系，往往变成决策者与执行人的关系。

根据乡、村关系实际状况，可以划分出三种主要的乡、村关系类型。

第一种类型是强乡弱村。在村庄资源的分配中，乡镇居于强势地位，乡镇班子可以顺利地在村级实施政务，诸如计划生育、专项项目以及各种上级要求完成的达标升级任务，只要村庄还有回旋余地，村庄大都会积极完成乡镇下达的各种任务。

第二种类型是弱乡强村，村庄或因经济实力强大，或因内聚力极强而呈尾大不掉之势，乡镇班子难以在村一级顺利实施政务。

第三种类型是弱乡弱村，乡镇班子无法顺利要求村一级协助顺利完成政务，村一级不仅无积极性来协助乡镇完成政务，而且不关心村务。

相反,在既缺乏乡镇约束,又缺少村民监督的情况下,村干部或无所事事,或大捞好处。

对这三种类型乡、村关系做进一步的比较,就会发现,三种类型乡、村关系往往与村庄自主生产秩序的能力有密切关系。具体来说,一个具有很强自主生产秩序能力的村庄,一定是一个高关联度的村庄,这样的村庄,在乡、村关系中一定会表现为强村。在强村的压力下面,如果缺少来自工商业的财政收入或国家的转移支付,乡镇就会变得弱小,其结果,就如前述弱乡强村的类型。

而一个自主生产秩序能力很差的村庄,则因为村民不能合作,难以在乡、村关系中占据主动地位。相反,强势的乡镇往往能通过手头的资源让村级干部完成自上而下的政务。这些地方的村民自治呈现出过度行政化的色彩。

还有一些自主生产秩序能力不足的村庄,由于乡镇的资源有限,不能有效地调动村干部的积极性,村级组织处于消极甚至空转的状态。离开了村干部的积极协调,乡镇无力在村庄推行政务,无论办什么事情,除非乡镇干部自己亲自出面,一插到底,否则就会被村干部们应付过去。乡镇有力使不出,使力不到位,最终成为弱乡,由此成为弱乡弱村的类型。

3. 村干部的角色

在农村治理实践中,村干部的角色定位是一个十分重要的事情。仅从制度上看,在村民自治制度背景下,村干部既是乡镇的代理人,又是村民的当家人。而将村干部作为一个行动者来观察,其动力机制和角色类型就比较复杂了。

村干部作为行动者,其行为的理由有二:一是获得经济性收益,即作为村干部,可以获得功能性的好处,尤其是正当或非正当的经济收入;二是获得社会性收益,即作为村干部,可以获得他人的尊敬,良好的人际关系,更广泛的社会交际网络及这种交际网络带来的愉悦、面子、体面感、自我实现的感受、政治抱负的达成等表达性的好处。

作为行动者的村干部的行为理由,与村庄内生秩序的能力有关。村干部的声望与面子,来自村庄内部细密的文化网络及由此而生的评价体系。具有内生秩序能力的村庄，往往也是可以自主生产价值的村庄，这样的村庄中，村庄舆论与道德力量可以发挥作用，村民包括村干部，十分在乎他人的评价，正是村庄他人评价的好坏，决定了村干部声望高低与面子的大小。在这种评价体系下面，村干部扮演的角色，不能不偏向村庄，而成为村庄的保护者。

如果村庄内的价值生产体系出现问题，村干部的声望和面子不足以构成村干部扮演何种角色的足够理由，村干部是否可以获得经济上的利益，对于村干部扮演的角色就具有很基础的作用。当村干部可以获得正当的经济上的报酬时，则村干部倾向于对制度负责，以保持这种经济好处的获取。这样村干部往往会倾向于作为乡镇行政的代理人。村支部与村委会的关系，可能会演绎成乡、村关系的一部分。反之村干部就可能会消极怠政。

(二)农村治理的类型

根据村庄价值生产能力的强弱，农村治理类型可划分为三大类。一类是村庄自主生产价值能力强的地区，无论村干部是否有足够的正当报酬，村庄必然具有较强的内生秩序的能力，并因此决定了农村治理的整体面貌为原生的内生秩序型。而村庄自主生产价值能力弱的地区，则因为村干部动力机制和角色的不同而产生两种情况：一类是村干部有足够报酬和动力的情况。因为村干部有正当的报酬，其对正式制度的反应较为敏感，乡村秩序可以正常维系，这种情况下的农村治理可以称为次生秩序型的农村治理；另一类是村干部既无社会性收益，又无经济性收益，其就很难有应对制度的积极性，可能成为消极无为的怠政者，这种情况下的农村治理可以称为无序型的农村治理。

1. 原生秩序型乡村治理

展开来讲，就是村庄具有很强的原生秩序能力，这种原生秩序的能力不仅表现在村庄提供公共物品的能力方面，也表现在生产价值的能力方面。因为村庄具有生产价值的能力，就使村庄中的能人为了获取社会性收益，而愿意出任村干部，这些为了获取声望与面子而出任的村干部，一定愿意充任村庄的保护者。明显有损村庄长远发展的组织行为，不可能在这类村庄出现。因为村干部在乎社会性收益，其正式的工资收入不会太高，灰色收入几乎没有。乡、村关系较为温和，乡、村干部之间的关系较为平等。乡镇负责人也较少是那种武断、粗暴型的气质。

这样的村庄里，传统的道德伦理规范维持得较好，民风较为质朴，村庄的公共性较强，村干部往往既是体制内的优秀分子，同时也是民间能人，他们在处理村庄事务时经常能有效地借用村庄内生的道德舆论和伦理规范，村民之间的纠纷处理往往不出村。村庄具有较强的集体行动能力，村民能合作起来进行一定内生性公共品供给，并能很好地承接外来的公共品资源。

2. 次生秩序型农村治理

展开来讲，就是村庄缺乏原生秩序的能力，村级治理状况较多受成文制度的决定。村庄缺乏生产价值的能力，村庄能人不能从村干部职位上获取足够的社会性收益(声望和面子)。不过，因为村干部可以获取较为可观的正当经济收入，村庄能人会竞争村干部职位。在村民自治的背景下，一部分村庄能人走村民直选的下层路线，竭力获取村民的支持，在协助乡镇行政工作时，不愿得罪村民，也不会因为乡镇的要求，过分损害村庄利益。而另一部分村庄能人则走上层路线，通过乡镇班子支持来获取村干部职位；这部分村干部与真正通过选举产生的村干部会在若干事务的决定与执行方面有所差异，但即使是走上层路线的村庄能人也不愿意冒着村民强烈抗议的风险，去做有损村民利益的事情。在这个意义上，走上层路线的村干部与走下层路线的村干部之间产生冲突，也会表现得较为温和。

因为村干部有可观的稳定收入，乡镇班子要求村干部办理的政务，只要不是过于艰难，村干部一般都会照办。乡镇党政负责人在乡镇关系中处于较为主动的地位。村干部的行为因为有长远预期，而较为稳健。

这样的村庄里，村庄自我管理形成秩序，提供相应公共品的能力较弱，更多地需要借助外来力量，主要是国家的力量。村民之间的纠纷处理有时需要进入国家层面(如乡镇司法所、法庭)才能得到解决。

3. 无序型的农村治理

一旦村干部既不能获取社会性收益，又不能获取经济性收益，这个职位就不再具有吸引力，成文制度如《中华人民共和国村民委员会组织法》因为不再有村民对村干部职位的积极追逐，而流于形式。乡镇党政班子面对消极无为的村干部，除了一再提要求以外，没有任何有效的办法使村干部积极工作。除非乡镇领导事事亲力亲为，否则不能在村庄实现任何有价值的政务。村庄大量的公共事务，也不会有村干部出面主持。面对村民的抱怨，村干部几乎唯一的应对措施是不闻不问或者无限期拖延。乡、村关系和村干部与村民的关系相类似，村两委之间也不会有激烈冲突，因为无任何利益可言。

这样的村庄，往往是所谓"空壳村"，甚至"瘫痪村"，村庄内部涣散无序，公共事务难以有效运作，村民之间的矛盾纠纷有时甚至需要"私力救济"来解决。

以上三种农村治理类型，尤其是后两种类型，是可以相互转化的。就当前中国农村治理类型的现实而言，从大概率讲三种类型基本分布如下：原生秩序型农村治理，如江西、福建的宗族乡村、徽州农村等；次生秩序型农村治理，包括村集体经济较发达地区的农村，或国家可以给村庄较多转移支付资金的农村。如温州沿江地带的农村，城市郊区的农村，占有大量资源（煤矿资源、旅游资源等）的农村、国定贫困县的农村等；无序型农村治理，如农村税费改革后一部分中部地区的农村。[①]

就当前中国农村的整体情况而言，随着市场经济的推进、农民的大规模流动、村庄边界的开放，村庄自主生产价值的能力正在快速衰落，村庄的村民越来越从村庄共同体中解脱出来，而面向国家的法律和制度，村庄共同体本身在迅速解体。从村庄共同体中解脱出来而面向国家的村民，虽然村庄仍然是他们生产、生活和娱乐的场所，也是他们获取人生价值的基础所在，但因为外来价值与制度主导村庄和切割村庄，而使村庄价值生产越来越受到外来因素的决定。表现出来，就是村民越来越不关心他人的好坏评价，村庄道德与舆论力量越来越弱。这种情况下，原生秩序型的村庄变得越来越少。当村庄内生的秩序力量衰弱后，就需要国家的力量和资源及时进入，以保证农村治理的有效进行，否则将会有越来越多的村庄因资源、权威、规范体系的缺位而陷入无序，沦

---

① 贺雪峰、董磊明：《中国乡村治理：结构与类型》，载《经济社会体制比较》，2005(3)。

为无序型的农村治理。

四、乡村振兴战略中的农村治理

(一)农村社会的结构性变迁与治权的弱化

20世纪90年代后,大量的农村人口外出务工经商,就业多元化,收入多元化,村庄边界开放,村庄复杂性极大地增加。农民生计模式的变化导致农民的生活方式、交往模式、价值观念均发生了深刻的变迁,农村社会结构和农村治理模式也因之而变。

由于家庭经济收入的重心移向非农产业,农民传统的依据农业生产而形成的生活方式也发生了改变,他们的时间观、及时兑现、结算金钱的意识已经形成,生活的面向转向村庄之外。与此同时,村民之间的交往方式也逐渐不同于以往,彼此间的互助合作日益减少,村庄的公共空间不断萎缩而私密空间不断拓展。这样就使得农村从熟人社会走向了"半熟人社会",村庄共同体趋于解体①。

同时,在大量农民并未真正实现城镇化的背景下,工商资本下乡、土地集约经营,增加了之前以代际分工为基础的半工半耕家计模式维持的难度;使得依靠土地自发流转形成的农户也不易继续存在。原先的农村社会结构中,一方面是老人农业,另一方面是收入关系和社会关系都在村庄的农户,他们构成了农村社会的稳定性力量,是农村社会秩序、公共品和文化维持的基础性载体。现在,资本、家庭农场这些与农民几乎完全不相关的外生力量的进入,他们的目的就是来获取利润;这样的外生力量不可能与其他农村留守人员一起形成稳定的力量,甚至可能会成为农村社会结构、社会秩序、社会文化的强大的解构性力量。这势必会导致基层社会秩序加速解体。

可以说,今天的农村社会,市场化、工业化的因素已经全面而深刻地浸透其中,"千年未有之变局"已经形成。而就在这种结构性的巨变发生之际,"三农"领域的一系列制度变迁客观上又使得农村治理出现了一些新的变量。

---

① 贺雪峰:《论半熟人社会》,载《政治学研究》,2000(3);董磊明、陈柏峰、聂良波:《结构混乱与迎法下乡》,载《中国社会科学》,2008(5)。

2002年出台的《中华人民共和国土地承包法》明确规定了土地承包30年不变,其运作十年后,农村社会出现了明显的人地关系错位,即有地的人外出,种地的人无地,耕者无其田。农村集体组织丧失土地调配权,土地利益分配固化,使得基础设施和公共品建设十分困难——涉及任何人的土地都必须承担极高的交易费用,结果很多公共品建设不得不搁浅,最终不了了之。

2004年全面取消农业税后,基层政府组织资源更加匮乏。近些年,虽然国家的支农资金与资源不断增加,但是几乎所有资源都是通过"条条"下去,"块块"无力动员资源。全社会对基层干部的信任度降低,村组可以调用的资源很少。这样,基层干部贪污腐败的空间是给挤压掉了,但做事的能力与积极性也丧失了。同时,各地为了减少开支,纷纷合村并组,减少村干部职数,取消村民小组长。现在平原地区人口超过三四千人的行政村比比皆是,这么大的规模,这么多的人口,仅仅靠五个左右的非专职的村干部进行日常管理与服务,而乡镇政权大多又处于"悬浮"状态,这势必会弱化基层组织。

农村的"半熟人社会化",村庄共同体解体,使得农村社会秩序与公共品供给的内生机制弱化甚至丧失;而基层政府组织资源的匮乏、认同的下降、能力的低下,更使得农村社会的治权弱化,基层政府组织较少得到信任,也缺乏自信,这样又进一步削弱了其治理能力,形成了恶性循环。

治权的弱化使得当前农村社会内部人心涣散,越来越丧失自我解决问题的能力。当基层政府组织的治理能力弱化后,并未出现一些人期待的"官权退,民权进"的局面。事实上人们看到的是农村内部纠纷无法自己解决,公共品无法自主供给,不仅无法从农民那里再收取资源,而且分配资源也变得非常困难。缺乏了集体的力量,缺乏了村庄的舆论,之前被集体力量所压制的各种边缘力量、搭便车的要求、不合理的声音全都出来了。因此,治权弱化直接导致的是秩序混乱、服务不足,以及在某些地方是"刁民""暴民"权力的跟进,即农村社会的灰色化甚至黑恶化。

随着现代性的不断深入,今天农民的权利意识在不断增强,但却又并未能形成对规则和法律的信仰，更多的是穿梭于情、理、法、力之间权益的利用。

当前国家对"三农"的支持基本都是通过项目制，自上而下地进行资源输入。为争夺自上而下的资源，农村中的个别群体各出高招，甚至出现无理取闹的现象。为了维稳，不少地方基层政府组织的主要工作就是对付这些人的哭、缠、闹、访。而一般村民的利益诉求是什么，如何更好地为大多数人提供有效的公共服务，基层政权往往无暇顾及。

如此一来，农村的常规治理被打乱，正常秩序尚未建立。出现这种局面的直接原因有两个：一是资源不是拨到村集体由集体民主决策；二是在压力型体制下，上级政府组织缺乏担当，对无理上访等闹事，不问因由，不讲原则与对错，只要出了问题，就怪罪下级，处罚下级，这使得稳定成了基层的首要任务。而从另外的角度看，则是由于离开社会治理的本土资源，单靠国家力量进行社会管理必然是高成本、低效率的。在农村社会发生巨变的背景下，传统的内生的乡村秩序资源已经基本丧失，或无法有效地参与农村治理；而现代国家的资源也仍然有限，尚不能有效地独立进行社会管理。人们所期待的"规则之治"远未到来。

(二)以治理振兴推动乡村振兴

从 21 世纪开始，农村发展受到高度重视，中共中央连续发布了 15 个关注农村的一号文件，农民收入明显提高，农村生活明显改善，但是农村衰落的现状依然在继续。正是在这种背景下，党的十九大提出了乡村振兴战略，并在 2018 年的中央一号文件《中共中央 国务院关于实施乡村振兴战略的意见》中加以详细阐述，描绘了加快推进农业农村现代化，走中国特色社会主义乡村振兴道路的宏伟蓝图。

2018 年中央一号文件将实施乡村振兴战略的总体要求和主要任务概括为"五个新"和"一个增强"，即以产业兴旺为重点，提升农业发展质量，培育乡村发展新动能；以生态宜居为关键，推进乡村绿色发展，打造人与自然和谐共生发展新格局；以乡风文明为保障，繁荣兴盛农村文化，焕发乡风文明新气象；以治理有效为基础，加强农村基层基础工作，构建乡村治理新体系；以生活富裕为根本，提高农村民生保障水平，塑造美丽乡村新风貌；以摆脱贫困为前提，打好精准脱贫攻坚战，增强贫困群众获得感。

实施乡村振兴战略，要突出"四个强化"，即以完善农村产权制度和要素市场化配置为重点，强化制度性供给；畅通智力、技术、管理下乡通道，造就更多乡土人才，强化人才支撑；健全投入保障制度，开拓投融资渠道，强化投入保障；制定国家乡村战略规划，强化规划引领作用。

实施乡村振兴战略，要发挥党的领导的政治优势，压实责任，完善机制，强化考核，把实施乡村振兴战略作为全党的共同意志、共同行动，做到认识统一、步调一致，把农业农村优先发展原则体现到各个方面，在干部配备上优先考虑，在要素配置上优先满足，在资金投入上优先保障，在公共服务上优先安排，确保党在农村工作中始终总揽全局、协调各方，为乡村振兴提供坚强有力的政治保障。

从表面上看，产业兴旺、生态宜居、乡风文明、治理有效、生活富裕的乡村振兴20字方针主要涉及经济、生态、社会、治理等各个方面；而从实质上看，乡村振兴的主要内涵是治理性的。在新的20字总要求中，除了产业兴旺与生活富裕的经济色彩比较鲜明之外，生态宜居、乡风文明和治理有效都可以说是治理性的。同时，乡村振兴的主要路径是治理性的。农村经济的发展需要在集体所有的土地上进行，要在错综复杂的人际关系中展开。因此，农村经济的发展也具有治理属性。

在这个意义上，我们可以说治理的振兴是乡村振兴的基础性机制和长效机制。在治权弱化的背景下，乡村治理的振兴是在重构中国社会良性运行与发展的"底盘"。

乡村治理振兴的核心命题在于社会秩序的重建和优化，在于党的领导体制、传统的社会性伦理秩序如何对接市场化和城镇化的潮流。由于中国社会的权力秩序和道德秩序都是高度社会性的，是在理顺人际关系中实现的，这使得治理振兴成为农村社会建设的一个重要命题，要通过社会建设来解决社会秩序的问题，它要落实到群众的生产生活中。随着村域内生产功能的萎缩，群众的生产与生活将会更加脱离。因此，基层党政必须在帮助群众"过日子"的过程中发挥治理功能。将党的建设和农村社会建设结合起来，基层党组织更为有效地承担起传统社会精英的社会文化功能，建立和强化权力的治理网络，使得基层党组织在农村社会中更加主动和有效，这对于维护农村社会秩序来说是必要的，对于执政党自身来说，也是必要的，因为良好的党群关系要以良好的群众关系为基础。

由此，乡村治理振兴的路径可以表述为：在结构上围绕社会建设推动治理体系建设，在功能上围绕提升农民生活品质搞好新农村建设，不断提高帮助群众创造美好生活的能力。进一步说，治理体系包括社区体系、组织体系、制度体系和政经关系等方面，治理能力包括功能定位、治理理念、队伍建设和财力保障等方面。

因此，乡村治理的振兴是乡村振兴的重点，我们要通过治理振兴来重建和优化农村社会秩序，通过党的建设来推动农村的社会治理或者社会建设。乡村振兴必然是一个长期的探索性的过程，在这个过程中是否有一个好的制度体系，是否有一支风清气正的带头人队伍，是所有问题的关键。乡村的治理振兴关键在党，在于各级党组织如何提高对于农村社会的领导能力和水平，实现党的领导与本土伦理秩序的有效深度融合。

第四节 城市社会治理

一、城市社会治理的定义与内容

（一）城市社会治理的定义

城市经济学将地域空间引入治理中，提出了城市治理（Urban Governance）的概念。联合国人居署给出如下定义："城市治理是个人与机构、公共部门与私人部门，对城市公共事务的规划与管理。"目前，城市治理概念主要包括三种视角。第一种认为，城市治理是一种能力。城市治理既是整合和协调地方利益、组织社会团体的能力，又是代表地方利益、组织社会团体形成对市场、国家、城市和其他层次政府相对一致的策略的能力。第二种认为，城市治理是一种过程。城市治理是公共行动的新形式，是以更复杂的行动者系统为特征，在新机构的构建中强调谈判、合作、自愿参与、弹性的过程。城市治理注重的是过程，即地方政府协同私人的利益集团共同实现集体目标的过程。第三种认为，城市治理的关键在于将市民作为城市治理的主体之一。城市治理不仅不等同于城市政府，在内涵上也是不同的，关键在于城市治理中涉及了社会层面的力量。

对于城市治理的不同理解展示了城市治理的两个要点：一是城市治理应是一个动态的过程，它"既是决策过程又是决策执行的过程"，重点是在城市中各利益主体的权力达到相互制约和平衡的基础上，使得城市整体利益趋向最大化的过程。二是城市治理是城市管理的新思维，它与城市管理既有联系又有区别。

从广义来看，城市治理内容涵盖城市社会治理，但从治理机制的角度来看，城市治理又与城市社会治理具有一致性。城市社会治理是多元主体参与的、以协调和合作行为将各种相互冲突的利益加以持续整合的过程。

（二）城市社会治理的内容

城市社会治理的内容主要包括六个方面。

第一，基本制度建设。一是建立城市的基本制度规范和运行规则体系。二是传承城市发展的历史文化、历史沿革和风土人情、风俗习惯。这些构成了城市发展的前提条件。此外，当城市发展到一定阶段，还需要国家作为整体规划者的角色进行"顶层设计"，一方面积极鼓励城市治理，另一方面大力推动地方的城市化进程，落实国家可持续发展的目标。

第二，营造民主治理环境。城市治理的"治理性"就体现在将包括城市范围内所有层级党委、政府、企事业单位、社会组织和个人在内的利益相关者整合在一起，共同参与、共同治理。

第三，建立问责机制。党组织和政府应该接受问责机构的监督。公民问责是履职问责的一部分，是行政问责的深化。这种责任不仅仅是处理公共事务或受争议事件，公共政策、预算编制等都包含在内。除了要有透明化的政务公开机制，还必须具有响应性强的多方互动机制。

第四，健全协商审议机制。协商民主要求透明的施政过程，可以促使公民管理自身并对公共事务进行审议协商，协商的过程允许参与者共同集思广益，谋求共同的利益，建立一个知识信息与社会资本的分享机制。

第五，吸纳利益相关者。从城市整体而言，利益相关者包括城市政府、其他地方政府、市民、流动人口等。从城市某项事业而言，利益相关者只包括与此有关系的人或机构。

第六，实现可持续发展。城市可持续发展，可视为城市中经济、政治、文化、社会、生态环境等各领域互动协同与共同演化的过程。在这一过程中，一方面要确保居民福祉的提高，另一方面要保证不会危害到城市的内外部环境，并有助于防止对城市生态环境的破坏。

二、城市社会治理的变迁

从20世纪后半叶起，中国城市社会经历了持续而深刻的变革，主要体现为不断向下延伸的国家权力对基层社会的改造、新的基层治理主体的形成。现代化意味着传统社会向现代社会的发展，城市化是现代化进程的重要标志，中国城镇化率从1949年的7.3%升至2017年的58.5%。不同社会发展阶段，城市基层社会治理形态呈现出不同的结构特征和制度模式。

（一）取消保甲制，实行街居制

民国时期国家权力未能有效进入城市基层，城市基层治理结构为保甲制。保甲长，一般为三代元老，成为街道里弄中的特殊势力。新中国成立后，城市社会治理首先是改造旧的保甲制度。城市基层社会建立起街闾两级行政组织，将原来的保改为街，甲改为闾，街设正副行长，闾设正副闾长。1950年各城市成立了居民组织以取代闾组织，但其名称不一，有的叫居民小组，有的直接取名居民委员会。1953年，北京市市长彭真鉴于当时存在的城市治理问题而向中共中央递交《城市应建立街道办事处和居民委员会》的报告，提出"居民委员会的组织是需要建立的。它的性质是群众自治组织不是政权组织。它的任务，主要是把工厂、商店和机关、学校以外的街道居民组织起来"。1954年，第一届全国人大四次会议通过《城市街道办事处组织条例》《城市居民委员会组织条例》，确认了城市居民委员会的名称和性质：其名称正式定为"城市居民委员会";其性质是"群众自治性居民组织","居委会进行工作时,根据民主集中制和群众自愿的原则充分发扬民主"。依据彭真的建议,以基层地域管理为主,通过街道办与居委会,将城市基层民众有效组织的管理体制称为街居制。街居制的创设是新生政权建设的基点,增强了国家对社会的动员与组织能力,促进了经济与社会的有序发展。

(二)改革"街居制"

1978年党的十一届三中全会以后,随着经济体制改革全面推进,城市基层的街居制也进行了一系列改革,实行政社分开,取消了城市人民公社、街道革委会与革命居民委员会,恢复20世纪50年代中期的名称与组织方式。1980年国家新颁布实施有关街居制的四个法规:《城市居民委员会组织条例》《城市街道办事处组织条例》《治安保卫委员会暂行组织条例》《人民调解委员会暂行组织通则》。此后,1989年七届全国人大十一次会议通过了《中华人民共和国城市居民委员会组织法》,把居委会的工作进一步纳入法治化、制度化的轨道。这一时期的居委会治理结构包含居民会议与居民委员会,除书记和主任外,还包括党支部委员会、人民调解委员会、社会治安委员会、计划生育委员会、信访工作委员会和社会保障服务站。国家开始注重以稳定和具有前瞻性的法律体系来维护公民权益和公共利益。从居民委员会的实际运行来看,以居委会为载体的社区民主选举、民主决策、民主管理和民主监督是实现我国城市基层民主治理的正当性路径选择。

(三)城市社会治理的转型

新中国成立后确定的城市整体治理格局是以单位制为主,街居制为辅,但这种治理体制在20世纪90年代以后开始松动。随着市场化改革的逐渐深入,大批国有企业破产拍卖、转属改制致使单位办社会的职能骤然溢出,整体意义上的单位社会趋于瓦解,城市治理的重心开始由单位逐渐转移到街道办事处和居委会。原本作为单位制补充的街居制又无力承担治理的重担,这对城市治理构成重要挑战。传统的以单位制为基础的总体性社会治理体制难以存续,城市治理不得不"转型升级"。中国城市治理正在从"管理到治理",由"一元主体"治理模式向"多中心"治理模式过渡。

相应于城市治理总体结构的转型与调整,我国开始以社区自治为导向进行城市社会治理转型。社区治理转型客观上要求以中国国情为基础,以社区需求为导向,构建现代社区治理结构。一般来说,社区治理结构包括:完整的社区治理组织体系、合作共治的社区治理机制、制度化与多样性的社区参与渠道、需求导向型的社区公共服务体系。

三、特大城市社会治理

城市社会治理需要解决三个核心问题:公共产品均衡有效供给;维持社会秩序稳定;促进社会关系和谐。我国当前社会转型背景下人口流动速度加快,社会资源配置不均衡,社会矛盾比较尖锐,对城市社会治理提出了新的挑战。随着城市规模的扩大,各种挑战难度不断升级。因此,特大城市治理是我国当前城市治理的首要难题。特大城市社会治理创新的探索也为全面提升社会治理水平提供了模式参考和经验借鉴。

关于"特大城市"的标准,各国有不同的规模界定。联合国区域发展中心将人口在百万以上的城市定义为特大城市。参照联合国的标准,1980年《城市规划定额指标暂行规定》将城市建成区人口100万人以上的城市划定为特大城市。2014年,《国务院关于调整城市规模划分标准的通知》提出了新的城市规模划分标准,将城区常住人口500万～1000万人的城市界定为特大城市,城区常住人口1000万人以上的城市界定为超大城市。按照这个新标准,我国城区人口500万人以上的特大城市有11个,包括上海、北京、重庆、深圳、广州、天津、武汉、东莞、郑州、沈阳和南京,其中上海、北京、重庆、深圳、广州为城区人口1000万人以上的超大城市。

(一)特大城市社会治理面临的新挑战

与一般城市比较而言,特大城市面临更严峻的挑战。

第一,人口规模持续扩大带来资源和环境压力。从1978年到2014年,北京常住人口增长了1.47倍,上海和广州分别增长了1.20倍和1.71倍,其中主要是外来常住人口数量的增加。城市基础设施和其他公共服务的供给受到土地、空间和资金的局限性,没有可能以同等速度和规模增长。空气质量下降,交通严重拥堵,公共安全隐患增多,医疗教育资源供给不足,城市的承载力难以为继。虽然明确提出了"严格控制特大城市人口规模""控制人口总量，促进人口结构优化"等目标，但是特大城市集中了我国政治、经济和文化等各方面的最优质资源，其虹吸效应和磁场效应将在很长一段时间内持续存在，而且越是在社会发展不均衡、社会资源配置水平差异较大的阶段，这种虹吸效应就会表现得越显著。因此，人口扩张的可能性与资源承载的有限性，是未来城市发展面临的最大挑战。

第二，不同社会群体利益诉求分化严重，社会结构紧张。"结构紧张"（Structural strain），最早由美国社会学家默顿提出，也称为"社会结构紧张"。主要是指由于社会结构的不协调，而使得社会群体之间的关系处在一种对立的、矛盾的或冲突的状态下，或者说，社会关系处于一种很强的张力之中。在这样一种状态下，社会矛盾比较容易激化，社会问题和社会危机比较容易发生。由于外来人口的迅速涌入，城市的社会资源不足，户籍人口与外来人口之间，不同职业群体之间，不同收入群体之间，不同学历层次，不同族群（少数民族和外国人群体等）之间都可能由于公共服务的不满足，由于身份认同、文化传统、宗教信仰等原因引起纷争和冲突，危害公共安全和社会秩序。

第三，流动社会带来的治理压力。改革开放以来，社会结构急剧演变，社会流动速度加快。我国流动人口已经从20世纪80年代初的600多万人，增长到2016年的2.45亿人。流动人口的就业、社会保障、子女教育、社会融入都是社会治理的繁重任务。超大城市作为流动人口的主要汇集地，面临更大挑战和压力。

第四，网络社会背景下，社会自组织能力迅速发展，对传统治理模式形成挑战。近年来，特大城市的社会组织发展速度远超过全国平均水平。新型社会组织在社会利益表达、社会动员和维权领域开始发挥作用，并显现了多元化的意见立场。特大城市的网民化水平也在迅速提高。这意味着城市公众利用互联网"结社"和开展社会动员的可能性提高。网络舆论分层明显，职业群体的意见越来越突出，官民关系、贫富差距、医患矛盾、权益纠纷等社会矛盾已经成为舆情压力的重要来源。在社会自我组织能力不断提升和网络社会日趋成型的新背景下，探索一种充满活力基础上的新型社会秩序维系机制就变得愈益紧迫。

(二)北京市社会治理创新探索

北京是首都,是推进国家治理体系和治理能力现代化的重要地区。2007年12月,北京市率先成立了社会建设的专门机构——中共北京市委社会工作委员会(北京市社会建设工作办公室)。十多年来,北京市加强制度顶层设计,重视夯实基层基础,积极推进社会参与,初步构建了党委、政府主导的枢纽型社会治理创新模式。

1. 以制度创新引导社会治理创新

制度创新不仅是社会治理创新的开端,更是社会治理创新的总结与提升。北京市社会治理创新工作的一大特色就是重视顶层设计和制度建设。2008年北京市社会建设大会出台了"1+4"系列文件(《北京市加强社会建设实施纲要》《关于进一步加强和改进社会领域党建工作的意见》《关于加快推进社会组织改革与发展的意见》《北京市社区管理办法(试行)》《北京市社区工作者管理办法(试行)》)。初步明确了首都社会建设的体系框架。2011年11月出台了《北京市"十二五"时期社会建设规划纲要》,提出"十二五"时期北京市社会建设的目标和任务。这是全国第一个省级社会建设五年规划。2016年制订了《北京市"十三五"时期社会治理规划》,从社会治理体系和治理能力现代化建设两个维度设计基本框架,着力构建党组织、政府组织、社会组织、市场组织、街道基层组织、社区自治组织"六大治理体系"和提升系统治理、依法治理、源头治理、综合治理"四大治理能力",从而使具有时代特征、中国特色、首都特点的超大城市社会治理现代化建设进一步明确了前进目标。

2. 抓住党建龙头,夯实社区治理基础

重视社会领域党的建设,实施"点、线、面系统推进工程",目前全市非公有制企业党组织应建必建覆盖率达99%。为确保党的工作及时跟进并发挥引领作用,构建了区党建工作领导小组、街道党建工作协调委员会、社区党建工作平台的区域化党建工作体系。夯实社区建设基础,推进社区规范化建设,基本实现了"三有一化"(有专职人员、有经费保障、有固定场所、工作规范化)。为提升社会治理精细化程度,北京加快推进网格化体系建设,发布《关于全面加强北京市城市服务管理网格化体系建设的意见》等"1+3"文件,并实施"网格化+"十大行动计划。

截至2018年,全市共划分网格33562个,区、街道(乡镇)、社区(村)网格化体系覆盖率达90%以上。

3. 做好做实民生服务

为让社区居民生活更便捷,步行一刻钟内能解决居民的商业、生活、文体娱乐等方面服务需求,实现"小需求不出社区,大需求不远离社区",北京大力推进"一刻钟社区服务圈"建设,已建成"一刻钟社区服务圈"1352个,覆盖87.5%的城市社区。"一刻钟社区服务圈"是北京市委、市政府为民办实事工程之一,被居民群众誉为百姓生活的"幸福圈"。

4. 推动社会协同,扩大公众参与

目前,市、区、街三级"枢纽型"社会组织体系框架基本形成,"枢纽型"社会组织服务联系社会组织覆盖率达到95%以上,将3万多家各级各类社会组织纳入党和政府工作主渠道。出台政府向社会力量购买服务政策,加大政府购买社会组织服务力度,政府主导、企事业单位和社会组织广泛参与的服务提供机制逐步完善,社会力量参与的积极性和参与度明显提高。近年来,全市社会建设专项资金每年投入1亿元左右,购买社会组织服务数千个项目、近3000个岗位。开展社区之家示范点创建,引导驻区单位参与共驻共建共商共治。

(三)上海市社会治理创新实践

2014年,习近平参加十二届全国人大二次会议上海代表团审议时指出,社会治理的核心是人,重心在城乡社区,关键是体制创新,要更加注重系统治理、依法治理、综合治理、源头治理,希望上海努力走出一条符合特大城市特点和规律的社会治理新路子。2015年,习近平参加十二届全国人大三次会议上海代表团审议时,再次对上海市提出要求,希望上海"四个继续走在前列",其中包括创新社会治理方面继续走在前列。2014年,中央赋予了上海向具有全球影响力的科技创新中心迈进的新使命。在这样的形势和背景下,上海市贯彻落实党和国家的战略部署,以习近平系列重要讲话精神为指导,积极推进社会建设和社会改革,努力打造出具有时代特点、上海特色的社会建设模式。

上海社会建设工作起步最早,于2003年成立中共上海市社会工作委员会，最初的职能定位是负责指导新经济组织、新社会组织党建工作，2009年11月又成立市社会建设工作领导小组及其办公室，工作定位拓展到社会建设和社会管理领域。上海市目前已经构建形成了"市社会工作党委—区(县)社会工作党委—街道社区(综合)党委的三级党组织领导体系"，逐步形成了党委统一领导、社会建设办牵头负责，条块结合、以块为主、分级负责的社会建设工作体制。

上海社会治理主要内容和工作方式大体可以分为三个阶段。第一个阶段(2009—2013年)，主要是基础体系构建阶段，这段时间社会治理的核心内容是构建"六大体系"，即构建多层次的公共服务体系，构建保基本、广覆盖、多层次的社会保障体系，构建现代社区治理体系，构建社会组织发展体系，构建社会矛盾调处体系，构建社会建设推进体系。

第二个阶段(2014—2017年)，主要是创新社会治理，加强基层建设。聚焦城市社区、城乡接合部和大居地区、农村流动人口比较集中地区三类区域。重点调研基层在组织体系和管理体制方面亟待解决的问题；不同地方的基层在服务于管理资源、社会治理资源方面存在的问题；基层各支队伍和各类力量存在的突出矛盾。目的是要摸清基层情况和具体状况，对全市基层发展的状况进行大盘点。经过一年的调研，最终形成成果，即"1＋6"政策文件，包括进一步创新社会治理、加强基层建设的意见，以及街道体制改革、居民区治理体系完善、村级治理体系完善、网格化管理、社会力量参与、社区工作者队伍建设6个配套实施意见，主要解决街道机制体制、基层队伍力量建设、管理执法等治理资源配置、基层组织基本经费"托底"保障等突出问题。扎实的基层调研，先进的管理理念，科学的顶层设计，随着这一系列文件在上海社会治理领域的落实，实现了上海社会治理"走在前列"的追求。

第三个阶段，从2018年开始，主要是着力提升城市能级和核心竞争力，努力践行创造高品质生活的新使命。为实现这一新目标，上海提出了几点工作思路。

首先，坚持把党建引领作为一条红线贯穿始终，健全以街镇党委、居村党组织为领导核心的基层治理架构，深化街道职能转变，强化街道党工委加强党的建设这一首要职能，明晰四级职责定位，做实重心下移。让街镇在整合资源，力量统筹上有更大的话语权，把各类民生资源，实施项目都集聚到居村，打通服务群众的最后一公里。

其次，提高城市治理的精细化水平，以法治化、社会化、智能化、标准化为着力点，让城市更有趣、更安全、更干净。提升法治化水平，加强综合执法与行业管理。各执法部门之间，市区和街镇之间有序衔接，巩固区域环境整治的成果。依法严管食品安全，创建国家食品安全示范城市。加强社会化协同管理，坚持重心下移、资源下沉、权力下放，优化市、区、街镇城市管理的机构设置。提高社会治理智能化水平，建立上海市大数据中心，实现跨层级、跨部门、跨系统、跨业务的数据共享和交换。强化流程再造，切实提升审批效率。提升社会治理的预见性，完善城市安防、预警等应急处置机制。加快建立健全城市治理的标准体系，用精细标准来推动精细治理。

最后，努力打造共建共治共享的社会治理格局。坚持群众的事同群众多商量，大家的事人人参与，社会的事务多交给社会。广泛发动群众和社会各方参与社会治理，创新群众参与的方式，形成以居委会为主导、居民为主体、多方参与、良性互动的居民区的自治架构。做到自治、共治、德治、法治一体化推进。

第五节　网络社会治理

互联网的出现极大地促进了人类社会生产力，为人类存在与发展开拓了新的社会活动空间，形成了新的生活方式和交往方式。它不但涉及社会的信息传播形态和人们的社会交往形态，也涉及社会的经济运行形态以及公众的社会参与和政治参与形态，还将涉及社会生活的深层组织架构和内在运行机制。我国1994年全面接入互联网。截至2017年12月，我国网民规模达7.72亿人，互联网普及率达到55.8%。这些数字说明中国已经形成了覆盖生产生活各个领域的网络社会。

一、网络社会

(一)网络社会的概念

从静态和动态两个角度界定网络社会是常见的分类方法。从静态意义上讲,网络社会是指一种实时在线的人类生活共同体的特定形态。从动态上来看,网络社会呈现出的是,作为网络行为主体的人们置身于电子网络空间,通过操控数字化电子信号的传输、交换和不停流转来实现彼此之间的传播沟通和交往互动,并由此凝聚社会群体、形成社会关系和造就社会文化现象的行为活动过程。[1] 鉴于网络社会已经与传统非网络社会高度融合,产生了介于虚拟社会与现实社会高度融合的混合新状态,网络社会治理既不能单纯只对虚拟空间进行治理,也不能完全按照实体社会治理的原则来治理网络社会。而是应该针对网络社会的发展特征,采用虚实结合的治理策略,推动国家、市场和社会共同作用。

(二)网络社会的特征

认清网络社会的基本属性,是把握网络社会治理的前提。具体而言,网络社会具有如下特征。

1. 高度复杂性

网络社会的高度复杂性包含两个层面的含义。一是网络社会本身的构成具有高度复杂性。其主体数量巨大,且具有多样性。不仅包括海量网民,还包括了具有多种形态的市场主体、社会组织等;既包括较为稳定的组织形式,也包括因某一议题或事件集聚的临时的共同体。二是网络社会的运行具有高度复杂性。网络社会由于信息的快速传播和交互作用,产生了复杂的演化机制,具有突变性、混沌性、集聚性、不确定性等特点。网络群体性事件和网络舆情事件便是这种复杂性的集中体现。

2. 匿名性

匿名性有三层含义。首先,从虚拟和真实的二元关系角度而言,匿名性是指网络使用者利用网络技术带来的代号部分或全部替代真实世界社会身份特征。它是网络虚拟性甚至虚幻和虚假的重要根源。其次,从

---

[1] 李一:《网络社会治理的逻辑起点、运作机制和界域指向》,载《中共杭州市委党校学报》,2015(3)。

角色扮演论而言，匿名是网际互动中角色扮演的方式和手段，人们在网络上利用昵称、签名档等化名机制，既隐匿又公开地参与探索自我认同的游戏。最后，从结构论而言，网络可以看作一个不同于现实世界的独特空间，网民在网上的匿名不仅是个人身份的匿名，更是规则、意义系统与社会关系的隐藏，是一种社会结构的隐藏。它导致了网络世界与真实世界意义系统的分离。

3. 平等性

在传统社会中，政府拥有明显的资源优势和权威特征，因而拥有绝对的优势地位。但在网络空间中，由于网络技术与生俱来的赋权功能，原有的社会结构、资本结构、地缘结构和文化结构被重新调整。在网络社会的新场域中，网络主体之间出现了平等对话的新渠道、新规则。传统社会建立在信息资源垄断基础上的社会治理模式发生了根本性转换，成为影响社会治理格局和规则的主导性力量。

4. 开放多元性

互联网的使用具有低门槛特征。这种技术壁垒的弱化使网络社会具有近似无限的开放性，其参与者也具有极大的开放性。这种性质使得网络参与的可能性大大提升。网民不仅可以更为自由地参与网络社会的互动和交往，而且其涉及的社会关系网络也更为复杂。网络虚拟社会还有极复杂的多元性，主要表现为参与主体的多元性和治理内容的多元性。

5. 流动性

由于网络信息传播与交流的跨时空性，使得网络社会中虚拟的个体本身具有高度的流动性。在极短的时间内，某一网络虚拟社区或者热点话题就会聚集大量的网络个体，产生极为强烈的公众舆论效果和动员能力。这种流动性一方面导致基本组织结构的松散；同时也表现为网络中各种思想和观念的汇聚。因此，原先层级的社会结构被非层级的混沌形态所吸收和消融，整体呈现出更加复杂和非固定结构的特征。

二、网络社会存在的问题

(一)政治安全问题

在网络时代，人的行为方式和思想观念正在发生巨大变化，以互联网为核心的"无国界数字化空间"正在全面展开，国家政治安全的概念与内涵也在发生重大变化,而且出现了许多全新的危及国家政治安全的形式。例如,网络上拥有技术优势的一方更容易对处于技术劣势的网络和其中的个体进行攻击。在此基础上,由于各种经济、社会以及科技、军事等关乎国家安全的活动也高度依赖于网络,也因此变得更加脆弱。①

(二)社会安全问题

网络社会中的安全因素也日益多元化和复杂化。近年来,网络突发事件频发,对社会稳定形成了严重威胁。计算机病毒和黑客攻击对信息化程度较高的民生系统造成了严重破坏,成为影响中国社会安全的新威胁。在突发事件发生后,由于信息公开的不及时、不充分、不科学,谣言、极端观点、恐慌情绪会通过网民被极端化。由于网络社群化和网络监管的难度,网络舆情经过发酵会产生蝴蝶效应,转化成现实的群体性事件,造成社会危害。网络谣言、网络恐怖活动、网上色情、公民隐私权和知识产权保护等问题已经成为必须面对的社会安全问题。

(三)经济安全问题

互联网时代的经济主体和经济模式已经发生了深刻的变化。随着网络经济模式的不断成熟,网络犯罪(包括货币犯罪、网络间谍、黑客行为等)也变得非常猖獗,严重威胁到国家经济安全。目前,中国在网络经济安全建设上还存在诸多问题,包括规划设计不完备、统筹机制不完善、产品设备有漏洞、经济信息不保密、商业模式需创新、链条环节缺互动、诚信建设待加强、法律法规应健全等。此外,中国网络经济活动主体自我保护和防范意识也不强,对于系统运行的安全问题和各种风险,缺乏未雨绸缪的风险意识和抗风险能力。这也使得经济安全问题非常严峻。

(四)国家安全问题

2016年4月19日,习近平总书记在网络安全和信息化工作座谈会上指出,"没有网络安全就没有国家安全","要树立正确的网络安全观,加快构建关键信息基础设施安全保障体系,全天候全方位感知网络安全态势,增强网络安全防御能力和威慑能力。"作为继领土、领海、领空和

---

① 何哲:《网络社会治理的若干关键理论问题及治理策略》,载《理论与改革》,2013(3)。

太空之后的"第五空间",网络已经是并且将继续是国家发展赖以生存的重要资源。在全球范围内,计算机病毒、网络攻击、垃圾邮件、系统漏洞、网络窃密、网络虚假信息和网络违法犯罪等问题日渐突出,如应对不当,可能会给中国国家安全带来不利影响。以网络技术为核心的网络空间安全已经开始对国家安全产生全面的颠覆性影响,成为国家安全体系的最有力改变者、国家安全创新的最敏感领域、国家安全竞争的最前沿领域和国家安全变革的最难以预测的因素。① 网络社会治理迫在眉睫。

三、网络社会治理

(一)网络社会治理的概念

网络社会治理,是指在借鉴并适当沿用现代社会治理的价值理念、制度设计、体制建构和手段方式的基础上,以互联网和网络社会为主要指涉对象,由政府、企业、社会组织以及个人等多方主体和多种社会力量参与其中,针对互联网和网络社会而实施的一种现实社会治理的实践类型。② 它可以表述为"网络社会的治理",也可以更为确切地表述为"网络社会的社会治理"。

(二)网络社会治理的理论范式

网络社会治理的重要思想来源之一是治理理论。20世纪90年代以来,随着治理理论的兴起并被引入我国学界,社会治理的三种理论范式亦广泛应用于网络社会治理的研究中。③ 形成了三种理论范式。

1. 多中心治理理论

多中心治理理论将多种社会行为主体纳入治理主体范围,克服了单一社会治理主体造成的困境,强调社会的自主治理与合作治理。同时,它也关注到了多元治理主体的协作关系。在中国网络社会治理过程中,推进多中心协同治理,充分发挥政府、市场和社会等多元主体的治理作用,政府、社会组织、公民、家庭、社区、企业等多元主体在治理过程中协同合作,从而形成多主体参与和合作的网络社会治理格局和体系,

---

① 倪良:《论网络安全对国家安全的颠覆性影响》,载《中国信息安全》,2016(9)。
② 李一:《网络社会治理的目标取向和行动原则》,载《浙江社会科学》,2014(12)。
③ 参见谢耘耕:《网络社会治理研究综述》,载《新媒体与社会》,2014(4)。

这正是多中心治理理论的体现。

2. 网络化治理理论

网络化治理理论认为，治理过程中充满着利益冲突与合作的特质，治理目标的达成是多元行为者之间互动的结果，并主张通过政府部门与非政府部门以及私人部门共同建立起一种相互依存的合作网络。采取了一种既定制度框架下通过互相结合、共同协作途径在参与各方中达成约定的契约和规则，实现公共价值的行动模式，避免了管理的碎片化。通过面对面的合作，分享公共权力，承担公共责任，采取集体行动。它更加强调多元治理主体间互动合作的伙伴关系。在公共资源相互依赖彼此互利过程中逐步提升自我行动理性、责任感和合作意识，产生并积累着共同体知识和集体记忆，促进网络共同体机制的成长进化和公共效能的提升。在该理论中，政府与其他主体之间存在平等关系，主要通过对话、建立伙伴关系和借助其他主体的资源来实现依靠自身无法实现的目标。

四、网络社会治理的目标

我国网络社会治理的目标，可表述为增进建构网络社会秩序，纾解网络社会冲突，优化网络社会环境，实现网络主体自由。

(一)建构网络社会秩序

网络社会治理的首要目标，是建构有序的网络社会运行秩序和生活秩序。秩序是法的基本价值之一，它强调有序状态的建立与维持。网络社会的开放特征使得多元主体的行为鱼龙混杂，网络水军、网络谣言等现象的存在扰乱了网络空间的秩序，降低了网络社会多元主体之间信息交换和传播交流的质量。社会秩序是通过结构与文化建立起来的，网络空间新的秩序意味着个人之间、端到端之间的行动是可预见的、模式化且基于规则的，而人们的行动被相互之间的期待和契约所管理，从而促进整个社会的合作与互动。建立良好的网络社会秩序，需要各类网络主体之间的有序互动，形成网络社会生活中的基本行为规范，为网络社会共同体生活建构出必要的秩序状态，以及网络社会文明的演进，最终要取决于电子网络空间里面，人们的各类行为活动是否能够规范有序地正常展开。这就需要法治与德治并举，他律与自律结合，网站、网民、国家主管部门共同成就网络社会的"秩序之美"。

(二)纾解网络社会冲突

纾解网络社会冲突也是网络社会治理的目标之一。冲突是组织行动中一种常见且比较复杂的现象。网络社会的冲突具有复合性。它既包括网络虚拟空间中内在生成的利益矛盾和社会冲突,如网络暴力、网络隐私侵犯,也包括从网络空间延伸到实体生活中的网下社会中的利益矛盾与社会冲突。二者密切关联且交互影响,使得冲突的性质更加复杂,治理难度增加。网络社会冲突不仅对网络空间主体的合法权益造成侵害,也会挑战并危及网络及网下社会生活的运行秩序,造成社会不稳定因素。所以,有效纾解各类网络社会冲突,成为网络社会治理的一大现目标。

(三)优化网络社会环境

相对于人这一网络行为主体而言,网络所营造出的是一个特定的行为活动场域和社会文化环境。人们的社会生活,也就此自然有了"网上"和"网下"之分。可以认为,"硬件"和"物质实体"意义上的互联网络,更多地显现出的只是其"技术支撑"的意义,这里所讨论的改善和优化网络环境的问题,应当定位在社会文化层面而非单纯的技术层面。

(四)实现网络主体自由

网络社会治理,要在国家法律法规下,实现人的网络自由和全面发展。网络社会治理问题的提出,源于维持电子网络空间社会运行秩序的需要。但形成和维系网络社会生活共同体的正常运行秩序本身,只是工具手段。网络社会治理的根本目的则在于为实现人的网络自由和全面发展提供支撑要素和保障条件。网络社会的出现为人的自由发展提供了条件,网络经济的发展为人的自由创造了物质条件,网络使人在社会关系中更加自由,网络的发展为人的自由提供了更多元的选择,网络空间的建构为人的发展提供了更多的展示空间和机会。

五、网络社会治理的模式

我国网络社会治理的模式,主要分为党委领导下政府主导型治理与党委、政府主导下的多元治理模式两种。由党委、政府主导的,以法律法规为基础的自上而下的管理模式是网络社会治理中最重要的部分。同时，在以党委、政府为主导的社会治理模式下，网络企业、网络媒体等多元主体也参与到了网络社会治理中，市场和社会力量参与联合模式等党委、政府主导下的多元治理模式也成为我国网络社会治理的模式之一。

(一)党委、政府主导型模式

从治理理论的原义讲，治理的主体与主体之间，主体与客体之间，客体与客体之间的地位是平等的。网络社会的多元主体在信息获取与交互沟通方面比以前更加平等，但是各主体的地位和利益诉求仍然有着差别，为实现社会治理的根本目标，有必要对各类主体的功能和行为依法进行规制。而相比其他主体，党委、政府对国家安全、社会稳定、经济发展、文化繁荣负有主要责任，因此，在治理网络中占据中心地位，党委、政府的主导作用只能加强不能削弱。政府是国家权力的执行机关，具有国家强制力。其依靠法律体系进行社会管理，成本相对较小。同时，党委、政府主导型的网络社会治理模式既契合了网络运作的信息传递的系统性，也通过党委、政府集中管控实现了信息资源共享，防止重复性建设。同时，从国家层面进行网络空间治理也能够使国家主权得到充分维护。

党委、政府主导型治理模式在网络社会治理中主要体现为指导、协调与监管，主要手段为法律手段和行政手段。为推进互联网的持续健康发展，国家相继出台了一系列有关网络信息安全问题和面向服务管理的法律法规。主要包括《计算机信息系统安全保护条例》《中华人民共和国计算机信息网络国际联网管理暂行规定》《计算机信息系统保密管理暂行规定》《全国人民代表大会常务委员会关于维护互联网安全的决定》《计算机病毒防治管理办法》和《中华人民共和国电信条例》《互联网电子公告服务管理规定》《互联网信息服务管理办法》等。可见，我国主要通过网络内容服务提供者(Internet Content Provider，ICP)对互联网的内容进行监管，并逐渐走向对ICP服务内容的细化管理。成立中央网络安全和信息化委员会也是我国网络社会治理领域的一件大事。2018年3月，《深化党和国家机构改革方案》中提出，将国家计算机网络与信息安全管理中心由工业和信息化部管理调整为由中央网络安全和信息化委员会办公室管理，负责相关领域重大工作的顶层设计、总体布局、统筹协调、整体推进、督促落实。

除了运用法律法规进行的管理模式之外，党委、政府还通过教育的方式对其他社会主体进行管理。比如教育人们不要信谣传谣、快速识别电信诈骗、使用文明的网络语言、参加爱心志愿活动等；互联网主管部门则通过约谈的方式，促使互联网企业调整损害网民利益的市场行为。

(二)党委、政府主导下的多元治理体系

治理理论强调治理主体的多元性，主张党委、政府及相关部门、网络服务提供者、网络行为参与者等共同推进网络社会有效治理和发展。面对网络社会信息内容的海量与低质、信息使用的娱乐化与商品化、市场失序对于公共利益和网络秩序造成的风险，必须让更多的治理主体参与进来，注重发挥行业组织、网络运营商和网民在网络社会治理中的作用，才能实现真正的"治理"。因此，我国网络社会治理模式转向党委、政府主导下的多元治理模式。凭借各自的比较优势，各治理主体间的协同合作更加有效，大大提升了公共产品与服务提供、产业政策制定、社会责任承担等多方面的能力。

党委、政府主导的多元治理模式下，治理主体还包括互联网企业、网络媒体、网民等多元主体，主要治理手段包括立法、行政和技术三种。

作为一种可能的市场治理手段，行业自律在约束市场主体不良行为、维护市场秩序、促进政府职能转变等方面具有重要的作用和意义。相对于国家直接治理而言，行业管理具有更为直接，更有效率的优势。通过确立行业自律规则，能够综合运用更多的技术手段，直接实现治理目的。我国的互联网行业自律组织包括中国互联网协会、中国互联网发展基金会、中国文化网络传播研究会、中国互联网信息中心、中国互联网金融行业协会等。这些行业组织在生发方式上属于行业外生型。

互联网是技术的产物，技术治理也是网络社会治理的重要维度。由于互联网技术而产生的社会问题，最终仍然依靠互联网技术去解决。正如习近平指出的："要以技术对技术，以技术管技术，做到魔高一尺、道高一丈。"我国的互联网控制技术可以分为网络安全技术、内容监控技术和网络行为控制技术。其中，网络安全技术主要包括防火墙技术、加密技术以及访问控制技术；内容监管技术主要包括网络舆情的监管技术、内容安全控制技术、网关过滤控制技术、网络监听技术、不良信息检测技术和内容过滤系统；行为控制技术主要包括网络版权保护技术和网络用户行为实时监控技术等。从本质而言，互联网是一种技术协议，基于互联网技术产生的社会问题，如网络虚假广告、网络谣言、网络诈骗、网络赌博等，最终还是得依靠技术的进一步发展来解决和应对。从这个角度而言，网络社会的技术治理具有工具价值，是其他治理方式的手段和载体。

总体而言，我国的网络社会治理经过最初的摸索阶段，已经建立了符合中国国情、适应国家发展需要的党委、政府主导的多元治理模式。但同时，也应注意到我国的多元治理模式还存在成本较高、行业自律能力较弱、公众媒介素养不高等问题，急需国家、社会、市场的进一步努力，早日实现网络空间的健康有序和网络主体的全面发展。

延伸思考

1. 解释下列概念：社区、社区治理。
2. 乡村社会治理的手段有哪些？
3. 简述乡村社会治理的主体关系。
4. 简述城市社会治理的内容。
5. 联系实际论述网络社会的特征和治理的目标。

参考文献

[1] 汪大海. 社区管理[M]. 北京：中国人民大学出版社，2012.

[2] 赵小平. 社区治理——模式转变中的困境与出路[M]. 北京：社科文献出版社，2012.

[3] [美]曼纽尔·卡斯特. 网络社会的崛起[M]. 北京：社会科学文献出版社，2006.

[4] 李一. 网络社会治理[M]. 北京：中国社会科学出版社，2014.

[5] 邓伟志，徐榕. 家庭社会学导论[M]. 上海：上海大学出版社，2006.

第十章　中国社会治理方式

本章概述

本章主要通过阐明依法治理、道德治理、文化治理、科技治理四种治理的内涵、作用、形式等，论述社会治理的主要方式。读者通过本章的学习，可以掌握社会治理运行的重要特征。

第一节　依法治理

一、依法治理的意义

依法治理，是指依照体现人民意志、反映社会发展规律的国家法律进行社会治理，实行科学立法、民主立法、依法立法，以良法促进发展、保障善治。这是社会治理的基本依据和手段。

全面推进法治社会建设具有重要意义。1997年，党的十五大报告首次将"依法治国"确立为党领导人民治理国家的基本方略。1999年3月15日第九届全国人民代表大会第二次会议通过的《中华人民共和国宪法修正案》中，将"依法治国"第一次从党的意志转化为国家意志。2013年，党的十八届三中全会首次提出"法治社会建设"的概念，坚持法治国家、法治政府、法治社会一体建设，强调依法治理，加强法治保障，运用法治思维和法治方式化解社会矛盾。2014年，党的十八届四中全会站在党治国理政和国家现代化全局的高度，提出了"建设中国特色社会主义法治体系，建设社会主义法治国家"的总目标，强调推进多层次多领域依法治理。2017年，党的十九大将坚持全面依法治国作为新时代坚持和发展中国特色社会主义的基本方略之一。从"社会管理"到"社会治理"，从"依法治国"到"法治中国"，从"提高社会治理水平"到"提高社会治理法治化水平"，反映了我们党对社会主义发展规律认识的不断深化，也对全面推进社会治理法治化提出了新要求。因此，全面推进法治社会建设是贯彻落实全面依法治国基本方略的内在要求，是推进国家治理现代化的必然选择，是全面维护人民群众权益和实现国家长治久安的根本保障。

二、法治社会的内涵和特征

"法治社会"，是指法律在全社会得到普遍认同和遵从，国家立法所确立的制度、理念和行为方式能够得到有效贯彻实施，全体公民和所有社会主体都能厉行法治的一种社会运行状态，国家可以在法治轨道上统筹社会力量、平衡社会利益、调节社会关系、规范社会行为，依靠法治解决各种社会矛盾和问题。中国特色社会主义法治社会建设具有六个重要特征：人民性、普遍性、系统性、全面性、平等性、公正性。

人民性，就是法治社会建设坚持人民主体地位。这是由当代中国的社会性质、党的宗旨和宪法的属性决定的。我国是社会主义国家，人民是国家和社会的主人，这就决定了我国的法治是全体人民的法治。法治建设是为了人民、保护人民、依靠人民、造福人民，以保障人民根本权益为出发点和落脚点，保证人民依法享有广泛的权利和自由、承担应尽的义务，人民群众通过多种形式、多个渠道广泛参与法治社会建设，维护社会公平正义，促进共同富裕。我国社会主义制度保证了人民当家做主的主体地位，也保证了人民在全面推进依法治国、建设法治社会中的主体地位，这是中国特色社会主义法治区别于资本主义法治的根本所在。

普遍性，就是法治社会建设要使法律成为全社会的基本准则，整个社会按照法律规范运行。任何组织、机构、单位和个人都必须在宪法和法律的范围内活动，都要以宪法和法律为行为准则，依照宪法和法律维护权利或职权、履行义务或职责。

系统性，就是法治社会建设贯穿于立法、执法、司法、守法各个环节。通过科学立法，发挥立法的引领和推动作用；通过严格执法，确保法律有效实施；通过公正司法，提高司法公信力；通过全民守法，增强全社会法治观念和意识。这四者之间紧密相连、相辅相成，共同构成法治社会建设的主体架构。

全面性，就是法治社会建设既包括经济、政治、文化、社会、生态建设和党的建设在内的全方位、立体型的厉行法治，也包括心灵、价值、行为、秩序、制度全面体现法治精神、法治规范和法治要求。法治社会建设意味着法治观念、法治精神、法治信仰不断深入人心、浸润人心、内化于心，进而实现人的心灵的治理；法治社会建设也意味着法律规范成为人们一切行动的基本准则；法治社会建设还意味着构建完善的社会规范和法律制度体系，使之成为各类市场主体、社会主体维护社会秩序的根本保障。

平等性，就是法治社会建设坚持法律面前人人平等。平等是社会主义法治的基本属性。任何组织和个人、任何社会主体和市场主体，都必须尊重和维护宪法、法律权威，都必须依照宪法、法律行使职权或权利、履行职责或义务，都不得有超越宪法法律的特权，任何在社会中处于弱势的公民都不得受到歧视。

公正性，就是法治社会建设以促进公平正义为根本依归。公正是法治的生命线。维护公平正义，是中国特色社会主义的内在要求。我国推行法治社会建设，从根本上讲，就是为了建设一个公平正义的美好社会。全面依法治国、推进法治社会建设，必须紧紧围绕保障和促进社会公平正义来进行，切实做到良法善治。

总体上看，健全的、成熟的法治社会，将是一个政治清明、民主法制、社会公正、充满活力、平安有序、和谐友善的社会，全社会对法律充满敬畏和信仰，宪法和法律得到有效实施和普遍遵从，社会生活法治化、规范化，全社会依照法律规范既生机勃勃又井然有序运行，人民群众的合法权益获得切实尊重和保障，社会充满公平正义。

三、社会治理法治建设的主要进展

新中国成立特别是改革开放以来，党和国家始终高度重视社会治理法治建设，为形成和发展适应中国国情的社会治理法律制度进行了积极探索和实践，取得了明显成就。

(一)构建了改善民生和创新社会治理的规范体系

1982年公布施行的《中华人民共和国宪法》，明确规定了中国政治制度、经济制度、公民权利和义务、国家机构设置和职责范围、国家根本任务等。从此，全国范围内的立法工作全面恢复和发展，在社会治理领域构建了公共教育、劳动就业、社会保险、社会保障、医疗卫生、人口和计划生育、住房、文化和体育等基本公共服务法律规范，奠定了中国特色社会治理法治基础。为适应我国经济和社会的发展变化，全国人大分别在1988年、1993年、1999年、2004年、2018年对宪法做了修订完善。

在保障和改善民生方面。教育事业形成了以《中华人民共和国教育法》《中华人民共和国教师法》等为核心的法律体系；劳动就业形成了以《中华人民共和国劳动法》《中华人民共和国劳动合同法》《中华人民共和国就业促进法》等为核心的法律体系；社会保障和社会服务形成了以《中华人民共和国慈善法》《中华人民共和国社会保险法》《中华人民共和国社会救助暂行办法》等为核心的法律体系；医疗卫生形成了以《中华人民共和国食品安全法》《中华人民共和国药品管理法》等为核心的法律体系；人口方面形成了以《中华人民共和国居民身份证法》《中华人民共和国人口和计划生育法》《中华人民共和国婚姻法》《中华人民共和国继承法》等为核心的法律体系；住房保障形成了以《中华人民共和国土地管理法》《中华人民共和国城市房地产管理法》等为核心的法律体系。还有《中华人民共和国民法总则》等重要法律法规。

在加强和创新社会治理方面。1991年3月，第七届全国人大常委会第十八次会议通过《关于加强社会治安综合治理的决定》，这标志着社会治安综合治理工作走上了规范化、制度化的轨道。2015年7月，第十二届全国人大常委会第十五次会议通过的《中华人民共和国国家安全法》确立了总体国家安全观的指导地位和国家安全的领导体制，为构建中国特色国家安全体系奠定了重要法律基础。还颁布了《中华人民共和国网络安全法》《中华人民共和国反恐怖主义法》《中华人民共和国反间谍法》《中华人民共和国国家情报法》《中华人民共和国核安全法》《中华人民共和国出境入境管理法》《中华人民共和国人民调解法》《中华人民共和国国家赔偿法》《中华人民共和国信访条例》等。

法律既包括实体法，又包括程序法，二者互相依存，互为保障。《中华人民共和国刑事诉讼法》《中华人民共和国民事诉讼法》《中华人民共和国行政诉讼法》三大诉讼法的出台和修订，为保障民主政治顺利发展、规范市场经济正常运行等提供了重要依据。

(二)着力推进严格执法

社会治理法治建设中，严格执法是难点也是关键。行政执法是行政机关最大量的日常行政活动，是实施法律法规、依法管理经济社会事务的主要途径，是实现政府职能的重要方式。我国大约80％的法律、90％的地方性法规和几乎所有的行政法规都是由行政机关执行的。行政执法是否严格公正，直接体现着国家法治建设的水平。

近年来，国家加大了执法检查、对地方立法推进合宪性审查、整饬幼托乱象、惩治"村霸"、越洋跨境打击电信诈骗，等等，取得了一些可喜的成绩。例如，"问题疫苗事件"发生后，国务院修订了《疫苗流通和预防接种管理条例》，着力完善第二类疫苗的销售渠道、冷链储运等流通环节法律制度；国家食品药品监督管理总局相应修改《药品经营质量管理规范》，严格规定了药品采购、储存、销售、运输等环节采取有效的质量控制措施。例如，"雷洋案"发生后，中央全面深化改革领导小组第二十四次会议通过的《关于深化公安执法规范化建设的意见》，要求增强执法主体依法履职能力，解决执法突出问题；公安部举办了全国公安机关规范执法视频演示培训会。

(三)积极促进司法公正

公正是法治的生命线，司法作为法治的构成要素，其基本功能是借助公共权力对各种法律争端做出最终的权威性处理，以法治方式化解社会矛盾。在社会治理司法实践中，发挥司法公正对社会公正的重要引领作用，预防和化解社会矛盾，是提高社会治理法治水平的关键。

近年来，司法机关承担着法律保障、法律服务和依法治理的职能，在社会治理创新中发挥着越来越重要的作用，维护国家利益和社会秩序的公益诉讼有明显进步。2017年6月27日第十二届全国人民代表大会常务委员会第二十八次会议通过《全国人民代表大会常务委员会关于修改〈中华人民共和国民事诉讼法〉和〈中华人民共和国行政诉讼法〉的决定》，将试点近两年的检察机关提起生态环境和资源保护、食品药品安全、国有财产保护、国有土地使用权出让等领域的公益诉讼制度写入法律。同时，《信访条例》《关于依法处理涉法涉诉信访问题的意见》《关于建立涉法涉诉信访事项导入法律程序工作机制的意见》《关于建立涉法涉诉信访执法错误纠正和瑕疵补正机制的指导意见》《关于健全涉法涉诉信访依法终结制度的实施意见》的出台，为推动诉访分离、依法治访提供了制度保障。

（四）多元主体依法共治

以法治为基础的多元主体共治，是健全"党委领导、政府负责、社会协同、公众参与、法治保障"社会治理体制的内在要求，也是完善社会治理制度的迫切需要。

落实全面依法治国基本方略，首先要求处于执政地位的中国共产党依法执政。党既领导国家立法工作，又依据国家法律特别是宪法执政，同时不断加强党的自身制度建设。近年来，党的建设制度化不断加强。主要体现在五个方面。一是明确党总揽全局、协调各方的领导核心作用。《中国共产党党组工作条例（试行）》明确要求，在包括中央和地方国家机关、人民团体、经济组织、文化组织、社会组织和其他组织领导机关中设立党组。二是突出多元共治。2017年《中国共产党章程（修正案）》将总纲中"加强和创新社会管理"修改为"加强和创新社会治理"，更加突出了党委领导和政府负责下的多元社会主体共同参与、良性互动。三是强化党内法规的治理功能。《中国共产党党内法规制定条例》《中国共产党党内法规和规范性文件备案规定》的公开发布，使党有了第一部正式、公开的党内"立法法"。四是监督问责体系化。《中国共产党党内监督条例》《中国共产党问责条例》《中国共产党党务公开条例（试行）》进一步完善了监督体系，推进了党务公开工作。五是管党治党常态化。党的十八届六中全会通过的《关于新形势下党内政治生活的若干准则》提出了加强和规范党内政治生活的目标要求和具体规定。这些都对新形势下更好发挥党的领导核心作用，提高党科学执政、民主执政、依法执政水平，具有十分重要的意义。

落实全面依法治国基本方略，关键是依法行政。近年来，我国法治政府建设持续推进。主要体现在三个方面。一是加强顶层设计。国务院发布的《全面推进依法行政实施纲要》(2004)，中共中央、国务院印发的《法治政府建设实施纲要(2015—2020年)》，明确了到2020年基本建成法治政府的规划。二是强化政务公开。从最初《关于在农村普遍实行村务公开和民主管理制度的通知》(1998)到《中华人民共和国政府信息公开条例》(2007)，再到《国务院办公厅关于推进公共资源配置领域政府信息公开的意见》《国务院办公厅关于推进重大建设项目批准和实施领域政府信息公开的意见》(2017)和《国务院办公厅关于推进社会公益事业建设领域政府信息公开的意见》(2018)，不断深入推进政务公开。三是开展法治政府多方评估。《国务院关于加强法治政府建设的意见》中，明确规定了坚持依法科学民主决策、加强和改进制度建设等内容，各级地方政府积极进行依法行政的探索实践。这些都从不同角度促进了法治政府建设。

落实全面依法治国基本方略的基础在基层。我国推动社会治理重心向基层下移的法治保障不断加强，主要从四方面开展。一是加强和规范社会组织立法。当前，社会组织领域基本法律有《中华人民共和国境外非政府组织境内活动管理法》，法规层面有《社会团体登记管理条例》《民办非企业单位登记管理暂行条例》《基金会管理条例》等。《中华人民共和国民法总则》确立了新的法人类型"非营利法人"，这与我国以基金会、社会团体和民办非企业单位为主体的非营利事业发展相适应。二是统筹推进城乡社区建设。国家相继出台《中共中央国务院关于加强和完善城乡社区治理的意见》《关于加强城乡社区协商的意见》等。三是推进"三社联动"。国家有关部门制定了《关于加强社会工作专业岗位开发与人才激励保障的意见》《民政部关于大力培育发展社区社会组织的意见》等，通过规范社区建设、社会组织培育和社会工作现代化体制，推动形成政府与社会之间互联、互动、互补的社会治理新格局。四是重视家庭法治建设。2015年12月，第十二届全国人大常委会第十八次会议通过《中华人民共和国反家庭暴力法》，是为了预防和制止家庭暴力，保护家庭成员的合法权益，这标志着我国以《中华人民共和国宪法》为根据、以《中华人民共和国反家庭暴力法》为主体的防治家庭暴力法律体系初步形成。2016年12月，国务院颁布《国家人口发展规划（2016—2030年）》，强调"要合理配置公共服务资源，完善家庭发展支持体系"。国家有关部门制定的《关于指导推进家庭教育的五年规划（2016—2020年）》对于帮助父母树立科学的家庭教育观念、促进家庭教育健康发展具有重要意义。

此外，多年以来，国家通过制定和实施普法规划，确定全国法制宣传日，在报刊、广播、电视、网络等媒体制作播出专栏、专版、专题节目，多种形式开展普法活动，对增加公众法律常识、增强法治意识、营造学法用法氛围产生了积极作用。

（五）推进协商民主法治化

"协商民主"是我国社会主义民主政治的特有形式。已经从政治领域扩展到经济、社会等各个领域，从一种工作方法上升为制度。《中华人民共和国宪法》第二十七条规定：一切国家机关和国家工作人员必须依靠人民的支持，经常保持同人民的密切联系，倾听人民的意见和建议，接受人民的监督，努力为人民服务。2012年11月党的十八大报告提出，要"健全社会主义协商民主制度""完善协商民主制度和工作机制，推进协商民主广泛、多层、制度化发展"。党的十八届三中全会进一步将"协商民主"定位为"我国社会主义民主政治的特有形式和独特优势，是党的群众路线在政治领域的重要体现"。2015年2月9日，中共中央印发了《关于加强社会主义协商民主建设的意见》，这是指导社会主义协商民主建设的纲领性文件。2017年10月，党的十九大报告提出，"要推动协商民主广泛、多层、制度化发展，统筹推进政党协商、人大协商、政府协商、政协协商、人民团体协商、基层协商以及社会组织协商"。并强调："加强协商民主制度建设，形成完整的制度程序和参与实践，保证人民在日常政治生活中有广泛持续深入参与的权利。"

四、社会治理法治建设面临的挑战

党的十八大报告提出了"科学立法、严格执法、公正司法、全民守法"16字方针，这表明中国特色社会主义法治建设进入了新阶段，四者之间的良性互动成为全面推进依法治国的重要目标和抓手。当然，社会治理法治建设仍面临很多挑战。

从总体上来看，我国多元主体依法治理格局还不够完善，多层次、多领域的依法治理格局尚未完全形成。主要表现在：重政府包揽、轻多元主体参与的现象还较为普遍；基层社会治理人才队伍缺乏，特别是专业社会工作人才严重不足；基层社会组织能力和独立性较差，还不能有效承接政府转移职能，难以成为一种自主的力量；各类治理主体之间平等合作、民主协商的体制机制仍不够畅通；基层治理的资源保障和配置普遍存在较多历史欠账和缺口。多元主体依法治理是一项系统工程，是社会治理领域一场广泛而深刻的革命，为全面加强党的领导和建设、推进法治政府建设、推动社会治理中心向基层下移提供法治保障，必须通过坚持不懈的努力才能实现。

在立法方面，中国特色社会主义法律体系中，社会领域立法的难度更大、要求更高。当前，社会领域立法数量总体不足；有些社会领域基本法尚处于空白状态，如社会组织领域；有些社会领域立法位阶偏低，且系统性不够，如《中华人民共和国城市居民委员会组织法》《社会团体登记管理条例》《民办非企业单位登记管理暂行条例》和《基金会管理条例》等；有些社会领域立法还较为滞后，如与《中华人民共和国社会保险法》相配套的实施细则还未出台；个别社会领域立法理念偏颇，还存在重"控制""管制"色彩，"赋权""维权"功能和作用较为有限；公众参与立法渠道还有待进一步畅通。

在执法方面，有些执法人员证据意识、程序意识、权限意识还不强，执法活动伤害群众感情甚至损害群众权益的情况还时有发生，执法公信力还不高，因行政执法问题引发的群体性事件时有发生，严重影响了社会和谐与稳定。

在司法方面，当前基层社会矛盾纠纷从传统的婚姻家庭、邻里关系、小额债务、轻微侵权等向拆迁安置、征地补偿、劳资纠纷、环境保护、交通事故、医患纠纷等社会热点、难点扩展，纠纷类型趋向多样化、诱发原因趋向复杂化、发展过程趋向对抗化，对司法公正和司法能力的要求越来越高。与此同时，有些司法工作人员公正思想淡薄，办

"关系案、人情案",搞司法腐败;有些司法工作人员能力不足,主观臆断,甚至制造冤假错案。

在守法方面,一些领导干部依法决策、依法行政、依法管理的能力建设还远远不能适应新形势、新任务的需要。以言代法、以权压法、徇私枉法的现象还较为常见。有些群众"信权不信法""信访不信法""信关系不信法"的观念还根深蒂固。一些社会领域事件经公共传播后引发舆论关注,对我国公共认知的形成及社会问题的解决形成新的影响力量,理性判断和正确引导越发成为社会各阶层的共识。推动全民守法,不断增强法治公信力,日益迫切。

五、加快法治社会建设的基本要求

推进社会治理现代化,必须加快法治社会建设。要用法治精神引领社会治理,用法治思维谋划社会治理,用法治方式破解社会治理难题,用法治优势巩固社会治理成果,切实做到科学立法、严格执法、公正司法、全民守法。

(一)用法治精神引领社会治理

随着人民群众的市场经济意识、民主法治意识、公民权利意识的不断增强,社会对法治的期待、尊崇也越来越高,这就要求用社会主义核心价值观引领社会治理法治建设,强化法治引领社会治理改革创新。中共中央办公厅、国务院办公厅印发的《关于进一步把社会主义核心价值观融入法治建设的指导意见》明确要求"把社会主义核心价值观的要求体现到宪法法律、法规规章和公共政策之中,转化为具有刚性约束力的法律规定",强调"社会治理要承担起倡导社会主义核心价值观的责任,注重在日常管理中体现鲜明价值导向,使符合社会主义核心价值观的行为得到倡导和鼓励,违背社会主义核心价值观的行为受到制约和惩处"。

(二)用法治思维谋划社会治理

"法治思维"是相对于"人治思维"而言,"法治思维"面临的最大难题是权力意志的侵蚀和破坏。在法治思维的理念烛照下,要更加注重约束规范公权力,使社会治理更具有公平性、透明性、平等性。例如,修订的《中华人民共和国预算法》开宗明义地将"规范政府收支行为"作为立论基点,同时,规定"预算全公开",推进预算民主,完善预算审查、监督，明确预算责任，强化对预算的硬约束。

（三）用法治方式破解社会治理难题

"法治方式"是相对于行政方式、经济方式等其他方式而言，反映和体现着先进的治理理念。例如，第十二届全国人大常委会第十二次会议修订的《中华人民共和国安全生产法》明确提出安全生产工作应当以人为本，这对于正确处理重大险情和事故应急救援中是"保财产"还是"保人命"，具有重大现实意义。又如，推进标准化建设是中国法治发展的重要标志之一，社会领域标准化关乎民生福祉。我国标准化领域第一个国家专项规划《国家标准化体系建设发展规划（2016—2020年）》提出，到2020年，基本建成支撑国家治理体系和治理能力现代化的国家标准化体系。这不仅有利于推进社会治理法治化，也有利于提高社会治理精细化水平。

（四）用法治优势巩固社会治理成果

"法治优势"就是制度优势，不断增强法治意识，善于运用制度和法律治理国家，才能把制度优势转化为治国理政的效能，提高科学执政、民主执政、依法执政水平。2018年修订通过的《中华人民共和国宪法》中增写监察委员会一节，是对我国政治体制、政治权力、政治关系的重大调整，是对国家监督制度的重大顶层设计，有利于形成严密的法治监督体系，顺应了把全面从严治党向纵深推进的迫切要求，反映了十八大以来国家监察体制改革的成果，贯彻了党的十九大关于健全党和国家监督体系的重大部署。这是用法治优势巩固社会治理成果，将制度优势转化为治理效能的重大举措。

（五）实现立法、执法、司法、守法的良性互动

在科学立法方面，要加强重点领域立法，加强保障和改善民生、推进社会治理体系创新方面的立法，完善教育、劳动就业、收入分配、社会保障、医疗卫生、扶贫济困、社会救助、婚姻家庭和妇女、儿童、老年人、残疾人合法权益保护等方面的法律法规。要继续完善法律法规制定、修改与解释三位一体的发展模式，提高法律体系的稳定性、适应性和实效性，统筹规划，分步实施，明确责任，争取尽快形成比较完善的中国特色社会治理法治体系，在社会治理法治保障上迈出新步伐。

在严格执法方面，要加大食品药品安全、安全生产、环境保护、劳动保障、扶贫攻坚等重点领域的执法监督，完善行政执法程序，规范执法自由裁量权，加强对行政执法的监督，进一步提高执法质量、执法水平、执法公信力，这是实施依法治国方略的基础性工程。

在司法公正方面，要坚持和发展浙江"枫桥经验"，扎实开展矛盾纠纷预防、排查和化解工作，努力把矛盾纠纷解决在基层、化解在萌芽状态。继续坚定不移地推进司法改革，保障人民法院、人民检察院依法独立公正地行使审判权和检察权，扩大司法民主，推行司法公开，保证司法公正，为维护人民群众合法权益、维护社会公平正义、维护国家长治久安提供坚强可靠的司法保障。

在全民守法方面，要进一步创新法治教育方式，培育法治文化，营造尊法、学法、守法、用法的良好氛围。首先，党政主要负责人要履行推进法治建设第一责任人的职责，统筹推进科学立法、严格执法、公正司法、全民守法；其次，把法治建设成效作为衡量各级领导班子和领导干部工作实绩的重要标准，纳入政绩考核指标体系，把能不能遵守法律、依法办事作为考察干部的重要内容；最后，坚持立德树人、德育为先方向，开展全民法治教育，推动中国特色社会主义法治理论进教材、进课堂、进头脑，培养造就熟悉和坚持中国特色社会主义法治体系的法治人才及后备力量。

改革开放以来，我国法治社会建设取得重要进展，但必须看到，法治社会建设同中国特色社会主义事业发展要求相比，同人民群众期待相比，同推进国家社会治理体系和社会治理能力现代化目标相比，都还存在较大差距和一些问题，要坚持以习近平新时代中国特色社会主义思想为指导，在"科学立法、严格执法、公正司法、全民守法"上谱写社会治理法治化的新篇章。

第二节　道德治理

一、道德与社会治理

(一)道德治理的意义和传统道德

道德是反映社会经济关系的特殊意识形态，是社会利益关系的特殊调节方式，也是一种实践精神。道德广泛、深刻、持久地影响着人们的意志、行为和品格，也深刻影响着社会的存在和发展。因此，道德治理是社会治理的重要方式。

我国的传统道德以人伦为中心，重视每个人在人伦关系中的地位和价值。《孟子》记载，上古时候人们"逸居而无教，则近于禽兽"，圣人"使契为司徒，教以人伦"。"人伦"是人区别于禽兽的特征。中国的传统文化，特别是儒家文化重视人伦关系的社会网络，倡导人伦义务。孔子提出了君君臣臣、父父子子和仁义礼智信等伦理道德观念，运用中庸之道调整人际关系，以达太平和合的理想境界。孟子推言"五伦"，父子有亲、君臣有义、夫妇有别、长幼有序、朋友有信。董仲舒进一步发挥，提出"君为臣纲，父为子纲，夫为妻纲"的三纲原理和"仁、义、礼、智、信"五常之道。三纲五常观念在漫长的中国历史中持续发挥着作用。

传统道德是历史上不同时代人们行为方式、风俗习惯、价值观念和文化心理的集中体现，是对道德实践经验的提炼总结。中华传统道德中蕴含着丰富的道德成果，是人类文明发展的重要精神财富，也是当今道德治理的源头活水。中国传统的公私之辩，重视整体利益、强调责任奉献，当利益发生矛盾时，提倡先义后利、见利思义、见义勇为；推崇和谐友爱、与人为善、以和为贵、团结互助；主张在物质生活基本满足的情况下追求崇高精神境界，强调道德修养、注重道德践履，提倡"克己""慎独""养吾浩然之气""察色修身""以身代行"；等等。这些道德规范在长期的历史发展过程中，已经融入全民族的思维方式、价值观念、行为方式和风俗习惯之中，具有重要的当代社会治理价值。

(二)德治与法治辩证统一

推崇德治是中国基本的治国理政方略。古人将统治者的德行作为秉承天命、国运兴衰的根本原因之一。"修政行德，天下咸欢，殷道复兴"（《史记·殷本纪》）；"积善累德，诸侯皆向之"（《史记·周本纪》）。既强调"以德治国"，又不排斥"法治"，主张"礼法合治""德主刑辅"。我国古代的"法治""德主刑辅"是基本原则，"尊德卑刑""尚德希刑""大德小刑"

"明德慎罚"则是具体实施。传统的"法"其实是"宗"（宗族家族）"法"（国家法律）或"礼""法"。传统宗法社会倡导家长制，强调家族道德的至上性，家族伦理成为社会基本道德秩序，国法、家规、乡规民约对社会具有同等地位的约束力量。古人认为，礼和法都是治国必需，二者各有所长。从子产主张"宽猛相济"（《左传·昭公二十年》），到孟子提出"徒善不足以为政，徒法不能以自行"（《孟子·离娄上》）；从荀子提出隆礼重法，到汉代董仲舒强调"阳为德，阴为刑"；从唐代"制礼以崇敬，立刑以明威"（《汉书·刑法志》），到宋元明清时期一直延续德法合治，都体现了德治与法治相结合的治国之道。

法治与德治辩证统一。法律是成文的道德，道德是内心的法律。法律有效实施有赖于道德支撑，道德践行也离不开法律约束。一方面，任何法律都有一定的道德属性。法律凝结着社会的基本价值取向和道德规范，遵守法律就是遵守最低限度的道德。另一方面，道德为法治创造良好人文环境。法律和道德可以相互转化。二者都植根于一定的历史文化传统与社会环境，与当时的经济社会发展需要相适应，二者之间没有一成不变的分界线，可以双向"流动"。

法治和德治两手抓、两手都要硬，这既是历史经验的总结，也是对治国理政规律的深刻把握。法治与德治就如车之两轮、鸟之双翼，不可偏废。法律从外部约束，道德则从内部警醒，两个规范同时起作用，一个都不能少。国家和社会治理需要法律和道德协同发力：一方面以道德滋养法治；另一方面以法治保障道德，运用法治手段解决道德领域的突出问题。

二、道德治理的内容

（一）弘扬社会主义道德

社会主义道德是人类道德合乎规律发展的必然产物，是人类道德发展史上的一种崭新类型的道德，是对人类传统道德的批判与继承，并必然随着社会进步和实践的发展与时俱进。社会主义道德建设要坚持与社会主义市场经济发展相适应，提供道德价值导向，保障市场经济沿着社会主义方向健康发展。弘扬社会主义道德要坚持以为人民服务为核心。为人民服务，不仅是坚持历史唯物主义的必然要求，也是社会主义道德观的集中体现,是全体社会成员共同遵循的道德要求。"每个人的力量是有限的,但只要我们万众一心、众志成城,就没有克服不了的困难;每个人的时间是有限的,但全心全意为人民服务是无限的。"①为人民服务是社会主义道德区别和优越于其他社会形态道德的显著标志。

弘扬社会主义道德要坚持以集体主义为基本原则。集体主义强调国家利益、社会整体利益和个人利益的辩证统一:一方面强调国家和社会整体利益高于个人利益;另一方面也重视和保障个人正当利益。中华文化以整体作为价值基础,具有鲜明的集体主义特征,注重群体关系的和谐、群体目标的追求和群体利益的维护。集体主义精神在当今社会并未过时,我们仍然需要有"修身、齐家、治国、平天下"的心胸,"家事、国事、天下事,事事关心"的情怀,"先天下之忧而忧,后天下之乐而乐"的修养。集体主义精神是社会主义的本质要求,也是发展社会主义市场经济的内在要求。集体主义精神有助于克服市场自身的弱点和消极方面,有助于形成追求高尚、激励先进的良好社会风气,保证社会主义市场经济的有序健康发展。集体主义精神有不同层次的要求,对全体公民而言,热爱祖国、顾全大局、遵纪守法、诚实劳动是最基本的道德要求。

(二)构建不同领域的道德规范

党的十九大报告提出,"深入实施公民道德建设工程,推进社会公德、职业道德、家庭美德、个人品德建设,激励人们向上向善、孝老爱亲,忠于祖国、忠于人民。"2014年12月,中共中央颁布的《公民道德建设实施纲要》提出了"爱国守法、明礼诚信、团结友善、勤俭自强、敬业奉献"20字的公民道德基本规范。它包括道德核心、道德原则、道德的基本要求和一系列的道德规范,涵盖了社会生活的各个领域,适用于不同社会群体,不仅体现了道德的先进性与广泛性的统一,还体现了中国传统美德、革命道德和社会主义市场经济条件下产生的新道德的统一。

在不同领域有具体不同的道德规范。社会公德方面,有五点基本要求:一是文明礼貌,提倡人们互相尊重;二是助人为乐,发扬社会主义

---

① 《习近平谈治国理政》第1卷,5页,北京,外文出版社,2018。

人道主义精神；三是爱护公物，增强社会主义社会主人翁的责任感；四是保护环境，强化生态伦理观念；五是遵纪守法，自觉维护公共秩序。家庭美德方面，提倡尊老爱幼，男女平等，夫妻和睦，勤俭持家、邻里团结。职业道德方面，提倡爱岗敬业、诚实守信、办事公道、服务群众、奉献社会。这里，尤其要重视诚实守信的基本准则。在我国传统伦理中，诚实守信被视为"立政之本""立人之本""进德修业之本"。孔子说："民无信不立。"(《论语·颜渊》)"信"关乎国家兴亡。诚实就是表里如一，说老实话，办老实事，做老实人。守信就是信守诺言，讲信誉，重信用，忠实履行自己承担的义务。对突出的诚信缺失问题，要抓紧建立覆盖全社会的征信系统，完善守法诚信褒奖机制和违法失信惩戒机制，保障社会的和谐运行。随着信息技术的深入发展和广泛应用，网络中已出现许多不容回避的道德与法律问题，所以必须重视网络道德建设。在充分利用网络提供的历史机遇的同时，要防范其负面效应，大力进行网络道德建设。网民要正确使用网络工具，健康进行网络交往，自觉避免沉迷网络，加强网络道德自律，积极引导网络舆论。

(三)知行合一的道德实践

中国传统文化注重通过理性的自觉和道德来践行。据"仁"化"礼"，通过世俗性的日常生活礼仪，将伦理道德价值及其规范化入人心。这种不仅讲究"学"，更看重"用"，不仅讲究"知"，更看重"行"的"知行合一"的思想，体现了"实用理性"精神。历代社会教化都是把仁、义、礼、智、信及忠、孝、廉、悌等观念作为应当遵循的伦理规范推向社会、推向大众，在全社会尽可能多地培育和塑造人格，并以其为引导各阶层的道德实践。"知行合一"要求把提高道德精神与道德实践统一起来，以促进道德规范内化为个人道德品质，外化为道德行为。

当代，"知行合一"的道德实践，不仅是社会主义道德的内在要求，也是公私领域道德规范的着力点。培育和践行社会主义核心价值观，关键是要激活、焕发和培植人们内心由传统文化长期熏陶而形成的价值理念，也即常说的世道人心。道德治理的实践需要大力弘扬志愿服务精神，坚持志愿公益服务与政府服务、市场服务相衔接，奉献社会与自我发展相统一，社会倡导和自愿参与相结合，构建参与广泛、内容丰富、形式多样、机制健全的文化志愿和文化公益服务体系，大力支持志愿者组织、慈善公益组织，这些社会组织是培育和弘扬社会主义核心价值观的重要载体，也是教育和培育有志青年、发挥退休职工群众余热的平台。"知行合一"的道德实践的目标，是要通过积极开展各种创建文明城市、文明村镇、文明单位、文明家庭、文明校园的活动，助推全社会形成知荣辱、讲正气、作奉献、促和谐的良好社会风尚。

三、道德治理的要求

(一)培育和弘扬社会主义核心价值观

培育和弘扬社会主义核心价值观是道德治理的第一要务。核心价值观是一个社会中居统治地位、起支配作用的核心理念，是社会制度长期普遍遵循的相对稳定的根本价值准则。核心价值观是文化软实力，也是一个民族、一个国家最持久、最深层的力量源泉。核心价值观承载着一个民族、一个国家的精神追求，体现着一个社会评判是非曲直的价值标准。培育和践行社会主义核心价值观，是有效整合社会意识、凝聚社会价值共识，解决和化解社会矛盾，聚合磅礴之力的重大举措，是保证我国经济社会沿着正确方向发展、实现中华民族伟大复兴的价值支持。

党的十八大报告将"富强、民主、文明、和谐，自由、平等、公正、法治，爱国、敬业、诚信、友善"确立为社会主义核心价值观，这里包含国家层面的价值目标、社会层面的价值取向以及公民个人层面的价值准则。这是新中国成立以来比较鲜明地对我国社会主义核心价值观的概括。社会主义核心价值观把设计国家、社会、公民的价值要求融为一体，体现了社会主义本质要求，继承了中华优秀传统文化，吸收了世界文明有益成果，体现了时代精神，是对新时期建设什么样的国家、什么样的社会，以及培育什么样的公民等重大问题的深刻解答。社会主义核心价值观有着中华民族优秀传统文化的丰厚滋养，有着中国特色社会主义的实践根基，有着无可比拟的道义力量，是坚持和发展中国特色社会主义、实现中华民族伟大复兴的价值引领。

（二）加强理想教育和信仰教育

"人民有信仰，国家有力量，民族有希望。"[1]理想是人们在实践中形成的、有实现可能性、对未来社会和自身发展目标的向往与追求，是人们的世界观、人生观和价值观在奋斗目标上的集中体现。理想具有超越性、实践性和时代性。共产主义伟大理想和中国特色社会主义共同理想是实现中华民族伟大复兴的有力支撑。这个理想，把国家、民族和个人紧紧地联系在一起，把各个阶层、各个群体的共同愿望有机结合在一起，集中代表了我国工人、农民、知识分子和其他劳动者、建设者、爱国者的利益和愿望，有着广泛的社会共识，具有令人信服的必然性、广泛性和包容性。中国特色社会主义，是改革开放以来党的全部理论和实践的主题，是党和人民历尽千辛万苦、付出巨大代价取得的根本成就。新时代坚持和发展中国特色社会主义，总任务是实现社会主义现代化和中华民族伟大复兴，在全面建成小康社会的基础上，分两步走在21世纪中叶建成富强民主文明和谐美丽的社会主义现代化强国。中国共产党的领导是中国特色社会主义最本质的特征。中国共产党从成立之日起，就确立了共产主义的远大理想并始终团结带领中国人民朝着这个伟大理想前行。

要大力加强社会公德建设，促进社会道德规范不断完善。公共生活需要道德规范来约束和协调。社会公德是人们在社会交往和公共生活中应当遵守的行为准则，是维护公共利益、公共秩序、社会和谐稳定的起码的道德要求，涵盖了人与人、人与社会、人与自然之间的关系。社会公德作为社会生活中应当遵守的行为准则，在维护公共秩序方面具有重要作用，对社会治理的成效有直接影响。有序的公共生活是社会治理的目标之一，是社会生产活动的重要基础，是提高社会成员生活质量的基本保障，更是社会文明的重要标志。

要积极推动职业道德建设，促进社会道德规范不断完善。完善的职业伦理体系不仅能够促进生产力和行业的发展，也会塑造从业者良好的

---

[1] 习近平：《决胜全面建成小康社会 夺取新时代中国特色社会主义伟大胜利——在中国共产党第十九次全国代表大会上的报告》，42页，北京，人民出版社，2017。

生活方式、思维方式与行为方式。积极推动职业伦理建设，要尊重不同的职业分工，士农工商从事职业不同，道却是相同的，都尽心尽责。我国古代的技术水平相对落后，职业分工也简单稳定，职业伦理的内涵也相对单薄。当前，随着新的职业的产生，各种职业伦理相继确定，职业伦理领域不断扩大，相应的各种专门的职业伦理也亟须规范。

（三）倡导家庭美德和个人品德修养

大力倡导家庭美德是道德治理的重要任务。传统社会道德秩序的基础是家庭亲情关系，亲情关系的基本伦理是"孝"，其中包含了子女对父母亲的孝，妻子对丈夫、弟弟对兄长的顺从，父母亲对子女的慈爱，丈夫对妻子的礼义、兄长对弟弟的友爱等，抚养、教育、关怀几层关系构成家庭式伦理。"移孝作忠"，以家庭伦理为起点，推导出社会伦理、政治伦理。勤俭、平和、谦逊、内敛、忧患意识等中国人性格中的品质都与这种家庭伦理相关联。"缘人情而制礼，依人性而作仪"（《史记·礼书》）。通过社会教化，引导人们重人伦、重亲情，培养人的道德感，强化家庭内部的凝聚力，对更好地维护社会秩序仍有很多益处。

不断促进个人品德修养的提高也是道德治理的重点工作。文化的重要功能是以文化人，其最深层的积淀和影响是对人格的培养。任何一个社会的核心价值，都以提升人的素质，塑造理想人格或者说集体人格为旨归。源远流长、博大精深的中华传统文化，在数千年漫长发展进程中不断塑造和培育正面人格，也就是被历代中国人广泛接受并尊崇的君子人格。《周易》"天行健，君子以自强不息""地势坤，君子以厚德载物"，就是对君子形象的生动描绘，也被认为是对中华民族精神的有力概括。诚信建设是当代个人品格修养的重要内容。古人说"一言九鼎""一诺千金"，说明信用和信誉的价值超越利益。"言必信、行必果"，"敬事而信"。要促进个人品德修养提高，就要在各个领域大力倡导讲求守诺、无欺、践约、诚实劳动、敬业工作的社会公德和职业道德精神，营造重视责任和荣誉、守法律法规和履行契约的社会氛围。

第三节　文化治理

一、文化与社会治理

我国关于文化的含义，早在战国末年的《易经》中就有涉及。"文"的本意指各色交织的纹理，后引申为包括语言、文字在内的各种象征符号，进而具体化为文物典籍、礼乐制度、文章、善与美等含义。"化"的含义是变、改、生化、造化，指二物对接的方式使双方改变形态。文化有以文教化之意，以人伦、秩序教化世人。文化即"人化"，是人的思维、生活和表现方式，是某个族群认同的标记，是民族之魂。文化是人类代代相传的整个社会生活的结晶，人类社会的生活方式和行为方式都是按照一定的文化逻辑来建构的。从这个意义上说，文化构成了人类的社会结构。

社会治理是人的治理，在价值论上来说，"以人为本"的治理，不论主体和客体，抑或施者与受者，都是人。人所特有的思维方式和精神世界是人有别于动物的显著特征。只有人才有社会治理，人的思维方式深刻影响甚至决定了社会治理的模式及效果。中华民族优秀传统文化与中国特色社会主义实践既高度契合、又一体相依。中华文化独一无二的理念、智慧、气度、神韵等优秀因子，增添了中国人民推进中国特色社会主义伟大实践发展的自信和底气。

二、文化治理的意义

（一）优秀传统文化对社会治理的意义

要积极发挥中国优秀传统文化对当今社会治理的作用，提倡用中国人的世界观和方法论解决中国问题。正如习近平总书记在哲学社会科学工作座谈会上特别强调的："解决中国的问题，提出解决人类问题的中国方案，要坚持中国人的世界观、方法论。如果不加分析把国外学术思想和学术方法奉为圭臬，一切以此为准绳，那就没有独创性可言了。如果用国外的方法得出与国外同样的结论，那也就没有独创性可言了。要推出具有独创性的研究成果，就要从我国实际出发，坚持实践的观点、历史的观点、辩证的观点、发展的观点，在实践中认识真理、检验真理、发展真理。"

要全面认识、深入整理、科学评价、批判继承中国传统文化。既要注重汲取优秀传统文化中的优秀思想精华，尤其是能够指导中国社会主义现代化建设、能够解决当前发展中出现的问题、能够增强人民群众生活幸福感和满意度的思想，如以人为本、民贵君轻、隆礼重法、和而不同、与时俱进、经世致用、重德重教重孝、居安思危等；又要抛弃男尊女卑、个人崇拜、封建等级、愚孝愚忠、迷信鬼神等与时代发展不相适应的思想。

我国传统文化在认识论上整体辩证的思维方式，在方法论上中庸调和的处事原则，以及循环历史观中包含的革故鼎新、自强不息的思想和生态观上天人合一的和平文化观念等，至今仍有重要影响和积极意义。我国传统的整体思维方式，着眼于事物的统一性，从整体上进行直观考察，常用类推逻辑，强调事物差异性与同一性的统一，主张以缓和的、协调的方法解决世间诸问题。儒家文化核心的中庸之道蕴含着中国人为人处世的原则，思维的方式和管理的智慧。"和而不同"的思想为不同国家、不同文明之间和谐共生提供了经典诠释和处世准则。《易经》中包含的自强不息、变革创新思想不仅是中华民族历史精神的重要方面，也是新时代的"主旋律"，是一个民族、一个国家发展富强的强大动力。"天人合一"思想在几千年的历史流变中，不但塑造了中国人普遍持久的和平文化心理，而且对于今天人类追求和平与发展以及社会和谐仍具有重要启迪。传统文化蕴藏的中国智慧，既可以为解决当代人类面临的各领域难题提供重要启迪，也可以为今天的社会治理提供有益启示。

(二)历史经验的当代意义

丰富的历史经验可以为当代社会治理提供有益借鉴与启迪。中国的历史观传统是古为今鉴。以史为鉴，可知兴替。我们党在领导革命、建设、改革的进程中，一贯重视学习和总结历史，一贯重视借鉴和运用历史经验。历史虽然是过去发生的事情，但总会以这样那样的方式出现在当今人们的生活之中。在漫长的历史进程中，中华民族创造了独树一帜的灿烂文化，积累了丰富的治国理政经验，其中既包括升平之世社会发展进步的成功经验，也有衰乱之世社会动荡的深刻教训。我国古代主张民为邦本、政得其民，礼法合治、德主刑辅，为政之要莫先于得人、治国先治吏，为政以德、正己修身，居安思危、改易更化，等等，这些都能给人们以重要启示。治理国家和社会，今天遇到的很多事情都可以在历史上找到影子，历史上发生过的很多事情也都可以作为今天的镜鉴。中国的今天是从中国的昨天和前天发展而来的。要治理好今天的中国，需要对我国历史和传统文化有深入了解，也需要对我国古代治国理政的探索和智慧进行认真总结。

借鉴历史经验必须处理好现代与传统之间的关系。解决具体治理问题的时候，既要着眼于现代的实践性的需求，也要关注传统的延续性的影响，尤其要避免极端保守的全面复古思想。另外，要用历史的、发展的眼光看问题、做事情，关注当前文化发展的时代性，考虑当前问题和改革实践，革故鼎新，勇于创造。

（三）文化自信的意义

文化自信对道路自信、理论自信和制度自信有重大意义。每个国家和民族的历史传统、文化积淀、基本国情不同，其发展道路必然有着自己的特色。一个国家的治理体系和治理能力是与这个国家的历史传承和文化传统密切相关的。解决中国的问题只能在中国大地上探寻适合自己的道路和办法。数千年来，中国和中华民族走着一条不同于其他国家和民族的文明发展道路。改革开放以来，我们开辟了中国特色社会主义道路，这不是偶然的，是由我国历史传承和文化传统决定的。我们推进国家治理体系和治理能力现代化，当然要学习和借鉴人类文明的一切优秀成果，但不是照搬其他国家的政治理念和制度模式，而是要从我国的现实条件出发来创造性前进。

坚持文化自信要坚持以正确的文化哲学观为指导，注意处理好借鉴国外和继承本国传统之间的关系。文化哲学观是为当前我国社会改革和发展所需的理念转变和思想解放提供持久动力的重要关节点。兼容并蓄、开放包容、适应性广、可塑性强，是中国思想文化的重要特征。中国的思想文化，在内容上，从来都不是封闭的思想体系，而是始终开放的。要在"跨越与回归"的过程中，在广阔的国际视野中，在跨文化的基点上，重新构建中国传统文化的现代形态。要采取马克思主义的历史唯物主义观点，即对我国传统文化、国外的东西，要坚持古为今用、洋为中用，去粗取精、去伪存真，经过科学的扬弃后使之为当代中国所用。一方面，要继承传统文化，突出优秀传统文化传承体系进一步发展的包容性，持续为中华民族的伟大复兴提供强大的精神文化支持；另一方面，也要在立足中国国情的基础上，借鉴国外的文化和经验。

三、文化治理的主要内容

（一）弘扬中国精神

文化治理需要大力弘扬中国精神。中国精神是兴国强国之魂，是民族精神和时代精神的统一。党的十八大以来，习近平多次提出并深刻阐述了实现中华民族伟大复兴的中国梦，并强调实现中国梦，必须要有中国精神。以爱国主义为核心的团结统一、爱好和平、勤劳勇敢、自强不息的民族精神和以改革创新为核心的时代精神，是中国精神的基本内容。二者紧密关联、辩证统一、交融汇通，成为中华民族共有的精神家园，奋力实现中华民族伟大复兴的强大精神力量。搞好社会治理，必须弘扬中国精神，以高扬的精神旗帜为指引，以强大的精神支柱为支撑，团结凝聚全体人民的智慧和力量，为实现中国梦而努力奋斗。

文化治理需要真诚展现天下情怀。中华文明的天下情怀具有超越时代的价值。一方面，因为全球问题、全球治理已经变成关键，超越国家视野、确立全球眼光变得日益重要；另一方面，中华文化的包容性世所共知，多元一体是中华文化的特色。尊重世界文明多样性，以文明交流超越文明隔阂、文明互鉴超越文明冲突、文明共存超越文明优越。党的十九大报告提出，"坚持和平发展道路，推动构建人类命运共同体"，并将"坚持推动构建人类命运共同体"列为新时代中国特色社会主义发展的基本方略之一，强调"各国人民同心协力，构建人类命运共同体，建设持久和平、普遍安全、共同繁荣、开放包容、清洁美丽的世界"。这是立足中国、面向世界的文化治理视野和胸怀。

（二）构建现代公共文化服务体系

构建现代公共文化服务体系，是建设社会主义文化强国的重大战略任务，也是推进社会治理体系和治理能力现代化的重要内容。构建现代公共文化服务体系需要做好六个方面工作。

一要统筹推进公共文化服务均衡发展。促进城乡基本公共文化服务均等化；积极推动革命老区、民族地区、边疆地区、贫困地区公共文化建设加快发展；保障特殊群体基本文化权益；以人民群众基本文化需求为导向，建立基本公共文化服务标准体系；提升公共文化设施建设、管理和服务水平。

二要增强公共文化服务发展动力。培育和促进文化消费，推动公共文化服务向优质服务转变，实现标准化和个性化服务的有机统一；鼓励和引导社会力量参与，进一步简政放权，减少行政审批项目，吸引社会资本投入公共文化领域；培育和规范文化类社会组织。加强对文化类行业协会、基金会、民办非企业单位等社会组织的引导、扶持和管理，促进规范有序发展；大力弘扬志愿服务精神，推进文化志愿服务，坚持志愿服务与政府服务、市场服务相衔接，社会倡导和自愿参与相结合，构建文化志愿服务体系。

三要加强公共文化产品和服务供给。丰富优秀公共文化产品内容，提升公共文化服务效能，活跃社会领域文化生活。

四要推进公共文化服务与科技融合发展。围绕公共文化服务体系建设的科技需求，发挥文化和科技相互促进的作用，加大文化科技创新力度；加快推进公共文化服务数字化建设，结合"宽带中国""智慧城市"等国家重大信息工程建设，加快推进公共文化机构数字化建设；提升公共文化服务现代传播能力，着眼于形成与我国经济社会发展水平相称的传播能力，加快构建现代文化传播体系，保障信息传播的高效快捷和安全有序。

五要创新公共文化管理体制和运行机制。建立公共文化服务体系建设协调机制，完善党委领导、政府管理、部门协同、权责明确、统筹推进的公共文化服务体系建设管理制度；加大公益性文化事业单位改革力度，理顺政府和公益性文化事业单位之间的关系，探索管办分离的有效形式；创新基层公共文化管理机制；完善公共文化服务评价工作机制。

六要加大公共文化服务保障力度，加强组织领导，加大财税政策和资金支持力度，加强基层文化队伍建设，建立健全公共文化服务法律体系。

(三) 移风易俗树立时代新风

在社会治理中应大力推动移风易俗，树立时代新风。要尊重和继承历史传统，作为社会传统的风俗是社会规范的内化，以日常礼仪、行为规则和规范方式，使社会成员理解、接受与内化。古人说，"乐者，圣人之所乐也，而可以善民心，其感人深，其移风易俗，故先王导之以礼乐而民和睦"，"乐行而志清，礼修而行成，耳目聪明，血气平和，移风易俗，天下皆宁"（《荀子·乐论》）。通过礼乐促使人的情感自然而然地发生变化，进而达到人们思想道德面貌的改变，最终实现影响整个社会风气的社会功能。要不断倡导以公序良俗激励社会成员对国家和民族的认同、忠诚。

移风易俗树立时代新风，要因地制宜、突出地方特色。十里不同风，百里不同俗。我国地域辽阔、区域差距很大，各地的地域风貌、民俗风情、资源禀赋各不相同。"一方水土养一方人"，复杂的地形地势和气候，通过不断生成和变化的生活方式和习惯积淀出各自地域的文化特质，形成了富有地方色彩的地缘文化和区域思想观念。早在先秦时代，我国就形成了具有各地特点的并对后世影响深远的齐鲁文化、燕赵文化、三秦文化、荆楚文化、吴越文化、巴蜀文化，以及岭南文化等。这就要求我们在把握优秀文化精神实质的前提下，坚持以需求为导向，实事求是，因地制宜，充分体现地方特色，大力激发基层的积极性。

（四）传承传统文化与保护非物质文化遗产

传统文化传承是文化治理的重要工作之一。中华文化延续着我们国家和民族的精神血脉，既需要薪火相传、代代守护，也需要与时俱进、推陈出新。要加强对中华优秀传统文化的挖掘和阐发，使中华民族优秀的文化基因同当代中国文化相融合、同现代社会发展相协调，把跨越时空、超越国界、富有永恒魅力、具有丰富价值的文化精神弘扬起来，激活其内在的强大生命力，让中华文化同各国人民创造的多彩文化一道，为人类发展提供文化精神指引和借鉴。

非物质文化是接续传统文化的重要载体。非物质文化遗产，是指各族人民世代相传并视为其文化遗产组成部分的各种传统文化表现形式，以及与传统文化表现形式相关的实物和场所。包括：传统口头文学以及作为其载体的语言，传统美术、书法、音乐、舞蹈、戏剧、曲艺和杂技，传统技艺、医药和历法；传统礼仪、节庆等民俗；传统体育和游艺；等等。保护非物质文化遗产，有利于增强中华民族的文化认同，有利于维护国家统一和民族团结，有利于促进社会和谐和可持续发展。

国家对非物质文化遗产采取认定、记录、建档等措施予以保存，对体现中华民族优秀传统文化，具有历史、文学、艺术、科学价值的非物质文化遗产采取传承、传播等措施予以保护；国家重视扶持民族地区、边远地区、贫困地区的非物质文化遗产保护、保存工作；鼓励开展与非物质文化遗产有关的科学技术研究和非物质文化遗产保护、保存方法研究，鼓励开展非物质文化遗产的记录和非物质文化遗产代表性项目的整理、出版等活动。

学校、新闻媒体、公共文化机构，乃至社会各界都要自觉保护和传承非物质文化遗产。学校要开展相关的非物质文化遗产的教育。新闻媒体要开展非物质文化遗产代表性项目的宣传，普及非物质文化遗产知识。图书馆、文化馆、博物馆、科技馆等公共文化机构和非物质文化遗产研究机构、保护机构以及利用财政性资金举办的文艺表演团体、演出场所经营单位等，都要根据各自业务范围，开展非物质文化遗产的整理、研究、学术交流和非物质文化遗产代表性项目的宣传、展示。要鼓励和支持公民、法人和其他组织依法设立非物质文化遗产展示场所和传承场所，展示和传承非物质文化遗产代表性项目。同时，要鼓励和支持在有效保护的基础上，合理利用非物质文化遗产代表性项目，开发具有地方、民族特色和市场潜力的文化产品和文化服务，共同助推社会治理现代化。

第四节　科技治理

随着信息技术的蓬勃发展，互联网、物联网、大数据、云计算、人工智能等现代技术进步正在深刻改变着人们的生活、工作和思维方式，不断带来社会形态和结构的新变化，同时也为创新社会治理提供了新动能和新机遇。运用科技手段加强和创新社会治理，提高社会治理科学化、现代化水平，是人类社会和世界各国共同的紧迫任务。

"互联网+"时代的社会治理面临着由"线下"向"线上"扩展及由"线上"向"线下"延伸的两种不同趋势。科技治理通过信息技术重构社会生产与社会组织彼此关联的形态，使社会治理的过程更为科学、智慧和优化。社会治理主体可以通过获取、存储、管理、分析等手段，将具有海量规模、快速流转等特征的数据信息变成活的社会治理要素，广泛应用于社会治理领域，以更好地服务不同社会主体进行精准分析、精准施治、精准服务、精准反馈，以不断提升社会治理的精准化、现代化水平。简言之，科技治理是实现社会治理智能化、专业化、现代化的重要手段。

一、科技治理的理论渊源及基本含义

科技治理的概念可追溯到技术治理理论。技术治理的基本理念是指将科学技术运用于社会治理和公共政治中，以提高社会运行的效率。纵观发达国家社会共治体系的发展轨迹，技术治理成为社会多元主体治理风险的基本手段，其主要体现在多元主体合作、上下沟通协调、区际分工协同、法治行政并施、社会参与并行均建立在科学的技术标准、技术方法与技术规范的基础上。20世纪下半叶以来，技术治理已然成为全球社会治理和政治活动中最重要和最明显的趋势。

科技治理是治理理论在科学、技术和经济、社会等领域的应用，社会治理方式创新是将科学技术手段运用于社会治理。"引领""参与""协商""合作"是科技治理的四个关键词，从政府单一主导的科技创新管理到党委、政府主导的多元主体参与的共同治理，形成国家、市场、社会和谐共生的治理格局。科技治理方式在国家治理体系和治理能力现代化建设中具有至关重要的地位，它关系到我国创新型国家的创建，关系到我国创新驱动发展战略的实现，关系到我国"两个一百年"奋斗目标的实现。运用科技治理成为推进社会治理创新和现代化的首要选择。

二、实施科技治理的必要性

（一）适应传统社会形态逐渐改变的需要

互联网改变了传统的社会形态。在社会主体更为多元、互动机制更为复杂的新的社会形态环境中，虚拟空间与实体社会之间的融合程度日益提高，形成了网络社会的独特形态。随着移动互联网的普及，数字化和网络化成为社会存在和运行的基础。在智能化影响日益强大的今天，传统的企业概念、社会生活内涵、国家治理方式等都可能被颠覆，进而重构国家、市场、社会关系的新模式。以往沿用的传统媒体（报纸、广播、电视等）的宣传模式正被微信、微博等自媒体所取代，政务社交媒体也正在发展。同时，党委、政府用实体手段提供服务和管理也在向互联网服务的方式转变。

扁平化既是互联网构成系统的特点，也影响着社会各种组织形态的运行模式。在扁平的互联网系统中，既可以形成虚拟组织，也可以单独成为主体，还可以迅速形成实体社会组织；国际非政府组织、跨国非政府组织获得巨大便利性；跨国界的卫星电视频道造成了跨国界的收视群体，也造成跨国界的文化传播、文化认同；等等。要尽早从虚拟社会变化带来的生活方式、诉求方式、社会动员方式、组织方式的变化中寻找并关注其可能给未来社会治理带来的影响，尤其要谨防互联网问题引发的社会治理危机。

(二)适应传统社会服务逻辑发生变化的需要

在"互联网＋"时代，政府公共服务外部性被赋予新的内涵，公共服务的边界变得模糊。传统公共管理的理论认为，政府具有为社会提供公共服务的基本责任和职能，因为公共物品具有外部性。随着互联网的兴起，这一理论前提逐渐被动摇。开放共享文化的普及，互联网公司免费为用户提供服务，具有一定的外部性。微信中形成的社交群体，通常被人们视为社会组织形态，人们之间互换信息、提供服务，也呈现出外部性。政府、企业和社会的边界变得模糊，公共与私人公共服务的边界也需要重塑。重新界定它们之间的关系和职能，预示着公共活动、市场运行和社会治理方式方法及其理论都将发生革命性的进步。

(三)适应传统社会治理模式转变的需要

传统社会治理模式是政府一元管理模式，社会治理最权威、最主要的主体就是政府。这种模式是在政府绝对主导下的自上而下的行政管理和社会控制，在具体的治理过程中表现出如下特点：在治理理念上，强调高度集中和统一，把社会控制摆在治理目标的首位；在治理主体上，以政府为核心，市场和个人等其他主体都从属和依附于政府，接受政府的命令、指挥和支配；在治理机制上，通过科层制即垂直型的权力结构、金字塔形的组织结构来调配社会资源，以实现社会稳定和发展的终极目标；在治理内容上，政府几乎无所不包、无所不管，从而在治理结果上存在大量"越位""缺位"和"错位"等问题。政府一元治理模式不仅治理主体单一、治理目标单一、治理方式单一，还存在治理理念、治理结构和治理机制老化、固化和僵化等缺陷。

互联网特别是"大数据"时代，数据更为自由地流动和共享，这对传统的治理模式提出了新的挑战。随着信息资源、信息权利的共享化和普遍化，政府也不再通过单纯的"行政控制"手段来解决管理中遇到的问题，而是通过建立服务型、共享型政府营造良好的社会秩序和经济社会发展环境。在治理模式上也不是仅依赖"权力支配"的单一过程，而是努力塑造多元治理主体之间、治理主体与治理客体之间的协同合作的模式。

三、科技治理的主要作用

社会治理领域中运用科技手段，尤其是通过"互联网＋"社会治理新的方式，依靠大数据进行社会治理，可以有效提升社会治理的水平。

(一)"互联网＋"重塑社会治理新范式

互联网是创新社会治理模式的最大变量。与互联网发展的历程相辅相成，我国社会治理创新也主要经过了三个阶段。早期的社会治理"以政府为中心"，主要依托信息系统和政府网站，其着重在于收集和管理居民信息，并为居民提供简单的电子化服务。其具有政府本位、内部导向、科层式治理的特点，呈现出单一性、单向性、封闭性、静态化等特征。以移动互联网和社交媒体的普及为基本特征的阶段强调信息开放、互动、以用户为中心。此阶段的社会治理遵循"以公众为中心"的理念，强调参与式治理，意味以政府为单一主体的治理架构，开始转向注重公众参与的开放、协同、合作的治理架构。随着物联网时代的到来，智能终端普及与大数据普遍应用，信息化推动社会治理创新进入第三阶段，不仅更加强调政府与公众的互动和交流，还特别强调对公众行为和服务需求的感知，以实现更加满足需要的个性化、定制化的服务和更加精准、智能的管理。同时，也更加强调和注重数据的开放和共享，以消除政府机构之间的隔阂，促进公共治理和公共服务的社会化，并更好实现共建共享共治的智慧治理形态。

(二)大数据提升社会治理的智能化程度

大数据为社会治理提供了新的手段。首先，大数据提高了社会服务的针对性。面对社会利益分化、价值多元，以及社会活动频繁、复杂多变的新情况，传统的依靠人力、粗放型的社会治理模式不能适应新形势的要求。利用大数据创新社会治理，可以在海量数据的快速收集与挖掘、及时研判与共享的基础上，全面收集群众最关心的难点、痛点问题，深入挖掘数据红利，成为支持社会治理科学决策和准确预判的有力手段，提高治理水平、促进社会和谐。

其次，大数据提高了社会治理的精准度。智能化意味着精准分析、精准治理、精准服务、精准反馈。各类社会治理主体通过获取、存储、管理、分析等手段，将具有海量规模、快速流转等特征的大数据变成活数据，广泛应用于社会治理领域，更好地服务不同社会群体，成为政府和社会组织实施精准治理、智能治理的重要法宝。

最后，应用大数据可提升社会治理的预见性。互联网时代，风险性和不确定性成为常态。如何有效控制社会风险、维持社会稳定运行成为首要的任务。大数据技术以传感数据、交易数据、交互数据的方式为社会主体所捕捉，可以对社会治理相关领域数据进行归集、挖掘及关联分析，强化应对和处理突发事件的数据支撑，构建起智能防控、综合治理的公共安全体系。

(三)信息化提升公共服务能力

基本公共服务现代化是社会治理现代化的重要内容，社会治理现代化要求推进基本公共服务现代化。现代信息通信技术不断改变着政府提供公共服务的方式，电子政务成为构建服务型政府的重要手段。

电子政务公共服务，是政府以公众为中心、以电子政务系统为依托，借助由互联网和其他信息化手段向社会各界提供的公共服务。作为一种新的服务范式，电子政务公共服务在改进公共服务质量、效率和效能，提升基本公共服务均等化水平，推进服务型、智能型政府建设方面具有重要的作用。这种变革主要体现在服务内容、服务方式和服务渠道等方面。利用科技手段提供公共服务正在发生着变革：由简单地满足公众需求向深入调查和理解公众需求转变；由访问单个部门向访问统一门户转变；由单一渠道服务向多渠道一体化服务转变。以信息技术手段推动公共服务提供模式的更新换代有利于提升公共服务水平，可以更好地满足人民群众和社会各方面对公共服务的需求。

四、科技治理中存在的问题

(一)"数据孤岛"

"数据孤岛"是指不同的数据掌握在不同的政府部门或企业手中，而每个数据系统均各成体系，以各自不同的方式存储在不同的服务器上，导致功能上互不关联、信息上互不交换，影响了数据的记录方式，产生了大量的冗余信息或垃圾信息等无效数据，最终使得数据、业务、应用互相贯通的模式无法实现。"数据孤岛"问题根源于政府体系的科层结构，这是人类社会自进入工业社会以来就开始面临的问题。在社会治理领域，"数据孤岛"造成信息分割，不仅影响政府管理社会的效率，也降低了政府服务社会的质量。大多数的公共领域数据都攥在机构手里，其中有些机构正在加强它们的垄断地位，这使信息更难以获取。有关部门也担心数据透明带来的管理压力和舆论压力会损害部门利益，主动开放数据的动力不足。

(二)"数字鸿沟"

"数字鸿沟"又称为"信息鸿沟"，即"信息富有者和信息贫困者之间的鸿沟"。在技术创新中存在数字弱势地区(如老、少、边、穷等地区)、弱势人群(老年人、儿童等)、弱势领域，容易产生技术应用的"木桶效应"。而且，在新一轮的技术革命过程中存在数字鸿沟不断扩大的危机，容易形成"马太效应"。

(三)结构功能失调

传统社会治理模式中，政府是唯一的权力中心和行为主体，政治系统之外的利益集团即使参与政治也必须先输入由政府所把持的政策系统，再转变为公共政策。如此，政府权力的封闭性和绝对性决定了政府在国家治理体系中所具有的垄断地位和"家长"角色，而这种地位与角色也极大地影响着决策质量、管理方式和治理能力。显然，公共决策系统的封闭式管理结构存在信息堵塞、滞后、透明性缺乏、流动性不强、接收缓慢且缺乏有效的数据组织方式等问题而导致行政效率相对低下。

(四)大数据应用风险

大数据时代的来临对作为公共决策重要主体的政府组织在数据管理方面提出了更高的要求。大数据的出现颠覆了传统的数据管理方式,无论是在数据思维、数据来源还是数据处理方式方面都将带来革命性变化。实现数据开放和共享在一定程度上破解了"制度黑箱"问题。在各种全新信息技术的猛烈冲击下,原来存在于政府和公众之间的信息差、文化差等正在逐步消除。因此,大数据不仅为传统的社会治理和公共管理带来了巨大挑战,也为国家、政府和社会的开放式治理提供了现实机遇。[1]

由于人类认识的局限、技术本身的缺陷或体制、环境等多方面的因素,技术治理的效果也具有不确定性,甚至产生负面效应,尤其是新技术的运用极可能带来新的安全风险。技术治理往往具有一定的局限性,新技术的应用还可能导致新的安全风险。同时,解决技术治理负面影响又必须依靠更有效的技术进步,依靠科学管理和专家及时反馈相关信息,并通过有效的法治与技术规范等进行综合治理。由于大量数据集中存储,一次成功攻击所导致的损失巨大。大数据时代数据源多样化,数据对象范围与分布更为广泛,对数据的安全保护更为困难。因此,在推动大数据技术应用时面临着很多安全风险和挑战,包括隐私泄露问题随着大数据技术应用的深入将更严重,数据属主与权限的迁移导致原有数据保护方案失效及大数据应用信息安全暴露点增多等。

五、科技治理的发展趋势

(一)完善大数据基础设施建设,夯实社会领域科技治理基础

大数据时代社会治理所需的数据和信息迅速增加,社会治理方式创新和公共服务的提供都需要大量的基础数据与信息。如果没有掌握大量的基础数据与信息或者掌握的信息与数据不及时更新,决策者就难以真正及时了解社会的各种需求,也无法规划和选择合理的提供服务的路径

---

[1] 陈潭:《大数据驱动社会治理的创新转向》,载《行政论坛》,2017(1)。

与方式。因此，应建立全面覆盖、动态跟踪、指标齐全的社会治理基础信息平台，以人口基础信息为核心，借助居住信息系统、就业登记信息系统和房屋出租管理系统，整合违法犯罪信息、网络舆情信息、公共卫生信息、环境状况信息、劳资关系信息、突发事件信息等多种信息源和社会统计资源，提高新形势下社会治理信息化水平。

(二)打破数据垄断，实现互联互通

大数据的先进架构与云平台，可以使跨部门、跨公司、跨地域甚至跨行业的相关组织，在共同遵循的数据治理框架下，产品设计者与制造工程师可以共享数据，模拟实验以测试不同的产品设计、部件与相应供应商的选择，并计算出相关的成本，以促进产品设计、测试，实现信息与情报的融通。政府要想利用大数据技术提升社会治理能力、实现模式创新，最好的办法是打破部门之间的信息垄断，通过政府数据开放应用，与个人、企业及科学教研机构形成协作网络，在共同分担社会责任的基础上形成多元协同治理机制，共享公共资源，参与公共治理，并使各方共同受益。

(三)加强信息技术自主研发，注重数据安全与深度应用

信息技术是一把双刃剑。利用信息化手段开展基础信息采集工作和分析处理，在学习借鉴国外先进信息技术的同时，加强社会治理信息技术自主研发的能力和水平，加快制定社会治理领域信息技术系统和平台行业标准是我国科技促进社会治理创新的重要方向。同时，大数据的收集和使用可能涉及国家信息安全和公民隐私等，需要在立法层面明确大数据采集和使用的原则。要权衡数据开放与个人隐私和商业秘密保护、国家信息安全与社会数据需求之间的关系，制定严格规范的数据采集、储存、处理、推送和应用流程。要在技术上通过信息系统的软硬件投入来保障信息安全。大数据平台本身的安全性也应引起重视，需要国家相关部门制定大数据技术标准和运营规范，重视大数据及信息安全体系建设，加强对重点领域敏感数据采集和应用的监管。要充分重视数据和信息在采集、应用过程中的制度建设。数据的应用开放共享必须有边界、有规则、有步骤，并根据相关法律和约定对开放对象数据使用情况进行监管，从而实现数据开放需求、隐私保护需求和安全保障需求之间的平

衡。数据的开放和流动、使用和共享，能进一步降低治理成本、提高治理效率，从而进一步提升治理的效能。[1]

（四）利用大数据引擎，推进共治格局形成

"共治"主要强调治理主体多元化。大数据可以通过主体之间的数据共享来解决"数据孤岛"的问题，进而促进治理主体的多元化。国家有关部门之间的数据共享可以通过规范数据采集标准、建设统一的大数据中心等方法予以解决。国家、市场、社会三者之间的数据共享可以通过国家开放数据、建立数据交易机制等方法予以解决。整体性治理主要强调主体之间的互动性，提升社区居民参与社区自治的效能，培育社区居民的公益精神，促进国家与社会之间的协同。

（五）坚持国家主导为前提，加大科技治理中的市场主体力量

国家、市场和社会都是社会治理创新的主体力量，由于各自定位、职能有所不同，应该分工合作。国家应增强顶层设计和宏观治理职能。在加强电子政务建设的同时，不断提升用于技术创新社会治理的投入。科技治理未来可行路径是，政府购买社会服务，社会主体直接承担利用科技手段创新社会治理。这既可以保证国家的顶层设计功能，又可以发挥社会主体对社会治理的科技利用效率。

延伸思考

    1. 解释下列概念：依法治理、非物质文化遗产。

    2. 简述法治社会的基本特征。

    3. 简述道德治理的主要内容。

    4. 简述文化治理的主要内容。

    5. 科技治理的主要作用是什么？

参考文献

    [1]魏礼群. 改革开放耕耘录[M]. 北京：中国言实出版社，2018.

    [2]梁漱溟. 东西文化及其哲学[M]. 上海：上海世纪出版集团，2006.

---

[1] 岳少华：《社会治理精准化需要大数据思维》，载《经济日报》，2016-12-15。

［3］陈晓芬，徐儒宗译注．论语大学中庸［M］．北京：中华书局，2011．

［4］费孝通，吴晗．皇权与绅权［M］．上海：上海观察社，1948．

［5］全永波．社会治理创新［M］．北京：中国社会科学出版社，2014．

［6］黄河．新媒体发展与社会管理［M］．北京：中国传媒大学出版社，2013．

［7］刘永谋．技术治理的逻辑［J］．中国人民大学学报，2016(6)．

第十一章 中国社会治理能力建设

本章概述

本章主要介绍社会治理能力的内涵，分析我国社会治理能力的现状，提出增强社会治理能力的路径。读者通过本章的学习，可以了解我国社会治理能力建设的基本状况和主要任务。

第一节 加强社会治理能力建设的重要意义

社会治理能力，是指社会治理主体所具备的从事社会治理的综合素质和本领，是实现社会治理现代化的重要组成部分。加强和创新社会治理，推进社会治理现代化，既需要创新和健全社会治理体系，也需要提升社会治理能力。社会治理能力表现为许多方面，也是综合治理能力的聚合力。从社会治理主体和社会治理主要因素看，又可以具体表现为党的领导力、政府负责力、社会协同力、公众参与力、法治保障力、科技支撑力和人才建设力。

为什么要加强社会治理能力建设？主要是因为：第一，推进社会治理现代化是一项极为复杂的系统工程。它既涉及国家生产关系和上层建筑许多环节的调整，又涉及社会治理理念、体制、制度、机制、方式和手段的创新，要适应社会领域建设的要求，必须加强社会治理能力现代化建设，不断提高社会治理水平。第二，我国改革开放和社会主义现代化建设新形势、新任务的要求。随着全面建成小康社会目标的实现，我国工业化、城镇化、现代化持续深入推进，城乡关系、社会结构、社会形态和人民对美好生活的需求还会不断变化，社会治理体系不断完善，都会对社会治理能力提出新的要求。第三，世界政治格局变化和科技进步日新月异，对我国社会领域变革会继续产生直接和间接的影响，社会治理能力必须加快提升。因此，要以推进社会治理现代化为总目标，以提高党的领导力和政府负责力为重点，尽快把各级干部、各方面管理者的思想政治素质、科学文化素质和工作本领都提高起来，尽快把城乡基层自治的本领和社会组织的能力提高起来，共同推进社会治理能力现代化建设。

第二节　提高党的领导力

一、党的领导力的内涵

党的领导力，主要是指在新的历史条件下，以习近平新时代中国特色社会主义思想为指导，贯彻中国特色现代化社会治理理念，提高党在社会领域的政治领导力、思想引领力、组织建设力和协调各方的能力。坚定不移走中国特色社会主义社会治理之路，善于把党的领导和我国社会主义制度优势转化为社会治理优势。坚持和完善党的领导，是确保社会治理现代化坚持正确的政治方向和坚实的政治保障的根本。中国共产党是中国特色社会主义事业的坚强领导核心，坚持党的领导是中国社会治理的独特优势。我们党既要政治过硬，也要本领高强。增强政治领导本领，就必须科学制定和坚决执行党的路线方针政策，自觉遵循社会运行客观规律。要坚持"以人民为中心"的立场，充分发挥人民群众的主体作用。思想建设是基础性建设，是加强和创新社会治理的基本保证。在社会治理领域要坚持马克思主义的指导地位，坚持以中国特色社会主义理论体系为指引，使全体人民在理想信念、价值理念、道德观念上紧紧团结在一起。在新时代下，改革开放和社会主义现代化建设的艰巨性、复杂性前所未有，党要总揽全局、协调各方，提高把方向、谋大局、定政策、善协调的能力。党的组织能力是确保党的路线方针政策和决策部署贯彻落实的基础。要以提升组织力为重点，积极宣传党的主张、贯彻党的决定，领导各社会治理主体推动社会治理工作不断向前发展。

二、提高党的领导力的主要路径

（一）牢牢把握党对社会治理的领导权

加强党在社会领域的全面领导。坚决维护党中央权威和集中统一领导，始终站在时代前列，善于把人民群众的长远利益与眼前利益、全局利益与局部利益结合起来，既有长远的发展规划，又有阶段性的发展目标。党制定出的路线方针政策，能够最大限度地体现广大人民的根本利益，促进社会的发展进步。要使中国特色社会主义社会治理既有先进的政治方向，又有强大的引领力、动员力，充分体现人民性，彰显社会"善治"。

（二）全面提升社会治理的水平

提高党的社会治理的能力，推进社会治理现代化。各级党委要把加强和创新社会治理摆到更加突出的位置，全面贯彻党中央关于加强和创新社会治理的决策部署和各项方针政策，提高执行力，健全落实责任制，及时研究解决社会治理中的问题。要深入分析和准确判断世情、国情、党情的变化，遵循社会运行规律，把握时代特征，更好地解决我国社会领域出现的各种问题，确保社会运行既充满活力又和谐有序。

（三）坚持以优良的党风带动政风社风民风

坚持党要管党、从严治党。各级党委要把作风建设摆在突出位置，发扬理论联系实际，密切联系群众，艰苦奋斗和求真务实的优良作风。要认真落实作风建设各项制度，做到有章必循、违规必究，保障作风建设长效化。人民群众最痛恨腐败现象，腐败是社会的毒瘤。坚决惩治腐败，强化不敢腐的震慑，扎牢不能腐的笼子，增强不想腐的自觉，通过不懈努力换来海晏河清，朗朗乾坤，净化党风，推动政风，带动社风民风。

（四）着力提升社会治理"四化"水平

着力推进社会治理社会化、法治化、智能化、专业化。善于运用先进的理念、科学的态度、专业的方法、精细的标准提升社会治理效能，增强社会治理整体性和协同性，提高预测预警预防各类风险能力，增强社会治理预见性、精准性、高效性。树立法治思维、发挥德治作用，更好引领和规范社会生活，努力实现法安天下、德润人心。

第三节　提高政府负责力

一、政府负责力的内涵

政府负责力，是指在党委统一领导下，政府科学制定相关社会治理政策和标准体系，制定与实施社会建设和社会治理总体规划和专项规划，提供社会治理基础设施和公共服务，依法行政和依法监管，有效化解社会矛盾，维护社会秩序、保障公共安全，达到政府"善治"。

(一)制定社会规划的能力

科学制定社会规划的能力，是指以科学的理论为指导，运用科学的方法，制定和实施科学的社会治理总体规划和专项规划的能力。要立足国情，观照现实适应经济社会发展的要求，组织实施规划，促进社会治理有效开展。社会治理效能的高低，很大程度上取决于政府社会建设规划能力的高低。要将影响社会和谐与稳定的重大因素纳入规划范畴，通过制定和执行社会建设规划，调动社会各方面积极因素，整合人力、财力、物力、信息等各种资源，有针对性地解决各种社会问题，促进社会和谐稳定和富有活力地向前发展。

(二)提供公共服务的能力

提供公共服务能力，是指向社会提供公共产品和服务，努力解决不平衡不充分的问题，不断满足人民日益增长的美好生活需要的能力。主要包括加强城乡公共设施建设、推动社会就业、提供社会保障、发展教育文化卫生体育等公共事业、发布公众信息、为公众生活和参与社会经济政治活动提供保障和创造条件等。提高政府的公共服务能力，必须发挥政府的负责作用，改革公共服务体制，优化资源配置，让全体社会成员都拥有平等的发展机会，维护社会公平与正义。

(三)解决社会矛盾的能力

解决社会矛盾的能力,是指采取各种手段和措施,及时有效解决社会矛盾,维护社会治安、打击违法犯罪、处理突发性公共事件和维护社会和谐稳定的本领。主要包括:矛盾研判、化解和处理能力,社会治安维护能力,危机管理能力,等等。维护社会稳定既是重大的社会问题,也是重大的政治问题,不仅关系到人民群众的安居乐业,而且关系到国家和社会的安定团结,是经济发展和社会生活正常运行的前提。要提高对社会各种矛盾分析研究和有效处理的能力、保障公共安全和处置突发事件的能力,提高依法打击各种犯罪活动、加强和完善社会治安综合治理的能力,保障人民生命财产安全。

(四)促进社会整合的能力

促进社会整合能力,是指有效协调不同社会主体之间的关系,增强社会凝聚力的本领和力量。促进各种社会组织、社会群体及社会力量分工合作、和谐共处,形成助推社会发展和进步的合力。社会整合的实质是制度的合理安排、关系的协调理顺和各种力量的凝聚。要建立健全社会利益协调机制,协调不同利益主体之间的利益关系,合理地调整不同阶层的利益结构,让全体社会成员都拥有平等的发展机会,实现全社会的共同进步。

二、提高政府负责力的主要路径

(一)全面正确履行政府职能,加快政府职能转变

进一步推动政府职能向创造良好发展环境、提供优质公共服务、维护社会公平正义转变;改进政府提供公共服务的方式,推广政府购买服务,凡属事务性管理服务,原则上要向社会放权,尽量通过合同、委托等方式向社会购买。建设效能型政府,增强政府公信力、执行力和服务力,建设人民满意政府。

(二)增强主体责任意识,完善政府负责制度

严格落实各级政府社会治理主体责任,健全各项责任制度。不断增强社会治理责任意识,提高促进社会治理现代化建设的自觉性。要将社会治理工作和促进社会治理现代化建设的重担扛在肩上,切实担负起行政一方、建设一方平安社会的责任。

(三)加强投入力度,提升社会公共服务能力

努力改善公共服务设施,促进基本公共服务均等化,各级政府逐年增加对社会治理人力、财力、物力的投入。完善公共财政体制,保证加强和创新社会治理所需的支出。

(四)加快事业单位改革,提升社会治理创新保障水平

科技、教育、文化、卫生等事业单位,是包括社会治理在内的社会建设的重要平台和依托,这个领域的改革直接影响着社会治理现代化建设的进程。要加快实施政社分开,推进社会组织"去行政化",激发社会组织活力。要理顺政事关系,实现政事分开。区分情况实施公益类事业单位改革,理顺面向社会提供公益服务的事业单位与主管部门的关系,加快推进管办分离,强化公益属性,破除逐利机制。要通过深化事业单位改革,为加强和创新社会治理、推进社会治理现代化建设提供合理、有效的基础性制度保障,不断增强社会治理的活力与动力。

第四节 提高社会协同力

一、社会协同力的内涵

社会协同力,是指在社会治理中各类社会力量的组织、协调、合作、互动,实现社会治理整体效应的能力。社会协同是一个复杂系统,包括社会治理协同主体、社会治理协同客体、社会治理协同手段、社会治理协同动力、社会治理协同目标等要素。社会协调力主要包括:参与合作能力、平等协商能力、利益平衡能力和信息共享能力。

(一)参与合作能力

现代社会治理需要由党委、政府管控模式向组织各种社会力量协同治理模式转型。在社会治理中,在党委领导下政府和其他社会组织都承担相应的社会治理责任,参与社会事务。要引导和促进多元主体在社会治理中各负其责、有效合作,鼓励和支持各社会主体参与社会治理,实现政府治理和社会自我调节、居民自治良性互动。

(二)平等协商能力

提升社会治理多元主体有效协同力的关键,是在党委统一领导下开

展平等协商。要建立能体现平等关系又能维持这种平等关系的完善的协商机制。各类社会治理主体要彼此尊重,以社会治理事务为中心加强合作。通过理性协商,解决社会治理中的各种问题。

(三)利益平衡能力

增进社会共同利益是社会协同的最终目的,但是社会治理主体的多元性决定了社会治理主体利益的多样性。而社会资源的稀缺性导致不同社会治理主体在追求自身利益时不可避免地存在冲突。社会力量参与社会治理重要目的是,通过合作的方式实现社会利益和自身利益的协调统一,这就需要建立有效的利益平衡机制,保证社会治理协同目标的顺利实现。

(四)信息共享能力

有效的信息互动是实现社会协同治理的基础。信息技术、网络技术等现代管理手段的运用,促进了社会治理主体之间的有效沟通和协同合作,实现了社会治理和社会建设信息资源的整合,提高了社会治理效率。要建立社会治理综合信息平台、社会公众诉求信息管理平台和公共危机应急联动管理平台,进一步促进各协同主体之间的沟通和交流,快速高效地完成社会治理工作。

"协同治理"的理念成为中国社会治理的发展方向,以社会协同治理作为主要社会治理模式日益受到重视。但是由于体制机制的因素、传统文化的影响,中国目前社会协同治理的实践情况并不尽如人意,目前社会协同治理建设面临不少困难。

一是协同治理的理念有待加强。加强和创新社会治理,要树立科学的社会治理理念,准确把握社会治理的基本规律,充分发挥各类社会治理主体的协同作用,在协同合作中,逐渐形成政府与社会之间良好的互动格局。只有充分发挥社会治理各主体的协同作用,真正实现政府与社会优势互补、良性互动,才能在体制机制的创新中创造更加符合时代要求的社会治理新格局。

二是协同治理的顶层设计有待完善。社会协同治理是一个系统工程,涉及政治、经济、文化等方方面面的利益和发展,需要高瞻远瞩的战略规划和有效执行的顶层设计。如果缺乏有效"顶层设计",社会协同治理就是一纸空文，甚至与初衷背道而驰。

三是协同治理的保障机制有待提高。社会治理协同机制的建设离不开国家制度保障，只有在科学合理的法律和制度框架之下，才有可能实现真正的社会治理协同。但目前，社会组织登记管理制度滞后，社会组织资金支持制度不完善，社会自治制度不健全，这些都制约了社会协同治理的发展。

二、提升社会协同力的主要路径

(一)激励参与精神，增强协调治理的理念

思想观念的变化起着先导性的作用。建设社会治理协同机制首先要强化协同理念，培养强化社会主体参与精神，充分发挥各参与主体的积极性。参与社会治理的每个单位都要发挥所具备的治理能力，承担起肩负的社会责任。

(二)加强社会协同治理的机制建设

坚持党委领导和政府负责的原则，保证各社会参与主体资源共享，促进各社会主体间更好地互惠合作。推进各社会主体内部信息公开透明，接受社会舆论监督，让多元参与主体在阳光下运行，在完善的监督机制中发挥协同治理的积极作用。同时，发挥互联网技术平台在社会协同治理方面的作用。

(三)提高社会协同治理的保障水平

建立社会治理协同机制的保障条件。实现资源整合协同，推进不同层次、不同结构、不同领域、不同地域的资源有机融合，使各种资源相互协调与配合，形成社会建设与社会治理的合力，以达到资源利用最大化。通过适当的制度安排实现利益的合理分配，构建信息共享机制，降低社会协同治理中的成本，提高社会治理效率。

(四)充分发挥社会组织的功能作用

尽量将社会组织能够"接得住、管得好"的公共服务职能、部分行业管理职能、城乡社区公共服务职能、社会慈善和社会公益等职能转移给社会组织。加大购买公共服务和项目资助的力度，引领和凝聚社会组织成为社会资源、信息、服务平台，推动社会组织更好参与社会治理和公共服务。尽量为社会组织提供办公场所、办公设备，提供人才培养、政

策咨询等基本公共服务，使其获得资源平台、成长评估，帮助它们改善和提升管理能力，规范服务，提升业务水平，促进其持续快速健康发展。

第五节　提高公众参与力

一、公众参与力的内涵

公众参与力，是指公众参与社会治理行动的能力。在社会治理中，必须适应国家现代化总进程，切实提高人民群众依法管理国家事务、经济社会文化事务和各种公共事务的能力。

（一）参政议政的能力

公众参与国家相关社会治理决策，能够增强社会政策和社会治理行动的针对性、有效性。要完善落实社会治理信息公开制度、公民听证制度、公众代表遴选制度、公民投诉制度以及公众意见公开反馈制度等，特别是发扬基层民主，大力推进落实公众对国家有关部门社会治理行为的评价制度。

（二）基层自治的能力

社会治理创新要以基层自治组织为坚实基础，通过组织动员让广大居民直接参与到社会治理中来。增强居民参与自治的能力，促进居民自我管理权利实现，真正使人民群众行使社会治理的知情权、参与权、表达权、监督权。

（三）自我服务的能力

公共服务不仅包括政府向居民提供的服务，也包括居民自身、居民之间、各类群体之间、组织之间的自我服务和互助服务。居民有权享受公共服务，也有贡献自己智慧和力量的义务。

（四）自我教育的能力

公民自我教育是社会成员参与以各种形式进行的综合素质培养活动，既包括接受学校的教育，也包括参与以家庭为单位的教育。社会成员都可以参与到各种教育活动中来，接受新的思想和知识，也可以贡献智力资源。通过开展自我教育，明显提高公众参与社会治理的能力。

目前，我国公众参与社会治理的能力较过去已有大幅提升，但总体而言参与能力和参与程度还有待提高。

一是公众的参与精神有待增强。过去中国社会的公共利益往往由国家包办解决，人们社会参与意识淡薄，公共精神较为缺乏。改革开放之后，群众参与社会活动的积极性逐步增强，但是思想观念的转变还较为滞后。一方面，人们还习惯性地单一依赖政府，缺乏主动参与的意识；另一方面，政府对公众的开放度还不够，一些领域依然是行政性垄断，导致人民群众尚不能公平参与。

二是公众的参与能力有待提高。社会治理对公众的参与素质和能力都有较高的要求。一方面，公众要有成为真正的权利和义务相统一的主体意识；另一方面，应具备沟通能力、民主能力、建言能力、合作能力等参与社会治理所必需的能力。当前我国民众无论是权利意识、民主意识、公共道德意识还是法治意识都较薄弱，表达利益诉求、与政府的沟通及民主参与能力和参与社会治理的要求尚有很大差距。

三是公众参与社会治理的水平有待提升。近年来，公众通过各种形式参与社会治理的机会越来越多，热情越来越高；但同时在参与社会治理过程中缺少判断能力，往往会被误导，导致非理性现象的发生。专业性知识的缺乏也使得公民参与能力有限，经常有心无力。此外，公众参与社会治理的法律规范尚待健全，这也是公众参与意识不强和能力不足的重要因素。

二、提升公众参与力的主要路径

(一)积极引导，增强公众参与社会治理的意识

社会成员的广泛参与是社会治理创新的内在要求。要运用舆论宣传、教育传播、人际沟通等手段，强化公众国家与个人相统一、公民权利与义务相统一、公共利益与个人利益相统一的观念，强化社会责任意识，使公众意识到个人与社会的相互关系，让他们在行为的自主性选择中彰显公共精神。

(二)发展民主，拓展公众参与社会治理的渠道

培育和规范社会组织，拓展社会组织参与社会治理和公共服务渠

道。改进党委和政府服务方式，扩大人民群众有效有序参与社会治理，保证人民群众依法参与民主选举、民主协商、民主决策、民主管理和民主监督。各级干部要增强民主意识，发扬民主作风，接受人民监督。

（三）健全沟通机制，增强公众参与社会治理能力

加强民主制度建设，着力提高民主治理社会的能力。社会治理中重大问题和涉及群众切身利益的重要问题，在决策前要广泛听取公众的意见。大力发展形式多样的基层协商民主，健全基层选举、议事、公开、述职、问责等机制，推进基层协商制度化。建立健全居民、村民监督机制，促进群众在城乡社区治理、基层公共事务和公益事业中依法自我管理、自我服务、自我教育、自我监督。健全以职工代表大会为基本形式的企事业单位民主管理制度，加强社会组织民主机制建设，保障职工参与管理和监督的民主权利。

第六节 提高法治保障力

一、法治保障力的内涵

法治保障力，是指"以法治为保障"的社会治理能力。法律是治国之重器，法治是国家治理的基本形式。社会治理作为国家治理的重要组成部分，在推进国家治理体系和治理能力现代化过程中，必须实行依法治理。以法治保障促进社会治理，是推进国家治理现代化的必然要求，没有法治保障就没有善治。以法治引领和保障社会治理体现了时代要求，顺应了人民期待。

（一）法治的社会治理引领力

在推进国家治理现代化进程中提高社会治理法治化水平，用法治精神引领社会治理，用法治思维谋划社会治理，用法治方式调节社会关系、维护社会秩序，在法治轨道上推动各项社会治理有序有效进行。注重依法治理，充分发挥法治引领和保障作用，积极运用法治思维和法治方式解决社会领域的问题，这是推进社会治理现代化的必然要求和显著标志。

(二)法治的行为规范力

法治规则为社会治理行为提供了标准与规范。在社会治理体系中,各类社会主体都以法治为根本依据。法律明确界定了社会治理主体的地位、行为方式和行为后果的奖惩等,使社会治理主体的治理行为按照科学合理的程序运行,确保了社会治理行为的规范力。

(三)法治的利益协调力

社会关系错综复杂。社会治理中的问题,说到底都属于利益关系矛盾,而法治对于利益关系的调整与利益冲突的化解具有终局性。法治以利益调整的正当性、权威性、程序性而规范各方利益。因此,在纷繁复杂的多元社会中,法治是有效的社会治理手段。

二、提高法治保障力的主要路径

(一)加强宣传,提高全社会法治意识

加强法治宣传,是增强社会治理中法治保障力的前提,要围绕"尊法学法守法用法"的要求,积极发挥传统媒体与新兴媒体的各自优势,因地制宜,因人施教,因时用策,全面抓好法治广播、法治网媒、法治长廊、法治公园、法治文艺等法治宣传阵地建设,既让普法教育活动在党政机关、社会团体、街头巷尾、乡镇村社常办常新,又让法治宣传内容在微博、微信、微电影、微直播上常传常广,实现传统媒体与新兴媒体在法治宣传教育效能上的高度融合,形成法随人转、人循法行、权由法定、守法事兴的社会治理新气象。

(二)立法先行,推动社会治理领域的立法

提升法治保障能力,要立法先行,坚持问题导向原则,适应提升社会治理水平的需要,加快研究制定社会治理法律法规体系,将社会治理各个方面纳入法治化轨道。针对我国目前社会领域存在的障碍和束缚,推进重点领域的立法和制度建设。应加快推进城市综合治理、市政市容、土地房屋拆迁安置、社会组织培育与管理、医疗卫生、食品安全、精准扶贫、社会保障、社会救助、劳动就业、教育、收入分配、流动人口和特殊群体管理服务、基层网格化管理、生态环境保护、公共安全、矛盾纠纷预防与处置、公共法律服务、社会信用体系、社会文明规范等领域相关法律法规和制度的立改废释工作,进一步规范党委、政府、社会组织、公民在社会治理中的行为，完善社会治理法律体系，为加强和创新社会治理提供坚实的法治保障和制度基础。

(三)健全机制，引导依法参与社会治理和依法自治

引导社会组织和公民依法参与社会治理和依法自治既是法治社会建设的重要内容，也是实现社会治理法治保障的必然要求。要充分发挥社会组织对其内部成员行为导引、规则约束、权益维护的作用，构建社会组织依法自我管理、自我服务、自我教育、自我监督的机制。打造社会治理志愿者团队，实现社会治理服务群众、依靠群众，社会治理成果由群众共享的目标。完善居民会议、议事协商、民主听证等决策体制和工作机制，畅通群众诉求表达和社区互助渠道，保障公民对社会治理的知情权、参与权、决策权、管理权和监督权，激发公民依法参与治理与依法自治的积极性、主动性和创造性。

(四)严格执法，营造公平正义的法治环境

深化司法体制改革，着力解决制约公正司法的体制性障碍、机制性问题和保障性困扰。坚持司法为民，完善及时有效的权益保障机制，确保每项受到侵害的权利都能得到相应的保护和救济，确保每个违法犯罪行为都能得到应有的制裁和惩罚。坚持司法便民，健全畅通有序的诉求表达渠道，确保每个公民都能获得必要的法律帮助和司法救助。坚持司法公开，及时回应民众对司法公正的关注和期盼，借助现代网络媒体技术，主动接受各方面的监督，实现司法公正。深化司法改革，既要坚持依法改革、试点先行、稳步推进，更要态度坚决，敢于啃硬骨头，锲而不舍、久久为功。坚持执法必严、违法必究，加大对各种违法行为的惩处，努力形成人们不敢违法、不愿违法不能违法的法治环境。

第七节　提高科技支撑力

一、科技支撑力的内涵

科技支撑力，是指运用最新科技成果提升现代社会治理效能的能力。科技在社会治理中既是手段又是动力，科技创新与社会治理创新高

度契合将有效推动社会治理现代化进程。

(一)科技支撑力有助于提升社会治理效率

随着计算机与网络技术日新月异的发展,互联网空间已成为人类生活不可或缺的公共空间之一。通过应用网络新技术可以拓宽新的治理空间。科学技术成果特别是前沿技术成果的转化可以降低社会治理成本,推动国家治理现代化。在实现协同共治方面,前沿科技的助力可以使国家、市场、社会更容易形成三位一体的协同共治格局,促进资源共享与优势互补。在提高治理效率方面,前沿科技的应用有助于社会范围内的资源优化配置,提高治理资源的利用效率,以技术变革节省大量的人力物力财力,提升国家治理的整体效能水平。

(二)科技支撑力有助于提升社会治理智能化水平

科学技术的应用可以不断拓展公共服务的形式和覆盖面,提升社会治理精准化、信息化和社会化,有效促进公共资源的共享,积极推动人流、物流、信息流、资金流的协调高效运行。推进新技术在基层治理方面的创新运用,可以使社会风险预警预防能力得到全面提升,从而大力推进社会治理的智能化。

(三)科技支撑力有助于扩展治理空间

在信息化时代,互联网的发展拓宽了社会治理的视野与范畴。互联网成为人们生产生活共享的重要平台,同时又是为社会治理的重要领域。科技创新不断推动着互联网行业的迅速发展,现代通信技术、计算机技术和网络技术的融合与发展,改变着知识的获取、传承、积累和创造方式,并通过技术路线推动着国家和社会治理的体制机制创新,可以增进社会治理主体之间的联系与合作。

二、提升科技支撑力的主要路径

(一)树立依靠科技治理新理念,提升社会治理智能化

各类社会治理主体要积极适应信息化发展的形势,从思想观念上紧跟时代发展步伐,保持治理理念始终与时俱进,坚持把高新技术的应用作为社会治理智能化的强大动能,主动拥抱"智慧社会"。要树立"大科技理念",构建基于大数据的研判模型,增强社会服务和防控工作的动态性、精准性。充分利用大数据、人工智能发展带来的极大便利,提升

社会治理的绩效。

（二）推进智慧管理平台建设，提升社会治理和服务的能力

强化信息资源整合力度，解决信息"碎片化"和"信息孤岛"现象，实现各部门、各行业、各领域信息资源共享和融合。要充分整合和利用现有的存储、计算等资源，探索和构建统一的云计算平台。基于人口、法人、GIS、经济运行等数据库，建立智慧管理数据中心，构建配套的行业数据共享、更新及使用机制，建立信息安全管理机制，促进数据顺畅安全流动，保证智慧管理平台信息的准确性和实时性。

（三）提高新技术应用能力

要充分利用新媒体技术，构建网络公共服务平台。"十三五"时期政府开启"互联网＋思维"，借助于政务云，加快电子政务建设步伐，完善网站的公共服务功能，打造公务服务微博、微信矩阵，广泛推广政务App，使政务服务突破时空的限制，为社会提供方便快捷、人性化、全方位的公共服务；充分利用互联网，为公众、社会、企业提供更多更好的公共产品和公共服务，打造责任型政府、服务型政府、效率型政府的形象。围绕建设网络强国目标，树立依法治网理念，完善工作布局，健全工作机制，提高网络安全技术水平。

第八节　提高人才建设力

一、人才建设力的内涵

人才建设力，是指加强社会治理专门人才队伍建设，不断扩大社会治理专门人才队伍的规模，显著提升社会治理人才队伍职业化和专业化水平的能力。建设规模宏大、结构合理、素质优良的社会治理专门人才队伍，是加强和创新社会治理，推进社会治理现代化的重要保障。

（一）人才队伍的建设能力

社会治理专门人才主要是指分布在社会治理领域，尤其是社会管理和社会工作方面，也包括从事社区服务、社会福利和社会救助等第一线工作的人员。他们在社会治理领域发挥着不可替代的重要作用。社会治

理专门人才队伍建设的主要任务,主要是使人才数量不断增加,人才质量明显提升,使之能够与提高社会治理水平,推进社会治理现代化建设相适应。要从国家发展全局和战略高度,有计划、大规模地培育社会治理的专业人才,特别是从事国家安全、网络安全、公共安全、社会管理、社会工作、社会法治等社会领域各类高端的专业人才,并全面提高专门人才的思想政治素质和优良作风,形成一支规模大、素质好、作风过硬的专门人才队伍。

(二)人才队伍的职业化能力

社会工作职业化水平的程度是衡量一个国家或地区社会治理水平的重要标志。社会工作职业化要求社会治理从业人员具有一定的社会工作知识和技能,能够直接提供社会服务。社会治理职业化要求社会工作专门队伍具有良好的职业理念、职业技术和职业道德从事社会治理工作和服务。因此,加强社会治理各类专业人才队伍建设,就是要提升社会工作人才队伍的职业化水平。

(三)人才队伍的专业化能力

专业化是指社会治理专门人才队伍的专业能力和水平。要通过加强学校教育和专业培训等途径,提升社会治理人员专业知识和能力,根据社会治理岗位的实际需要不断深化教育教学改革,加强专业训练,提高社会治理人才的专业理论知识和实际工作能力。近年来,社会治理人才队伍建设逐步加强,取得了一定的成绩。但还难以适应加强和创新社会治理的要求。主要是:

一是专门人才总量少,结构不合理。从社会治理专业人才队伍总量看,与发达国家和地区的职业社会工作者相比,还存在较大差距。目前,我国在职在岗的社会工作人员数量仅约为100万人,每年社会治理类专业的毕业生只有1万名,而这些毕业生中大约只有10%从事本专业工作。社会治理人才供需矛盾十分尖锐。从人员结构看,性别方面女性多于男性,年龄方面以中年以上居多,专业职称方面以中级职称居多,学历以大专学历最多。

二是人才队伍分布不均衡,流失严重。社会治理人才队伍分布存在"三多三少"现象,即政府直接举办的领域多,社会自主活动领域少;问题解决型领域多，常态维护型领域少；城镇里相对较多，农村里相对较少。社会治理领域人才流失现象也非常严重，不少社会治理和社会工作专业毕业生因为没有合适的工作岗位等原因而去从事与专业不对口的职业。

三是人才队伍专业化程度低、实践经验不足。整体来看，目前的社会治理工作者学历偏低，工作方式方法专业化程度不高、缺乏职业性，难以提供个性化、多样化和系统性的专业服务，难以有效应对复杂多变的社会问题。由于社会工作专业院校和有关部门机构之间尚未建立长期稳定的合作关系，社会工作专业的实践活动安排不够规范，导致社会工作专业毕业生缺乏实践经验。

二、提升人才建设力的主要路径

(一)扩大社会治理人才队伍，提升专业化培养水平

从推进社会治理现代化建设全局和长远发展需要出发，大力开发社会治理工作岗位，完善社会治理岗位设置。按照《国家中长期人才发展规划纲要(2010—2020)》的要求，在涉及社会治理工作的党政机关、人民团体、事业单位及公益性社会组织中，科学设定社会工作岗位的名称、职级、等级、数量、比例，以及相应的岗位要求、任务和目标，建立我国社会治理工作岗位体系。通过相应的岗位开发程序和人事编制制度改革，在各类社会治理领域重新设置一批社会建设和社会工作岗位，并配备相应的专门社会工作人员。

(二)加大社会治理人才队伍建设投入，完善人才成长激励制度

一要建立健全社会治理人才的培养、考评、使用和激励机制，建立统一、规范的社会治理人才队伍建设法规政策体系，使社会治理人才队伍建设制度化、规范化。二要完善财政投入政策，各级财政以增加教育经费、设立专项基金等方式，建立多元化投入和保障机制。通过政府购买服务等方式扶持民办社会治理和公共服务机构，鼓励和支持企事业单位和社会组织培育社会治理专门人才。三要建立有效的社会治理人才成长激励机制。制定合理的薪酬政策，规范从业人员薪酬标准，完善奖励与激励制度，增加社会治理人员工资收入、福利待遇，提高社会地位和职业声望。

(三)营造良好政策环境,提高整个社会的志愿精神

为了打造一支社会化社会治理人才队伍,需要营造良好的政策环境和社会环境。第一,明确志愿者队伍的角色定位,充分认识志愿者对社会治理的重要作用,并将其作为社会治理的一种制度和队伍形式,以法律的形式明确志愿者、志愿组织与政府的合作伙伴关系,明确志愿者参与社会治理的基本原则、活动范围、基本类型、权利义务、救济赔偿等。第二,为志愿者队伍提供有力支持。理顺和整合部门分治的管理体系,统筹使用各种资源。建立专项参与基金,合理统筹财政资金、多方援助、企业和个人捐款等资金,给予志愿者及其组织不同层次的经费资助。第三,在全社会培育志愿精神。应在基础教育阶段增设志愿者参与的课程及实践内容,培养公民社会参与意识和社会责任。

延伸思考

1. 简述什么是社会治理能力。
2. 简述社会治理能力的主要内涵。
3. 简述提升社会治理能力的主要路径。
4. 简述加强社会治理专业人才队伍建设的必要性和主要任务。

参考文献

[1] 丁元竹. 社会治理现代化的探索[M]. 北京:国家行政学院出版社,2016.

[2] 孙涛. 以人才队伍建设推进社会治理体制创新[J]. 党政论坛,2015(9).

[3] 王伟. 推进社会治理体系和治理能力现代化研究——以提高协商能力的有效性为例[J]. 领导科学,2015(14).

[4] 魏礼群. 改革开放耕耘录[M]. 北京:中国言实出版社,2018.

[5] 熊光清. 推进中国网络社会治理能力建设[J]. 社会治理,2015(2).

[6] 中国行政管理学会课题组. 强化政府社会管理职能 提高政府社会治理能力[J]. 中国行政管理,2005(3).

第十二章　社会治理发展趋势

本章概述

本章主要阐述我国经济社会发展趋势、全球治理面临任务，展望中国社会治理的走向及其对全球治理的贡献。读者通过本章的学习，可以认识中国未来发展和世界发展的大势，更好理解构建人类命运共同体的重大意义。

第一节　中国社会主义现代化发展趋势

一、中国社会主义现代化建设的战略安排

2017年10月召开的党的第十九次全国代表大会，对决胜全面建成小康社会，开启全面建设社会主义现代化国家新征程做出了战略安排。

从现在到2020年，是全面建成小康社会决胜期。从党的十九大到党的二十大，是"两个一百年"奋斗目标的历史交会期。既要全面建成小康社会、实现第一个百年奋斗目标，又要乘势而上开启全面建设中国社会主义现代化国家新征程，向第二个百年奋斗目标进军。这一阶段，必须紧扣我国社会主要矛盾的变化，统筹推进经济建设、政治建设、文化建设、社会建设、生态文明建设，突出抓重点、补短板、强弱项，特别是

要坚决打好防范化解重大风险、精准脱贫、污染防治的攻坚战，使全面建成小康社会得到人民认可、经得起历史检验。

从2020年到2035年，在全面建成小康社会的基础上，再奋斗十五年，基本实现社会主义现代化。到那时，我国经济实力、科技实力将大幅跃升，跻身创新型国家前列；人民平等参与、平等发展权利得到充分保障，法治国家、法治政府、法治社会基本建成，各方面制度更加完善，国家治理体系和治理能力现代化基本实现；社会文明程度达到新的高度，国家文化软实力显著增强，中华文化影响更加广泛深入；人民生活更为宽裕，中等收入群体比例明显提高，城乡区域发展差距和居民生活水平差距显著缩小，基本公共服务均等化基本实现，全体人民共同富裕迈出坚实步伐；现代社会治理格局基本形成，社会充满活力又和谐有序；生态环境根本好转，美丽中国目标基本实现。

从2035年到21世纪中叶，在基本实现现代化的基础上，再奋斗十五年，把我国建成富强民主文明和谐美丽的社会主义现代化强国。到那时，我国物质文明、政治文明、精神文明、社会文明、生态文明将全面提升，实现国家治理体系和治理能力现代化，成为综合国力和国际影响力领先的国家，全体人民共同富裕基本实现，我国人民将享有更加幸福安康的生活，中华民族将以更加昂扬的姿态屹立于世界民族之林。

以上中国社会主义现代化建设的战略安排，是中国未来发展的宏伟蓝图，发展阶段、发展任务、发展目标、发展路径清晰可见。这些也就是中国社会主义现代化建设的总趋势。这是中国共产党人和全体国民的雄心壮志，也是实现中华民族伟大复兴的必由之路。

二、贯彻新发展理念，建设现代化经济体系

实现"两个一百年"奋斗目标、实现中华民族伟大复兴的中国梦，必须坚定不移地把发展作为党执政兴国的第一要务，坚持解放和发展社会生产力，坚持社会主义市场经济改革方向，推动经济持续健康发展。

改革开放四十年来，我国经济建设取得了举世瞩目的成就，经济保持中高速增长；经济结构出现重大变革，服务业成为经济增长主动力，高技术制造业蓬勃发展，农业现代化稳步推进。创新驱动发展成果丰硕，载人航天、深海探测、量子通信等重大科技成果相继问世，数字经济引领世界潮流。开放型经济新体制逐步健全,"一带一路"建设成效显著,对外贸易和利用外资规模稳居世界前列。当前,我国经济发展进入新常态,总体来说,经济由高速增长转向高质量发展阶段。建设现代化经济体系,是我国发展的战略任务,需要着力抓好五个方面。

(一)深化供给侧结构性改革

建设现代化经济体系,必须把发展经济的着力点放在实体经济上,把提高供给体系质量作为主攻方向。深化供给侧结构性改革是通往现代化经济体系的必由之路。目前,我国制造业仍处在国际劳动分工的中低端,大而不强等问题突出。必须加快建设制造业强国,加快发展先进制造业,推动制造业提质升级,推动互联网、大数据、人工智能和实体经济深度融合,促进我国产业迈向全球价值链中高端,培育若干世界级先进制造业集群。

(二)实施创新驱动发展战略

创新是引领发展的第一动力,是建设现代化经济体系的战略支撑。振兴实体经济的根本,在于创新驱动发展。这就要求必须坚定贯彻创新发展理念,深入实施科教兴国战略、人才强国战略、创新驱动发展战略,到2020年进入创新型国家行列,到2035年跻身创新型国家前列,到新中国成立100年时成为世界科技强国。

(三)实施乡村振兴战略

坚持农业农村优先发展,按照产业兴旺、生态宜居、乡风文明、治理有效、生活富裕的总要求,建立健全城乡融合发展体制机制,加快推进农业农村现代化。同时,实施区域协调发展战略,以城市群为主体构建大中小城市和小城镇协调发展的城市格局,加快农业转移人口市民化。

(四)加快完善社会主义市场经济体制

以完善产权制度和要素市场化配置为重点,实现产权有效激励、要素自由流动、价格反应灵活、竞争公平有序、企业优胜劣汰,创新和完善宏观调控体系。

(五)建设全面开放体系

现代化经济体系离不开全面开放体系的支撑。扩大对外开放,将更加注重推进高水平双向开放。积极参与全球经济治理和公共产品供给，提高我国在全球治理中的制度性话语权。

实现以上经济发展的新任务必将对加强和创新社会治理提出新要求。新发展理念的最大要义，在于坚持以人民为中心，通过经济发展实现人民对发展成果的共享。坚持发展为了人民、发展依靠人民、发展成果由人民共享。在供给侧结构性改革过程中，保障劳动者权益并推动实现更高质量和更充分就业是社会治理的重要内容。在实施创新驱动发展战略中，将就业和创业结合在一起，也是创新社会治理的重要举措。推进经济发展的过程，也是进一步消除贫富差距的过程。在经济发展的基础上，更加注重社会公平，着力提高低收入者收入水平，逐步扩大中等收入者比重，有效调节过高收入。

三、加强民主法治建设，发展社会主义民主政治

党的十九大报告指出："中国特色社会主义政治发展道路，是近代以来中国人民长期奋斗历史逻辑、理论逻辑、实践逻辑的必然结果，是坚持党的本质属性、践行党的根本宗旨的必然要求。"

社会主义越发展，民主也越发展。在前进道路上，要坚定不移走中国特色社会主义政治发展道路，加强民主法治建设，积极发展社会主义民主政治，继续推进社会主义民主政治建设，对提升国家治理体系和治理能力现代化，实现"两个一百年"奋斗目标、实现中华民族伟大复兴的中国梦，具有十分重要的指导意义。

党的领导是人民当家作主和依法治国的根本保证。人民当家作主是社会主义民主政治的本质特征，依法治国是党领导人民治理国家的基本方式。习近平指出："坚持中国特色社会主义政治发展道路，关键是要坚持党的领导、人民当家作主、依法治国有机统一，以保证人民当家作主为根本，以增强党和国家活力、调动人民积极性为目标，扩大社会主义民主，发展社会主义政治文明。"[1]

在社会治理创新过程中，加强人民当家作主的制度保障，建立协商

---

[1] 习近平：《在首都各界纪念现行宪法公布施行30周年大会上的讲话》，7页，北京，人民出版社，2012。

治理的制度体系，扩大人民有序政治参与，开放更大的社会参与空间，激发社会活力。国家治理现代化的过程就是法治化的过程，必须深化依法治国实践，提升治理法治化水平。加强民主政治建设是营造团结和谐的政治局面和安定有序的社会局面的重要途径，也是推进社会治理现代化的重要制度保障。

四、坚定文化自信，建设社会主义文化强国

坚定中国特色社会主义道路自信、理论自信、制度自信，说到底是坚定文化自信。没有文明的继承和发展，没有文化的弘扬和繁荣，就没有中国梦的实现。党的十九大报告提出，"没有高度的文化自信，就没有中华民族的伟大复兴。"文化自信对我国社会主义现代化建设与民族的进步至关重要，具有凝魂聚气的作用。因此，必须弘扬社会主义先进文化，推动社会主义文化大发展大繁荣，不断丰富人民精神世界，建设社会主义文化强国。

多年来，我国社会主义文化建设取得重大进展。社会主义核心价值观和中华优秀传统文化广泛弘扬。公共文化服务水平不断提高，文化事业和文化产业蓬勃发展。国家文化软实力和中华文化影响力明显提升。在未来社会主义现代化建设进程中，要坚持发展中国特色社会主义文化，就是要以马克思主义为指导，坚守中华文化立场，立足当代中国现实，发展面向现代化、面向世界、面向未来的，民族的科学的大众的社会主义文化。

中国特色社会主义文化建设包括六个方面。一面伟大旗帜：在前进道路上，一定要坚定不移高举马克思列宁主义、毛泽东思想、邓小平理论、"三个代表"重要思想、科学发展观和中国特色社会主义伟大旗帜，坚持和拓展中国特色社会主义道路，坚持和丰富中国特色社会主义理论体系，坚持和完善中国特色社会主义制度。一个价值引领：坚守和加强社会主义核心价值体系建设，这是文化软实力的灵魂、文化软实力建设的重点。一个文化根基：中华优秀传统文化是中华民族的"根"和"魂"，培育和弘扬社会主义核心价值观必须立足中华优秀传统文化。一项战略任务：加强社会主义意识形态建设，牢牢掌握意识形态工作的领导权和话语权，意识形态工作是党的一项极其重要的工作。一条发展道路：要继续锲而不舍、一以贯之地抓好社会主义精神文明建设，坚持走中国特色社会主义文化发展道路。一个奋斗目标：要以更大的力度、更实的措施加快建设社会主义文化强国，创造中华文化新的辉煌，"让中华文明的影响力、凝聚力、感召力更加充分地展示出来。"①

五、持续改善民生，加强和创新社会治理

坚持在发展中保障和改善民生，是决胜全面建成小康社会，开启全面建设社会主义现代化国家新征程的重中之重。保障和改善民生，要抓住人民群众最关心、最直接、最现实的利益问题。统筹做好教育、就业、收入分配、社会保障、医疗卫生等领域的民生工作，加强和创新社会治理，保证人民安居乐业，维护社会和谐稳定，实现国家长治久安。在所有关于民生的工作中，精准扶贫是最大的民生。积极推动解决人民群众的基本民生问题，才能巩固社会和谐稳定的基础，从源头上预防和减少社会矛盾的产生。

党的十九大报告指出，要提高保障和改善民生水平，加强和创新社会治理，打造共建共治共享的社会治理新格局，不断提高社会治理社会化、法治化、智能化、专业化水平。当前和今后一个时期，关键要抓好以下几个方面。

（一）加强社会治理体制制度建设

最根本的，是要完善党委领导、政府负责、社会协同、公众参与、法治保障的社会治理体制。全面加强党的领导，充分发挥中国特色社会主义制度的优势，不断创新把党的领导与现代社会治理体系有机结合，将党的领导与政府负责的治理安排有机结合，通过健全相关制度体系，使党的领导真正成为新时代中国特色社会主义社会治理体系的鲜明特征和根本保证。同时，要引导和推动社会力量参与社会治理，努力形成社会治理人人参与、人人尽责的良好局面。进一步创新社会治理思路，鼓励和引导企事业单位、社会组织、人民群众积极参与社会治理。还要强化法治，充分发挥法治对社会治理的引领、规范和保障作用。

---

① 习近平：《在第十三届全国人民代表大会第一次会议上的讲话》，9页，北京，人民出版社，2018。

(二)加强预防和化解社会矛盾机制建设

我国改革发展过程中，目前仍然存在今后也还会存在大量不和谐因素，各种社会矛盾和问题相互交织叠加。在这种情况下，要完善社会矛盾排查预警机制，努力做到早发现、早预防、早处置。特别要运用大数据技术、信息化手段，建立社会矛盾排查预警指标体系，汇聚整合各领域矛盾信息，运用数据分析模型，关联发掘重大热点难点问题和矛盾隐患，提高对各类社会矛盾的发现预警能力，形成集信息共享、部门联动、综合研判、跟踪督办、应急处置于一体的工作体系，及时排除、预警、化解、处置各类矛盾风险。还要完善重大决策社会稳定风险评估机制，从源头上预防和减少矛盾。

(三)加强公共安全体系建设

随着经济社会发展和人民生活水平的提高，人们对公共安全提出了更高的要求。从某种意义上讲，公共安全是最大的民生。这就要求树立安全发展理念，弘扬生命至上、安全第一的思想，改革完善安全生产管理、防灾减灾救灾体制机制，坚决遏制重特大安全事故。要健全公共安全体系，加强预测预警预防，建立生产安全事故风险防控体系，坚决遏制重特大安全事故。要加大投入，不断提高防灾减灾救灾能力。要着力解决突出环境问题，构建政府为主导、企业为主体、社会组织和公众参与的环境治理体系。要健全国家安全体系，推动全社会形成维护国家安全的强大合力。

(四)加强社会治安防控体系建设

在快速推进工业化、城镇化、信息化、国际化和市场化的过程中，我国社会治安形势出现了新情况、新特点。必须深入推进平安中国建设，严密防范和坚决打击暴力恐怖活动，依法开展扫黑除恶专项斗争，惩治盗抢骗黄赌毒等违法犯罪活动，整治电信网络诈骗、侵犯公民个人信息、网络传销等突出问题，切实保护人民的人身权、财产权、人格权，维护国家安全和公共安全。

(五)加强社会心理服务体系建设

加强社会心理服务，培育公民自尊自信、理性平和、积极向上的社会心态，是加强和创新社会治理的重要任务，也是建设和谐社会的重要方面。针对现代社会容易产生的各种情感、心理、精神性疾患，必须高度重视开展心理疏导、心理干预等手段，进行心理知识培训，指导心理健康，调节社会情绪，整合社会心态，构筑社会心理防线，有效维护社会稳定。同时，要切实找准解决我国现实存在的社会心理问题的突破口，依托专业团体和专业人士，搭建社会心理综治工作平台，建设和完善社会心理服务、疏导、危机干预机制，不断提高社会心理服务的针对性和有效性。

（六）加强社区治理体系建设

要不断加强城市和农村基层基础工作，推动社会治理重心向基层下移。特别要以提升党的组织力为重点，突出政治功能，把企业、农村、机关、学校、街道社区、社会组织等基层党组织建设成为宣传党的主张、贯彻党的决定、团结动员群众、推动改革发展的坚强战斗堡垒。要发挥社会组织的能动作用，不断健全城乡社区治理体系，健全自治、法治、德治相结合的基层治理体系。大力推进诚信建设和志愿服务制度化。努力实现政府治理和社会调节、居民自治良性互动。要深入拓展网格化管理，尽可能把资源、服务、管理放到基层，使基层有能力更好地为群众提供精准有效的服务和管理，夯实社会治理的基石。

（七）加强和完善党的全面领导

坚持全面从严治党，不断提高马克思主义政党的领导水平和执政能力，为打造新时代共建共治共享社会治理格局提供根本保证。要加强党的政治领导，确保社会治理沿着正确方向前进；要加强党的思想领导，培育和践行社会主义核心价值观，形成全社会共识，夯实社会治理的思想基础；要加强党的组织领导，充分发挥党总揽全局、协调各方的领导核心作用；要加强党的干部队伍建设，提高群众工作水平；还要深入开展反腐败斗争，持之以恒正风肃纪，为加强和创新社会治理创造良好的政治环境和社会环境。党的十九大报告指出，"要全面增强执政本领"，"既要政治过硬，也要本领高强"。在中国共产党的坚强领导下，我国加强和创新社会治理必定会不断取得新成效，共建共治共享的社会治理新格局必将不断完善并发挥更大的作用。

六、推进生态文明，建设美丽中国

生态文明建设是关系人民福祉、民族未来的大计，是实现中华民族伟大复兴的重要内容。党的十九大报告强调，我们要建设的社会主义现代化是人与自然和谐共生的现代化，既要创造更多物质财富和精神财富以满足人民日益增长的美好生活需要，也要提供更多优质生态产品以满足人民日益增长的优美生态环境需要。"绿水青山就是金山银山"[①]，必须深刻认识生态文明建设的重大意义，正确处理好经济发展同生态环境保护的关系，坚定不移走生产发展、生活富裕、生态良好的文明发展道路，加快建设资源节约型、环境友好型社会，推进美丽中国建设。

推进生态文明，建设美丽中国，必须贯彻落实新发展理念，推动形成绿色发展方式、生产方式和生活方式；要按照系统工程的思路，全方位、全地域、全过程开展生态环境保护建设；环境保护和治理要以解决损害群众健康的突出环境问题为重点；完善生态文明制度体系，用最严格的制度、最严密的法治保护生态环境；强化公民环境意识，把建设美丽中国内化为人民的自觉行动；积极参与国际合作，"携手共建生态良好的地球美好家园"[②]。在未来社会主义现代化建设中，推进生态文明建设、建设美丽中国，这对加强和创新社会治理提出了新任务、新要求，也为推进社会治理现代化提供了新机遇、新路径。

第二节　全球治理发展趋势

当今世界是一个急剧变革的世界。随着中国对外开放的扩大和深入，中国在世界经济、社会和文化等领域的地位和重要性不断提升，中国与世界形成了新的和更大的相互依存关系。"建设一个什么样的世界、如何建设这个世界"，这是关乎人类前途命运的重大课题，也是在实现中华民族伟大复兴的过程中必须认真研究和面对的重大课题。

---

① 《习近平谈治国理政》第2卷，393页，北京，外文出版社，2017。
② 《习近平谈治国理政》第1卷，212页，北京，外文出版社，2018。

一、人类社会发展趋势

(一)政治多极化

第二次世界大战后,以美苏为中心的两极格局取代了传统的以欧洲为中心的国际政治格局,双方在世界范围内展开"冷战"。到20世纪70年代末,世界格局明显表现出由两极格局向多极化发展的趋势。进入21世纪以来,国际社会发生着持续而复杂的变化,传统上占据主导地位的发达国家的力量在下降,以中国为代表的新兴与发展中国家日益发挥越来越重要的作用。

同时,世界局势仍很不安宁,地缘政治压力分歧加剧,国际社会与政治秩序加速演变。世界安全形势总体上越来越复杂。总的来说,世界多极化大势所趋,但争夺制定全球治理和国际规则主导权的较量十分激烈,更加公正、合理的国际政治经济秩序的形成依然任重道远。

(二)经济全球化

当前,全球经济形势错综复杂。综观全球,第一个重大趋势是新兴经济体的崛起。近几十年,新兴经济体和发展中国家整体上经济发展速度都很快。中国、俄罗斯、南非、印度和巴西这五个新兴市场国家被誉为"金砖五国"。1980年,新兴市场和发展中国家只占全球GDP的1/4,2016年其经济规模上升到全球的40%。中国经济在世界经济增长中日益重要。第二个重大趋势是全球经济一体化和互联性日趋加深。随着科学技术的进步和社会生产力的发展,经济全球化不断发展,贸易、投资、货币、信息、技术等生产要素在全球范围内、在市场机制作用下进行转移和配置。相对来说,新兴市场经济增长加快,国际收支状况改善。技术进步和革新带来全球产业价值链重构,新兴市场国家大都经历着产业结构调整。

近年来,由于美国等国家实行贸易保护主义,"逆全球化"思潮明显上扬,经济全球化面临着巨大的不确定性和挑战。但经济全球化是社会生产力发展的客观要求和科技进步的必然结果,是历史发展潮流,任何国家都不可阻挡。同时,经济全球化是一把"双刃剑",特别是近几十年来经济全球化加剧了世界经济发展的矛盾,经济全球化转型势在必行,必须引导好经济全球化走向。

(三)社会信息化

自 20 世纪 90 年代以来，以数字技术为代表的技术变革飞速发展，人类社会进入信息化时代。

世界范围内以信息技术为引领，生物技术、新材料技术、新能源技术等技术广泛渗透，交叉融合，带动以绿色、智能为特征的群体性技术突破，重大颠覆性创新不时出现。习近平指出："现在世界科技发展有这样几个趋势：一是移动互联网、智能终端、大数据、云计算、高端芯片等新一代信息技术发展，将带动众多产业变革和创新；二是围绕新能源、气候变化、空间、海洋开发的技术创新更加密集；三是绿色经济、低碳技术等新兴产业蓬勃兴起；四是生命科学、生物技术带动形成庞大的健康、现代农业、生物能源、生物制造、环保等产业。"[1]这反映了我国对世界科技创新发展引发新一轮产业变革的深刻洞察和前瞻性的把握。

由信息技术带动的大数据已成为推动经济社会发展的新动力，重塑国家竞争优势的新机遇，提升国家治理能力的新途径。为此，党的十九大报告提出，要提高社会治理社会化、法治化、智能化、专业化水平。运用最新科技成果提升现代社会治理效能，深刻地改变着现代社会形态和治理格局。

当前，新技术新业态层出不穷，社会矛盾和社会问题的专业性、复杂性、关联性也不断增强。技术的发展也造成新的社会问题：如，国家之间和国家内部依然存在巨大的数字鸿沟，不同人群、家庭、部门和地区因社会经济水平而异，在接入和使用信息通信技术上存在明显的差距。随着极具颠覆性的技术变革阶段的到来，在决策、安全和监管领域的风险越发严峻，也成为摆在各国和国际社会面前的社会治理难题。

(四)文化多样化

当今世界是不同民族、不同历史、不同文化背景的人民，共同创造了灿烂多彩的人类文明。进入 21 世纪以来，随着政治多极化、经济全

---

[1] 中共中央文献研究室：《习近平关于科技创新论述摘编》，75 页，北京，中央文献出版社，2016。

球化的深入发展,世界文化多样化的趋势愈加明显。维护和促进世界文化多样性符合全世界人民的共同利益,也是大多数国家和地区的共同愿望。2014年9月,习近平提出尊重文明、文化多样性的四项原则。第一,维护世界文明多样性。我们应该维护各国各民族文明多样性,加强相互交流、相互学习、相互借鉴,而不应该相互隔膜、相互排斥、相互取代,这样世界文明之园才能生机盎然。第二,尊重各国各民族文明。每个国家、每个民族不分强弱、不分大小,其思想文化都应该得到承认和尊重。第三,正确进行文明学习借鉴。对人类社会创造的各种文明,都应该积极吸纳其中的有益成分,弘扬跨越时空、超越国度、富有永恒魅力、具有当代价值的优秀文化精神。第四,科学对待文化传统。要坚持古为今用、以古鉴今,善于把弘扬优秀传统文化和发展现实文化有机统一起来、紧密结合起来,"努力实现传统文化的创造性转化、创新性发展"[①]。中国在联合国教科文组织中发挥了文化大国的建设性作用。通过推进人类各种文明交流交融、互学互鉴,是让世界变得更加美丽、各国人民生活更加美好的必由之路。同时,世界上各种文明的文化思想交锋也呈复杂多变态势,必须大力增强国家文化软实力和中华文化的世界影响力。

二、全球治理面临的挑战

当今世界正在经历各种错综复杂的变化,全球治理面临一系列新的挑战,提出了一系列新的重大课题。

(一)全球治理体系面临的问题

第二次世界大战以后形成的全球治理体系,国内事务和国际事务之间界限分明。在主权国家内部的治理上,政府占据主导地位,很少有非政府主体直接参与国家和国际事务的治理。在国际关系上,传统治理体系有两个显著特点。一是国家中心治理模式。主权国家是基本治理主体,在涉及共同利益的问题上,主要靠国家间的协商、谈判与合作。治理模式以大国协调为中心、中小国家共同参与为主。二是治理呈现"中

---

① 习近平:《在纪念孔子诞辰2565周年国际学术研讨会暨国际儒学联合会第五届会员大会开幕式上的讲话》,11页,北京,人民出版社,2014。

心—外围"结构。发达国家处于治理的"中心",而发展中国家则位于"外围",发达国家通过主导国际规则的制定和解释来维护自身利益。

随着全球化的深入发展,世界格局发生了新的、深刻的变化,全球治理的传统体制遇到了结构性挑战。首先,以资本流动建立的全球市场体系,打破了民族国家的概念。新的信息和通信技术,使得信息的传播速度和范围大大扩展。在世界范围内,没有任何地方和任何人,不受到全球化的影响。在人类生活的各个方面,包括社会、经济、政治和文化,都已经在全球网络体系之中。国家系统也被全球化背景下产生的社会组织和民间力量重新定义。[1] 其次,全球社会经济环境变得更具整体性、多样性、动态性和复杂性,人口增长、粮食不足、污染、能源危机、跨国犯罪、恐怖主义以及艾滋病等严重传染病蔓延,特别是以全球变暖为代表的环境危机,成为全球性问题。除此之外,全球化还使一些传统的社会问题呈现出新的变化和特点,比如社会公平问题,由自由市场和资本引领的经济全球化,降低了政府规制的作用,不仅造成了发达国家福利的降低所带来的国内不平等的加剧,还加深了国家之间的不平等。最后,传统的国际规制和国际组织面临新的变革。全球化并不只限于经济的全球化,身份认同、安全、社会和文化等,都成为全球化的重要向度,由此造成以往相对封闭的国际规制和国际组织走向开放。多个国家和多种国际组织以多样的方式参与全球发展,将成为全球主流治理模式。

(二)全球治理主体面临的变化

面对全球化过程中诸多问题的出现,全球治理主体也出现了重要变化。一个明显的趋势是,从单一的政府治理到社会治理;从发达国家主导转变成更多发展中国家共同参与。

首先,这一趋势表现为跨国的、世界性的组织在全球治理中开始发挥重要作用。世界性的组织可以分成两种类型:一是政府之间的国际组织,如欧盟、非洲联盟等,也包括世界银行和国际货币基金组织这样的

---

[1] Manuel Castells, "The New Public Sphere: Global Civil Society, Communication Networks, and Global Governance," *The Annals of the American Academy of Political and Social Science*, 2008, 616(1), pp. 78-93.

全球中央性的组织；二是跨国的非政府组织，第二次世界大战后，很多国家都创办了多种形式的社会组织，如社区组织、利益代表者组织、劳工组织等，这些社会组织在相当长的时间内，在不同国家的社会治理中发挥着重要作用。21世纪以来，传统的社会组织在各国政治和社会政策以及民众中的影响有所降低，而跨国的非政府组织的数量和作用却显著增加，它们试图通过跨国的力量在某些特定社会问题上发挥作用，如儿童保障、性别平等、可持续发展等。世界组织管理国际体系中风险与变革的职责和作用进入了一个新阶段。经济全球化的发展，推动了包括跨国企业等在内的非政府机构在全球治理中的作用，政治全球化的发展又促使很多国家政府以外的社会部门具有了参与全球治理的能力。非政府参与者已经成为越来越重要的全球治理主体[1]。这些新兴的非政府参与者，既包括政府间国际组织，也包括跨国公司等，甚至包括国际非政府组织、跨国倡议网络、跨国社会行动等多种形式。在20世纪90年代以前，非政府组织参与全球治理活动通常被认为是对传统全球治理机制的补充。现在，非政府参与者开始在全球治理中独立地发挥作用，例如，在促进科学知识的开放共享方面，全世界范围内的科学家共同体建立起各种合作网络，促进知识的共享和传播。更重要的是，非政府参与者已经在一些国际事务中占有主导甚至领导权。在互联网发展领域，互联网名称与数字地址分配机构制定了全世界互联网域名的标准规则。尽管非政府参与者在国际事务中的行动通常不具有强制力和约束力，但这些基于自愿行为的新型治理机制，构成了对传统国际治理机制的挑战[2]。

其次，越来越多的发展中国家参与到全球治理之中。新兴国家的崛起，传统的以欧美国家为引领的治理格局出现了变化。进入21世纪以来，新兴国家的群体性崛起导致全球经济重心开始"东移"，尤其是以中国等"金砖国家"为代表的新兴国家经济在世界经济中的比重大幅提升，在全球治理中发挥越来越大作用的同时，也对旧有的世界格局不断提出

---

[1] 卢静：《当前全球治理的制度困境及其改革》，载《外交评论》，2014(1)。
[2] 赵晨：《并未反转的全球治理论：全球化与全球治理地域性的关系》，载《欧洲研究》，2014(5)。

新的挑战，这已经成为全球治理的发展趋势之一。纳入更多发展中国家的 G20 突破了原有的西方七国首脑会议（G7）垄断全球经济事务的格局，转而由发展中国家和发达国家共同讨论全球经济的重大问题。

作为一个全球层面的治理体系，全球治理是多元的，体现了不同地区、不同国家的利益，并随着国际力量对比的变化而不断调整和变化。目前，世界金融体系、贸易体系、环境体制的变化是全球治理的集中体现。随着中国国力的不断增强，国际地位不断上升，我国在全球治理中扮演越来越重要的角色。

三、全球治理的必然选择：构建人类命运共同体

认识世界发展大势，跟上时代潮流，是一个十分重要、常做常新的课题。中国要发展，就必须要顺应世界发展潮流。基于对当代世界发展现状和趋势的科学判断，以及对中国与世界未来命运之间关系的创造性构想，习近平明确提出和系统阐述了构建人类命运共同体的伟大理念。

2013 年 3 月，习近平在莫斯科国际关系学院的演讲中谈到，这个世界，各国相互联系、相互依存的程度空前加深，人类生活在同一个地球村里，生活在历史和现实交汇的同一个时空里，越来越成为你中有我、我中有你的命运共同体。第一次向世界传递了中国关于人类文明走向的重要思想。

2015 年 9 月 28 日，习近平出席第 70 届联合国大会一般性辩论并发表重要讲话，全面论述了打造人类命运共同体的主要内涵和总体设想：建立平等相待、互商互谅的伙伴关系，营造公道正义、共建共享的安全格局，谋求开放创新、包容互惠的发展前景，促进和而不同、兼收并蓄的文明交流，构筑尊崇自然、绿色发展的生态体系。

2015 年 10 月 12 日，中共中央政治局就全球治理举行集体学习，明确全球治理的总体思想。习近平发表重要讲话，强调全球治理体制正处在历史转折点上，指出，我们参与全球治理的根本目的，就是服从服务于实现"两个一百年"奋斗目标、实现中华民族伟大复兴的中国梦。要审时度势，努力抓住机遇，妥善应对挑战，统筹国内国际两个大局，推动全球治理体制向着更加公正、合理方向发展，为我国发展和世界和平创造更加有利的条件。这表明，随着国际力量对比和世界格局的深刻变

化,已有的全球治理体系不能完全适应这种变化,全球治理体系的变革必须提上日程。变化的中国正在成为包容性世界秩序的建设者,并竭力为促进新型的全球治理体系承担责任、提供方案。

在2016年7月1日庆祝中国共产党成立95周年大会上,习近平郑重指出:中国将积极参与全球治理体系建设,努力为完善全球治理贡献中国智慧,同世界各国人民一道,推动国际秩序和全球治理体系朝着更加公正合理方向发展。

2016年9月,在G20峰会开幕式主旨演讲中,习近平呼吁树立人类命运共同体意识,以全球伙伴关系来应对挑战。他说:"在经济全球化的今天,没有与世隔绝的孤岛。同为地球村居民,我们要树立人类命运共同体意识。"[①]伙伴精神是二十国集团最宝贵的财富,也是各国共同应对全球性挑战的选择。习近平提出"四个以"和"四个重点",首次全面阐释全球经济治理观。"四个以"包括:"以平等为基础",增加新兴市场国家和发展中国家代表性和发言权,确保各国在国际经济合作中权利平等、机会平等、规则平等;"以开放为导向",不搞排他性安排,防止治理机制封闭化和规则碎片化;"以合作为动力",各国要加强沟通和协调,共商规则,共建机制,共迎挑战;"以共享为目标",不搞一家独大或赢者通吃,实现共赢目标。"四个重点"包括:共同构建公正高效的全球金融治理格局,开放透明的全球贸易和投资治理格局,绿色低碳的全球能源治理格局,包容联动的全球发展治理格局。G20峰会开启了"中国引领、大国共治"的全球经济治理新纪元。

2016年9月27日,中共中央政治局就全球治理再次集体学习,明晰全球治理的基本原则。第一,中国要积极参与全球治理,主动承担国际责任,但也要"尽力而为、量力而行";第二,推动全球治理体系变革是国际社会大家庭的事,要坚持"共商共建共享"原则,使关于全球治理体系变革的主张转换为各方共识,形成一致意见。"共商共建共享"原则,是全球治理理念的核心,构成了推进全球治理体系与治理能力现代化的系统链条。共商,就是集思广益,由全球所有参与治理方共同商

---

① 《"人类命运共同体"大事记》,载《人民日报·海外版》,2017-07-09。

议；共建，就是发挥各自优势和潜能并持续加以推进建设；共享，就是让全球治理体制和格局的成果更多更公平地惠及全球各个参与方。2017年9月11日，第71届联合国大会通过决议，首次纳入"共商共建共享"的全球经济治理理念。

2017年1月18日，在联合国日内瓦总部，习近平在万国宫出席"共商共筑人类命运共同体"高级别会议，发表题为《共同构建人类命运共同体》的主旨演讲，深刻阐述了共同构建人类命运共同体的中国方案，回答了"中国为何要推动构建人类命运共同体""要构建一个什么样的人类命运共同体""怎样构建人类命运共同体"三大基本问题。习近平指出，构建人类命运共同体，关键在行动。必须坚持对话协商，建设一个持久和平的世界；坚持共建共享，建设一个普遍安全的世界；坚持合作共赢，建设一个共同繁荣的世界；坚持交流互鉴，建设一个开放包容的世界；坚持绿色低碳，建设一个清洁美丽的世界。这是全球治理思想的升华。

2017年2月，联合国社会发展委员会第55届会议协商一致通过"非洲发展新伙伴关系的社会层面"决议，首次写入"构建人类命运共同体"理念。

2017年10月，党的十九大报告将"推动构建人类命运共同体"作为新时代坚持和发展中国特色社会主义"十四条基本方略"之一，对人类命运共同体思想的丰富内涵及其时代价值作了详细阐述。报告强调指出：各国人民同心协力，构建人类命运共同体，建设持久和平、普遍安全、共同繁荣、开放包容、清洁美丽的世界。而构建人类命运共同体的基本路径和方向，就是十九大报告中提出的"五要"，即：要相互尊重、平等协商，坚决摒弃冷战思维和强权政治，走对话而不对抗、结伴而不结盟的国与国交往新路。要坚持以对话解决争端、以协商化解分歧，统筹应对传统和非传统安全威胁，反对一切形式的恐怖主义。要同舟共济，促进贸易和投资自由化便利化，推动经济全球化朝着更加开放、包容、普惠、平衡、共赢的方向发展。要尊重世界文明多样性，以文明交流超越文明隔阂、文明互鉴超越文明冲突、文明共存超越文明优越。要坚持环境友好，合作应对气候变化，保护好人类赖以生存的地球家园。这"五要",系统地构建和表达了中国对外关系的新外交观、新安全观、新发展观、新文明观和新生态观。党的十九大提出的构建人类命运共同体与全球治理的新格局的构想,不仅从学术理念上明晰了全球社会治理发展趋势的基础,而且进一步丰富、发展和深化了全球治理的思想体系,为全球治理体系变革提供了系统而又切实可行的中国方案。

在2017年11月第72届联大负责裁军和国际安全事务第一委员会会议中,中国关于"构建人类命运共同体"的理念被写入联合国决议,表明这一理念已经得到国际社会的广泛认可。人类命运共同体不仅是中国大国外交理论创新的成果,而且对中国国内乃至世界范围的全球治理创新起到了引领和推动作用。

"构建人类命运共同体"是习近平新时代中国特色社会主义思想的重要组成部分,是当代中国对世界的重要思想和理论贡献,其根本内涵和意义,体现在以下五个方面。

(一)人类命运共同体理念指引全球治理改革方向

面对国际局势的深刻变化和世界各国同舟共济的客观要求,我国提出构建人类命运共同体思想,坚持对话协商、共建共享、合作共赢、交流共鉴、绿色低碳,以建设一个持久和平、普遍安全、共同繁荣、开放包容、清洁美丽的世界为目标。关于人类社会的前途命运,中国人自古以来就追求"世界大同,天下一家",和而不同、协和万邦、立己达人等理念代代相传。打造人类命运共同体,既有中华文明的深厚滋养,也有当代中国和平发展思想的坚实支撑。近年来,人类命运共同体思想随着全球治理理念与实践的不断推进,内涵不断丰富,逐渐为国际社会所认同,已经四次写入联合国相关决议。坚定不移维护世界和平、促进共同发展、推动构建以合作共赢为核心的新型国际关系,建设人类命运共同体的思想,符合各国求和平、谋发展、促合作、要进步的真诚愿望和共同追求,是对中国社会建设和社会治理的国际国内格局与时代特征进行科学分析和实践探索的伟大智力成果,为全球治理指明了人类社会发展的新愿景。

(二)"共商""共建""共享"成为全球治理体系的基本原则

在如何建立人类命运共同体的问题上,中国提出的"规则"和"制度"

是通往建立完善的全球治理体系的路径。在全球治理体系的变革中，没有任何一个国家可以主导或掌控话语权，任何规则的制定、秩序的建立，都必须由所有治理参与方共同协商和建设，而治理的成果则由所有参与者公正地共享。由于全球化背景下各类问题的复杂性，出现了解决每一个问题，可能有多种机制和规则，而非仅仅遵循"西方道路"。包括中国在内的发展中国家，将更多地参与规则的制定和制度的建设。2015年9月22日，习近平接受《华尔街日报》书面采访时提出：全球治理体系是由全球共建共享的，不可能由哪一个国家独自掌握。中国没有这种想法，也不会这样做。尽管有关的表述更多适用于国际关系，但在各个国家内部的社会治理结构中，共商共建共享同样是适用的。共商共建共享是全球治理理念的核心组成部分，凝聚了社会治理探索的集体智慧，既是对我国社会治理实践探索的科学总结，也是给未来全球治理创新发展提出的新任务、新目标。

(三)倡导社会力量参与是创新社会治理的必由之路

全球治理的理念已经被世界各国接受，而且不限于外交和国际关系领域。随着经济全球化深入发展，全球政治格局变化以及人口资源环境矛盾日益凸显，世界各国面临的共同挑战日益增多，气候变化、环境污染、人口老龄化、国际金融体系改革等方面的全球性议题显著增加，成为影响各国经济可持续发展与社会安全稳定的重要因素。这些议题与传统的全球治理议题相比，治理难度更大。全球治理随之逐渐显现其多样性，它既包括多边国际组织作用的增强、国际机制的强化以及跨政府专业机构协调的深化，也包括非政府组织、跨国公司和个人广泛参与到全球问题的讨论和决策之中的种种现象。应对全球性问题的官方与民间、公共与私人的各种制度安排正在迅速发展。除了传统的国际组织和跨国的政府合作外，一种全球的"公共空间"正在形成，跨国的或国际的非政府组织的力量开始发挥重要作用。我国积极倡导多样的社会力量和社会组织的参与，开拓全球治理的国际化战略和路径。全球性问题的解决，同样需要多方社会力量和社会组织的参与。

(四)提升发展中国家的话语权是完善全球治理的战略选择

随着新兴经济体的群体性崛起和发达国家实力相对下降，国际力量对比和世界格局发生了深刻变化,而已有的全球治理格局并不能完全适应这种变化。2015年10月12日,习近平在中共中央政治局第二十七次集体学习时的讲话明确指出:"全球治理体制变革正处在历史转折点上。国际力量对比发生深刻变化,新兴市场国家和一大批发展中国家快速发展,国际影响力不断增强,是近代以来国际力量对比中最具革命性的变化"。但是,新兴市场国家和发展中国家在联合国安理会、世界银行、国际货币基金组织等国际治理机构中的发言权明显不足。

我国在国际组织中日益发挥重要作用,引领新兴市场国家和发展中国家在全球治理中不断提升代表性和发言权。中国与世界日益形成命运共同体。一方面,实现中华民族伟大复兴的中国梦,推进国家治理体系和治理能力现代化,离不开全球治理体系改革。我国改革开放的过程也是一个逐步融入国际社会、深度参与全球治理的过程。另一方面,作为最大的发展中国家和世界第二大经济体,我国在全球治理中更好地发挥倡导者、协调者、推动者的作用,助推全球经济的可持续发展与包容性增长。中国正在以更积极的态度参与全球治理,逐渐从全球治理的参与者向引领者转变,在探寻21世纪人类共同价值体系、构建人类命运共同体的历程中,展示了全球治理的东方智慧。

(五)建立世界经济新秩序是构建全球治理的必然结果

要同舟共济,促进贸易和投资自由化便利化,推动经济全球化朝着更加开放、包容、普惠、平衡、共赢的方向发展。这是指导中国对外关系的新发展观,也是关于人类命运共同体经济走向的科学论断。在人类命运共同体中,国家只有大小之别,没有高贵低下之分;经济只有互利互惠,不能"一家通吃",搞"零和"游戏规则。这种新型国际关系要求经济全球化,必须秉持共商共建共享的发展新理念,构建公平正义的新秩序,反对逆全球化的保守主义倾向,避免不公正的贸易战争。国与国之间的经济来往,必须基于互利互惠的互信关系,任何只从一国私利出发的垄断行为最终都是行不通的。正是着眼于引导经济全球化和自由贸易的健康发展,认真践行人类命运共同体思想,中国倡导和秉持需要加强协调、完善治理,推动建设一个开放、包容、普惠、平衡、共赢的经济全球化,既要做大蛋糕,更要分好蛋糕,着力解决公平公正问题。中国倡导开放共享、知行合一，为推动建立经济全球化新秩序做出示范、承担责任。

第三节　中国智慧与全球治理

当代世界，进步与危机同在。一方面，科学技术的发展和经济增长所带来的变化使得整个世界日新月异；另一方面，目前，人类所面临的全球性问题种类繁多、变化多端，成为摆在各国政府和国际社会面前的严峻课题。从20世纪80年代开始，中国以改革开放的姿态参与了经济全球化的进程。从21世纪的第二个10年起，中国在全球治理中占有越来越重要的地位。今天，中国的发展越来越离不开世界，全球事务也越来越绕不开中国，中国可以在全球治理中发挥引领性的作用。

党的十九大报告从统筹推进"五位一体"总体布局和协调推进"四个全面"战略布局的高度，对加强与创新国家治理和社会治理作了深刻阐述。开放创新、包容互惠，和而不同、兼收并蓄，尊崇自然、绿色发展，是新的人类命运共同体构建的目标。为此，需要坚持对话协商、共建共享、合作共赢、交流互鉴、绿色低碳等原则。倡导构建以合作共赢为核心的新型国际关系、建设人类命运共同体、打造共商共建共享的治理新格局，中国为全球治理注入了新内涵、提供了新思想。

一、积极促进全球经济治理改革

2008年国际金融危机以来，世界经济恢复缓慢、经济全球化退潮等问题，加剧了全球经济治理的困境。中国作为世界第二大经济体，立足于"人类命运共同体"，深度参与全球治理改革，为全球治理贡献中国方案和中国力量。

2013年，我国向全世界提出"一带一路"的创造性倡议。"一带一路"不仅推动了区域经济一体化的迅速发展，更打开了全球治理的新局面。"一带一路"的倡议及其实施，在经贸、基建合作的基础上促进各国之间全面互联互通，共同打造政治互信、经济融合、文化包容的利益共同体、命运共同体和责任共同体。几年来已有100多个国家和国际组织参与其中，我国同60多个国家签署了共建"一带一路"合作协议，同20多个国家开展国际产能合作。

我国发起成立包括亚洲基础设施投资银行（亚投行）、金砖国家新开发银行等在内的新型多边金融机构。这不仅极大地激励国际金融体系变革，也开创了21世纪全球经济治理的新路径——精益、清洁、绿色。成立金砖国家开发银行的设想，于2012年提出，作为首个由发展中国家主导的多边开发银行，构造了一个外汇资金池，使成员国在遭遇金融危机时维持币值稳定，有效减少成员国对其他国际金融机构的依赖。成立亚投行的设想，于2013年提出，通过与现有的多边开发银行合作，以期为亚洲地区庞大的基础设施建设需求提供融资。

2016年中国担任二十国集团（G20）轮值主席国，成功地举办了二十国集团领导人杭州峰会。在这次峰会上，习近平首次全面阐释了中国的全球经济治理观，为世界经济增长开出标本兼治、综合施策的"良方"，推动G20从危机应对向长效治理机制转变，为深化国际合作、促进全球治理提出了宏伟的蓝图和目标。G20杭州峰会表明，中国正在更加积极通过推动大国合作，实现全球协调发展，进一步推动全球治理走向更加公平、合理。

我国政府将继续坚持扩大开放，主要措施如下：第一，大幅度放宽市场准入，加大开放力度，加快保险行业开放进程，放宽外资金融机构设立限制，扩大外资金融机构在华业务范围，拓宽中外金融市场合作领域；第二，创造更有吸引力的投资环境，加强同国际经贸规则对接，增强透明度，强化产权保护，坚持依法办事，鼓励竞争、反对垄断；第三，加强知识产权保护，这是完善产权保护制度最重要的内容，也是提高我国经济竞争力的最大激励；第四，主动扩大进口，内需是中国经济发展的基本动力，也是满足人民日益增长的美好生活需要的必然要求。[1]

二、切实推动构建新型国际关系

国际关系是当前全球治理的关键。近年来，世界政治多极化在曲折

---

[1] 参见习近平：《开放共创繁荣 创新引领未来：在博鳌亚洲论坛2018年年会开幕式上的主旨演讲》，11～12页，北京，人民出版社，2018。

中前进，大国关系的复杂性和不确定性增加，迫切需要发展新型的国际关系，构建稳定的国际新秩序。

2013年3月，习近平在俄罗斯的莫斯科国际关系学院演讲时提出"新型国际关系"这一概念。他对如何构建新型国际关系，进行了系统的思考和阐述，明确提出，要建立平等相待、互商互谅的伙伴关系，不但要坚持世界各国一律平等，不能以大压小、以强凌弱、以富欺贫，而且要奉行双赢、多赢、共赢的新理念，摒弃我赢你输、赢者通吃的旧思维。在安全领域，要营造公道正义、共建共享的安全格局，因为已经没有哪一个国家能凭一己之力谋求自身绝对安全，也没有哪一个国家可以从别国的动荡中收获稳定。只有树立共同、综合、合作、可持续的新安全观，才能统筹应对安全威胁，防战争等祸患于未然。"构建以合作共赢为核心的新型国际关系"，对处理国家间关系，完善全球治理具有重要意义。

中国始终坚持独立自主的和平外交政策，坚定维护以联合国为核心的国际秩序体系。中国是安理会常任理事国中派出维和人员最多的国家，积极参与亚丁湾和索马里海域的护航行动，分摊的联合国会费上升至第三位，维和行动摊款居第二位，为维护世界和平与安全发挥了重要作用。中国积极推动南南合作走向更高水平、更深层次，助力第三世界国家。2015年习近平在联合国成立70周年峰会上宣布，中国将设立"南南合作援助基金"，首期提供20亿美元，支持发展中国家落实2015年后发展议程；我国将继续增加对最不发达国家的投资，力争2030年达到120亿美元；等等。这些做法都得到国际社会的积极评价。

在人类命运共同体中，国家不再是唯一的行为体，包括私营部门、国际组织、非政府组织甚至个人都将成为人类命运共同体的重要参与者，传统的国家安全概念已从一般意义上的国防军事安全，扩展为更广阔范围的经济安全、政治安全、文化安全、社会安全、能源资源安全、环境安全、公共安全等。这要求各个国家既要继续努力解决尚未解决好的传统安全问题，又要重视解决日渐增多的恐怖主义等各种非传统安全问题。我国领导人在多个国际场合倡导共同、综合、合作、可持续的观念，作为构建人类命运共同体的应有之义，为国际社会处理安全领域问题提供了正确的路径和走向。中国的新型安全观和构建新型国际关系的中国方案，符合历史发展潮流，也体现出睿智的中国智慧所蕴含的宽广胸怀。

三、打造网络空间命运共同体

随着世界新一轮科技革命和产业革命的浪潮，互联网发展对人类文明进步发挥着越来越重要的促进作用。同时，互联网领域发展不平衡、规则不健全、秩序不合理是一个日益凸显的全球性问题。全球互联网治理是一个具有重要性、挑战性和创新性的课题。中国倡导各国加强沟通、扩大共识、深化合作，发起并主办"世界互联网大会"，体现了一个发展中大国的担当。

自2014年起，我国每年召开"世界互联网大会"，旨在搭建中国与世界互联互通的国际平台和国际互联网共享共治的中国平台，推动建立多边、民主、透明的全球互联网治理体系，提出构建网络空间命运共同体的重要主张，让各国在争议中求共识、在共识中谋合作、在合作中创共赢。在2015年第二届世界互联网大会开幕式上，习近平全面阐述了中国关于网络空间发展的前瞻性思考，明确提出全球互联网治理的中国立场。中国对于全球互联网治理的一个目标是：国际社会在相互尊重、相互信任的基础上，加强对话合作，推动全球互联网治理体系变革。而推进全球互联网治理体系变革，要以共同构建和平、安全、开放、合作的网络空间，以及共同建立多边、民主、透明的全球互联网治理体系作为支点。要坚持"四项原则"：尊重网络主权、维护和平安全、促进开放合作、构建良好秩序。要践行"五点主张"：加快全球网络基础设施建设，促进互联互通；打造网上文化交流共享平台，促进交流互鉴；推动网络经济创新发展，促进共同繁荣；保障网络安全，促进有序发展；构建互联网治理体系，促进公平正义。

四、积极推进全球生态治理

目前，全球生态问题愈加严峻，全球生态治理成为日益突出的议题。全球环境和气候的治理，离不开各国人民的共同努力。在应对全球气候变化与环境保护层面，我国政府积极倡导国际合作，切实履行国际责任，展现中国深度参与全球治理，打造人类命运共同体，推动全人类共同发展的大国责任。

作为最大的发展中国家,中国一直致力于国际社会的环境保护工作,在推动全球气候谈判、促进新气候协议达成等全球生态治理中发挥着积极的建设性作用。2015年12月,《联合国气候变化框架公约》近200个缔约方在巴黎气候变化大会上达成《巴黎协定》。这是继《京都议定书》后第二份有法律约束力的气候协议,为2020年后的全球合作应对气候变化明确了方向,标志着合作共赢、公正合理的全球气候治理体系正在形成。《巴黎协定》的达成是全球气候治理史上的一座里程碑。中国倡议二十国集团发表了首份气候变化问题主席声明,一直积极参与、推动并签署了《巴黎协定》。这表明了中国打造人类命运共同体的责任担当。截至2018年,我国已批准加入50多项与生态环境有关的多边公约和议定书。

此外,我国大力推进气候变化南南合作,目前中国气候变化南南合作基金已经启动,正在发展中国家开展10个低碳示范区、100个减缓和适应气候变化项目、1000个应对气候变化培训名额的合作项目。中国南南合作团队已与约30个国家开展合作,帮助这些国家提高适应和减缓能力、管理能力和融资能力。将"绿色"作为全球"发展理念",示范引领国际社会提升发展中的绿色意识,也是我国为全人类共同合作保护人类生存共同家园而努力的一个根本方向。我国在全球生态治理方面的理念与实践得到国际社会的一致肯定。

构建和制订人类命运共同体的基本理念和行动方案,深深植根于中国改革开放伟大实践所积累的宝贵经验,积淀着中国优秀传统文化精华和精深的中国哲学。"创新、协调、绿色、开放、共享",是中国国家治理和社会治理现代化的根本的价值选择和行动纲领,也是中国对全球治理和构建人类命运共同体贡献的伟大智慧。

"大道之行也,天下为公。"中国正在成为全球治理体系变革的主要参加者、推动者和建设者。全球治理的中国方案、中国主张、中国担当将为世界发展提供新可能、新机遇和新动力。中国治理体系和治理能力的现代化建设,以及中国社会治理的现代化建设,将为推动全球治理构建人类命运共同体继续贡献新颖而有创造的智慧。

延伸思考

1. 解释人类命运共同体的概念和内涵。
2. 你认为中国社会治理发展的趋势是什么？为什么？
3. 中国在全球治理中的作用是什么？
4. 论述如何构建人类命运共同体。

参考文献

[1]习近平谈治国理政[M]．第1卷．北京：外文出版社，2017.

[2]习近平谈治国理政[M]．第2卷．北京：外文出版社，2018.

[3]丁元竹．社会治理现代化的探索[M]．北京：国家行政学院出版社，2016.

[4]冯仕政．社会治理新蓝图[M]．北京：中国人民大学出版社，2017.

[5]靳诺．全球治理的中国担当[M]．北京：中国人民大学出版社，2017.

[6]李培林．社会改革与社会治理[M]．北京：社会科学文献出版社，2014.

[7]杨雪冬，王浩．全球治理[M]．北京：中央编译出版社，2015.

后　记

编写《中国社会治理通论》(以下简称《通论》),是落实习近平总书记关于加快构建中国特色哲学社会科学体系和教材体系的指示的实际行动。同时,也是北京师范大学国家高端智库建设和新兴学科建设的重要任务。

中国社会管理研究院/社会学院是北京师范大学顺应党和国家加强与创新社会治理战略需求而成立的。为了做好本书的编写工作,2016年4月成立《通论》编写组,国务院研究室原主任、北京师范大学中国社会管理研究院/社会学院院长魏礼群担任主编。他提出:要以习近平新时代中国特色社会主义思想为指导,准确把握《通论》的性质、功能和特色,所有参加编写的人员都要以高度的责任感认真撰写。他多次组织讨论编写宗旨、全书主线、框架结构和章节内容,主持统稿工作,并审定全部书稿,倾注了大量的心血和智慧。

参与《通论》编写工作的,主要是北京师范大学中国社会管理研究院/社会学院的教研人员。各章节初稿执笔人是:序言魏礼群;第一章赵孟营;第二章陈鹏、刘红丽;第三章赵孟营;第四章萧放、陈鹏、鞠熙、李传军;第五章游祥斌;第六章赖德胜、谢琼、王震、王海侠、焦长权、彭庆辉;第七章尹栾玉、谢琼、刘冰、杨丽、李汪洋;第八章刘冰;第九章刘夏蓓、董磊明、侯静、党生翠、王海侠；第十章赵秋雁、余佳、党生翠；第十一章尉建文；第十二章朱红文、赵炜、李汪洋。

参加《通论》统稿的人员有：魏礼群、赵孟营、刘夏蓓、赵秋雁、李建军、鹿生伟、尹栾玉、陈鹏、谢琼、尉建文、萧放、董磊明、刘冰、游祥斌、党生翠和陈炜。

中国社会科学院原副院长、学部委员、北京师范大学中国社会管理研究院/社会学院首席专家李培林，中共中央党校（国家行政学院）社会和生态文明教研部主任、社会治理研究中心主任、教授龚维斌，清华大学资深教授、民生经济研究院院长李强，审阅了书稿。

在本书付梓之际，我们向《通论》筹划、编写、审稿、编辑、出版等所有人员和单位，致以衷心的谢忱！

社会治理是一门新兴学科，许多方面有待深化研究，由于编者水平所限，此书难免有不妥之处，欢迎批评指正！

《中国社会治理通论》编写组
2018 年 11 月

图书在版编目（CIP）数据

中国社会治理通论 / 魏礼群主编. —北京：北京师范大学出版社，2019.8（2022.11 重印）

ISBN 978-7-303-24817-9

Ⅰ. ①中⋯　Ⅱ. ①魏⋯　Ⅲ. ①社会管理－研究－中国　Ⅳ. ①D63

中国版本图书馆 CIP 数据核字（2019）第 131305 号

图 书 意 见 反 馈　gaozhifk@bnupg.com　010-58805079
营 销 中 心 电 话　010-58807651
北师大出版社高等教育分社微信公众号　新外大街拾玖号

ZHONGGUO SHEHUI ZHILI TONGLUN

出版发行：北京师范大学出版社　www.bnup.com
　　　　　北京市西城区新街口外大街 12－3 号
　　　　　邮政编码：100088

印　　刷：	北京虎彩文化传播有限公司
经　　销：	全国新华书店
开　　本：	730 mm×980 mm　1/16
印　　张：	25.25
字　　数：	365 千字
版　　次：	2019 年 8 月第 1 版
印　　次：	2022 年 11 月第 3 次印刷
定　　价：	116.00 元

策划编辑：马洪立　周益群　　　责任编辑：路　娜　钱君陶
美术编辑：王齐云　　　　　　　装帧设计：王齐云
责任校对：段立超　王志远　　　责任印制：马　洁

版权所有　侵权必究

反盗版、侵权举报电话：010－58800697
北京读者服务部电话：010－58808104
外埠邮购电话：010－58808083
本书如有印装质量问题，请与印制管理部联系调换。
印制管理部电话：010－58805079